分身

與陰謀論者交鋒的鏡像世界之旅

娜歐蜜·克萊恩——著
胡訢諄——譯

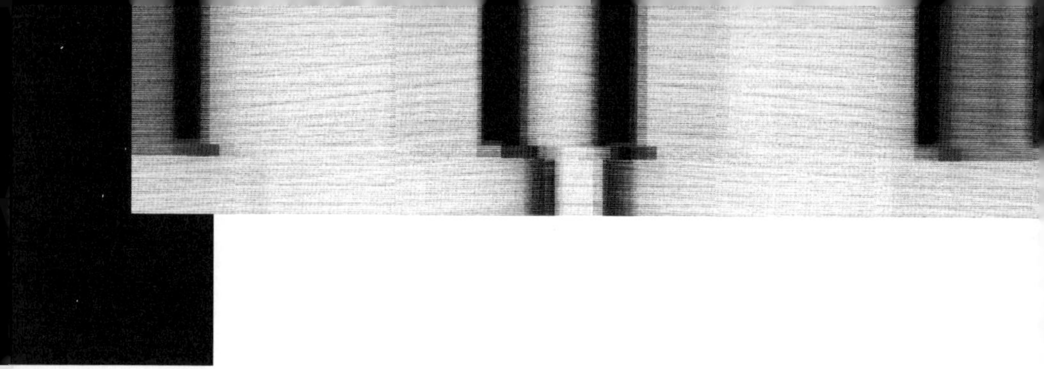

謹紀念
Mike Davis
Barbara Ehrenreich
bell hooks
Leo Panitch

目次

數量驚人的複製品如雨後春筍般出現。

——《雙重人格》（*The Double*），杜斯妥也夫斯基，一八四六年

每個人會變成多少個人？

——《我們》（*Us*），
喬登・皮爾（Jordan Peele），二〇一九年

序
品牌歪掉的我

我得為自己辯解：寫這本書從來不是我的本意。我沒有時間，也沒有人叫我寫，甚至有人極力勸我別寫。再說不是現在——真實的大火和比喻的大火都在我們地球翻騰的現在，而且絕對不是這個主題。

「另一個娜歐蜜」——暫且這麼稱呼她。這個十多年來，別人總是把我跟她搞錯的人。我那頭髮蓬鬆的分身。有一個人，很多人似乎覺得與我難分難辨。有一個人，做了很多極端的事，以致陌生人訓斥我、感謝我，甚至同情我。

我還幫她取了綽號，這個舉動正好凸顯我的處境多麼荒謬。四分之一個世紀以來，我這個人都在書寫企業霸權和他們造成的破壞。我偷偷潛入遙遠國度的血汗工廠，穿越國界踏上軍事占領區；我報導漏油的餘殃，記錄五個颶風。我寫的書都是嚴肅的主題、重要的知識。但是，在這段文字成形的歲月之間——墓園空間不足，億萬富翁把自己送進外太空——所有我必須寫的或可能寫的文章，對別人而言都只是討厭的侵犯或無禮的干擾。我會參加聯合國氣候變遷大會的前導活動嗎？抱歉，不會，我太忙了。評論美國撤出阿富汗？九一一事件二十週年？俄羅斯入侵烏克蘭？不會，就是不會。

我開始掌握不住這個寫作計畫。同時，二〇二一年六月，一個新奇的氣候事件，稱為「熱蓋現象」（heat dome），籠罩卑詩省南岸，也就是此時我和家人於加拿大居住的地方。厚重的空氣不懷好心，一邊叫囂，一邊侵門踏戶。超過六百人死亡，[1]多數是老人；海岸邊有上百億的海洋生物被活活煮死；整個城鎮起火燃燒。這個地點偏遠、人口稀疏的小鎮很少上新聞，但是因為熱蓋現象，我們短暫名揚國際。一位編輯問我，身為對抗氣候變遷長達十五年的作家，願不願意寫一篇報導談談這個前所未見的氣候事件，親身經歷又是什麼感覺。

「我在忙別的事。」我告訴他，而且我的鼻孔充滿死亡的惡臭。

「可以問妳在忙什麼嗎？」

「不可以。」

這段到處推託的時間，我忽略太多重要的事。那年夏天，我放任九歲的兒子花了非常多時間，看一部叫做《動物鬥陣俱樂部》（*Animal Fight Club*）的血腥自然影集，然後他開始跑來我的書桌，「像隻大白鯊」那樣撞我。我的父母已經八十幾歲，我陪伴他們的時間少得可憐，儘管他們住的地方開車只要三十分鐘。何況除了致命的熱蓋現象，面對肆虐全球的嚴重傳染病，統計顯示他們是脆弱族群。那年秋天，我的丈夫角逐全國大選；雖然我去了幾次競選活動，但我知道我可以貢獻更多。

我忽略這麼多事，所以可以……怎樣？查看她連續被停權的推特帳號？研究她在史蒂夫・班農（Steve Bannon）直播節目的表現，深入了解他們的電化學反應？閱讀或聆聽她又在警告大眾，基本的防疫措施其實是中國共產黨、比爾・蓋茲、安東尼・佛奇（Anthony Fauci）、世界經濟論壇共同策劃的陰謀，為了製造只有惡魔親自出馬才有可能的大量死亡人數？

最可惜的是，我花了一堆永遠拿不回來的時間（簡直可以取得一個碩士學位），聽了數量難以形容的播客。我告訴自己這是「研究」。如果我要了解她和她那些公然與客觀現實為敵的同路人，就必須沉浸在某些極其多產卻懶得編輯的每週或雙週節目，名稱像是《匿名者Q》（*QAnon Anonymous*）和《陰謀靈性論》（*Conspirituality*）。

這些節目開箱並解構陰謀論、兜售保健食品、從方方面面否認COVID-19、歇斯底里反對疫苗，而且充滿新興的法西斯主義和其他謬論。此外，我還要跟上班農和塔克·卡爾森（Tucker Carlson）每日更新的節目，因為「另一個娜歐蜜」是這兩個節目的固定班底。

聽這些東西幾乎吞噬日常生活的空檔：洗碗、摺衣服、遛狗、接送小孩上下學（小孩下車之後）。另一個人生裡，這些是我用來聽音樂或真實新聞，或打電話給親愛的人的時間。某天晚上，我哭著在好友的語音信箱留言：「我感覺比起你，我和《陰謀靈性論》那些主持人更親。」

我告訴自己，我沒有選擇。真的，這對我已經壓縮的寫作時間，或我們快速暖化的地球已經壓縮的時間，不是毫無意義又自戀的浪費。我發現「另一個娜歐蜜」，身為效率高超的創作者，對於我們迫切面臨的危機，正在散播錯誤訊息與假消息，而且似乎還幫助鼓勵群眾走上街頭，反抗幾乎完全幻想出來的「暴政」；她建立許多人脈，這些人脈看來荒謬，但是非常重要，畢竟他們種下的困惑和吸走的氧氣，阻礙幾乎一切有益人類的行為，阻撓我們一起實現任何目標。

例如：不讓那些要去太空的億萬富翁起飛，利用他們的不義之財支付住房和健康照護的費用，並且在未來被熱蓋永遠籠罩之前擺脫化石燃料；或者，謙虛一點，把認為自己是鯊魚的小孩送去學校，不怕他們從同學那裡帶著高度傳染又可能致命的病毒回家，因為網路上某個叫「娜歐蜜」的女人堅持，疫苗是種族屠殺和奴役人類的部分計畫，而他同學的父母相信她。

「分身」（Doppelganger）一詞來自德文「雙重」（Doppel）與「行動者」（Gänger）。有時翻譯為「一模一樣的步行者」，而且我可以告訴你，有個一模一樣的人在身邊走動，是非常痛苦的經驗。離奇——一種佛洛伊德所謂「恐怖的感覺，來自你曾經了解而且熟悉的事物」，[2] 突然變得非常陌生。分身引發的離奇特別劇烈，因為變得非常陌生的事物，正是你自己。佛洛伊德寫道，有分身的人「可能將自己等同於另一人，因此對於真實的自我變得沒有把握」[3]。他說的話不一定都對，但是那句話沒錯。這裡還有另一個轉折：我的分身在政治與個人方面經歷如此戲劇化的轉變，很多人都說，現在的她像自己從前的分身。如此一來，我就是分身的分身。這種離奇的狀態，恐怕連佛洛伊德都沒料到。

我並不是唯一感覺現實在某種程度上扭曲的人。我交談的幾乎每個人都告訴我，他們認識的某人「掉進兔子洞」後就不見了——父母、手足、摯友，還有從前信任的知識分子和評論家。曾經熟悉的人現在面目全非。變了。我開始感覺，動搖我的世界的許多力量，來自動搖我們廣大世界的力量——了解這些力量，就是重新站穩腳步的關鍵。

◇◇◇

自從那兩架噴射客機衝進世界貿易中心的玻璃和鋼筋，二十多年來，我一直全神貫注在大規模的震撼如何擾動我們共同的神經突觸，導致民眾退化，把人類變成煽動者的囊中物。二〇〇七年，我出版《震撼主義：災難經濟的興起》（*The Shock Doctrine*），研究與書寫那本書的期間，我深入過去許多不同脈絡，解析有心人士如何利用震撼之後的困惑狀態：九一一事件、蘇聯解體、入侵伊拉克、卡崔娜颶風，以及更早之前許多事件。

民眾驚慌失措之際，渴望掌握權力的玩家就能見縫插針，不經辯論或同意，制定有利企業精英的政策——此舉與利用禁閉和壓力摧毀囚犯意志的施虐者無異。進行這項研究時，我追蹤有心人士如何削弱政治權利、拍賣國有土地與服務。我總是想像自己不受這些震撼手段影響，畢竟我知道那是如何運作。我不被從未發生過的事件動搖，我的眼光在危機期間總是清澈，而且我會幫助其他人也看個仔細。我是這麼以為。

回想起來，我竟看得那麼輕鬆，想到就難為情。如果我覺得自己對於震撼免疫，八成因為震撼的源頭與我相隔的距離。被天上飛機殺死的不是我的家人；即將被拆除的不是我家社區；因為公立學校轉型私立而被裁員的，不是我家小孩的老師。

但是COVID-19……COVID-19不同。這個傳染病擾亂我個人的世界，同時擾亂我們全體的世界。疫情前四個月，我還住在紐澤西，我被侷限在我們的家，和我神經非典型的兒子在一起，想幫助他線上學習但是徒勞。而且更重要的是，他毛孔大開的靈魂不由自主吸收我們周圍的恐怖，我必須安撫。救護車來載走我們的鄰居，病毒撕裂我們的朋友群。當時我還算幸運——我不在COVID-19病房的前線，但我通常的報導距離無法不受影響。每天早上，我疲憊地起床，眼神呆滯盯著好幾個螢幕。第一次，這不是別人的震撼。然後震撼接踵而來。

當我們經歷突然或前所未見，但尚無適當解釋的事件，發生在我們身上的即是震撼狀態——無論身為個人，或身為社會整體。本質上，震撼是事件和解釋事件現有的說法，兩者之間的空隙。身為解釋的生物，人類對於意義的真空狀態容易感到非常不舒服——這也是為什麼那些投機的玩家，我稱他們「災難資本家」，能夠帶著他們預先寫好的願望清單與過分簡化的善惡故事趁隙而入。這些故事本身可能顯然錯誤（「你不是站在我們這邊，就是站在恐怖分子那邊。」九月十一日之後他們如此告訴我們，還說「他們痛恨我們的自由」），但是至少那些故事存在——而且光是那樣，就足以讓他們覺得比空隙裡頭什麼都沒有更好。

「團結，找到你的立足點和你的故事。」這是我給了二十年的建議，告訴人們如何在集體遭遇創傷的時候遠離震撼。我會告訴人們，一起代謝震撼，一起創造意義。惡劣的暴君會告訴你，現在世界是張白紙，他們可以在上面寫下粗暴的故事，然而我們必須抵抗。

這是實實在在的建議，但是非常難以作用在COVID-19。控制病毒的措施迫使我們許多人（包括我）面臨最容易受到震撼的情況：長期的壓力和孤立。我自己的孤立，在疫情開始四個月的時候更加極端。我們回到加拿大，原本只是為了短暫探視父母，但是就像許多人，結果困在那裡。我們現在整天都待在死巷盡頭的巨石上，距離最近的城市路程至少三小時，包括一段不大可靠的渡輪。我只有偶爾會後悔，放棄餐廳外送、可靠的電力和地鐵，選擇穩定開放的鄉村學校、近在咫尺的森林小徑和極為渺小但不無可能的機會——瞥見虎鯨黑色的背鰭劃過薩利希海鋼鐵般的水域。這裡很好——不被炎熱與森林大火的烏煙悶得窒息，也不被強迫我們學習新名詞的暴風雨摧殘（炸彈氣旋、大氣河、鳳梨特快車〔pineapple express〕*，都在同一個漫長潮濕的冬天侵襲）。但是這裡鳥不生蛋，狗不拉屎。所以也許當時最終把我推向邊緣的就是這種與世隔絕（還是「逼到」邊緣？）——好幾個月沒有實體人類可以感受和思考。

* 譯注：氣象名詞，泛指源自於夏威夷群島東北至北美洲西岸、高濕度的溫暖氣流。

那件事情，加上在網路上尋找某種仿真的友誼和錯失的社群，結果，找到的是「搞錯」：人們瘋狂討論我說過的話和我做過的事——唯獨那不是我。是她。於是出現一個令人惶恐的問題：那麼，我是誰？

為了搞懂我的窘境，我開始研究所有我能找到，關於酷似的人和分身的東西，從榮格到娥蘇拉・勒瑰恩（Ursula K. Le Guin），從杜斯妥也夫斯基到喬登・皮爾。我開始對外表一模一樣的人物感興趣——在古代神話中和精神分析誕生之初的意義。孿生的自我以什麼方式代表我們最高的渴望——不朽的靈魂、轉瞬即逝的存在，而且應該比身體活得更久。孿生的自我也代表我們最受壓抑、最墮落、最被排斥，而且不忍卒睹的部分——邪惡的孿生兄弟、陰暗的自我、反自我、完全相反的人格。從這些故事，我馬上知道，我的身分危機大概無法避免：某人出現分身，幾乎一定是混亂、壓力山大、妄想連連。而且遇到他們分身的人，總是被挫敗和離奇逼到極限。

然而，分身不只是痛苦的形式。世紀以來，分身一直視為警告或預兆。當現實開始複製、折射自己，通常意謂某些重要的事物被忽略或否認——我們自己或我們的世界不願正視的事物。如果警告沒有得到理睬，進一步的危險就伺機而動。這點適用個人，也適用整個社會——被分裂、複製、極化、劃分為各種敵對、彷彿不可知的陣營。好比我們的社會。

電影導演希區考克稱分身引發的混亂狀態為「暈眩」（vertigo），也是他一九五八年同名的經典作品＊。但根據我的經驗，更有共鳴的是墨西哥哲學家埃米利奧・烏倫加（Emilio Uranga）在一九五二年用的詞「左左布拉」（zozobra）。這個西班牙文的詞彙用來表示存在的焦慮與深沉的陰鬱。「左左布拉」也引發廣泛的動搖狀態：「一種存在模式，不停在兩種可能性、兩種情緒之間擺盪，不知該依靠哪一方」[4]——荒唐與穩定、危險與安全、死與生。烏倫加寫道：「在這種來來回回之間，靈魂受苦，感覺撕裂和傷害。」

菲利普・羅斯（Philip Roth）在他的分身小說《夏洛克行動》（*Operation Shylock*）探索這種拉扯：「太荒謬了，所以無法認真；太認真了，所以無法荒謬。」[5]他這麼寫主角羅斯的分身。在這段離奇的期間，這句話對我來說像咒語一般。「另一個娜歐蜜」協助領導的政治運動是荒謬、不值得關注的嗎？難道我們這個世界需要繃緊神經、轉變意識，而且刻不容緩？我究竟該哭還是該笑？是我呆坐在這座巨石，還是一切都移動飛快？

如果分身的文學或神話有任何指引作用，一個人遇見自己的分身，就有責任踏上一段旅程，追尋這件事情傳達的訊息、祕密、不祥預感。所以這就是我做的事。我不把我的分身推到一邊，反而試圖畫我所能了解她和她參與的運動。

＊ 譯注：中文片名為《迷魂記》。

她深深鑽進陰謀論的兔子洞，我緊緊跟隨。到達的地方，往往像是我自己的著作《震撼主義》的鏡中倒影。這片倒影現在變成一片網絡，交織奇幻的情節，回頭看著我，將我們真實面對的重大危機——從COVID-19，到氣候變遷，到俄羅斯軍事侵略——栽贓給中國共產黨／企業全球主義者／猶太人。

我追蹤她和某些地球上最惡毒的人組成的新聯盟，他們大肆種下資訊亂源，興高采烈在一個又一個國家煽動叛亂。我調查他們的報酬——政治、情緒、金錢方面，探索他們在種族、文化、歷史的深層餵養什麼樣的恐懼和否定。最重要的，我試圖找出什麼樣的回應可以耗盡他們快速成長的力量，對抗這些全副武裝、反民主的勢力。

我覺得自己這麼做完全合理。我和「另一個娜歐蜜」被人混淆這麼久又這麼頻繁，以致我經常覺得她在跟蹤我。我跟蹤回去也是理所當然。

在長得極像的人、孿生手足、冒充身分的故事中，分身常見的設定是不受歡迎的鏡子，映照主角本身的自負與墮落。看著我的分身，我不止一次感覺她在對我皺眉，這麼說一點也不誇張。但是驅使我寫這本書，而且義無反顧，因為我越看著她——她失敗的選擇和別人如何殘忍待她——我越覺得，我不只看見不想要的自己，也放大我們全體文化當中不想要的面向。人人渴望攀附比從前更快消失的熱度、對待魯蛇如敝屣、削弱語言的影響並推卸責任……不勝枚舉。最後，看著她，幫助我更清楚看見自己；奇怪的是，也幫助我更清楚看見危險的系統和動態，而我們全都困在裡面。

所以，這不是「另一個娜歐蜜」的傳記，也不對於她的所作所為提供精神分析診斷。在這裡，我試圖利用自己的分身經驗作為指引，探究造成的破壞與帶來的教訓——關於我、她、我們，並深入後來我所了解，我們的分身文化。這個文化充滿各種分身形式，我們在裡頭維持某種網路上的形象或角色，創造自己的分身，代表我們面對他人的虛擬版本。這個文化鼓勵我們把自己想成個人品牌，分割我們的身分，打造我們在數位世界不斷表演的分身，既是我們又不是我們。關注是貪得無厭的經濟活動，而這個分身是入場的代價。與此同時，科技公司利用這些數據珍寶訓練機器，創造人類智慧和人類功能的人工模擬。栩栩如生的分身擁有他們自己的計畫、自己的邏輯，也帶來前所未見的威脅。我不斷問自己，這個分身正在對我們做出什麼事情？他如何將我們的注意力——更精闢地說，還有我們忽略的事物——轉往其他方向？

隨著我如影隨形跟著我的分身，深入她的世界——柔焦修飾過的健身網紅與鼻孔噴火的極右派宣傳員，都在拯救與保護「兒童」的大傘底下，抱持共同目標——我發現自己面對甚至更多形式的複製與分身，這個現象顯然造成更嚴重的後果。就像所有政治都越來越像鏡像世界，社會也一分為二，每一邊都志在反對另一邊——無論一邊說或相信什麼，另一邊似乎就必須主張完全相反的立場。我越是深入，越是注意到，這個現象無所不在：指引個人的，不是清晰的原則或信念，而是身為團體的成員，相對他人的陽而扮演的陰——強相對弱；清醒相對沉睡；正義相對邪惡。曾經存在的多元思維，現在簡化為二元。

起初我以為，我的分身的世界就是無拘無束的詐騙。然而，隨著時間過去，我的看法開始改變。我也即時目睹一種新穎且危險的政治生成：有聯盟、世界觀、口號、敵人、代號、禁區——而且，最重要的是，為了取得權力施展各式各樣的戰略。

很快就能明顯看出，這些全都與另一個更不祥的分身密不可分：自古以來，圍繞人種、族群、性別創造出來的危險分身，盤旋在被分類為各種範疇的人類頭上——那些被當成野蠻人、恐怖分子、竊賊、妓女、財產的人。這也是我的分身旅程最令人不寒而慄的部分：不僅個人能有一個邪惡的分身，國家、文化也能。我們許多人都感受到，卻也害怕這種乾脆的翻轉——從民主到專制，世俗到神權，多元主義到法西斯主義。在某些地方，翻轉已經發生；在其他地方，像鏡中扭曲的倒影，迎面而來又無法迴避。

隨著我的調查進行，這個形式的分身逐漸在我心中揮之不去：佯裝成小丑的法西斯國家是西方自由民主國家永遠的孿生兄弟，不斷威脅他們即將燃起差別待遇與深仇大恨的野火，吞噬我們。數個世紀以來，不斷有人利用分身人物警告我們，集體的自我有各種暗黑版本，以及怪物一般可能的未來。

我們走到那個未來了嗎？並非我們全體，至少還不至於。但是傳染病，加上其他許多長期壓抑的迫切問題，已經將人性帶到我們不曾踏上的境地，帶到相似但不同的境地。我們許多人感覺陌生又說不上來，那個「不同」就是原因——一切都如此熟悉，但又不只不大一樣。詭異的人們、顛倒的政治，甚至，隨著人工智慧加速發展，人與物的真偽越來越難分辨。我們告訴別人的，那種迷失的感覺是什麼？不清楚可以信任誰，相信什麼？親友的舉止彷彿陌生人？那是因為我們的世界已經改變，但是，就像全體的時差，我們多數人的規律和習慣都還停留在我們來的時區。我們早該在這個新的地方尋找我們的方向。

薩拉馬戈（**José Saramago**）在他的小說《分身》（*The Double*）引言寫道：「混亂只是等著被解讀的秩序。」[6] 我嘗試拆解混沌的分身文化如下：這個迷宮裡有仿真的自我、數位分身、大規模監控、種族與民族投射、法西斯分身與刻意否認的陰影，同時全部浮現。過程難免曲折，但請放心，這張地圖的重點不是繼續困在鏡像之屋，而是去做我感覺許多人渴望做的事：逃離迷宮重重的圍牆，尋找我們邁向集體力量與共同目標的道路。重點是遠離集體暈眩，到達某個明顯更好的地方。我們一起去吧！

第一部

雙重人生（表演）

我找到一個生活的方法，
和我的身分保持一段距離。
事實證明非常有用。

——朱迪斯・巴特勒，二〇二一年[1]

1 占領

第一次發生的時候，我在曼哈頓華爾街外的公廁隔間正要開門，聽見兩個女人談論我。

「妳聽到娜歐蜜·克萊恩說的話嗎？」我瞬間愣住，想起高中時每一個壞女孩，準備聽見羞辱。

我說了什麼？

「今天的遊行是個壞主意之類的。」

「誰問她了？我不認為她了解我們的訴求。」

等等。我從沒說過任何關於遊行的事，更沒說過訴求。然後我恍然大悟：我知道誰說過。我不經意走到洗手台，和其中一個女人在鏡子裡對上眼，然後說出接下來好幾個月、好幾年會不斷重複的話。

「我想妳說的人是娜歐蜜・沃夫（Naomi Wolf）。」

當時是二〇一一年十一月，占領華爾街運動正值高峰，年輕人成群在美國、加拿大、亞洲、英國各大城市的公園和廣場紮營。運動靈感來自阿拉伯之春和南歐地區年輕人發起的廣場占領——是群眾的咆哮，反對經濟不平等與金融犯罪，最終催生新一代的政治。那天，曼哈頓初始營地的召集人發動遊行穿過金融地區，而且你可以從全身黑衣服和粗黑的眼線看出，那間廁所裡頭沒有人剛剛還在從事衍生性商品交易。

我可以理解為何某些和我一起遊行的伙伴會搞混兩個娜歐蜜。我們都寫重大議題的書（我的《No Logo》，她的《美貌神話》〔*Beauty Myth*〕；我的《震撼主義》，她的《美國末日》〔*End of America*〕；我的《天翻地覆》，她的《陰道》〔*Vagina*〕）。我們都有一頭棕色的頭髮，有時染得太淺會變成金色（她的頭髮較長，髮量也比我多）。我們都是猶太人。更奇怪的是，以前我們的寫作路線截然不同（她寫女性身體、性、領導能力；我寫企業侵害民主與氣候變遷），但是占領運動發生時，曾經分別兩個車道的黃線開始搖擺。

公廁事件之前，我已經去過占領運動的廣場兩次，為了調查市場邏輯和氣候崩潰之間的關係，之後成為《天翻地覆》這本書。但是我在那裡的時候，主辦單位要我簡短談論二〇〇八年金融風暴和之後猛烈的不公不義——調度數兆資金拯救交易輕率並造成危機的銀行、懲罰幾乎所有人的緊縮政策，以及這一切所暴露的合法貪腐。這些都是分裂的種子，而數十個國家的右翼民粹主義人士最終將會加以利用這些種子，推行激烈的反移民與反「全球主義」政治計畫，包括受到首席顧問班農指導的川普。然而，在當時，我們許多人仍抱持希望，這場運動將會催生新的紀元，促進民主復興，並使左派勢力約束企業權力，重振失控的民主體制，解決諸如氣候變遷等迫在眉睫的問題。這是我在占領運動的演講。你可以去搜尋，順便為我的天真流淚。[1]

娜歐蜜・沃夫曾是一九九〇年代女性主義的掌旗手，也曾參與抗議活動，我猜這就是混淆的起點。她也寫過幾篇文章，主張鎮壓占領運動顯示美國正在傾向警察國家。這是她的著作《美國末日》的主題，列出她宣稱每個政府直接走向法西斯主義的「十步」。這個不幸的未來，現正降臨在我們身上，而她提出的證據，就是占領運動的人士，他們的自由遭受強烈限制。市府不允許在公園使用擴音器和喇叭，而且已經發生數次大規模逮捕。沃夫在她的文章呼籲占領人士應該無視言論和集會限制，以防她堅稱的政變在他們眼皮底下發生。然而主辦單位不想讓警察有藉口清除抗議營地，於是採取不同方式，利用後來所謂的「人聲麥克風」（群眾重複講者的話，就能讓每個人都聽到）。

這不是占領人士和沃夫之間唯一的齟齬。無論如何，占領人士非常清楚，這個運動沒有清晰的政策議程——也就是說，兩、三項政治訴求，只要立法者做到，就能讓他們心滿意足回家。但沃夫堅持並非如此，她宣稱這個運動具有明確訴求，而且她已經知道是什麼。其實不大可能。「我已經知道占領華爾街真正要的是什麼，」她在《衛報》解釋：「我開始在網路上問『你要的是什麼』，徵求答案。」[2] 她去問自認屬於占領運動的人。然而，無視這個運動堅持徹底的參與式民主，沃夫將她隨機的調查結果化為一張簡短的訴求清單，並且認為自己有責任，在《哈芬登郵報》（*Huffington Post*）舉辦的半正式晚宴上，將清單交給紐約州長安德魯・古莫（Andrew Cuomo），當時他們兩人都是受邀的貴賓。

事情越來越奇怪。在晚宴上與古莫接觸未果，沃夫離開晚宴，直接對著聚集在人行道上的示威人士演說，告訴他們，他們的訴求是什麼，而且告訴他們，他們的訴求錯了，因為「《美國憲法修正案》第一條賦予他們使用擴音器的權利」，[3] 剛好就讓自己穿著酒紅色的晚禮服被逮捕。好幾台攝影機記錄這個混亂的場面。這就是公廁的女人所謂「娜歐蜜・克萊恩」不懂他們的訴求。

對於沃夫這場鬧劇，我只是稍微注意。占領華爾街那個多事之秋有非常多的怪事，這不過是其中一件。某天營地還爆出謠言，電台司令（Radiohead）要來無償演出——結果只是煞有其事的玩笑，那個樂團明明還在英格蘭。隔天，肯伊・威斯特（Kanye West）和羅素・西蒙斯（Russell Simmons）真的帶著隨行人員來串門子，還為紮營的人送上禮物。接著亞歷・鮑德溫（Alec Baldwin）也來了。在這種馬戲團的氛圍中，一個處於職涯中期的作家，試圖指揮年齡只有她一半的抗議者，結果失敗，同時又被銬上手銬，只能算是小小的插曲。

但是，公廁事件後，我開始密切注意沃夫的動向，意外發現某些對我造成不良後果。而且越來越詭異。全美國的警察清除占領運動在公園和廣場的營地後，她寫了一篇聲明，沒有任何證據，指稱清除的指示直接來自國會與歐巴馬的白宮。

「當你把點連接起來」，沃夫寫道，就全說得通。占領運動的鎮壓是「內戰的第一場戰役……這場戰役，國會議員與美國總統勾結，派遣粗暴、整齊的鎮壓隊伍，對抗他們應該代表的民眾」。[4] 沃夫表示，此舉象徵美國掉進極權主義統治——她以前就這麼說過。小布希任內，她信心十足預測小布希不會允許二〇〇八年大選如期舉行

（結果相反），而且之後她還會繼續這麼說上幾年。「悲哀的是，本週美國人與在埃及解放廣場的抗議人士又更接近，成為真正的兄弟姊妹。」她寫道。「和他們一樣，我們的國家領導人……正對著我們開戰。」[5]

這樣的邏輯未免太過跳躍。然而，對我來說，更糟的是沃夫的新焦點——危機期間的企業濫權和政治權力——這些議題在她的書《美國末日》中曾短暫觸及，而現在，她的論述讓我感覺像在模仿我的《震撼主義》，但是極其拙劣。刪除所有事實和證據，提出我永遠無法支持的籠統結論，我覺得很扯。而且雖然當時人們還沒經常把我與我的分身混淆，但我知道，有些人會把沃夫的理論冠上我的名字。那是一種靈魂出竅的感覺。我回頭仔細去看那篇她穿著晚禮服被逮捕的文章，《衛報》的一行跳到我的眼前：「她的伴侶，電影製作人艾夫拉姆・路德維希（Avram Ludwig）也被逮捕。」[6]

我把這句話念給我的伴侶聽，他是電影導演兼製作人艾夫拉姆・路易斯（Avram Lewis，人稱「艾維」）。

「這什麼東西？」他問。

「我懂。」我說。「好像某個可惡的陰謀。」然後我們兩人都大笑。

占領運動之後過了十年，沃夫已經連結的點，介於眾多截然不同的事實與幻想之間，簡直難以捉摸。她提出未經證實的臆測：關於國家安全局的吹哨者艾德華・

史諾登（Edward Snowden）（「並非他聲稱的樣子」，暗示他是活躍的間諜）；[7] 關於二〇一四年伊波拉病毒爆發時被派到西非建設野戰醫院的軍隊（並非為了阻止疾病擴散，而是謀劃將病毒帶回美國，以合理國內「大規模封城」）；[8] 關於ＩＳＩＳ斬首美國與英國俘虜（可能不是真的殺害，是演出來的祕密行動，美國政府扮演受害的角色）；[9] 關於逮捕被控在紐約市的飯店房間性侵房務員的前國際貨幣基金組織總裁多明尼克・史特勞斯—卡恩（Dominique Strauss-Kahn）（控告最後撤銷，民事訴訟和解，但沃夫懷疑整起事件是「情報」行動，為了不讓史特勞斯—卡恩參加法國選舉而設計，當時他與尼古拉・薩科吉〔Nicolas Sarkozy〕的競爭很有勝算）；[10] 關於二〇一四年蘇格蘭獨立公投（根據她從紐約自家收集的隨機證詞，她宣稱可能有詐欺之嫌）；[11] 關於綠色新政（她說不是草根氣候正義行動的要求，而是另一場精英策劃的行動，以掩飾「法西斯主義」）。[12]

在我們這個財富極端集中、權貴似乎完全不受懲罰的年代，質問官方宣言的真實程度是完全理性，甚至明智的事。揭開真正的陰謀是調查報導必要的任務，之後我會深入討論這個主題。然而，我的分身對於史諾登、ＩＳＩＳ、伊波拉病毒只是提出故作驚悚的理論，並不想要實際研究。她看到形狀奇怪的雲而開始編織故事的時候也沒有實際研究（她暗示那樣的雲是ＮＡＳＡ的祕密計畫，「在天空到處噴灑鋁」，意圖造成失智症流行）。[13]她在推特上分享對於5G無線通訊網路的想法，真的了不起，但也沒有實際研究，例如：「去貝爾法斯特真是太棒了，那裡還沒有5G，感受大地、天空、空氣、人情，感受一九七〇年代的生活。冷靜、穩定、和平、安寧、自然。」[14]這個社群平台以嘲諷聞名，她的觀察自然引來網民回應。多數的人指出㈠她去貝爾法斯特的時候那裡已經啟用5G；㈡一九七〇年代的北愛爾蘭正值恐怖血腥的武裝衝突，造成數千人喪命。

似乎很難相信，這些全都出自著作《美貌神話》的牛津大學羅德獎學金得主。「小女孩學的不是對他人的欲望，而是被欲求的欲望。」當時她這麼寫道。「女孩學會跟著男孩看待她們的性；那件事情占據應該用來發現她們想要什麼，閱讀並書寫、尋找並追求的空間。性被美貌挾持，而贖金的術語早就以相較廣告與色情書刊所知更美麗的工具：文學、詩、繪畫、電影，深深刻在女孩心裡。」[15]

那本書中存在重大的統計錯誤，彷彿預示未來，但是也有細緻的研究工作。[16]沃夫今日的網路文章激動又荒誕，以致讀她早期的文字，發現這個人顯然喜愛語言，深刻思考女孩與女人的內在生活，並且懷有她們得到解放的願景，真是令人訝異。

一九九〇年代初期吉曼・基爾（Germaine Greer）公開表示《美貌神話》是「《女太監》（*The Female Eunuch*）之後最重要的女性主義作品」（一九七〇年基爾自己最

賣座的書）。[17] 部分是時機的緣故。一九八〇年代失落的十年過後——女性主義突然太粗俗直接，因而無法衝向高峰——集團媒體準備宣布第三波的女性運動，而《美貌神話》讓沃夫成為這波運動上鏡的代言人。她絕對不是第一個女性主義作家揭發加諸在女人身上不可能的美貌標準，但她有獨特的角度。沃夫的論點核心是，一九八〇年代，正當第二波女性主義運動已經成功贏得女性高等教育與職場平等，但是要求女性符合不可能的纖細與美貌標準的壓力遽增，使她們在各自的領域與男性相比處於競爭劣勢。她主張，這並非巧合。沃夫寫道，「統治精英」知道，如果女人可以自由發展不受限制，他們掌握的工作會陷入危機，所以「必須阻撓，否則會對傳統權力精英不利」。[18] 她推測，美貌的「神話」是被創造的，為了耗盡女人的心力——讓她們忙於化妝和減肥，而非自由爬上職業的階梯，勝過她們的男性對手。本質上，她主張一九八〇年代提高的美貌標準是對一九七〇年代女性主義的強烈抵制。但是沃夫回應的女性主義，並非返回一九六〇與七〇年代激進的要求。六〇與七〇年代的女性主義與反帝國主義、反種族主義、社會主義連結，而且社運人士已經建立他們的聯合組織、運動刊物，同時反對派的政治候選人準備出發，從外挑戰並扭轉占據優勢的權力系統。相反地，正當柯林頓和布萊爾帶領他們各自的政黨遠離普及的公共服務與財富重新分配，轉向支持市場、支持軍國主義的「第三條路」，沃夫版本的第三波女性主義畫出一條中間路線，對工人階級的女性毫無幫助，卻向白人、中產階級、接受高等教育——像她一樣的女人——保證一切。雪柔・桑德伯格（Sheryl Sandberg）寫作《挺身而進》（*Lean In*）二十年前，沃夫出版第二本書《以火治火》（*Fire with Fire*），呼籲女性主義放棄教條，擁抱「權力意志」。[19]

她接受自己的建議。在她之前的女性主義是在女性運動內部建立力量，然而沃夫不是，她把自己發射出去，像一顆飛彈，進入位於紐約市和華盛頓特區自由建制派的核心。她嫁給一個後來成為柯林頓演講寫手的《紐約時報》記者；她向政治操盤手迪克・莫里斯（Dick Morris）請益，這個人影響柯林頓突然傾向右派；她也協助成立女性領導能力的培育機構。看起來沃夫並不想要拆除精英權力結構——她想進入。

媒體對沃夫百看不厭。她成為公眾人物的頭十年，看起來非常像演員凡萊麗・柏帝內（Valerie Bertinelli），我小時候最愛的兒童情境喜劇《踏實新人生》（*One Day at a Time*）裡頭的主角。不僅因為她撻伐美貌產業的同時，自己長得既端莊又美麗，也因為她生動大膽書寫性與年輕女性享樂的權利。

許多沃夫之前或之後傑出的女性主義理論家都將親密經驗（包括強暴、墮胎、家暴、種族為基礎的性戀物癖、疾病、性別不安）與製造這些經驗的廣大社會結構緊密連結。一九八〇年代到處都是這種書籍，許多作者是黑人女性主義者：貝爾・胡克斯

（bell hooks）《我不是女人嗎？》（*Ain't I a Woman*）、安吉拉・戴維斯（Angela Davis）《婦女，種族與階級》（*Women, Race & Class*）、奧德雷・洛德（Audre Lorde）《局外人姊妹》（*Sister Outsider*）等等。女性主義戲劇《陰道獨白》（*The Vagina Monologues*）取得重大進展，作者是伊芙・恩斯勒（Eve Ensler）（她現在的名字是V），這部戲劇在《美貌神話》出版四年後首演。這些作品蘊含個人揭露，而眾多的個人交織為全體的正義，讓經驗和視角由個人轉向政治。然而，沃夫的作品和這類社運知識分子最大的不同是，對於自己以外的女人，和自己的生命經驗非常不同的女人，她並不感興趣。從她的第一本書可見，那本書研究歐洲白人美貌理想帶來的衝擊，卻毫不討論這些理想對黑人、亞洲人和其他非白人的女人帶來特殊、劇烈的衝擊（更不用說酷兒與跨性別女性）。

雖然總是有人懷疑，例如她的對手卡蜜拉・帕格里亞（Camille Paglia）輕視沃夫是「《十七歲》雜誌程度的思想家」，[20] 但是關於她的著作，批評很少傳到女性研究的領域。而這個十年的尾聲，在兩千年美國總統大選期間，沃夫被當成所有女性事務的權威，民主黨候選人高爾僱用她，為了知道如何吸引女性選民。她有個建議，據說到處被報導，就是高爾必須擺脫柯林頓的陰影，把自己從「貝塔男性」轉變為「阿爾法男性」——穿著大地色的西裝以中和機器人的生冷形象。[21] 沃夫否認提供時尚建議，但那則報導依然成為笑話，包括穆琳・道德（Maureen Dowd）在《紐約時報》寫道：「沃夫女士的道德等於一件亞曼尼T恤，因為高爾先生為基本的東西付了過高的價格。」[22]

新的千年，某件事情改變了沃夫。也許是高爾輸了選舉（或小布希偷走選舉），還有某些選後爭議，關於她在競選活動扮演的角色。也許是更私人的事——瓦解的婚姻與兩個年幼的孩子（她曾說過「四十歲生日過後混亂的一年」）。[23]無論原因是什麼，沃夫飆升的人氣在兩千年代初期與中期暴跌。二〇〇五年，她出版一本小書，名叫《樹屋：我父親怪裡怪氣的智慧，論生活、愛、見》（*The Treehouse: Eccentric Wisdom from My Father on How to Live, Love, and See*）。在這個《最後十二堂星期四的課》的父女版，沃夫把自己描述成叛逆數十年後，悔悟回家的女兒，重新投入父親智慧的懷抱。她的父親李奧納多・沃夫教她如何建造精巧的樹屋——以及如何過上好的生活。

沃夫寫道，她是女性主義知識分子的那段時間，重視確鑿的事實和實質的變化。這和她的父親——詩人暨專長哥德與恐怖文學學者——教導她的相反：「我的父親從小教我重視想像力勝於一切。」[24]她寫道，李奧納多理解「心」比「事實、數字、法律」更重要。[25]當時，多數評論者認為，之於創作的建議，這些文字雖然浮誇但是無害——回想起來，看在沃夫之後玩弄COVID-19的事實、數字、法律，感覺就像李奧納多・沃夫最喜歡的哥德小說裡頭陰暗的伏筆。[26]

更甚於此，我注意到《樹屋》裡頭，李奧納多重要的人生教訓——他命令「毀掉那個框架」。[27]根據沃夫，她的父親說：「甚至在你打算找尋你的真實聲音之前，你必須拒絕框架……打破它們。」她強調這點：「看看你可能會在哪一個框架，準備毀掉它。」[28]

在那之前，沃夫自己也承認，她一直都被侷限在女性主義的框架。但是兩年後，她打破那個框架，在二〇〇七年帶著愛國妄想著作《美國末日》出現。裡面什麼女性議題都沒有，而且似乎把矛頭指向她曾經費盡心機才進入的精英機構。現在她有新的焦點：獨裁主義如何降臨曾經自由的社會，以及政府不為人知的行動隱含的危險。

回想起來，對我來說，這才是問題的開始；當沃夫不再那麼像她——針對女性身體寫書開戰的娜歐蜜——開始聽起來，呃……更像我——書寫震撼狀態企業剝削的娜歐蜜。我是否在說這個混淆是沃夫刻意的？完全不是。只是深深的不幸。

而且不只那一本書。我在二〇一八年開始針對綠色新政寫作。她沒過多久也是，只是有她特殊的陰謀思想。我開始發表文章，探討地球工程因應氣候危機造成的危害，特別著重為了遮蔽日光的高海拔仿真火山，恐怕干預南半球的降雨型態。她則忙著在社群媒體推測人工降雨的化學物質是祕密的大規模投毒。我的寫作基於數十篇同儕審查的論文，設法進入兩個不對外開放的地球工程研討會；我在那裡訪問數個重要的科學家，他們參與將微粒送到大氣層上方控制太陽輻射的實驗室科學研究。她開始在紐約州北部和倫敦拍攝隨機的雲，連環保雜誌《穀粉》（*Grist*）都在二〇一八年宣布「沃夫是雲朵的陰謀論者」。[29]

她忙碌的時候我一定知道——因為我的網路聲量會快速上升。有譴責，有唾棄（「我不敢相信我以前竟然尊敬娜歐蜜・克萊恩。她吃錯什麼藥了？」）也有不甚真誠的同情（「這一切真正的受害人是娜歐蜜・克萊恩」、「願娜歐蜜・克萊恩安好」）。

這種身分合併的程度有多大？大到有一首瘋傳的詩，第一次出現是在二〇一九年十月，之後每逢這種時候必定出現，被人分享數萬次：

如果娜歐蜜是克萊恩
你就沒問題
如果娜歐蜜是沃夫
喔，朋友。喔……噗。[30]

如同所有的分身故事，混淆是雙向的。沃夫在數個平台依然擁有相當多看似忠誠的粉絲，而且偶爾我注意到她糾正別人，告訴他們她很榮幸，但她不是《震撼主義》的作者。

混淆的前十年，絕大多數的時候，我的對外策略就是刻意忽視。私下我會跟朋友抱怨，當然也會跟艾維抱怨，但對外我幾乎沉默。甚至當二〇一九年，沃夫在推特發表綠色新政的文字，每天都會標記我，顯然想把我拉去一起辯論她無根據的理論，她主張整件事情是某種綠色的震撼主義——銀行家和大膽的資本家在氣候緊急狀態掩護下，惡毒謀劃奪取權力——我不隨她起舞。我不試著處理混淆。我不加入那些嘲笑她的人。

我想過那麼做，但一點也不明智。一再被誤認為某人，某方面來說，是種內在羞辱，表示自己本身可與別人互換，而且（或者）可被遺忘。這是分身的麻煩：任何你想消除混淆的作為，只會吸引更多注意，於是冒上更加鞏固人們心中聯想的風險，但你並不想要。

如此一來，和我們的分身對質，不可避免引發存在與否的問題。我是我以為的我，還是別人以為的我？而且如果夠多的人開始把我看作別人，那麼，我到底是誰？當然，分身不是我們失去自我控制唯一的方式。小心建構的自我，會在任何時候，以任何方式瓦解——肢體意外受傷、精神崩潰，或者當今來說，帳號被駭、深偽技術。這是分身小說與電影多年來引人入勝的地方：兩個彼此難以區分的陌生人。這樣的想法顯示身分其實多麼脆弱；難以接受的事實是，無論我們多麼苦心經營私人生活與公共形象，我們認為的自我，輕易就會被我們無法控制的外力打破。

加拿大蒙特婁藝術家法蘭索瓦・布魯內爾（François Brunelle）的作品《我不是冒牌貨！》（*I'm Not a Look-Alike!*）費時數十年，拍攝數百對長得很像的人。換句話說：「在這個世界上，某個人看著鏡中的自己，和我看著鏡中的自己，或多或少看見一樣的臉孔。於是帶領我們思考一個問題：我到底是誰？我是我在鏡中看見的倒影，或是別的無法定義，而且無法以雙眼看見的東西，即使是我的雙眼？」[31]

過去數十本有關人們遇到分身的書，總是指向主角的人生準備被人翻倒，分身會離間他的朋友與同事，摧毀他的事業，陷害他們犯罪，而且常常——跟他們的伴侶或情人上床。這種體裁常見的套路是，分身到底是不是真的，這個不確定性令人不得安寧。這個人是長得一模一樣的陌生人，還是失散多年的雙胞胎？更糟的是，這個分身難道是主角憑空虛構的事物——潛意識的精神錯亂？

舉例來說，艾倫坡的短篇故事〈威廉・威爾森〉（William Wilson），讀者開始相信「可惡的巧合」，[32]有另一個人，姓名、生日、外貌，都與自命不凡的敘事者相同。然而，懷疑的聲音很快出現，這些巧合未免太過完美。到了最後，顯然那個「只能悄悄說話」的分身，只活在敘事者的妄想與自我厭惡的潛意識，威廉・威爾森殺了他的「死敵與邪惡的天才」，也殺了自己。[33] 同樣的命運也發生在王爾德的小說《格雷的畫像》（*The Picture of Dorian Gray*），講述自負且好色的男人，找人畫了他的肖像之後，與魔鬼交易，永保年輕俊美。格雷的外貌不因歲月改變，肖像中的臉卻越來越老，越來越醜，也是一種虛擬的分身。當格雷試圖摧毀可怕的分身，最後身形衰老、了無生氣、躺在地上的，反而是他。

整個紛亂的情況讓我想起我家的狗史莫克，每天傍晚太陽下山的時候，她從我家前門看見玻璃中的倒影就會瘋狂吠叫。她顯然深深相信，有隻科卡貴賓狗的分身（分狗？）蓄勢待發要衝進她家，吃她的食物，偷走主人的愛。

「那是妳！」我用最堅定的聲音告訴史莫克，但她老是忘記。而這就是面對你的分身，進退維谷的局面：盡情吠叫吧！但最後你也不可避免面對你自己。

不是我

我的分身出現麻煩的頭幾年，我之所以懶得糾正，還有一個原因：除了曼哈頓公廁事件，和娜歐蜜·沃夫混淆，似乎只在社群媒體發生。我的朋友和同事都知道我是誰，我在真實世界與不認識的人互動時，她的名字不會出現；我們也不會在文章或書評當中糾纏不清。因此我把娜歐蜜混淆事件，歸類為「網路上發生的事不算真的」。回想起來，那時候我們真是蠢得可以，用這種態度看待一切。我告訴自己，問題不在我和沃夫被搞混，而是我們在網路上的大頭貼被錯配——那些縮圖照片、平台上的身分呈現方式，以及這些平台對我們發言的規範，就和他們簡化並模糊其他許多事情一樣。

那個時候，我看待那個問題，更多是從結構的角度，而非個人的角度。幾個年輕人打著「聯繫」之名，設計科技平台，有錢得不可置信。那些平台不只允許我們偷看陌生人之間的對話，也主動鼓勵我們尋找那些提及我們的內容（也就是我們的「聲量」）。某種程度上，我第一次聽到自己的名字與沃夫被混淆，就像在公廁裡偷聽別人的對話——雖然奇怪，卻也算不上壞事。當我加入推特，點擊顯示「提及」的小鈴鐺，我的第一個念頭是：我正在廁所牆壁無限滑著關於我的塗鴉。

高中時期常在廁所塗鴉的我，覺得這個情境既熟悉，又令人非常痛苦。我馬上知道推特對我沒好處——但是，就像許多人，我停不下來。所以，如果我的分身到處破壞穩定的作為，有什麼訊息應該從中擷取，也許就是這個：簡而言之，停止在這個擁擠、骯髒、什麼人都有、名為社群媒體的廁所，偷聽陌生人談論你。

要不是 COVID-19 來打擾，我說不定會聽進這個勸告。

2 COVID-19，倍增威脅

「我念這條推文給你聽好嗎？」我說。我晃進廚房，單手端著我的筆電。

「好吧。」艾維回答，癟起嘴巴。他已經決定角逐加拿大國會席次，正為各種高風險的決策分身乏術：他需要僱用一個競選經理、擬一份綱要、募到幾十萬元。

「她剛剛寫了『施打過疫苗的人的尿液／糞便須與一般下水道／渠道分離，直到證實對未施打過疫苗的人的飲用水不造成影響』。你相信嗎？她認為打過疫苗的人是生物公害！她想蓋平行的下水道系統！」

「所以妳想怎樣？」艾維問，感覺不是特別有耐心。對，你想怎樣？

✧✧✧

COVID-19之前，陰謀論似乎是沃夫的興趣。她一下談這個，一下談那個——伊波拉病毒、史諾登、5G、ISIS——但是從來不花很多時間深入任何一個主題，當然不會多到真正證明什麼東西。她只是「立旗」，還有「問問題」，然後一概繼續談別的。這是典型的「有陰謀但沒理論」，[2] 如同羅素・繆海德（Russell Muirhead）和南希・羅森布盧姆（Nancy L. Rosenblum）二〇二〇年的著作《很多人在說》（*A Lot of People Are Saying*）當中描述，越來越多文獻試圖理解人們為何忽然相信瘋狂又未經證實的主張。

但是當我看著沃夫在疫情期間產出的文字，立刻發現有些不同。她不像之前那樣，在主題之間跳來跳去又問問題。她似乎只有一個主題：病毒——病毒發源地、封城、篩檢、強制佩戴口罩、疫苗、強制接種疫苗、疫苗接種證明應用程式。在她眼中，那些全都不是表面那麼回事。聽她談病毒，我們聽到的不是新型而且人畜共通的高傳染力病毒，要求我們在各種困難的選擇之間權衡取捨，讓我們的政治階級和公共衛生系統——新自由主義縮減資源五十年後搖搖欲墜——反覆摸索但仍控制失敗；也不是藥商如何透過保護從來就不正當的專利最大化他們的利潤。相反地，她說，我們是實驗、密謀、政變的一部分；這是一場為了將我們變成技術奴隸的戰爭；說服我們自願放棄我們的自由，過程之中消滅大量人類。沃夫一再宣稱「這是『種族屠殺』」，[3]同時舉出一大串類似的例子，諸如納粹德國、種族隔離政策的南非與美國、現代中國。

傳染病宣布不到一年，沃夫已經成為在網路上散播這類錯誤訊息的關鍵節點。她的推特追蹤人數相較前一年翻倍，現有十三萬八千人。[4]我至少能說出七個網路平台，她在上面把衛生官員幾乎每個措施都描述成惡意的密謀，操控病毒的目的是獲取我們的DNA，讓我們生病、絕育，殺害我們的嬰兒，追蹤我們的行動，將兒童變成沒有感情的無人機，推翻美國憲法，腐蝕西方權力。她猜測病毒可能是生化武器——所以，疫苗可能也是，可以用來暗殺政治人物（「地方領袖也在死去。」她寫道：「所以我恐怕這是攻擊。劑量不同。」）[5]她把當時美國國家過敏和傳染病研究所所長安東尼・佛奇比喻為「撒旦」，打擊疫苗假消息的作為則是「惡魔」。[6]

一群「跨國的拙劣演員，包括世界經濟論壇、世界衛生組織、比爾與美琳達・蓋茲基金會（Bill & Melinda Gates Foundation）、科技公司、中國共產黨——利用傳染病摧毀人類，尤其摧毀西方」，她寫道。「癱瘓世界其他超級強權，有什麼方法，比拿受到汙染、殺人的疫苗摧毀我們美國的前線和我們美國的下個世代更好。疫苗透過空殼公司（甚至沒幾家）和中間人流進西方。整體來看，在西歐、加拿大、澳洲從事相同的事有多麼容易？」[7]

疫情初期，沃夫出現，不間斷地發出 COVID-19 相關的錯誤訊息，顯然在真實世界逐漸見到效果。透過她的網站「每日影響力」（DailyClout），以及與一些共和黨州議員新締結的聯盟，沃夫宣稱，數十個共和黨的州推動立法，阻擋強制佩戴口罩與疫苗護照的規定，部分是她的功勞。

我的分身傾向誇大她的影響——現實生活裡，全球有刺耳嘈雜的聲音，跨越每個平台與媒體工具，對著數億人口，說著多種語言，而她不過是其中之一。也就是說，在這個全球網絡中，幾個個人因為疫情之前的高調作風，以及社群媒體技巧，加上不屈不撓的努力，所以扮演特別膨脹的角色。而且雖然他們從 COVID-19 起家，迅速就會轉向各種據說為了加速暴政而設計的陰謀。

沃夫是其中一個，尤其關於醫療的錯誤訊息，她瞄準最初幫她登上國際舞台的族群：女性。她有一則 COVID-19 的推文被人廣傳，吸引大量新的觀眾。她在那則推文寫道：「數百個女人……說她們注射疫苗之後流血或血塊，或者在接種過疫苗的女人『附近』，就莫名其妙流血。」[8]

疫苗與不孕的迷思瘋傳，在網路世界的女性健康社群造成恐慌。一位自稱「非常關心子宮健康」的網紅警告追蹤她的人，別太靠近任何打過「預防針」的人。佛羅里達州至少一所私立學校改變立場，以保護學生免於疫苗「照射」之名，禁止接種過疫苗的教師進入教室。根據美國公共廣播電台（NPR）調查，藉由特殊資料分析，發現這些不實信念，很多可以追溯到「我們所謂的偽醫療社群中，那些追蹤人數很多的網紅」：娜歐蜜・沃夫。[9]

或者，在那些看得有點太快的人眼裡：娜歐蜜・克萊恩。

✧
✧
✧

「另一個娜歐蜜」在COVID-19期間引發的騷動，意謂我與她混淆的風險，已經遠超過在曼哈頓公廁的時候。早期她無根據的陰謀論，當然傷害她暗示為間諜或製造危機的人，但是對多數人民並未構成直接的危險。

然而COVID-19改變了一切。而且從她惡名昭彰的「疫苗照射」虛構言論，就能輕易看出為何她的觀點會被接受。接種疫苗的人會攜帶危險粒子並傳染給沒接種的人，這種莫名的說法在疫情某個關鍵時刻開始流傳，也就是許多人在決定要不要相信疫苗的時候。某些健康的人相信病毒不會對他們造成威脅，反而擔心疫苗會對他們帶來不良影響，此時捏造「疫苗照射」這種謠言，剛好成為拒絕接種方便的理由。

以多倫多知名的健身網紅「亮麗媽媽」（Glowing Mama）為例。這位教練非常執著疫苗照射理論，宣稱因為她身邊的人都接種過疫苗，所以她在「經期之間出血」。[10]在一部根本沒有理由瘋傳的影片中，亮麗媽媽講到女兒的祖父母接種疫苗之後想抱孫女，顯然不顧他們會為小孩和她帶來什麼危險，說著說著竟然哭了。她一邊啜泣一邊說：「他們要讓整個世代的人絕育。」[11]她不敢相信這些已經「一腳踏進墳墓」的老人有多自私[12]——他們已經接種疫苗，還期待和孫女相親相愛。

那部影片根本愚蠢——疫苗和不孕無關；疫苗不會因為擁抱就「照射」——許多輕易可得的科學資源即能證明這兩件事。但是就這個情況看來，我的分身努力不懈散播的照射理論，之所以吸引人，因為這是一個終極工具，既可以投射個人想法與感受，又不用負擔罪過和責任。支持疫苗的論證主張：我們屬於緊密交織的社群，因此我們對我們身體的所作所為，以及無所作為，都將影響他人的身體，尤其虛弱的身體。然而，沃夫和她的伙伴接受這個論證，將之徹底翻轉。依照他們的說法，接種疫苗的人是真正自私的人，犧牲弱者，散播而且發射病毒。

這一切大幅提高我和她被混淆的風險。身分被搞錯的頻率也不再是每隔幾個月才會發生的困擾。COVID-19第一年，每天都像雪崩一樣混亂。這個狀態持續幾個月後，我理直氣壯，開始反擊。我在社群媒體的個人檔案加上「不是那個娜歐蜜」，而二〇二一年二月，當她在福斯新聞到處警告，政府強制實施COVID-19的措施是「獨裁暴政」，[13] 我在推特發文：「溫馨提醒，不要搞混你的娜歐蜜。」[14] 當她的推特帳號被停，而且似乎是永久，我發了一則推文：「可惜我還在。」[15] 這兩句話收到的「讚」，上次我看的時候，有兩萬個。

那是因為，儘管疫情早期極端隔離與焦慮的情況，「搞錯娜歐蜜」變成左派推友最愛的笑話。網路上的蜂巢思維不僅樂於取笑「另一個娜歐蜜」的瘋狂言論，也因為我會從中獲得至少某些好處或責備而高興（願娜歐蜜・克萊恩安好）。對於極端無聊，而且又對社群媒體瞬間給予的多巴胺成癮的人，我們就是他們的消遣。人們得到的，確切來說不是樂趣，而是合成出來的類似感受——孤單焦慮的時候，虛假的社群經驗。

你看，這真的很混亂，而且，就連我也覺得搞笑。一而再，再而三，她的言論有點像是透過哈哈鏡閱讀我在《震撼主義》裡的論證，折射全憑直覺產生的密計和陰謀。即使COVID-19在美國已經奪走數十萬人的生命，她仍然質疑疫情的嚴重程度，聲稱這只是一場「高度炒作的醫療危機」。[16] 她告訴塔克・卡爾森，拜登政府利用醫療緊急事件作為「偽裝」，「剝奪我們的自由——財產自由、集會自由、信仰自由，所有憲法保障的權利」。[17]

看著這個，我的感覺就像她拿走我的想法，丟進瘋狂的攪拌機，打成泥漿，與猛力點頭的卡爾森分享。這段期間，沃夫的追蹤者從頭到尾都在追殺我。我在《震撼主義》警告讀者這是全球震撼主義的藉口，如今為什麼背叛「全球主義者」，欺騙大眾相信口罩、疫苗、室內集會限制是合法的公共衛生措施。「我認為她收了好處！」某個代號「RickyBaby321」的人這麼說我，並告訴沃夫：「我已經把娜歐蜜・克萊恩的地位降級為生物：『另一個娜歐蜜！』」[18] 在社群媒體看到別人大肆討論我，說我誤解我自己的想法，同時又說，「另一個娜歐蜜」是比我更好的版本，我感到暈眩。

凱倫・吉蘭（Karen Gillan）演出的分身黑色喜劇《雙重軀體》（*Dual*），多少捕捉我這個娜歐蜜麻煩的荒謬。吉蘭飾演的角色莎拉罹患絕症，生存機率極低，為了不讓親愛的人傷心，她決定複製自己。但是她的複製人非常強勢，開始在她所有重要的關係取代她。後來發現，莎拉的絕症是誤診，她根本沒那麼快死，唯一的解決方法是讓兩個一模一樣的人來場經典的決鬥。「我們不能讓妳們兩人同時走來走去。那樣太荒謬了。」[19] 莎拉被這麼告知。確實荒謬。荒謬且認真，認真地荒謬。這就是為什麼，就像莎拉，我也開始和我的分身決鬥，即使只是憑我簡短的推文「不要搞混你的娜歐蜜」，踏入數位世界決鬥。

COVID-19期間，我和許多人一樣，比平常更常上網，否則我能去哪裡？封城之前，我相當嚴格控制我的社群媒體使用時間。但封城之後，我在巨石上與世隔絕的期間，規矩全都破壞了。社群媒體是我不用因為該死的病毒而放棄的事，所以我仔細想想，為何要放棄？

我越是滑著那些「聲量」，越覺得那些聲量真實存在。COVID-19已經取消非常多，過去好幾年來告訴我，在這個世界我是誰的事情——計畫好的書本宣傳、系列課程。曾經在那些場合，人們來到我面前，與我分享我的工作對他們的意義，而且我會從他們身上學到新的事物。現在我仍參與各式各樣我們後來所謂的「線上活動」，例如動員投票的造勢大會、書展、記者會，但都是坐在同一把椅子，在同一間房間，在同一座巨石，面對同一顆電腦鏡頭閃爍的綠光，把我的能量與希望倒進似乎永無回音的虛空。每場活動之後，我會去滑推特，確認我剛才真的接觸其他人類。但是通常我只會找到她：她難以置信的理論、混淆的身分、激動的反應，還有難笑的笑話。

世界正在消失，而我也是。

傳染病期間，混淆又更嚴重，這是有道理的。這段時間，我們這麼多人靠著分身在我們自家以外的世界代表我們，分身更能代表我們的肉身。使用Zoom大約一年後，有個朋友告訴我，這個平台有個「柔焦」工具。現在我在公開活動會刻意美肌。雖然只是稍微，但我發現我喜歡這個效果。「我們以為某物一直都是想像，現在才發現那是真實。」佛洛伊德寫道：「幻想和現實的界線模糊時，通常出現離奇的作用。」[20]傳染病的生活過了兩年後，我已經不像疫情之前的我，更不像我在網路上的照片，尤其最常見的那張，二〇一四年在出版社辦公室，有化妝師打理和專業燈光之下拍的宣傳照。那個光鮮亮麗的娜歐蜜和此時寫下這些文字的娜歐蜜——穿著緊身褲和背心，為了綁住自己剪的瀏海而亂紮一通的高馬尾——兩者之間的距離，就像我的宣傳照與娜歐蜜・沃夫的宣傳照一樣。

就在所有隔絕和柔焦之中，所有表演的自我、扭曲的自我、數位化的自我之間，我和她的界線也變得模糊。我公開的自我已經縮小成拇指大小的照片和推特兩百八十字元的限制，而現在，多虧她，連那些都沒了。我覺得自己像縮小的愛麗絲，告訴毛蟲：「我不是我自己，你看……一天以內大小變化這麼多次，實在太混亂了。」[21]

所以，如果我對自己誠實，我加入推特的炎上，真的只是因為有必要破除沃夫關於COVID-19的不實言論嗎？我這麼做也是因為我感覺自己越來越不重要，像是正在消失一般。那不也是為什麼我們這麼多人，在那些孤單的日子，紛紛成為鍵盤戰士的原因？

在程式碼裡頭

里賈納大學（University of Regina）行為科學家戈登・彭尼庫克（Gordon Pennycook）解釋，隨著病毒散播，民眾處於普遍的恐懼之中，害怕重病甚至死亡，同時極為擔憂居家隔離、停班停課、佩戴口罩等防疫措施會影響親人與生計，就在此時，陰謀論的小販發現準備聆聽的觀眾。「人們因為恐懼，無法判斷他們可能在網路上讀到的內容是否正確。」他告訴《紐約時報》，並說：「一般來說，人們不想散播不實內容，但在這個非常時刻，當人們擔心病毒，像是『維他命C治癒COVID-19』或『一切都是騙局』，就會廣傳。」[22]

沃夫那些看了高興的貼文該受責備。同樣地，許多追蹤她的人，不明就裡分享她的主張，也該受責備。但是，事情就在這裡變得棘手：非常多跳出來指責沃夫散播錯誤訊息的人，也沒好好閱讀他們發布的內容。我會知道是因為，他們急著被人看見，也急著參與，結果發布關於我的文章。即使沃夫的名字正確地寫在文章標題，而且是粗體字。

這種情況還帶來更麻煩的後果。長久以來，人們偶爾會把我和沃夫搞混，分不清我們的名字。這種事情本來就可能發生在任何人身上。但是隨著COVID-19疫情持續，這些不長眼睛的人，逐漸演變成一種令人窒息的現象。越來越明顯的是，我們兩人不是被混淆，而是混為一談，當成兩個可以互換的娜歐蜜。

這是我在網路上經常撞見有關娜歐蜜的對話中，最令人崩潰的部分。不止一次，某人說：「OMG。我現在才發現她們不是同一個人。」或是：「今天我發現娜歐蜜・沃夫不是娜歐蜜・克萊恩。而且說實話，這樣比較說得通。」有些人說《震撼主義》是「含金量相當高的著作」，而且在書裡面，我還列出「走向法西斯政府的十步」，但我從來沒寫過那十步，是沃夫寫的。

很長一段時間，我一直抗拒混為一談這個事實。我認為，我們之間的差異，除了對於事實和研究的取向不同，她生長在美國，我在加拿大。她是自由派，談到開國元勛會肅然起敬，崇拜高度個人主義版本的「自由」，而且寫了一整本書向一位「年輕的愛國人士」致敬。我是左派第三代，相信團結才能得到自由，看到國旗就渾身不對勁。她上美國和英國的私立大學，我上加拿大的公立大學然後輟學。她的眼珠是藍色；我的是棕色。

然而，我已經接受，雖然這些差異對我來說重要，對她來說當然也重要，但是多數的人並不在意。而且他們為什麼要在意？我們都是懷疑精英權力的娜歐蜜。我們甚至有某些共同目標。例如，關於救命的 COVID-19 疫苗，比爾・蓋茲和藥廠一起捍衛專利權，並且利用世界貿易組織暗中為害的智慧財產協定作為武器，儘管事實是，疫苗研發獲得大量公款補助，而且他們遊說政客的結果，還讓地球上數百萬最貧窮的人民沒有疫苗可以接種。這件事情讓我氣得要命。娜歐蜜・沃夫認為人民被迫接種疫苗，而且宣揚比爾・蓋茲利用疫苗控制人民，為了將世界的秩序導向邪惡。她也氣得要命。

這些是重大的差異，反映兩個不同的人，兩個不同的信念系統。但我已經接受，對於Netflix節目無聊時就滑社群的鄉民，我們都是意見很多的娜歐蜜，專說迫切的問題和比爾・蓋茲。

某天我特別沮喪，有人在推特上說我已經失去理智好幾年，現在我把強制接種COVID-19疫苗等同強制納粹德國的猶太人戴上黃星。當然，他放了一個娜歐蜜・沃夫說這句話的連結。黃星的類比真的惹毛了我，然而寫了又刪除一堆充滿粗話的回覆後，我只是冷靜又節制地回了一句：「你確定？」貼文的人看了，發現自己搞混，立刻刪除文章，並且道歉：「喔，老天，是沃夫……推特自動填寫的功能真是可惡。抱歉啦。」[23]

自動填寫？！

我感覺血液直衝腦門。在那一刻，住在道路盡頭的巨石上已經進入第九個月，遠距教學和室內佩戴口罩進入第十三個月，上次和好友見面彷彿已經過了一萬年，我突然意識到：混淆的情況多到連推特的演算法也「善解人意」地提示錯誤的姓名，貼心地幫使用者節省寶貴的時間。這就是機器學習運作的方式——演算法模仿，從模式學習。所以，如果我的名字經常與沃夫的名字混淆，即使是玩笑，那麼演算法會以我的名字取代她的名字，開始出現在建議當中，導致更多混淆。也就是說，我嘗試修正紀錄的任何作為——或者對她特別喜愛的理論表達我的立場——都只會訓練演算法把我們混淆得更深。

當我們允許企業技術平台圈圍許多個人過去的行為，這就是隨後的結果，那些企業的創辦人說他們打算將我們聯繫在一起，但總是從我們身上榨取利益。圈圍的過程，也就是我們在這些私人平台活動的過程，改變我們，包括我們與他人的關係，以及這些關係根本的目的。這點可以回溯中世紀開始的圈圍形式。英格蘭的公有地轉為樹籬和矮牆圍繞的私人持有財貨，土地就變成其他東西：土地的角色不再是裨益社群的資源——共享牧草、食物、薪柴的管道——而是增加作物產量並為地主帶來收益的工具。一旦物理上與法律上圈圍起來，土地就開始被當作機器對待，盡可能生產。

因此，同樣地，我們的網路活動，我們的關係和對話，是現代世界的作物，設計用來收成比從前更多的數據。如同玉米和大豆是大量單一耕作的作物，為了維持標準和均質，就要犧牲品質和個體特徵；均質甚至就是個體為了在競爭中脫穎而出而展現的古怪與獨特。

這就是為什麼電影《駭客任務》系列是理解數位時代的譬喻經典：並不只是紅色藥丸和藍色藥丸。在《駭客任務》裡，活在人造生命艙裡的人類只是機器的食物。我們很多人懷疑我們同樣已經成為機器的食物。而且某方面而言，我們確實已經是。如同理查・西摩（Richard Seymour）二〇一九年銳利剖析社群媒體的著作《啾啾叫的機器》（*The Twittering Machine*）所寫，我們以為我們在與他人互動——寫字、唱歌、跳舞、說話，「我們的朋友、工作的同事、名流、政治人物、王室、恐怖分子、色情片演員——任何我們喜歡的人。然而，我們不是在與他們互動，而是與機器。我們寫給機器，機器幫我們傳話，而且在那之前先保留一份資料的紀錄」。[24]

莎娣・史密斯（Zadie Smith）更是在十年前就預見這一切。她談到臉書興起，並擴大論及其他社群媒體平台崛起，「當一個人類變成網站上的一組數據，例如臉書，他或她被簡化了。一切都縮水。個人特色、友誼、語言、感性。某方面而言，這是超越的經驗：我們失去身體、雜亂的感情、欲望、恐懼」。[25]但我們並未超越到某個更高的境界，只是退化為更少的自我。還有扁平、簡化版本的自我，容易與另一個扁平、簡化版本的他人混淆。

無論我貼多少凶惡、輕蔑或節制的糾正文章，這些都不是我能解決的問題。至少不能靠我自己解決。所以，疫情持續超過一年後，我開始有種奇怪的感覺——無話可說，任何事情都無法說多少。比爾・蓋茲出了一本氣候變遷的新書，一位報紙編輯請我寫篇文章。這本名列前茅的暢銷書叫人不要採取我認為重要的氣候危機因應措施，例如監管汙染源，電網歸還公有以加速再生能源轉型。我做了些筆記，關於比爾・蓋茲如何干擾COVID-19的防疫政策，他為保護企業利益勝於人類安全的偏見，而且我們不該讓他在我們的氣候因應措施上故技重施。但我想到，任何我寫的，關於比爾・蓋茲的東西，都可能惡化我的「另一個娜歐蜜」問題。在網路時代高速的光影下，這一切難道不是混合在一起、模糊在一起，聽起來像個大陰謀嗎？難道不會更加混淆現在形塑我們生活的演算法，導致更多人尋找她的名字的時候，自動填寫我的名字？推特會開始打壓我的內容嗎？還是已經開始了？那篇文章，我寫到一半停了下來。

我失語的時候，沃夫繼續說話，也打字。占據足夠的空間供我們兩人和另外幾個娜歐蜜使用。

分身有關的書籍與電影填滿我的夜晚。我真是嚇一大跳，這個現象幾乎沒有例外：分身憑藉強大的能量與堅持，最終取代本尊，而本尊逐漸消失或沉淪。杜斯妥也夫斯基的小說《雙重人格》，結局是飽受折磨的主角戈利亞德金被冒充他的分身逼瘋，然後被送進療養院。

這是我的命運嗎？被人載走？難道我需要開始多多尖叫，以免身分被剝奪？說不定。為了向他人——也向我自己——證明我真的存在，我需要餵給那台機器新鮮的內容：發表新的意見、表達新的怒氣、培養新的粉絲。但是我發現自己根本做不到；我無法達到整個成人生活都在從事的基本身分維護以及注意力經濟的要求。我已經養成習慣，靈魂出竅一般看著我的分身對我造成的反衝作用，彷彿我所能做的只有看著：我、她、混淆。我是自己的人生的觀眾。意思就是，就我的聲量來看（現在幾乎完全圍繞著她），我正在消失。

二〇一三年，《雙重人格》改編成電影《盜貼人生》，傑西・艾森柏格（Jesse Eisenberg）精湛演出男主角賽門——一個不起眼的職員，身分被同是艾森柏格演出的分身偷走。這個分身長得一模一樣，但是不擇手段、浮誇炫耀，甚至摧毀他的生活。電影將近尾聲的時候，他的臉因為打鬥沾染血跡，他看著鏡頭說：「我想認為我很獨特。」

我們都想那麼認為，不是嗎？問題是，外面就是有那麼多個我們，利用同一個預先寫好的程式工具，寫同樣的字型，回答同樣的提示，卻又都渴望顯得獨特。難怪艾森柏格說的那幾個字，在我們競爭誰更獨特、更真實的那幾個平台，變成瘋傳的迷因。而且，對某些人來說，這些虛假的時候反而是我們還是我們的證明。

拿俄米記

某天晚上，手機滑個不停的時候，我忽然想起，小的時候曾經吵著改名，如果當時貫徹到底，現在就可以避免分身的麻煩。在我成長的蒙特婁猶太社區，幾乎每個人都把我的名字念成「奈－歐－蜜」，把「娜」念成扁平的「奈——」，我聽了就刺耳。不管我介紹自己是「娜」歐蜜幾次，他們還是會念成長音「奈——」歐蜜。

「妳給我取了聽起來像在哎哎叫的名字。」我高中一年級時候對著我媽哎哎叫。當時是早春，我們在院子裡，冬天的狗屎最近才融化成草地上臭氣沖天的枯草湯。嬤嬤，也就是我媽媽的媽媽，在躺椅上打瞌睡。當時她的阿茲海默症已經發展為重度，我們人類小心翼翼呵護的自我，也會因為那樣喪失。

「我一滿十八歲就要去改名。」我威脅媽媽。

「妳的名字是從納森來的。」媽媽耐心回答。嬤嬤聽到有人在叫她過世已久的丈夫，稍微激動。我從沒見過的外公納森，在我出生前一年突然心臟病發過世。

我堅持。「是，但為什麼不叫『娜塔莉』？也是三個字，第一個字是『娜』，還是『娜塔莉亞』，甚至更好？或者『娜塔莎』、『娜迪亞』。我要改成『娜迪亞』。」

在她不知道的時候，感謝魁北克對未成年飲酒出了名的寬鬆態度，我已經在酒吧對著大學男生試用「娜迪亞」。「娜迪亞」聽起來帶著一種性感的東歐氛圍，像是從米蘭・昆德拉那些撲朔迷離的小說中走出來的人物——我青少年時期最愛的作家。還有，當時是一九八〇年代，身形纖細的體操皇后娜迪亞・柯曼妮奇（Nadia Comăneci）在莫斯科奧運拿下完美十分，而且傳言她即將背叛蘇聯集團。但是「娜塔莉」也不錯，這個名字聽起來活潑、不會哎哎叫，就像路邊紀念品店裡，掛在太妃糖旁邊那個旋轉展示架上的菜市場名項鍊。在那個吱吱作響的展示架上，不管我轉了幾圈，永遠找不到「娜歐蜜」。

但是「娜塔莉」對我母親來說不夠像猶太人的名字。母親在費城嚴守猶太教規的家庭長大，上神學院，懷抱成為拉比的夢想，儘管因為性別不符，徒留遺憾。然而不知怎的，在一九六〇年代末，她發現自己懷孕，並且嫁入共產主義的家庭。這家人堅信馬克思主張「宗教是人民的鴉片」，只會轉移勞動階級的注意力，令他們忍受資本主義不公正的生活但不自覺。我的父親是醫生，因為認為越戰既不合法也不道德，拒絕有任何牽扯，於是離開美國陸軍醫療團。最後我的父母在蒙特婁落腳，正是在那裡，我的母親為我取了非常《舊約》的名字，將我們與古老的部落連結。

在希伯來文，「娜歐蜜」的意思是「愉快」或「討人喜歡」，有時也翻譯為「甜」。最近我問我的母親，她記得的意思是「令人安慰」——雖然我找不到這個意思的證據。

也許那是她的記憶，因為當年她在那個冰天雪地又說法語的島上，懷著一個女兒，同時哀悼她的父親，想要的就是安慰。

我的名字出自《舊約》中的《路得記》。故事描述一位以色列的母親名叫拿俄米，她的丈夫和兩個兒子相繼去世，留下她與兩個媳婦。比較孝順的媳婦路得選擇與拿俄米作伴，她們一起前往拿俄米的家鄉伯利恆。城鎮的居民見到他們的老朋友，喊她的名字，她告訴他們，這個名字不適合她：她失去太多，再也不「愉快」或「討人喜歡」，也不「甜」。他們應該改叫她瑪拉，意思是「苦」：「拿俄米對他們說，不要叫我拿俄米，要叫我瑪拉，因為全能者使我受了大苦。」[26]

三年級的時候，我有個朋友名叫瑪拉，她家與我家相隔三個街區，不像我，她有聖人般的耐心，萬聖節拿到的糖果可以吃一整年。嘴巴塞滿陳年糖果的我們，會對彼此背誦這句話，感覺這句話，在盎格魯—撒克遜白人基督徒的社區中，讓我們兩個女孩與猶太人的連結變得神聖。「不要叫我拿俄米，要叫我瑪拉。」

隨著我的「另一個娜歐蜜」問題持續（而且不停），那句話偶爾出現在我腦中。「不要叫我甜。」我滑著那些令人火冒三丈的譴責和諷刺迷因時，心裡會這樣想。「要叫我苦。」

除了，隨著這段雙影期間持續，倒映COVID-19時代極度混亂的智性和意識形態，我發現我的苦逐漸淡去，取而代之的是更複雜、更意想不到的情緒。長期和另一個人混淆，可能會覺得羞辱，但又不盡然。也有一種奇怪的親密體驗。你和另一個你，界線開始磨損，越來越細，甚至透明。他們的問題是你的問題，他們的羞恥是你的羞恥。分身是你的軌跡，你的影子，有點像我們名字出處的那段聖經故事，裡頭路得對拿俄米說：「你往哪裡去，我也往那裡去。你在哪裡住宿，我也在那裡住宿。」[27]也許這就是為什麼，對這混淆，我越來越不覺得苦，反而非常感興趣。

當這個世界越變越奇怪，我越好奇，這一切意謂什麼。而且好奇，她為什麼做她正在做的事——還有，她接下來要做什麼。

3 我失敗的品牌，或以她的名字呼喚我

我拐彎抹角的故事可以描述得更簡單，而且在我繼續進行之前，應該直接來談。著名的數位策略顧問丹・洪（Dan Hon）在推特發文，說他被沃夫的行動搞得完全糊塗，因為從頭到尾他都以為那些是我做的。就他看來，問題很明顯：「娜歐蜜・克萊恩應該對於商標稀釋和品牌傷害提出訴訟。」[1] 簡單來說，洪認為，我的品牌岌岌可危。

我在某個熱門的行銷網站查了「品牌稀釋」近來的定義，發現這樣的傷害有三個主要原因：

一、「擴張能力太薄弱」（例如餐廳展店太快，品質失去控制）。[2]

二、「引進不相關的服務或產品」（例如高露潔做起冷凍食品的生意，才發現人們不希望吃做他們牙膏的人做出來的千層麵）。

三、「失去對品牌的控制」（就像，唉，我不知道怎麼講，沉悶的疫情期間，某個連續被停權的陰謀論小販，她的言行一直被歸到妳身上）。

洪提出他的免費建議當時，品牌稀釋剛好上了頭條：耐吉公司宣布對納斯小子（Lil Nas X）和藝術團體MSCHF提出訴訟，正是為了品牌稀釋。未經這個運動用品巨頭同意，這些精通行銷的藝術家拿了六百六十六雙耐吉的Air Max 97跑鞋，在鞋底裝入人血，重新命名為「撒旦鞋」，一雙賣一千零一十八美元。這些全都為了宣傳納斯小子的賣座單曲〈蒙特羅（以你的名字呼喚我）〉。在這首歌的音樂錄影帶中，這位歌手在死神面前跳膝上舞。耐吉聲稱，撒旦鞋對他們的品牌「可能造成混淆與價值減損」，[3]因為消費者可能認為改造後的運動鞋與該公司有關。這樁訴訟正中納斯小子下懷，為他免費帶來大筆宣傳效益，於是耐吉默默和解。（我寫到這裡，發現這對我的情況簡直就是糟糕的類比：我是愛打官司的多國企業巨擘，而「另一個娜歐蜜」是納斯小子，真正的天才。）

儘管如此，洪是對的。我的分身麻煩完全證明當今資本主義最重視的活動：發展、維護、捍衛我的個人品牌，而我完全不及格。如同任何市場專家會告訴你，品牌就是承諾──始終如一、可信可靠。而我的承諾顯然已經被減損，也被降級。否則為什麼這麼多人將我和另一個無法分辨暫時公共衛生措施和政變的人搞混？

如果我的品牌真的被稀釋，照理來說，我應該立刻努力成為更好、更出色的品牌，同時積極防守邊界，抵擋任何可能的侵犯。然而，這個對策有個問題非常刺眼。像這樣把人類行為當成企業品牌的想法讓我深感矛盾。我的第一本書《No Logo》，論述的就是反對生活風格作為品牌的趨勢，包括個人應該將自己當作商品塑造與行銷。我把沃夫當成品牌問題，等於在說我的品牌走歪。

一九九〇年末，我在研究並書寫《No Logo》的時候，腦中首先浮現的念頭就是：個人作為品牌，是我們全體，即使不是名人，都應渴望的事物。在書中，我探究這個新穎但具有爭議的想法。我們全都對於穩定的工作會快速消失這件事情感到不安，但是如果人人都成為麥可・傑克森和歐普拉而且打上品牌，這個問題就會解決。管理大師湯姆・彼得斯（**Tom Peters**）在一九九七年《快公司》（*Fast Company*）一篇封面報導〈名為「你」的品牌〉（**The Brand Called You**）列出新的規則：

無論年齡，無論地位，無論我們剛好從事的行業，我們全體都需明白成為品牌的重要性。我們是我們自家公司的CEO，而這間公司名為：我Inc.。今天做生意，我們最重要的工作是擔任稱為「你」的品牌行銷主任……好消息是——而且絕大多數是好消息——每個人都有機會出人頭地……就從發現讓你有別於競爭者——或你的同事——的性質或特色。你最近，例如這個星期，做了什麼讓你自己與眾不同？[4]

有趣的是，當時世人為此大大嘲笑彼得斯；該雜誌甚至發表道歉啟事，撇清那篇文章和其中反烏托邦的世界觀，鼓勵公司同事為品牌識別互相競爭。[5]那不是令人極為不快嗎？破壞同事情誼？還有一個更現實的問題：喬丹、歐普拉、理查．布蘭森（Richard Branson）等世界級的名流和企業家，把自己定位為自己的品牌是一回事，但是一個大學生或中階經理或失業的工廠工人這麼做，又是另一回事。彼得斯寫的是，個人現在也有相同的能見度需求，和能買下電視廣告和印製傳單，並藉此得到數十億人「印象」的大型企業一樣……「如果你幫自己成立品牌，你也有相同的能見度需求——但是沒有預算。」[6]

呃……確實如此。一般人沒有廣告預算，所以對於我們在一九九〇年代

* 譯注：內容創作平台，提供付費訂閱功能，使創作者收益。

的腦袋，整個概念聽來非常荒謬。記得，這可是在臉書好久以前，更不用說抖音或Substack*。電視台甚至還沒開始製作實境節目，不會從素人裡頭找出明日之星。簡單來說，個人品牌的想法起初被當成伎倆——不切實際的迷湯，灌給失業或工作不穩定的人。而公司和管理顧問也推廣個人品牌，以掩護為了節省成本和提高股價而進行的大規模裁員和外包。

當我出版《No Logo》時，二十九歲的我想像自己公諸天下某些事實，就像在花園派對端出一盤具有挑戰但想法創新的開胃菜。我剛從耐吉在亞洲的血汗工廠回來，我會揭發品牌虛假的承諾和醜陋的陰暗面。

結果，接受一場又一場訪問，我被問相同的問題：「妳難道不是一個品牌？」

反品牌的品牌問題

回到我寫作職涯的早期，記者指控我是品牌，我堅持並非如此。我會充滿鄙視地說：「我是作者。不是品牌。產品不是我。我在做的是傳達想法。想法在書裡，去讀書。」我強調我沒有副產品，沒有品牌延伸，沒有T恤或托特包，除了書本什麼也不賣。之前就有那麼多作者賣書，怎麼沒人指控他們是品牌？

但是，事實是，我說的不是真的。當時我非常刻意設計並呈現《No Logo》這本書。我花了這麼多年研究企業如何經營品牌，我希望我的第一本書也說著同樣流利的語言。早在我找到出版社之前，就先找到世界一流的圖像設計大師布魯斯・莫（Bruce Mau）。書的封面充滿光澤而且全黑——當時造成轟動——而標題本身是自成符號的紅、白、黑商標。我確定我的出版商沒有出售《No Logo》的周邊商品營利，但我確實自掏腰包做了《No Logo》的拆線器，新書發行的時候免費贈送讀者，讓他們拆掉自己的商標。（我的拆線器還在，主要用來拆掉我兒子衣服上扎人的標籤。）

英國文化理論家斯圖亞特・霍爾（Stuart Hall）曾在柴契爾時代描述左派是「歷史上時代錯置的人」；[7] 美國政治理論家溫蒂・布朗（Wendy Brown）十年後寫下她看見一個左派「困在憂傷的依戀中，緊抓著自己凋零的過去，他們的精神空洞，他們的欲望結構是顧後不瞻前，令人疲憊」。[8] 身為一九六〇年代激進分子的女兒，我在那個空洞的文化中長大；我不希望我的作品加入左派那些塵封的書堆。我要《No Logo》穿上資本主義華麗的外衣。

我告訴自己，花這麼多心思在包裝、風格這些東西，是在拋媚眼——換個更好的說法，是對企業品牌世界的駭客攻擊。結果成功：《No Logo》賣了超過一百萬本，完全出乎我意料。我巡迴宣傳兩年，也一直玩弄反品牌的品牌這個想法。我的造型簡單一致：黑色長褲、T恤、牛仔外套——主要為了打包行李方便。我繡了一個《No Logo》的標誌，貼在我的水壺上。演講的時候，我會拿起水壺牛飲，挖苦地開玩笑：「我就是不懂為什麼那些記者一直說我是品牌。」

這個戲劇效果當中，有些不真誠的地方，現在我可以清楚看見。我希望達到兩個效果：成為沒有商標的女孩（新興反資本主義運動的形象）；否認我有任何一丁點兒在意建立品牌。在骯髒的業界成為唯一的清流。而我們許多人嘗試在個人品牌的遊戲獲勝，不就為了如此？或者至少不被宰殺？我們小心經營網路人設——我們「真實」自我的分身——具備恰好平衡的誠懇和厭世。我們練習諷刺、超然的聲音，不帶太多宣傳意味，但是無論如何達到宣傳效果。我們上社群媒體衝高各種數字，同時抱怨我們多討厭這些「鬼地方」。

當我的反品牌噱頭很快超乎我的控制能力，我就發現這是一條危險的路。隨著一九九〇年代開始越走越慢，反企業的文化精神開始扎根，我必須承認，我的書變成一種符號——帶著走的物品或裝飾，而非讀物。行銷科系的學生成群地買，有些用來暗示他們是祕密的革命分子，但不外乎用來獲得未來的廣告靈感。

其中一家出版社試著說服我將書名註冊商標，以免他人藉此牟利。我自命清高地拒絕：這樣一來，我寫的那些，關於嚴格的著作權法背後的文化圈圍，不就形同笑話。

想當然耳，不到一年，某人就註冊商標，使用山寨的「No Logo」在佛羅里達賣高爾夫球的服裝。義大利一家高級食品公司開始製作「No Logo」橄欖油和其他雜貨。英國出現「No Logo」的精釀啤酒。瑞士日內瓦開了一家略微破舊的「No Logo」餐廳（我在那裡喝過咖啡，向老闆自我介紹，他一臉驚慌跑進廚房）。

到了那個時候，當記者問我是不是已經變成一個品牌，假裝無辜已經沒人相信。然而，我更加清楚，為何作為一個品牌令我如此不自在。好的品牌不需進行根本的轉變。在三十歲承認自己成為一個品牌，意思就是排除自己改變、進化，而且理想上越變越好的權利。更優秀版本的我，將無限期被封存。

那樣的想法，部分蘊含年輕人的理想主義。成為好的品牌，這樣的要求對我來說，與成為好的記者正好相反，更不用說成為可以信賴的政治分析師。這兩個角色必須堅定投身個人研究，不管趨向何方，即使到達的地方與原先的期待天差地遠。可信賴的分析師必須願意為他們的發現改變。然而可信賴的品牌，責任恰好相反：持續體現你的品牌身分——你的「承諾」——無論世界丟給你什麼。作為好的品牌就是遵守紀律並反覆實行，同時意謂無時無刻清楚知道你的方向——本質上就是在一個同心圓裡。

「No Logo」把我變成一個品牌；想要改變為時已晚。但我發現我還剩下一個好的選項，就是成為一個經營不善的品牌，違反規則，讓品牌稀釋並過度擴張。（李奧納多・沃夫要大家「打破框架」，而這是我個人的版本。）實踐上，我讓山寨版自由暢行，完全不做讓我短暫成名的事——書寫與談論品牌和行銷。

有幾個人邀約我在廣告的倡議運動擔任反品牌的代言名人，包括時裝設計師赫爾穆特・朗（Helmut Lang），很奇怪吧，但我一律拒絕。某次《時尚》（*Vogue*）雜誌要我陪同某個特約作家去逛高檔精品，他們要我批評那些美麗的衣服背後犯下多少壓榨勞力與傷害環境的罪惡。他們提議的標題是「與敵人去血拚」。

「敵人是我還是你？」我問。瞬間冷場。

「妳。」

我也拒絕了。

我不去演出各式各樣「No Logo」的我，反而開始寫下一本書，費時五年才完成，而且在《No Logo》七年後才出版——對市場而言等於天荒地老。第二本書的主題完全不同——大規模震撼之後的全面剝削，催生新自由主義的經濟霸權。《震撼主義》裡頭完全沒有行銷相關的字眼。那是一本歷史與政治經濟學的書，我知道會失去很多把《No Logo》當成生活風格裝飾攜帶的人。再下一本書，又不同了，關於氣候變遷。

我從一個主題移動到另一個主題，其實循著清楚的軸線——每一本書都關於擴張的市場邏輯與企業霸權造成的破壞，而且爆破區越來越大。從運動建立的觀點來看，這個軌跡很合理：想要成長的運動，需要走出同溫層，觸及範圍超越已經改信的人。但是從品牌經營的觀點（或者甚至，從書店分類的觀點），我的書本非常善變，從行銷到軍國主義到環境主義。我已經達到殺死自己品牌的目標，或者我是這麼告訴自己。

回顧那個十字路口，我面對兩個選擇，一個是成為好奇的作者，一個是成為經營良好的品牌，我明白那個選擇很大程度是為自己而做。如果我當時答應《時尚》去逛高檔精品店（還有企業演講、廣告倡議），我參與的活動會將我撕成碎片。而且理由充分。那是個人品牌已經視為正常的十年以前——我們還是稱那些想在群眾運動獲利的人「野心家」、「叛徒」。所以這些行銷決定也跟著簡單：我不想失去所有朋友。

當時我想不到的是，《No Logo》在一個新世界的交界線上出版。我在一部矮胖、長方形的麥金塔電腦寫作，連接數據機，從市內電話撥接網路。那本書發行的時候，兩千年一月，我有高速網路，可以在亞馬遜上看到我的書本即時銷售，我們都知道這一定會摧毀出版業，但我還是欲罷不能去看，搶先嘗到社群媒體「按讚、點閱、追蹤」令人上癮的滋味。

我們很多人都大錯特錯，以為路人不可能成為品牌。彼得斯「名為『你』的品牌」被罵的十年後，首只 iPhone 發表，而沒過多久，臉書、推特、YouTube 都在我們的指尖上。忽然之間，每個在那些免費平台上的人都擁有製作個人品牌的工具——

古怪的、迷人的、前衛的、知識的、革命的，而且朝著遠大於自己生活圈以外的範圍投射，全都拜廉價的消費電子與精心挑選的配件所賜。網紅的時代已經來臨。

當時我居住的城市多倫多，似乎特別擅長製造這種新品種的網路名人。在我們到處擴張的郊區，有才華的少男少女和青年男女，許多來自移民家庭，在房間裡架設攝影機，寫歌、搞笑、唱歌、縫紉、彩繪指甲，一路闖過幾年前一定會擋在他們面前的文化守門人。某些人，例如多倫多的喜劇演員莉莉・辛格（Lilly Singh）從YouTube起家，後來站上國際舞台。其他如煙火一樣，耀眼但瞬間消失，無法應付演算法對於新鮮內容不斷的要求，或者因為持續高度曝光招致攻擊。然而，有件事情相當明確：他們都是素人，或者說在成名的路上，沒有廣告預算，通常也沒有家世背景，但是真的可以將企業品牌的概念應用在自己身上，而且不只少數贏得個人品牌的樂透。

數位分身

我在大學教授一門課程好幾年，叫做「企業自我」，和學生探討的主題之一是個人品牌的歷史與衝擊。學生年齡多半都是二十出頭。某次課堂練習，我請學生回想，他們最早接觸品牌概念是什麼時候。許多人說中學，他們被迫從事課外活動，因為未來可能會有人覺得這樣「看起來不錯」。其他人則說，父母嚴厲警告他們，在社群媒體發文一定要謹慎：現在你在網路上張貼的任何東西，未來會被大學入學審查委員和雇主看到，所以想像從他們的眼光，謹慎管理並包裝自己。愛麗絲・馬威克（Alice Marwick）在她的著作《狀態更新》（*Status Update*）將此稱為「（就業安全的）自我」[9]——某些學生還不知道自己想在哪裡「安全」就業，就已受過良好訓練，深諳如何培養這種自我。

毫無例外，學生都說，撰寫大學申請入學文章那個時候，他們必須壓抑私人感受，為了創造面對公眾、可被接受的身分。他們面對的文章提示像是「某些學生擁有特殊的背景、身分、興趣或才華，這份申請少了那項就不完整。若你也是如此，請分享你的故事」或「失敗為成功之母。請描述你遇到困難、挫折、失敗的經歷。對你有什麼影響，你從中學到什麼？」

這些提示聽來也許無害，但是許多學生表示，藉由這些攸關未來的寫作練習，他們學會敘述他們年紀輕輕的生命故事；重點不在他們所知的事實，而是符合陌生聽眾對於某種身分想像中的期待。某個學生說「把你的創傷包裝成賣得出去的商品」，許多人跟著點頭。並非他們偽造創傷，而是要求他們將困難的經驗以適合市場的方式貼上標籤，將那些經驗化為某種經過設定、可以銷售，而且有獲利潛能的東西（畢竟大學本身也是品牌，對任何賺錢的職業是首要的一步）。這些年輕人和他們為了成功必須成為的模樣，於是出現分裂。

自我品牌是另一個形式的身分複製，個人內在的分身。

當然，對這些學生來說，自我品牌的分身需求並不隨著進入大學停止。某個從商學院轉來的學生分享，他一入學接到的作業，就是製作一份自己的三十秒電梯簡報，萃取自己最值得行銷的特質。他也告訴他的同學：「我感覺我的靈魂離開我的身體。」而他們好像都懂他的感受——那是疫情剛開始，在Zoom上課的時候，同學在他們的小方格按了很多愛心。

提到靈魂這件事情很有趣，提醒我們，為了全知的眼睛塑造自己，並不是這個世代才出現的現象。如果全知的神不是有史以來最有效的監視工具，還有什麼能比？祂甚至能夠知道我們的起心動念。宗教這個方面的本領，在於誘惑信徒，為了收穫死後的獎勵，生前過上純潔的生活。而且和今日的監控國家不同（知道你打字、說話、行為的內容），一神論的神宣稱知道我們的意圖。

曾與佛洛伊德密切合作，後來和他分道揚鑣的奧地利心理分析學家奧托・蘭克（Otto Rank）認為，靈魂（所謂死後於身體之外存活的自我）是最初的分身，也是最親密的複製品。他寫道，選擇相信靈魂，是「希望對抗可怕的永恆毀滅」。[10] 佛洛伊德同意，寫道：「分身起初是對抗自我滅絕的保障……『堅決拒絕死亡強大的力量』，而且感覺似乎，『不朽』的靈魂是身體第一個複製品。」[11]

如同我們在數位以太演出的分身，這一切有個威脅的面向，提醒我們，如佛洛伊德所言，我們不會永遠活著。在這方面，靈魂「變成恐怖的預兆，指向死亡」。[12]根據宇宙論，不好好生活，會讓你精神的分身墮入熾熱地獄，永遠不得脫離，或保證你轉世為蟑螂。因為這種分身形式的風險極高，根據佛洛伊德和蘭克，另一種分身於是產生——邪惡的雙胞胎，或卑劣的自我——我們的罪孽與惡行都投射給這個對象。這些承擔我們罪孽，讓我們保持純潔的分身，在分身的書籍與電影中，就是怪物：他們是主角投射的自我，而主角拿著刀追殺他們，過程中意外殺死自己。我們拿這個不想要的自我和魔鬼交換自由，而現在他們想要復仇。

沒有好好經營的品牌，後果顯然比沒有好好經營的靈魂輕微——但是，另一方面，後果就發生在這個世界，不是下輩子。在我們的課堂討論，我們試圖梳理個人品牌究竟如何形塑這個我們稱為自我的東西，背後的邏輯是什麼？年輕人從小就知道在網路隨便發布一張照片、一部影片、一句感言，幾年之後會讓他們得不到工作，或讓他們錄取某間學校、租到一間公寓，這意謂什麼？還有，相反地，當這些相同的貼文——穿上可愛的服裝，自己在房間跳舞——可能也是網紅收穫名利的門票，又代表什麼？考慮到巨大的風險，他們會怎麼做，有什麼是他們連嘗試都不敢的？當他們忙著演出完美的自我時，他們卑劣的自我會如何？這樣的分割結果，會產生什麼樣邪惡的雙胞胎？

我的學生，他們的現實生活可能不像我有「另一個娜歐蜜」，沒有分身為他們製造混亂。但他們無論如何已經養成敏銳的意識，有個外在化的分身——數位分身，也是理想化的身分，和他們「真實」的自我分割，而且那是將來如果他們希望成功、為了滿足他人期待，必須表演的角色。

與此同時，他們必須將自己不想要與危險的部分投射給其他人（無知、有問題、可悲，那個和「我」相隔楚河漢界的「非我」）。這個三元體——分割、表演、投射——正在快速成為分身的通用形式，產出不完全是我們的角色，但別人還是把他們當作我們。充其量，數位分身可以實現我們的文化訓練我們欲求的一切：名氣、恭維、財富。但那是某種脆弱的理想成就，一則壞的留言或貼文就會徹底擊碎。

所有這些，加上無所不在而且極為可能的情況：你的電子郵件或社群媒體帳號被駭，然後你驚恐地發現，無論出自什麼意圖和目的，有個像你的人對著你的朋友和同事傾倒邪惡的內容。這也是為什麼，部分的我看見她在抱怨各式各樣的事，不由得心生同情：「Telegram 上有個假的『Naomirwolf』，這個假的帳號有三萬八千人追蹤，他們可能全都相信他們追蹤的是我！」[13] 根據沃夫，這個假的帳號不僅有種「無法形容的行文風格」，還散布各種荒唐的陰謀論，就像匿名者Q最喜歡說小約翰・甘迺迪其實依然活著，並未死於一九九九年的墜機。沃夫對這個陰謀論也有一套陰謀論，宣稱「假的我」這個帳號顯然是因為她無畏的調查，為了「攻擊」她，刻意讓她「看起來像神經病」，毀損她的名聲。她寫道，這是無法容忍的情況，「就像有個俗氣的、邋遢的、做作、文法無法容忍的分身」。呃……這個嘛……

Netflix二〇一八年的電影《禁入直播》（*Cam*），導演伊莎・馬齊（Isa Mazzei）描寫的，就是我們的數位分身掌控我們的生活，愚弄我們身邊的人，令我們害怕，可惜電影沒有受到很多好評。故事主角是網路性工作者，她先是無法登入自己的視訊直播帳號，然後發現自己面對貨幣化自我這個年代終極的恐怖：眼睜睜看著某個和她長得一模一樣的人，偷走她的粉絲、追蹤者、收入、生活——還有，如同許多分身故事有的，比她更擅長做她自己。

這個幻想很快就成為現實。二〇二二年底，社群媒體充滿朋友、家人、臉友色彩繽紛、皮膚光滑、苗條纖細的圖像，因為他們紛紛搭上「魔術分身」（magic avatar）的熱潮。他們上傳十張自己的照片到應用程式Lensa，提供這項珍貴個資的回報是得到各種數位版本的自己：比較時髦、類似電腦生成的形象（而且，通常比較白，比原始照片性感很多）。當我忽然渴望打造更虛假、更漂亮的我，我也發現自己想著無意的後果。這個應該只是為了好玩的遊戲，那些玩過的人回頭看著普通的鏡子或沒變身的照片，現在會不會感受某種背叛？他們人造的自我會不會反過來摧毀真實自我的自尊？許多人也指出，這件事情可能會出錯，走向邪惡的方向：不是你的人可以假裝是你，上傳你的照片，包括你完全不想分享的照片，然後產出他們自己的分身並加以利用，於性或其他方面。

分身的故事通常也有和本人分離的內省或投射，然後分身開始過上大膽的生活。安徒生一八四七年的童話故事〈影子〉（The Shadow），描述一個男人的影子活了起來，代替他，然後取代他。一九一三年的恐怖默片《布拉格學生》（*The Student of Prague*），一個窮學生為了爬上更高的社會階級，出賣他的鏡中倒影，結果倒影摧毀他。分身的書本和電影經常出現這種警告：小心不要愛上你的倒影；它會取代你。

有趣的是，有個並不在乎數位分身可能篡位的人是史蒂夫・班農。他曾是川普的競選幹部和首席顧問，現在全職宣傳獨裁主義和新法西斯主義運動，影響力從義大利延伸到巴西。兩千年代，早在他與川普共事之前，他在香港一家名為喜愛傳媒（Affinity Media）的公司工作（前稱「網路電玩娛樂」）。那段時間他參加一個速成班，深入了解多人線上遊戲的世界。他告訴紀錄片導演埃洛・莫里斯（Errol Morris），他忽然明白一件事情而且大吃一驚，對那些玩家而言，遊戲的世界比真實生活更真實。而且他們在網路上創造的數位分身——他們的虛擬化身——似乎比他們血肉之軀更能表現他們。

舉例來說，有個想像人物是「會計部的戴夫」，過著枯燥、不起眼的生活，但是當他在家握著遊戲手把時，他是提著槍的凶惡殺手「阿杰斯」。「這下誰比較真實？」[14]班農問——戴夫還是阿杰斯？你可能會說戴夫，但班農的看法不同。

「人們化身的數位自我，是比自我更完美的版本，而且他們能以數位方式控制那些他們在現實世界無法控制的事。」[15]所以，他解釋，戴夫應該退下，讓阿杰斯上場。「我要會計部的戴夫在他的生活成為阿杰斯。」[16]班農告訴《大西洋》（*The Atlantic*）的詹妮弗・西尼爾（Jennifer Senior）。西尼爾的觀察正確：「那完全就是一月六日發生的事。那個暴跳如雷的軍團，以真人版的分身形象到來，扮演叛軍。他們臉上塗色，身穿皮毛，突襲國會大廈，同時敵軍擊退他們……他們翹了一天班。當他們被載走時，他們憤怒——而且完全無法相信。幻想和現實成為一體。」

最值得注意的是，班農似乎無意改善戴夫的人生，幫助他過上不需逃避的生活。他的目標反而是將現實變成一場實彈遊戲。

如果馬克・祖克柏的「元宇宙」計畫如他所願進行，我們所有人都由個人化的動畫分身代表，去銀行、去見朋友，事情只會變得更混亂。已經是了。二〇二二年三月，南韓選出新的總統尹錫悅。這個保守派的政治人物競選時，利用網路深偽技術做出一個自己，叫做AI尹（AI Yoon）。競選團隊中的年輕人做出的這個版本，比現實的尹錫悅更有趣、更迷人。《華爾街日報》報導，對某些選民來說，偽造的政治人物——並不諱言偽造——比真人還要真實有趣：「李勝允，二十三歲大學生，看了網路上的影片，一開始以為AI尹是真人。他說，看尹錫悅辯論或拜票覺得無聊，但現在他發現自己有空會看AI尹的影片，覺得這個候選人的數位版本更討人喜愛，而且更有共鳴，部分因為他講起話來很像同齡的人。他說他會投給尹錫悅。」[17] 尹錫悅的數位分身由韓國一家叫做深腦AI的公司創造（DeepBrain AI Inc.）。其中一位高階主管約翰・孫（John Son）表示他們的工作「有點恐怖，最好的解釋方式是，我們無性繁殖那個人」。[18]

年事已高的阿巴合唱團（ABBA）也利用類似方法複製成員。那些電腦生成的影像在二〇二二年演出「現場」演唱會，門票銷售一空。未來這樣的現場演出偽造，勢必成為大眾文化主流。「這些數位分身，每個角度看來，就跟真人沒有兩樣。」《綜藝》（*Variety*）對阿巴演唱會的評論這樣寫著：「每束頭髮和古怪的七〇年代服裝，處處都是驚人的細節。他們可以跳舞，他們可以搖擺，甚至可以講停下來換衣服的冷笑話——觀眾非常快樂，從頭到尾都在精神錯亂的邊緣。」[19]

接著又有一個日漸成長的領域「悲慟科技」，如同《金融時報》的標題最近寫的，目標是「消除死亡的椎心刺痛」。[20]文章解釋：「像來世ＡＩ（HereAfter AI）這樣的公司，正在打造活人的『遺留分身』，他們死後可以被召喚出來，安慰剛剛喪失親友的人。」有什麼話是你想對父母說，卻從來沒有機會或勇氣開口的呢？告訴他們死後的分身。

我課堂上的學生都很困擾，這些分身整體要往哪裡去。儘管如此，幾乎全都覺得有義務在社群媒體創造自己的數位分身（我也是）。一位學生分享，她已經關閉Instagram，因為需要在那裡呈現理想化的自己；氾濫的照片顯示其他人也是如此，帶給她的壓力已經影響她的心理健康。但是後來發生二〇二〇年「黑人的命也是命」。「我的朋友都告訴我，我必須回去Instagram貼文支持，否則每個人都會覺得我是種族主義者」——其實她已經參加當地所有抗議活動，雖然是低調、在幕後的方式。她又重新登入並貼文，但不甚情願；她知道這樣的文化不大對勁，重視公開表演的美好自我，甚於有形的團結和關係建立。

這些觀點來自學生個人的經驗，我們的課堂讀物又加以支持，尤其是西蒙妮・布朗（Simone Browne）二〇一五年的指標作品《暗物質：黑暗的監視》（*Dark Matters: On the Surveillance of Blackness*）。[21]布朗是德州大學奧斯汀分校的教授，專長非洲人與非洲僑民研究，她追溯今日品牌建立的源頭到非洲人在橫跨大西洋奴隸貿易的文字品牌建立。布朗認為：「書寫這段過去很難，單純為了印刷鉛字而做出的鐵器，搖身一變成為折磨的工具。想像這段過去也很痛，在那裡，逃跑的告示揭示奴役在身體留下的疤痕和逃亡者的故事。」[22]

布朗稱這個殘忍的品牌過程為「生物識別科技」[23]，相當發人深省。今日，生物識別技術——測量並追蹤身體永久不變的部分——催生各種時髦的機器，用藍色或綠色的光掃描臉部、虹膜、指紋。然而，布朗提出充分的理由，說明早在現代科技之前，蓄奴者就從外表為奴隸建立品牌，透過永久不變的記號，追蹤種族主義化的身體。「橫跨大西洋的奴隸貿易，品牌建立的過程……將黑人化作商品，對他們奴役、記號、行銷。」[24]這個品牌因為恆久所以強大——設計目的是為了餘生跟隨受奴役者，確保他們此生不得追求自由。布朗主張，這個血腥又野蠻的過程成為定義之舉，奴隸販子試圖將非洲人轉變為偉大的反殖民理論家弗朗茨・法農（**Frantz Fanon**）所謂「物體之間的物體」。[25]

考量這些歷史根源，我們的文化至今討論人類應該努力成為品牌的想法，這樣的偶然，本身是在擦除暴力的痕跡。很多人相信，今日的品牌建立，是賦予力量的行為，代表個人現在完全負責他們自己的商品化，而且從中收穫巨大利益。然而，對於布朗，自我的商品化，尤其是黑人的自我，不能也不該與歷史上的暴行分開，儘管脈絡、行為人、利潤流等大幅改變。

建立品牌的過程，正如作家暨心理治療師南希．科利爾（Nancy Colier）所說，需要「以第三人稱和我們的自我連結」。[26] 商品化的自我可能帶來財富，但商品化依然需要分割一個本質上陌生的內在分身。有你，也有作為品牌的你。我們可能希望相信這些自我可以個個分明，但是品牌很飢渴，欲求不滿，而且一個自我必然影響另一個。如果無數的我們都出現分身，每個都分割並演出我們自己，對任何人來說，什麼是真的，我們可以相信誰、相信什麼，就變得更難。我們什麼意見是真實，什麼是作秀？與誰的友誼是以愛為基礎，與誰的是品牌合作？有哪些本來應該發生的合作，因為個人品牌互相競爭而錯失？有什麼話從來沒有機會說出或分享，因為那不符合品牌？

我的學生許多想在媒體工作。在媒體裡，成長最快速、看似最可靠的商業模式，需要媒體製作者與他們的讀者、聽眾、觀眾建立直接的銷售關係，無論藉由YouTube、Patreon、Substack或其他平台。他們別無選擇，只能加入這波喧鬧。但是，他們也有擔憂：一段銷售關係中，顧客永遠是對的，而顧客，一般來說，永遠想要更多。你可以調整一個品牌，發展衍生產品，但是一旦改變品牌基調，會為自己招來稀釋危機，以及很多不滿的顧客。缺乏穩定薪水的情況之下（既然這是大部分的人的現實），顧客不滿就會導致個人收入驟降。

在他的文章〈自助〉（Self-Reliance）裡頭，愛默生（Ralph Waldo Emerson）

寫過一句名言：「愚蠢的堅持是心胸狹窄的小鬼」；[27]同一篇裡，他擔心個人會陷入「畏懼我們過去的行為或言詞，因為他人的眼睛沒有其他資料計算我們過去的行為軌跡，而我們討厭讓他們失望」。資料。計算。那篇文章寫於一八四一年，但是聽起來非常像許多現代YouTuber和直播主內心的牢騷，他們幾乎每天粗製濫造非常類似的影片，唯恐善變的訂閱者為了演算法在他們影片底下推薦的網紅拋棄他們，再說那些不過是新來的學人精。

莉莉．辛格在二〇一八年宣布暫停YouTube。她解釋，那個平台「是台機器，讓創作者相信我們必須頻繁產出內容，即使代價是我們的生命」。[28]換句話說，一台把人變成機器的機器。而辛格絕對不是唯一公開私人痛苦的人：知名網紅為此崩潰，這樣的次類型影片不在少數。

我們在看這些告解影片的時候，學生頻頻發出笑聲。雖然他們能夠同理他人，但是提到有錢的網紅揭露痛苦，他們沒有同理，只有譏笑，即使（尤其？）那些網紅和他們差不多年紀。他們把標題像是「精疲力盡的十九歲」這樣的影片和道歉影片歸在同一類，而道歉影片，就是YouTube或Instagram的明星越線被抓時聲淚俱下的公開懺悔，例如打著分享純素食譜的品牌，但被拍到吃魚的照片。

我委婉地反對這點：為何超過某個追蹤數，就會排除感受真實苦痛的可能？為何認為每個網路上表達的情緒都是空洞的表演？唉，他們每次都會聯合起來反對我，耐心向我解釋，今天建立自我品牌的遊戲，網紅們個個都在進行真實程度的軍備競賽，互相較量誰可以更自然、更真性情。他們也指出，我所找的崩潰影片雖然感人，但不代表這個網紅未來決定不再苦心經營個人品牌。反而，他們往往表示暫別，暫別之後又會華麗回歸——在較傳統的媒體平台開啟新的事業，或者改走不同路線。

我了解他們的憤慨，但我太老，又心軟，無法認同。對我來說兩件事情都是真的：這些年輕網紅面對在各種平台產出大量內容的壓力，以及他們自己招致的種種殘酷待遇，情緒真的相當痛苦，同時，他們也在思考，怎麼將痛苦貨幣化。因為他們就是這麼被告知，如果不想死在注意力經濟下，就必須這麼做。而且，就和其他許多事情一樣，這是惡性循環。如果你成功物化自己，其他人就會開始相信你是物品，對你丟擲各種堅硬的東西，而且相信你不會流血。

然後你必須想出更露骨的自我暴露形式——乃至，一邊開著鏡頭，一邊在你的房間完全神經崩潰。不要追殺我，這些網紅似乎在向變成敵人的粉絲喊話，我受傷了——你看不見我在這裡流血嗎？忘記這群人就是嗜血，而且沒有什麼比演出的創傷更狗血。

化為紙漿的非小說

如果個人品牌經營已經成為一種文化必要，當我們的品牌衰退、失敗，或者無可救藥的毀壞，又會如何？品牌背後的人會變成什麼樣子？後續會掀起什麼狂亂？（理查・西摩在《啾啾叫的機器》寫道：「為了肯定的花蜜而來，為了虛擬死亡的顫抖留下。」[29]）這裡不得不提到，我的分身的生命歷程當中重要的環節，我懷疑她在疫情期間與其他時候做出的決定與此息息相關。難道因為西摩寫的「虛擬死亡」曾經發生在她身上？老天，還真的發生過。

二〇一九年五月，在因傳染病開始的封城之前，沃夫去上BBC廣播三台，宣傳《暴行：性、審查制度和愛情的犯罪化》（*Outrages: Sex, Censorship, and the Criminalization of Love*），一本關於維多利亞時期英國迫害男同性戀者的著作，援用她年紀較長之後在牛津大學攻讀博士的研究，而且許多方面回溯她早期關於性與性別的著作。後來發生的事，每次我想起來，總是心有餘悸。

沃夫分享她認為自己研究當中最驚人的發現：在十九世紀，男性雞姦有罪者有「數十起處決」。[30]關於這個說法，她的根據是法庭文件當中「記錄在案的死刑」（death recorded）。BBC主持人馬修・斯威特（Matthew Sweet）在現場直播的節目糾正沃夫，她誤解這個專有名詞，意思其實和她的主張相反：這些男人被判有罪，但被釋放，沒被處決。結果她引用的數件告訴都不是雙方同意的男同性戀性交，而是虐待兒童，而且兩項合併在一起，她等於提出一個危險的謬誤，將男同性戀與戀童癖相連。她的論文主要論點出現如此基本的錯誤，而且曝光，沃夫的美國出版社終止與她合作，那本書也被化為紙漿。非常少見名聲崩潰，像她的情況那樣，在那個極度痛苦的時刻，這麼公開，又這麼直接。那段節目開始在推特上流傳時，彷彿整個平台同時在想著那個殘酷的笑話：娜歐蜜・沃夫剛剛收到「記錄在案的死刑」。

大學課程開始摘錄《暴行》作為警惕材料，灌輸學生對草率研究應有的警覺與健康的恐懼。[31] 以前某些刊物經常可見她的文章，例如《衛報》，停止刊登她的作品，而且似乎永遠停止。沃夫，不意外地，將這一切解讀為陰謀。二〇二〇年一月，她接受訪問，說到她的《暴行》當中根本的錯誤曝光後，她面對「無所不在的攻擊」，這是為了摧毀她的名譽，為了將她「從棋盤上移開」的祕密手段。[32] 這段期間沃夫必定非常煎熬——BBC的訪問前幾個月，她的父親過世，她在《樹屋》一書當中非常尊敬的父親。這些事件聚在一起，意謂她在疫情這個不穩定的時期，在一個同樣不穩定的國家，沒有多少本錢可以失去——而且，我很快就會知道，她有很多東西可以獲得。

單一人格障礙

某次課堂中，學生表達，如果每個人類都應該將自我定義為固定、不易改變的品牌，那麼人類本身就「變得不那麼人類」——相對缺乏改變和進化的能力，即使面對迫切的生態與政治危機。這個想法幫我直搗核心，指出一個許多年前我剛開始書寫品牌建立的時候還無法清楚說明的問題。在《極權主義的起源》（*The Origins of Totalitarianism*），漢娜・鄂蘭（Hannah Arendt）描述思考過程是一種分身的形式，因為那是「我與自我之間的對話」。[33] 當我們每一個人思考和斟酌時，我們和「二合為一」的我們自己對話，而這個自我，不像品牌，不是固定、單一的本體，否則有什麼好想，又要怎麼想？發展內在家庭系統（Internal Family Systems）治療模式的里查・史華茲（Richard Schwartz）認為，我們的自我其實多於兩個部分：每個自我都由多重性質構成，或說鑲嵌圖案，也由經常矛盾的聲音、希望、衝動構成。極端案例中，當那些部分彼此解離，就會成為疾病——曾經稱為多重人格障礙。然而，多數時候，內在與我們自己多個部分對話的能力（或圓桌討論），是健康且凡人皆有的。此外，對鄂蘭來說，正是人民失去他們內在對話與斟酌能力的時候，而且發現自己只能反芻口號和矛盾的老生常談，巨大的邪惡就會出現。同樣地，當人民失去想像他人觀點的能力，或如她在文章〈真理與政治〉（Truth and Politics）中寫的：「讓我記住那些不在場的人的立場。」[34]在文字未經思慮的狀態中（即，缺乏個人思想），極權主義就會扎根。換句話說，我們不應害怕腦中的聲音——我們應該害怕聲音消失。

這件事情指向我們這個年代成為品牌的人類原來最深的危險。品牌並非用來包含我們的多重性質；品牌要求固定、靜止、單一自我的個人。人類的雕像。品牌要求我們的分身形式，與思考並適應環境變化的健康分身形式（或三重、四重分身）對立。在歷史上的任何時候那都是問題，但是，在我們所處的時代，那麼多集體危機需要我們衡量、辯論、變通，這個利害關係攸關人類文明。

我常想著，在應該更加專注於氣候危機的時候，我卻在思考自己的品牌建立危機。我幾乎不是唯一一人，逃避大的恐懼，偏愛更能控制的執著。事實上，雖然有點怪，但說得通，個人品牌建立在我們的年代到達高峰，而恰恰的巧合是，我們共享的家園也來到前所未見的危機時刻。廣大、複雜的星球危機需要國際規模的整合與共同努力。理論上或許可能，但必定使人氣餒。掌控我們自己簡單多了，也就是名為「你」的品牌——磨亮、拋光，找到對的角度，發揮剛好的影響，對著所有競爭對手和入侵的人發動戰爭，投射最差的東西給他們。因為不像許多其他我們可能希望影響的事物，自我這張畫布的大小剛好，又親切熟悉，感覺像是我們也許真的可以控制。即使，如同我已經發現，這也是天大的錯覺。

所以問題依然是：當我們建立我們的品牌時，沒有建立什麼？

4 在樹林裡遇見自己

西方藝術中，最著名的分身形象之一是但丁・加百列・羅賽蒂（Dante Gabriel Rossetti）前拉斐爾派的畫作，描繪穿著中世紀服裝的夫妻，在漆黑的森林遇見另一對夫妻，而那對夫妻正是他們的鏡中影像。[1]這不是愉快的相遇。男人看見他的分身憤怒拔劍，而他的女伴承受不了眼前怪怖的景象於是昏厥。這幅作品名為〈他們怎麼遇見自己〉（*How They Met Themselves*）。

我第一次看到的時候，明白這就是踏上分身旅程的意思——當我出發，我也抽出我想像的劍，準備作戰，成為最後留下的娜歐蜜。現在，在這個陰影重重的森林，我發現和自己面對面的不是她，而是我自己，還有不愉快的事實，就是我依然在意、非常在意我投射在世界的形象；我是否認真拒絕個人成為品牌，我還有很多工作要做。

小名字，大想法

如何駕馭特大的個人自我和集體合作的需求，兩者之間的緊張關係，有個人想了很多，就是已故作家暨理論家貝爾・胡克斯。「擁有健康自尊的人不需要建立假裝的身分。」[2]她寫道。在我的課堂「企業自我」，我們看過胡克斯各式各樣的方法，早在個人品牌與名人行動主義襲擊主流之前，就致力推翻並削弱那些概念。她的名字是葛勞瑞亞・珍・沃特金斯（Gloria Jean Watkins），但筆名是貝爾・胡克斯，她曾祖母的名字；部分紀念她，部分在她日常生活的身分與作家身分之間製造一些距離。「我過著人生的日常，只是平凡的葛勞瑞亞・珍。」[3]她在二〇一五年告訴《紐約時報》。她有名的還有，總是以小寫字體寫她的筆名——不是小看自己，她解釋，而是提醒自己專注在「書本內容，而非我自己」。[4]

在將偶像奉為最高榮譽的時代，這似乎令人驚訝。但她不希望貝爾・胡克斯的名字——這個表面形象或人們腦中的觀感——搶走貝爾・胡克斯的思想，而且她理解，一個名字的包袱在世界上相對的重要分量，以及某人文字能夠觸及人們並受人採納而內化的能力，兩者之間的關係難免緊張。作者和讀者之間可能因此相隔鴻溝，而胡克斯試著縮小鴻溝。當然，不可避免地，胡克斯這個名字自成市場信號，如同我們資本主義文化中的一切事物。但是似乎非她本意：相反地，胡克斯相當在意她的作品、思想，不希望拿沉重的名字壓垮那些。

她同樣也寫了文章，關於我們許多人後來堆積在自己身上的身分標籤。身為一位政治理論家，胡克斯深深相信命名系統的力量——她經常使用一個片語來定義我們對抗的，是「白人至上主義的父權資本主義」。[5]但是，對於將身分標誌附加在我們的存在之上，將自己建立為「這個」、「那個」品牌的衝動，她又是特別矛盾。在她一九八四年意義重大的作品《女性主義理論：從邊緣到中心》（*Feminist Theory: From Margin to Center*），胡克斯警告讀者「避免使用『我是女性主義者』這樣的詞句」，反而偏好「我倡議女性主義」，[6]她解釋，「我是」的標籤會引發聽者關於什麼、誰是女性主義者先入為主的觀念，而後者更可能開啟對話，探討女性主義具體的轉變目標，以及「不會讓我們陷入非此即彼的二元思維，而這種思維是西方社會所有統治體系的核心意識形態成分」。

在我進行我自己的二元決鬥時，重讀胡克斯的文字點醒了我，而且令我不只一點羞愧。今日學術和社會運動生活，大部分是關於主張功勞。我主張；我在這幾頁不斷主張。我寫過那個。我說過那個。那是我說的話。我的流行語。我的主題標籤。我第一次注意到一位同事自我引用，在專欄中引用他早期的文章，我非常震驚——「正如我在這裡〔連結〕和此處〔連結〕所寫」。他為什麼引用自己的話？引用，是我們引入他人聲音以擴展討論框架，而非進一步縮小。現在到處都是自我引用：「如同我在這裡寫過……」、「見我較早的推文……」、「再重貼一次這篇」。我們必須這樣，或者我們許多人相信——我們困在喧囂的河道，似乎會沖走所有之前的一切。如果我們不提醒人們，我們說過什麼、做過什麼，我們必定很快就會漂到下游，和所有其他文化碎屑流入大海。

二〇一四年，胡克斯知道我們都很健忘，在肯塔基州柏里亞（Berea）成立貝爾・胡克斯研究所，專門展示她的作品、手工藝品、思想。她解釋她的姊姊最近過世，促使她思考自己將遺贈後人什麼，以及「如果我們不照顧自己，不正確評價自己會如何」。[7] 她擔心自己會步上許多黑人作家的後塵，他們的貢獻終究不敵歷史。二〇一五年某次演講，她俏皮地說，她曾經希望「哪裡有人相當在意貝爾・胡克斯，所以致力保存她的手工藝品，但是沒人站出來」，所以她著手興建研究所，不是為了打造自我的神殿，而是為了保存思想。因為她的思想——關於愛作為政治驅力，關於打破連鎖的統治體系——是重要的。貝爾・胡克斯也是重要的——不是品牌，而是一個人，做了那麼多工作，六十九歲著作超過三十本，改善無數人民生命。那是面對遺忘之河值得保存與守護的。

品牌可能是自我中心的，也會傷害事物，然而思想不是。思想是轉變的工具，無論之於個人，或者之於全體。所以當沃夫誇大、猜測、無根據的主張，和震撼主義混為一談時，我很擔心——不是因為那是需要保護的品牌，而是因為那是賦予人們某些語言的框架，為了在急難發生時，對抗趁亂不當牟取暴利與攻擊民主的情事。當震撼主義的概念，因為和歇斯底里的政治祕密組織這類的陰謀論聯想，繼而遭到碾壓時，實現目標變得更難。全部混在一起，結果就是荒謬（「太荒謬了，所以無法認真；太認真了，所以無法荒謬」[8]）。

沃夫同樣扭曲女性主義運動的核心信條——所有人應有選擇與誰發生性行為以及是否懷孕的權利。現在她又扭曲 COVID-19 篩檢和疫苗強制接種，當成違反「身體完整性」，類比為被迫接受陰道檢查的女性，宣稱這些都是「國家違反個人意願入侵身體」的案例。[9] 顯然，那樣的語言填滿某種文化需求，與受害的社交貨幣密切有關，稍後我會回來這個主題。但是這裡的重點是，濫用這些術語是危險的：淘空它們原本的意義、可讀性、力量。

最嚴重的是，沃夫和她的伙伴花費數年扭曲反獨裁主義、法西斯主義、種族屠殺的意義——這些都是人類最惡劣的犯罪行為。而且他們操作這些的時候，我們正好迫切需要堅固的反法西斯聯盟，卻因他們努力不懈種下的煽動、錯誤資訊、憎恨，使得聯盟困難。品牌稀釋和品牌傷害事小，但這些犯罪行為和命名這些犯罪行為的能力意義重大。

當重要的想法被這樣扭曲，當荒誕到處橫行，無法認真討論，我們該怎麼辦？當我們似乎被反常的分身和冒牌貨包圍時，我們該怎麼辦？某天深夜，我在尋找那個問題的答案，搜查分身的經典電影，發現卓別林大膽的諷刺作品《大獨裁者》（*The Great Dictator*），談的是希特勒崛起。[10] 電影最後，受迫害的猶太理髮師（卓別林飾演）將自己偽裝成外表像希特勒的獨裁者（也由卓別林飾演），潛入敵軍陣營，並且對著法西斯主義的民眾發表有史以來最棒的反法西斯主義演說。

雖然這部電影在一九四〇年發行，卓別林的話一如既往地中肯：當你遇到威脅吞沒你和你的世界的分身，距離無法提供任何保護。更好的做法是反其道而行，某方面來說，變成模仿他們的人，他們的影子。

如此一來，至少可以合理解釋為什麼我聽了那麼多史蒂夫・班農。

第二部

鏡像世界（投射）

但那又怎樣？你認為我們沒有能
力產生一個雙重的宇宙系統……
你是否忘了雙重思想？

——歐布朗於喬治・歐威爾的《一九八四》

5 他們知道行動電話

COVID-19疫情頭兩年，我觀察我的分身的行為，試著理出某些規則，發現不妨將那段時期分為兩個階段：班農前、班農後。

班農前對「另一個娜歐蜜」來說是煩惱且混亂的時期。她惴惴不安，連續不斷在推特貼文和直播，但是她的不滿漫無目標而且到處分散。她分享她的信念，認為強制佩戴口罩導致小孩失去微笑的反射能力，然而缺乏任何證據支持，除了隨機觀察那天可能心情不好的小孩。[1] 她宣稱在曼哈頓的餐廳偶然聽到蘋果公司的員工討論「疫苗有奈米顆粒，讓你回到過去」[2]（顯然是聽到關於蘋果手錶「回到過去」的功能，誤以為他們在開祕密會議，討論真正的時光機）。而且我們別忘了不可思議的那個，呼籲接種疫苗的人的糞便應該隔離，以及她哭著說疫苗「照射」和不孕。[3]

那段時間必定很不好過。她的社群媒體帳號，因為違反醫療不實資訊的規定，反覆被暫停和封鎖。她在網路上被怒罵和嘲笑灌爆（畢竟除了她，我比任何人都更清楚）。據她自己在推特說，朋友傳給她的簡訊只有一個字：「停。」同時，一系列「娜歐蜜・沃夫怎麼了？」[4]的文章出現在從前認真看待她的刊物，重新批判她過去的文章：《新共和國》（*The New Republic*）「娜歐蜜・沃夫的瘋狂行為」；《商業內幕》（*Business Insider*）「娜歐蜜・沃夫從女性主義者、民主黨偶像滑到『陰謀論漩渦』」；線上雜誌《痛批》（*Slate*）「改變我人生的現代女性主義經典，難道其實是垃圾？」但她持續不斷，在網路噴灑她的古怪理論。

有一次特別慘，她掉進一個網路惡作劇的陷阱，分享一張號稱質疑疫苗作用的「醫生」照片。結果照片裡的人不是醫生，而是一個身穿外科手術服，脖子掛著聽診器，頗有名氣的色情演員。揭發這個惡作劇的推文有七萬一千個讚（《攔截》〔*The Intercept*〕雜誌的肯・克里彭斯坦〔Ken Klippenstein〕）。

二〇二一年三月，這個全球傳染病正式宣布一年之後，沃夫的命運扭轉，進入班農後的時期。這段時間，沃夫轉移並磨亮她的COVID-19訊息，注意力全部集中在可能實施疫苗護照引發的恐懼。跨國旅行需要疫苗接種證明護照的想法，早在世界經濟論壇製作的花言巧語影片裡頭流傳數個月，作為部分「大重設」（Great Reset）計畫。[5] 以色列已經使用電子疫苗應用程式控制室內場館出入，英國政府也開始考慮這個做法。沃夫預言北美會是下一個採取疫苗護照的地區（安全的賭注），而且她宣稱世界因此走向人類自由的「懸崖」，再也沒有回頭路。她在多個右翼新聞媒體分享這個訊息，包括當時大受歡迎的美國有線新聞節目，福斯電視台的《塔克・卡爾森今夜秀》（*Tucker Carlson Tonight*，現已停播），每日平均有三百萬個觀眾。這位福斯新聞台的主持人專門吹捧集權主義者如匈牙利的奧班・維克多（Orbán Viktor），而且鸚鵡學舌宣揚所謂的「大取代理論」（Great Replacement），[6] 煽動反移民暴力。他深深為沃夫和她的招牌論點著迷。她為她最成功的自製影片下的標題正好最佳總結那個論點——「看娜歐蜜・沃夫博士討論『為何疫苗護照等於終身奴役』」。光在YouTube，觀看次數就超過十八萬。

我的分身總是勇於發表極端言論——她已經預言國內政變，並控訴美國自二〇〇七年起持續傾向「法西斯主義」，又說「歐巴馬做的事和希特勒無異」。[7] 我發現，這種橫衝直撞出現一個問題，當沃夫試著提出新的警告：要怎麼找到足夠有力的語言說服人們，這次真的是「大條」？我能理解，畢竟，關於氣候危機的文章，我已經發表超過兩千頁，而且我永遠都在尋找新的方法表達一個事實，就是我們正在拆解支撐人類與其他生物的結構——差異在於，我說的是事實。

論疫苗護照，沃夫找到新的提升武器。她主張，護照是「專橫的極權主義平台」、「人類一生中面對最危險的工具」，而且「擁有這個資料的人即將統治世界」。[8]

在「終身奴役」的影片、卡爾森的節目，以及史蒂夫・希爾頓（Steve Hilton）在福斯新聞台的節目（《下次革命》〔*The Next Revolution*〕）——錄製日期都相隔不到幾天——沃夫提出她的論點，表示疫苗驗證應用程式，某些政府不明智地稱為「護照」，並非表面那樣。她表示，這是目前為止她所提出「最嚴重的警告」，[9] 那些應用程式其實是後門，打算引入類似「中國共產黨的社會信用分數系統」——指的是中國鋪天蓋地的監視網，允許北京政府依照公民表現的美德和順從排名，而這個恐怖的排名可以決定從入學到貸款資格等一切，而且只是部分，更廣大的監視拖網可以準確定位異議分子以利逮捕，大刀闊斧審查任何批判執政黨的言論。疫苗應用程式就像那樣，沃夫說，一個「奴役十億人」的系統。[10]

她解釋，進入餐廳、戲院等場所需要掃描疫苗接種狀態的QR碼，這個行為不僅告知衛生單位某人出現在這些室內場館，還會允許「專制」國家知道你和誰見面，正在說什麼話[11]——不限掃描圖碼的這些餐廳，她暗示，甚至延伸到你家客廳：「如果你在談論發起抗議行動或寫一篇社論，或動員他人支持某個議員通過法案終止這個系統，那個平台就會知道。」[12]她說，在以色列，疫苗護照已經製造「兩層社會」與「次級公民」。[13]值得注意的是，她完全沒有提到一直真正以次等公民身分生活的巴勒斯坦人，只提到決定不接種疫苗的以色列猶太人。她警告，一旦類似的應用程式進入美國，如果你不接種疫苗或你是「異議分子」，你的「餘生將被歸在次等階層，你的家人也是」。[14]

沃夫之前將疫苗說成重大的健康威脅，這次也會。沒有證據的情況下，她表示針劑是中國刻意部署的「生物武器」，[15]用來攻擊西方。然而，在福斯新聞的報導，她似乎主張COVID-19疫苗本身不是重點。她告訴希爾頓：

重點不是疫苗，重點不是病毒，重點是你的個資……人民必須了解的是，平台可以輕易載入任何其他功能。而且那意謂，平台可以和你的支付服務結合，和你的數位貨幣結合，微軟已經在考慮和付款方案結合，你的網路會被占用，無論你走到哪裡都定位你的位置。你的信用紀錄也會包含在內，還有你所有的就醫紀錄。[16]

她在「終身奴役」的影片主張，「機器存取你的資料之後，會評估你在社群媒體說過的話。所以如果你太保守或太開放……機器會讓支付服務知道，支付服務會取消或調高你的信用卡利息」。[17] 她繼續說，這個應用程式甚至會追蹤你的搜尋歷史。[18] 而且如果你做錯事，「也有能力結束你的性命」。[19]

彷彿這樣嚇唬觀眾還不夠，她緊抓IBM在紐約州提供資料支援的細節，從那裡大肆發揮。「IBM和納粹德國有段恐怖的過去。」沃夫告訴希爾頓。「他們出資創造某種這個東西的先驅，用打孔卡片操作，能讓納粹掌握雅利安人和猶太人的清單——又是兩層社會——這樣一來，他們可以快速圍捕猶太人，圍捕異議分子，圍捕反對領袖。那是浩劫，千萬不能允許這件事情繼續。」[20] 好了，也許你也想問，這麼可怕的反烏托邦，光靠一個疫苗應用程式辦得到嗎？簡單。沃夫解釋，只需要「後端的調整」。[21]

再次澄清：這不是真的。掃描QR碼後進入餐廳或體育館，並不像沃夫說的，政府就能監聽你在那間餐廳的對話。沒有掃描的時候（絕大多數的時候），一個QR碼也沒有能力「定位你的地理位置」；[22] 不能找到在你家的你。QR碼不知道你的搜尋歷史，沒有連結你的支付服務，不能打開或關閉你的性命。那不是社會信用系統，而且和ＩＢＭ在納粹德國做過的事沒有關係。那只是「是／否」接種過疫苗，「後端的調整」也不會改變這些事實。為了避免過分信任，我和電子前線基金會（Electronic Frontier Foundation）確認此事，這是知名的組織，捍衛數位隱私和網路上的公民自由。基金會的工程總監與疫苗護照專家艾列西斯・漢考克（Alexis Hancock）在電子郵件裡向我解釋「那項技術本身不會傳送你的位置信號給政府」，而且宣稱應用程式在聽人講話「真的很怪」。[23]

西澳有過幾個案例，警察透過疫苗應用程式取得犯罪調查資料。[24] 政府立刻立法禁止這種用途，澄清那個應用程式不是辦案工具。但是，我注意到的是，沃夫搭乘COVID-19雲霄飛車，瞬間墜下這一段：她在福斯新聞台說的，完全不是疫苗護照，而是一種越來越強烈的感覺，被無所不在的技術控制。這樣的技術由不透明的演算法主宰，而且通常武斷、後果嚴重，但是現有的法律規範不到。從這樣的脈絡來看，就不意外，看到影片的人會與她的警報狀態產生共鳴。

她的事實大多出自幻想，但是沃夫還是提供人們明顯想要而且需要的：對於數位監視的恐懼和憤怒，找到聚集的焦點。

我們可以合理辯論政府控制病毒的策略，例如將這個責任加諸在疫苗和智慧手機的應用程式，而非維持室內佩戴口罩，或者投資公共衛生系統，例如僱用更多護理人員並提高他們的薪資，避免醫院超載。更不用說提供穩定免費的家用快篩，確保工作場所適當的防護裝備，還有，非常重要的，所有勞工的有薪病假，所以不會有人感染病毒仍不得不出門工作。疫情初期，還可以投資在社區層級的接觸追蹤，甚至可能帶來為偏遠地區創造就業機會的附加效益。更具體的作為可能還有，在公共場所安裝高級空氣清淨機，包括學校，同時聘用更多教師和教師助理，減少班級人數——所有措施都經證實減少病毒散播，對學生與教師也帶來諸多連鎖效益。這只是幾種方式，可以擴展和增強磨損的社會服務和安全網。讓我們全體，在病毒肆虐之際，過上較輕鬆、較快樂、較美滿的生活。

二〇二二年四月，身心障礙正義的倡議人士碧翠絲・阿德勒─波頓（Beatrice Adler-Bolton），列出像是這樣的其他措施取向，在美國可能會是如何：

我們不能光是依賴製藥科技。我們也必須利用手邊所有社會、經濟、政治科

技——就和疫苗與抗病毒藥物一樣重要的工具——例如社交距離、佩戴口罩、有薪假、預防迫遷、降低社區傷害、提升空氣對流、投資基礎建設、提供全民醫療照護、取消債務、減少監獄人口等，不勝枚舉。這些只是部分可能的社會與財務工具，可供我們利用，幫助人們不僅度過疫情，而是儘管疫情依然茁壯。[25]

可惜的是，從來沒有真正的大眾組織策略推動那樣野心勃勃的計畫，所以政府鮮少感覺有必要認真考慮，反而偏好比較容易（也比較容易獲得大筆捐贈）的途徑，指望疫苗和應用程式在北美和歐洲承擔幾乎所有防疫工作。就像我們文化其他許多面向，從欺壓勞工到破壞氣候，傳染病的應變責任，從全體轉移到個人，全都以回復正常生活為名：「你打疫苗了嗎？」、「請出示證明」。我們通常不問雇主是否提供安全的工作環境，或者政府是否保證安全的學習環境與交通系統。

目前為止，富裕國家的政府可以阻止病毒新型變種散播最有效的措施，原本可以是，實施本國疫苗接種的同時，提供免費與可得的疫苗給全球所有人民；藥廠專利暫停也會理所當然，畢竟疫苗的研發與推廣大多由公共資金大力補助。經濟上也非負擔不起：經濟合作暨發展組織（OECD）的首席經濟學家估計全世界都接種疫苗的費用是五百億美元，只比伊隆・馬斯克（Elon Musk）把推特變成他的個人玩具多一點而已。[26] 但是這麼做，需要在世界貿易組織放棄智慧財產保護，幾家藥廠也就無法繼續利用疫苗專利作為印鈔機。既然這個政策並未實現，輝瑞（Pfizer）在二〇二一年從COVID-19的疫苗賺了三百七十億美元。[27] 那一年年底，某些國家，例如我的，已經推行第三劑，而非洲的疫苗接種率卻只有百分之七．五。[28]

國際特赦組織的企業與人權部長派翠克．威肯（Patrick Wilcken）描述囤貨和牟取暴利是「招致巨大災難的失敗」，並說：「大型藥廠例如輝瑞，強烈渴望追逐利益，加速前所未見的人權危機。如果置之不理，全世界十多億人民的生命權與健康權會持續處於險境。」[29]

而且由於病毒變種也會跨過國界，因此這樣的作為格外短視。如同世界衛生組織疫苗總監凱特．歐布萊恩（Kate O'Brien）正確預言疫苗民族主義，「行不通的。從流行病學的觀點是行不通的，從傳染的觀點也行不通，除非我們真的把疫苗送到所有國家」。[30]（如同分身教我們的，隔離本質上相連的事物，很少有好的下場。）

富裕國家如此重視國內疫苗接種和驗證應用程式，作為病毒控制策略，也有社會成本。每當進入場所或取得服務需要智慧手機和QR碼的時候，就進一步邊緣化那些無住所的人，或者脆弱的人，以及較不可能取得那些工具的人。正如作者史蒂芬．斯拉舍（Steven W. Thrasher）所描述，這些「病毒下層階級」——已經在社會中遭受忽視的族群——在疫情期間被進一步排擠，甚至被視為敝屣。[31]

這些是既困難又重要的辯論，而且必須誠實面對殘忍的歷史上，致使許多黑人、原住民、波多黎各人、身心障礙者無法信任政府的強制健康計畫。上一個世紀成為目標，被迫絕育和接受祕密醫學實驗的族群，這些只是部分而已。最惡名昭彰的是一九三〇年代的塔斯基吉實驗（Tuskegee experiment），阿拉巴馬州數百名黑人男性並未獲得梅毒的最佳治療，而是得到安慰劑，許多人因此死亡。就像其他真正的陰謀論，殘酷又不道德的實驗被隱瞞數十年，而那些試圖敲響警鐘的人就被免職。

這些歷史清算早該進行，由於缺乏這些反思，COVID-19疫情期間，公共衛生官僚在邊緣化的社區推行防疫措施經常遭受懷疑。這些角力關係也使那些族群容易成為錯誤訊息得手的對象。例如我的分身在福斯電視台煽動，主張疫苗應用程式等於IBM與納粹死亡機器聯手合作。[32]

深入我們的科技恐懼

班農後時代，我的分身再出新招。沃夫針對疫苗應用程式發出迫切警告，同時，她也採取新的方式定位自己和自己的專業，顯然想在這個特別的議題上樹立權威。三十年來，娜歐蜜・沃夫一直以作家和前政治顧問的身分自居，現在依然如此。然而，當她開始上卡爾森和其他類似節目，談論她對疫苗應用程式的看法時，說出我以前從沒聽過的話：「身為科技CEO」，以及「我是科技公司的CEO」。[33]

我是？我的意思是，她是？

這個驚人的主張原來是指她的網站「每日影響力」，當時是個默默無聞、乏人問津的網站，刊登她的部落格文章和影片，而且聲稱他們擁有突破的技術，可以輕易取得立法草案並公告在網站上（先不說美國的法案早就在其他地方公開，例如免費的網站GovTrack.us）。在她登上福斯電視台之前，這個號稱能將凡人變成說客的網站，據說每月瀏覽次數僅數千，某個月甚至僅十三人。[34]

我開始注意我那脫胎換骨的分身，這個全心投入、準備上福斯電視的科技CEO。《美國末日》之後，沃夫緊貼美國愛國主義，以此為基礎反對限制公民自由。（「開國元勛並非為美國創造自由，是為自由創造美國」是她典型金句。）[35]然而，這些疫苗護照的言論，語氣比我之前見過的她，遠更充滿民族主義與親資本主義。她描繪一個世界，在那裡，COVID-19的防疫措施是東西方文明戰爭的前線。在她十五分鐘的影片「終身奴役」中，一再提到「CCP」（中國共產黨），次數和「西方國家」（the West）相同，都是五次。[36]

她在二〇二一年三月告訴史蒂夫．希爾頓：「如果這個計畫如期展開，實際上，就是西方國家人類自由的終點。」[37] 在自己的影片中，她指出，如果護照真的實施，「資本主義將不復存在」。[38] 她強調，大型科技公司（對錯誤訊息刪文禁言）和政府（各式各樣 COVID-19 相關的強制規定）都在以「CCP的方式進行制約，阻礙我們作為西方國家的成員」。[39] 所有的 COVID-19 應變措施，說到底，都在「削弱西方國家，削弱我們的社會，削弱我們的子孫」，[40] 還說，那樣的情況「不美國」。[41]

幸運的是，沃夫已經制定反擊計畫。她解釋，她的網站正在轉型為「模範立法」的資料交換中心，社運人士可以利用這個平台，在國家層級上阻擋未來的公共衛生措施，以捍衛她所定義的「五個自由」。[42] 這五個自由包括：拒絕佩戴口罩、拒絕疫苗護照、拒絕學校停課、拒絕緊急狀態宣言、拒絕商業活動與宗教集會限制。簡而言之，「自由」意謂拒絕幾乎所有政府用來控制病毒的強力措施，卻不見她提出任何替代方案。再說，既然數個月來，她一直貶低傳染病的嚴重性，政府為何還需要這些工具呢？

* 譯注：出自《啟示錄》第十三章十六至十七節：「他又叫眾人，無論大小、貧富、自主的、為奴的，都在右手上或是在額上受一個印記。除了那受印記、有了獸名或有獸名數目的，都不得做買賣。」

我承認，當沃夫開始將疫苗護照形容為大規模的監視網絡時，我真的不明白這個說法產生的效應。我的注意力被她分享的諸多錯誤事實吸引，而另一個事實是，她的新身分——福斯電視台的名嘴，正灌爆我自己的社群媒體。

我們許多偷偷摸摸追蹤沃夫的人，當時忽略的，是她的新訊息引起多少共鳴——不僅福斯電視台的觀眾，還有一群自認左派或進步主義者的人，他們被她描述的《黑鏡》（*Black Mirror*）式監控世界嚇壞，而且這樣的人數量眾多。我收到多個來源的私訊，分享她的「終身奴役」影片。其中一位是知名的陰謀論者，他敦促我「研究」這段影片，並表示我們必須「用最後一絲力氣」對抗這個新的威脅。[43] 另一位則問我該如何拯救被洗腦的親人，他支持「黑人的命也是命」，也是替代醫療的從業人員，把沃夫的話視為福音，還陷入類似匿名者Q的漩渦，認為這是一場「自由對抗奴役」之戰的最後前線。

我回頭去看YouTube上「終身奴役」影片底下近千則留言，準備迎接那個平台惡名昭彰的仇女言論。然而，我沒想到，留言清一色都在讚揚她，對這位「勇士」和她說出真相的「勇氣」表示崇拜。[44] 許多人引用聖經，宣稱疫苗和護照是「獸印」*。[45]

某位科技業的主管闖進這個充滿愛的園地，短暫振奮我的精神。他解釋：「疫苗護照和中國的『社會信用』不是『同一個平台』」，也並未「交給某個專制獨裁的政府」。[46]

然而，他接下來的話馬上將我推入谷底：「顯然，我一直尊敬的克萊恩，在這裡拖拉某種西方中心主義的論調。」[47]（沃夫的新粉絲隨即修理了他：「去中國住吧。我們這裡不需要你這種共產黨，哪天說不定真的會對你造成危險。這只是個提醒。」[48]）

不到兩個月的時間，沃夫不僅上了福斯電視七次，還巡迴演講，參加在拉什莫爾山（Mount Rushmore）舉辦的「自由會」（FreedomFest）。她接受幾個共和黨議員邀請，在多個議會大廈反對口罩和疫苗的強制規定。在緬因州眾議院，她的東道主因允許沃夫進入當時關閉的議會大廈，遭到議長等領袖約束，未來不准再帶客人進入。[49]八天後，她前往密西根州，當時該州是確診案例快速增加的地區之一。在那裡的監督委員會上，她聲稱疫苗護照如同納粹對猶太人早期的待遇。[50]

立刻注意並響應沃夫新主張的人是史蒂夫．班農。在一週內，他開始邀請「沃夫博士」在他大受歡迎又帶動風向的播客《戰情室》（*War Room*）擔任常客。這是班農自二〇一七年丟了川普陣營首席顧問職位後一直經營的節目，同時他也向《紐約時報》誇耀自己正在「為全球的民粹主義運動建設基礎設施」。[51]班農對沃夫的熱愛可見一斑：有時一週邀請她多次，並且不斷推薦她的網站，稱讚「五個自由」是立法工廠，這個概念突然變得不再莫名其妙，反而舉足輕重。我查了網站流量，二〇二一年四月，沃夫開始頻繁出現在班農的播客，那個月「每日影響力」的瀏覽次數突破十萬，而一年前只有八百五十一次。「我希望我們的民兵隊，每一個人都去支持沃夫博士。」班農用他一貫熱情的語調說。《大西洋》指出，班農在談到醫學研究時一再稱呼沃夫為「博士」，這是在誤導觀眾，而班農則回應，她的博士學位對他來說「已經足夠」。[52]

回溯起來，沃夫的疫苗護照主張引發共鳴，也不是那麼奇怪。當她將焦點放在科技和監視上時，便開始挖掘人們內心深處的文化恐懼。過去我們生活中原本私人的部分，如今已成為洞察一切的矽谷巨頭透過多種手段營利的中心。彷彿她已經掌握每個人心中的科技恐懼——被行動電話追蹤、被搜尋引擎監視、被智慧手機竊聽、被門鈴偷窺——這一切匯聚後，投射到那些相對平凡的疫苗應用程式上。依照她的說法，大政府和大型科技公司將程式寫入一個 QR 碼，實則為恐怖的監視濫權。

她說的這些話，實質上是幻想。然而情感上，對於許多正在聽她演講的人來說，這些話明顯「感覺」真實。他們感覺真實的原因在於，我們確實生活在監視科技的革命之中，國家與企業確實掌握難以置信的能力來監視我們，通常相互合作協調。此外，作為文化，我們才剛開始思考這個改變翻天覆地的本質。

自由派的人聽到像沃夫這樣的理論時，總是會這樣譏諷：「等著看他們聽到行動電話會怎樣。」我頭幾次聽到這個笑話時也會笑，我的感覺就是這個笑話應該賦予我的優越感。但是現在，追蹤一個新興又強大的政治星座崛起，而且沃夫的星星閃閃發亮，幾個月後，我再也笑不出來。低估她或她所帶領的運動是嚴重的錯誤。因為如今，「等著看他們聽到行動電話會怎樣」的笑話不再是譏諷：他們都知道行動電話，只是不知道該拿行動電話怎麼辦（或智慧音響、搜尋歷史、祕密封鎖、電子郵件、社群媒體大數據……）。而且，似乎其他任何人也不知道，包括那些當權者，顯然無意願停止哈佛大學教授肖莎娜・祖博夫（Shoshana Zuboff）所謂的「監控資本主義」。[53] 沃夫則四處宣傳她的「五個自由」，同時呼籲反疫苗的公民不服從，找事讓她的追蹤者做。她在告訴他們，拿回隱私和自由還不算太晚。

當然，這是吸引人的訊息。在過去二十年裡，接連不斷驚爆，我們的日常與私密生活，正以某種方式成為他人財產的無數種途徑。首先是《愛國者法》（*Patriot Act*）以及九一一事件後全球監視產業遍地開花。隨後，美國電信公司 AT&T 的吹哨者挺身而出告訴我們，全球的網路流量在祕室中被轉送到美國國家安全局。然後是艾德華・史諾登的痛苦揭露，證實這張巨大的數據拖網，接著又是劍橋分析公司的醜聞，揭露臉書將使用者的資料賣給第三方以進行政治操弄。還有以色列公司飛馬（Pegasus）設計的自我隱藏間諜軟體，被世界各國政府用來全面入侵對手和批評者的手機。[54]

* 譯注：阿萊莎為亞馬遜公司推出的智慧型助理。

† 譯注：Golems，猶太人民間傳說中，以巫術注入泥土，塑為有生命的泥人。

不斷地，外流，外流，外流。二〇一九年，《華盛頓郵報》頭條寫著：「阿萊莎（Alexa）*一直在偷聽你。」二〇一八年的《紐約時報》報導說：「你的APP知道你昨晚在哪裡，而且沒有保守祕密。」還有《今日美國報》指出：「你不是神經兮兮：你的電話真的在聽。」外流，外流，外流。我們聽過「保母攝影機」被駭客入侵，變成監視裝置；智慧門鈴的影像被交給警察；Uber的「神觀」（God View）軟體據說被員工用來窺探路人，甚至前女友；數十億張個人照片被臉部辨識系統公司擷取，拿來訓練他們的軟體；月經週期應用程式在急於刑事定罪的州，可以用來控告選擇結束孕期的人。[55]

現今上網的每一個人或多或少都知道這些事。我們去的地方，我們愛的人，我們相信的事物，我們一舉手、一投足，都在那個以太，超出我們控制。然而對於這樣異常的現實，目前為止，回應都出奇微弱，許多都昇華為諷刺的幽默，例如「等著看他們聽到行動電話會怎樣」。

數位泥人†

在「企業自我」的課程中，我們探索個人品牌建立和身分表演文化背後，如影隨形的監視結構。我們越是接受一切必須上網——讚、不讚、分享——越是接受這份心照不宣的契約，拿隱私換取啟用應用程式的便利，科技公司因此能夠吸走更多我們的資料點。利用這些資料，他們創造我們真實的數位分身——不是那個許多人夢寐以求的虛擬頭像，經過濾鏡和修圖軟體精心打造，完美調校後發布的圖片，而是每次我們點擊、瀏覽，或忘記關閉定位，或向「智慧」裝置詢問問題後，無數機器利用我們留下的數據創造的分身。從我們網路生活中擷取的每一個資料點，都使這些分身更加鮮活、更加複雜，能夠在現實世界中影響我們的行為。

這個機器製造的分身，並不是我們自己創造的，而是基於外在的認知、詮釋和預測形成，或者我們應該稱之為數位泥人，畢竟是拿無生命的資料形塑而成。從這個角度來看，它和人類分身非常相似：一個分不清楚是你還是他的人；不是真的你，卻深深影響你的生活。

現在，那些機器吞噬我們如此之多，大口吃下我們各種風格和怪癖，然後製作的分身，相似程度簡直不可置信。我從事視覺藝術或音樂創作的朋友發現，人工智慧程式能夠接收指令，幾秒鐘內便能產出他們「那種形式」的藝術作品，根本嚇壞他們。尼克・凱夫（Nick Cave）看到 ChatGPT 生成他的歌曲版本，形容那個現象是「拙劣的模仿……對人類本質的荒唐嘲笑」。[56]

見到自己糟糕的複製品時，感覺無比羞辱，而見到好的複製品時，又令人極度痛苦。這兩種情況無疑都是讓人發抖的原因。當我們意識到，被人工複製的，無論多麼拙劣，不僅是個人，而是整個人類時，這種發抖便成為震撼。畢竟，人工智慧是反射和模仿的機器：我們餵進我們這個物種在歷史上積累的文字、想法和圖像，這些程式便會反射離奇的逼真結果。

在泥人的世界裡，「我寧願看的廣告是我會喜歡的可愛鞋子，也不要看一堆不想要的醜東西」。在之前的課堂上，一位學生這麼說。我們討論到後來，稱這為「可愛鞋子問題」，因為這個問題概括監控資本主義和ＡＩ革命悄然來臨，卻幾乎沒有提出異議的主要原因。我們許多人確實在某個程度上感謝這種自動的客製化，尤其那些能夠建議我們可能感興趣的音樂、書籍和人的演算法。而且，起初風險似乎很低：我們看見根據我們的興趣和品味投放的廣告和建議，有什麼關係？如果聊天機器人幫我們寫好待處理的電子郵件，又有什麼不好？

但是現在，我們發現自己陷入一個水深至脖子的系統。就像我自己真實生活的分身，然而風險顯然更高。未經充分知情所汲取的資料，被賣給第三方，可能的影響從我們的貸款額度到我們能看到什麼樣的徵才廣告，甚至深度學習後的機器，模仿能力如此高明，可能取代我們的工作。而那些有用的推薦和可怕的模仿都來自同一個演算法，使無數人掉進危險的資訊隧道，最終將疫苗應用程式與納粹大屠殺相提並論，可能導致更為危險的後果。因此，原來一切都不是無害的——就連可愛的鞋子也是。

聽著大學生談論堅固如山的資料軌跡對他們造成的影響，令他們困擾，總讓我懷念自己在青少年時期行動電話普及之前的年代。回首過去，我發現我和朋友們像幽靈一樣走過這個世界——我們的重大事件、性生活、抗爭、音樂品味、冒險、時尚選擇，完全不留實質痕跡。那些經驗並未訓練任何演算法，沒有儲存在任何雲端，也不在任何快取中留下歷史痕跡——除了偶爾出現在折到的相片、沾到水的雜誌和信件，以及浴室牆上褪色的塗鴉。我無法想像除了我們（或許還有愛管閒事的父母），會有任何人對我們年少時代的瑣事產生任何一點興趣。世界根本不在乎我們，而我們並不知道自己多麼幸運。

數位時代的浮士德交易——拿我們的個人資料交換免費或便宜的數位便利——直到交易完成後才向我們解釋。而且這代表巨大而激烈的轉變，不僅改變我們的生活方式，更重要的是，改變我們的生活目的。如今，我們都是資料礦區，儘管挖掘的資料多麼私密與重要，但挖礦的過程依然完全不透明，挖礦的操作員則完全不負責任。

記住這一點，有助我理解「另一個娜歐蜜」，以及她宣稱「暴政」的疫苗護照暗藏「CCP式的社會信用分數系統」，[57] 這個把眾人嚇得一愣一愣的說法，如何突然找到力量。她深入挖掘那些幾乎已經隱藏不住的恐懼，這些恐懼根植於幻想，而非現實。疫苗護照不是社會信用系統，但社群媒體本身多少是。我們手機裡的 QR 碼不會讓我們的生活長期受到監視，但正如那些聰明的笑話說的，我們的手機本身以及許多智慧裝置確實會，或至少有能力這樣做。

此外，企業平台可以隨意刪除使用者，禁止他們連上自己辛苦多年建立的文字和影像，實在極度危險而且令人困擾。當沃夫說「他們開始肅清你的敵人，然後肅清你」時，[58]並沒說錯。馬斯克收購推特之前，北美的進步主義者已經相當滿意這個威脅，因為他們的政治對手被迫離開平台。然而，早在馬斯克開始停用他不喜歡的推特帳號之前，類似的權力濫用已經在以色列政府的指示下驅逐巴勒斯坦人權運動人士；同樣的情況也發生在印度，印度教至上的政府驅逐為農民權利和宗教弱勢倡議的人士。我們將溝通與資訊交流重要的平台等關鍵路徑，外包給營利公司運作的演算法，而這些公司則與各國政府勾結。然而在北美，對於這些事實提出警訊，不知為何變成班農派政治右翼的專屬領域，這顯示意識形態領域的危險割讓。

透過公共廣播和地方電視、電台來建立民主、非企業的媒體，一度是進步主義的核心要求。雖然有公民自由團體挺身而出反對企業的審查制度，也有公民權利團體爭取網路中立，但如今絕大多數的進步主義者並未將爭取民主和負責任的資訊領域作為他們的政治基石。相反地，許多人愉快地支持企業刪文禁言，直到同樣的力量最終降臨到他們自己身上。

現今網路上的謠言和陰謀如此猖獗，威脅公共衛生，而且相當可能威脅代議民主存亡。然而，解決這個資訊危機的方法，不應該是求助科技寡頭抹煞我們不喜歡的人，而是嚴正要求可被視為基本公民權利的資訊共享空間。科技作家暨理論家班・塔諾夫（Ben Tarnoff）在他的著作《網路為民》（*Internet for the People*）中主張，這是可以達成的目標，但必須從「去私有化」的過程開始——將已經形同公共廣場的社群媒體工具交還民眾，由民主控制。[59] 他表示：「為了打造更好的網際網路，我們需要改變擁有和組織的方式。」塔諾夫寫道：「岌岌可危的莫過於民主的可能性——以利潤為動機而組織的網際網路會阻礙這個可能性。」[60]

這是一個提醒：僅僅因為某件事物目前被圈圍在特定的財務模式，並不意謂這種狀態必須永遠持續。對抗早期的圈圍模式，歷史上有許多成功的案例：殖民強權被逐出過去的殖民地；外資的礦山和油田回歸本國，交由公權力控制；原住民族勝訴，收回祖先土地的主權。不正義的所有權結構在過去曾被改變，可以再次被改變。

必須記得，許多建造現代科技巨頭的磚瓦，最初是由公部門提供，這些資金來自政府機關或公立研究大學。這些技術包括從網際網路本身，到GPS，再到地點追蹤。

實質上，大型科技公司利用公共工具謀取私人利益，同時打著共享的口號描述他們封閉的平台。例如，馬斯克在收購推特時形容這是一個「數位的市鎮廣場，人類未來重大的問題在這裡辯論」。[61]

他說得對——那麼，為什麼推特會受到一個男人反覆無常的突發奇想挾持？就像上個世紀至今的去殖民運動，我們可以努力收回已經失去的重要公有資產。塔諾夫的建議不僅是一份規定的代辦事項清單，而是一個迫切的實驗呼籲。他認為，知識領域的去私有化並沒有靈丹妙藥，但網際網路可以逐漸收回，包括透過社群擁有，而非企業集團擁有的網路供應商。然而，塔諾夫警告，這不是政治階級會自動去做的事，尤其那些方方面面都與矽谷緊密交織的人士。他指出：「從邊緣到核心，從周圍到骨幹，成就民主的網路必須是社會運動的工作。」[62]

問題在於，塔諾夫所描述的那種大型運動尚不存在。而且正是在這個真空狀態，我的分身正在大搞破壞。因為沃夫與她受到《黑鏡》啟發的故事，認為疫苗應用程式可以「結束你的性命」，不僅證實那些潛伏的技術恐懼，還加上她的新伙伴史蒂夫·班農，擁有進步主義者缺乏的：具體行動計畫，或者至少是抄來的計畫。他們的計畫是推動「五個自由」和「不戴口罩」的法律，無論你住在哪裡。他們的計畫是闖入地方學校董事會，指控董事們是納粹，參選並取代他們的位置。他們的計畫是緊隨大型科技公司，訂閱新的右翼平台，並如同班農的招牌口號「領先於審查」。[63]他們的計畫是讓你送錢給他們，加入他們的戰爭。

結果形成一種令人困擾的動態關係——就在我們的分身文化核心。例如，關於民主控制的公共廣場的權利，以及值得信任的資訊和隱私權的權利——這些應該由一致的原則來定義的問題，我們卻有兩個對立的政治陣營。這些陣營隨時以反對對方的任何言行來定義自己。雖然這些陣營在道德上並不相等，但是，像沃夫和班農這樣的人，越是關注大型科技公司帶來的真實恐懼——例如單方面移除言論的能力、帶著我們的資料潛逃、創造我們的數位分身——自由派對整個擔憂似乎越是抱持聳肩和譏諷的態度，視為神經病的煩惱。一旦「他們」碰到某個議題，奇怪的是，其他人似乎就碰不得。然後主流自由派忽略和忽視的，這個新興的聯盟就灌注大把注意力。

這一切都幫助我理解我的分身——但我發現理解之後更不安心。因為這意謂她代表一種更廣泛且更危險的鏡像形式——一種對信念和擔憂的模仿，而這些信仰和擔憂增長進步主義者的失敗和沉默。看著班農興高采烈吸收沃夫關於疫苗護照的幻想，化為每天告訴聽眾的恐怖故事，我開始納悶，還有什麼其他未被處理的恐懼和憤慨會在她的新家被人利用——我稱那個家為鏡像世界。

6 對角線

「妳當真？」艾維問。

六月初溫暖的夜晚，十一點鐘，他走進來，看見在床前做瑜伽的我。我每晚如此伸展，幫助緩和背痛。

他進來的時候，我正好在做鴿式，深呼吸，同時放鬆臀部。而且，好吧，我當真在聽史蒂夫・班農的《戰情室》。最近生活忙亂，學校到了學期末，艾維的選情激烈，所以除了現在，我哪有其他時間追上「另一個娜歐蜜」風暴般的曝光？

我的執念已經成為艾維和我之間的鴻溝。不只我們之間——也強化我已經相當深刻的孤立，將我和其他家人朋友離得更遠。我認識的人沒有人收聽《戰情室》，而我越來越覺得如果不聽，就不可能理解這個新的政治發展。但是，我還是相當過頭：有好幾天，那個節目瘋狂的反共主題歌在我腦中揮之不去（「在整個香港傳播這個消息／我們將戰鬥直到他們全部消失／當他們消失我們歡欣／讓我們打倒中共」）。

我當場發誓要休息，把這個最不討人喜歡的疫情嗜好擺在一邊。反正似乎也是重新評估的好時機。推特剛剛封鎖沃夫的帳號，而且似乎是永遠。我不喜歡這種粗暴的企業審查，但我告訴自己，沃夫失去她主要的公開傳播工具，當然意謂她無法為她自己（還有我）惹上那麼多的麻煩。

「我要停止使用推特。」我告訴艾維。我答應這個夏天不只要更努力助選，也要更關心我們的兒子（依然深陷在鯊魚世界），還有其他我們不得已忽略的家人。

幾週後，隱居在巨石上已經一年，我們往東走。我的公公史蒂芬癌症復發，而這次無法開刀。他要求和他三個孩子與四個孫子相處一個月，而且儘管身體不適，仍想去他最愛的地方：愛德華王子島（Prince Edward Island），位於加

* 譯注：出自《路得記》第四章第十五節：「他必提起你的精神，奉養你的老，因為是愛慕你的那兒婦所生的。有這兒婦比有七個兒子還好。」

拿大東部邊緣，風景如畫，擁有紅色沙地和一片片馬鈴薯農場，燈塔星羅棋布。

這趟旅程會很好——在這間新蓋好的出租民宿，我告訴自己，同時打開行李，把短褲和T恤放進衣櫥。我決定趁機找回迷失的自我。我會煮健康美味的三餐，和所有家人談心，不使用任何電子產品。最重要的：不會再花我在地球上任何有限的時間在「另一個娜歐蜜」身上。不會有關於分身的書和電影，不會有和COVID-19陰謀有關的播客，不會有班農，而且絕對不會有推特。我在個人檔案釘了一則訊息，宣布九月才會回歸。這是防止復發的保險。

島上的隔離規定結束後，我們可以自由外出並聚會，整個大家族沉浸在快樂的團圓氣氛。我的幾個外甥是新鮮又有趣的人，而十一個多話的人在餐桌上七嘴八舌，我的耳朵忙得不可開交。極耗精神但是非常開心。而我忽然意識到，我已經超過兩個星期沒有想到她。大有進步！

呃……該說是極少想到她。我確實和我傑出的婆婆蜜雪兒有段隱約相關的對話，關於《路得記》。某天早上喝咖啡的時候我打開這個話題。蜜雪兒一直在研究歷史上猶太教忽略的女性角色，而我希望能稍微更深入了解我／我們名字的典故。「其實就是忠誠。」蜜雪兒提及聖經的故事。在她們各自的丈夫死後，路得對拿俄米忠心耿耿，在伯利恆的婦人口中，「比有七個兒子還好」*。[1]

我們同意，這是很棒的訊息，即使是原始的女性主義訊息，關於女人的羈絆超越血緣。有點像我和蜜雪兒之間的羈絆，早在我和艾維的關係之前。有鑑於流行文化常有刻薄婆婆這種誇張形象，聖經裡的拿俄米是非常進步的角色，值得同名的好人。

但我還有幾個小問題。一到伯利恆，此時窮困又絕望的拿俄米，確實指示她的媳婦噴上香水，溜進簸大麥的地方，年老富裕的親族波阿斯正在那裡睡覺；「掀開他腳上的被，躺臥在那裡」。[2] 這麼做是為了發生一夜情，以便安頓路得和拿俄米的下半輩子。經過一些討價還價，最後以婚姻收場，經過三代，迎來大衛王出生。

「拿俄米其實有點像……在拉皮條，讓路得去找波阿斯。」我小心翼翼說出。「這樣的話，跟這個人同名真的好嗎？」蜜雪兒停頓。她今年八十二歲而且耳聰目明。我們同意，還是別把我們的價值觀加諸在聖經的故事較好。然後坐在充滿陽光的廚房，繼續喝我們的咖啡。（如果我真的想要加諸我的價值觀，我會說《舊約》的拿俄米根本是設計了仙人跳，不擇手段，為了在破洞的系統過活，不計一切代價保護她的人。）

這就是那個時候接近沃夫的內容，但甚至不是真的關於沃夫。我偏好想成即興的女性主義聖經研究。蜜雪兒確實問了我為什麼好奇。這個點上，如果不稍微說明我的沃夫研究，可能有點不禮貌。而且我想，說不定她會有些情報：蜜雪兒在報紙寫作專欄，數十年來大受歡迎，而且我隱約有個印象，她在一九九〇年代見過沃夫。

「當年，她人怎樣？」我努力顯得不經意。

「嗯，我對《美貌神話》那本書的評價不高，裡頭沒什麼新意。但我們都很高興，這個年輕漂亮的女人選擇認同自己是女性主義者。」

有道理。一九八〇年代，對第二波女性主義者而言，是殘忍艱難的時期。在新的十年伊始，有沃夫加入，並且戴上這個標章，彷彿穿上當時流行的短版夾克，必定非常宜人。

但是僅止於此。真的。討論結束，非常短暫，而且當然不是完全返回我的分身世界。至少又過了一週才是。

以下就是事情發生的經過，而且我並不打算美化。我的背痛難耐，而且，因為我們人在一座小島，這裡的COVID-19盛行率只比紐西蘭高，於是我決定冒險，尋求專業協助。

我預約的診療需要開車四十五分鐘。我大約九點出門，天空晴朗無雲，雙線道上完全沒車，兩邊是沙丘、紅色的崖壁，以及大西洋的浪花。我一邊開車，發現這十六個月來我很少這樣——獨處。獨處，而且被自然美景圍繞。喜悅之情滿溢我的身體，傳到緊握方向盤的指尖。

在那完美的一刻，我什麼都可以聽。我大可搖下窗戶，讓海浪和海鷗充滿我的耳朵。我大可播放最近重新發現的，瓊尼·米歇爾（Joni Mitchell）的〈藍色〉（*Blue*），感謝布蘭迪·卡莉（Brandi Carlile）翻唱。但我都沒有。相反地，我按下紫色的播客應用程式，找到史蒂夫·班農的《戰情室》，讀了最新一集的簡介。那集是川普的演說現場錄音，他宣布他要控告大型科技公司，因為他們把他逐出平台，隨後是……

什麼？為什麼是她？

我滑著手機看我錯過什麼，在沃夫禁斷的這段期間，我的分身出現好幾次。我一個一個，全部狼吞虎嚥。這就是為何我最後停在路邊，打開故障指示燈，趕不上我極需要的治療，在睽違兩年的假期，在紅色的小筆記本上匆忙記下手機傳來的聲音：「黑衫與褐衫」、「佛奇惡魔」、「嚇得目瞪口呆」、「你的身體屬於國家」、「就像中國的一胎化政策與強迫節育」、「地理追蹤」、「惡魔×2」。

這才是完全返回我的分身世界。

在我薄弱的辯護中，沃夫在班農的播客地位提升，象徵著我的分身人生中的重大發展。受邀參加川普右派的旗艦節目，自由暢談疫苗護照或臭罵拜登，這是一回事——任何有點知名度又自稱民主黨人的人都歡迎來表

* 譯注：電影《綠野仙蹤》的著名插曲。

† 譯注：「另類事實」是指二〇一七年美國時任總統川普的顧問凱莉安·康威（Kellyanne Conway）在某次訪談中創造的術語，用以辯護總統就職典禮參與人數的不實說法。

演這個特技。然而，史蒂夫・班農特別請她來評論川普卸任後的首幾場演說，又是另一回事。班農的廣大聽眾深信川普是美國總統的正當人選（沃夫早期稱他為「恐怖的存在、糟糕的人類」[3]）。這不僅幫她賣書或增加網站的訂閱數，而是真實權力的象徵——觸及並潛在影響數百萬人的能力。

幾週前，沃夫被踢出推特的時候，平台上很多人非常高興，彷彿她已經被從地球刪除。人們挖出她最誇張的推文，截圖做成短片，搭配席琳・狄翁（Celine Dion）的音樂，謝謝她留下的回憶。有人發文：「叮咚！巫婆死了。*」[4]當時的氣氛完全就是如此，至少在進步主義者之間。我承認，她被踢出去，我的內心有些安慰，也有些空虛。她把我搞得這麼悲慘——她的瘋狂冒險真的結束了嗎？有可能這麼簡單嗎？

我在路邊明白到，事情絕對沒有那麼簡單。班農曾在他的網站頂端放置一個老式的股票價格收報機，用來追蹤他的節目下載次數。大約在那個時期，數字接近一億——他聲稱這還加上多個影片和電視平台上數百萬個即時動態。然而，這些數字不能光看表面，畢竟這些數字的建築師也同樣打造了川普「另類事實」†的華麗塔樓。然而，班農的《戰情室》只是：侍奉極右派總統的神經中樞，無論當選的是川普還是某個更危險的人。

「行動！行動！行動！」

那是《戰情室》的口號。班農經常重複。他播音的時候會出現在他頭頂後方的面板。他把這個口號與他在蓋特（Getter，「推特殺手」[5]）和電子報（《每日指揮簡報》〔*Daily Command Brief*〕）中發布的內容一起送出。

他是認真的。不像福斯新聞，儘管明顯偏頗，仍有有線新聞台的門面要顧，《戰情室》已經建立明顯激進的媒體平台——或者，更明確地說，軍事的媒體平台。電視上的人說話多少經過修飾，但是班農培養一種感覺，他和他的觀眾是指揮官和忙碌的戰場將領，他們的會議上，每人回報各自的前線：大偷竊（Big Steal，挑戰二〇二〇年美國總統選舉結果）；選區策略（在地方層級設置意識形態步兵，避免下次選舉被「偷」）；學校董事會策略（挑戰「覺醒教程」*，以及口罩和疫苗政策）；「否定命令」策略（向共和黨代表施壓，否認拜登取得一切可能的立法勝利）。

主持人和來賓在那個時候也許會互相交談，但交談並不是那個節目的重點——重點在於行動。「稍後請留步，節目結束後，我想和你多聊聊這件事。」班農經常在一個段落的尾聲這麼說，聽眾就會興奮起來，彷彿自己正在偷聽歷史。這個節目吸引人的關鍵在於，他們不走光鮮亮麗的路線，而班農不修邊幅的個人特色更是凸顯這點：深色、皺巴巴的對扣襯衫；凌亂的白髮媲美沃夫蓬

* 譯注：wokeness，二〇一〇年以來在美國對於種族、性別、性傾向和社會平等左翼政治運動的稱呼。

鬆的髮型；臉上看得見斑點，刻意避免電視化妝的虛假。這個節目沒有旁觀的觀眾，只有「戰情室民兵隊」驕傲的成員，或者，當班農特別興奮時，就是他「騎兵部隊」裡的士兵。[6]

如果娜歐蜜・沃夫是班農節目固定的來賓，不僅是為了反對疫苗規定，如今還現場直播川普的演講，表示她已經完全跨越新的門檻，成為這個世界上的成熟玩家。很快，沃夫將以共同原告的身分加入川普對推特的集體訴訟，質疑她被逐出那個平台的事（雖然她依然聲稱在「意識形態上」與川普有「深刻」的分歧）。[7] 正是在那裡，在路邊，我深信，不管她發生什麼事，這不僅是因為無可否認的分身問題與我有關——嚴重程度遠不止於此。如果像她這樣的人能如此突然轉換陣營，那麼值得深入探討的是，究竟是什麼驅動這個轉變，尤其到了那個時候，顯然可見某些知名的自由派和左派也開始向強硬右派傾斜。

即使我追蹤沃夫滑稽的行為多年，或者說讓那些行為追蹤我，對於她毅然決然跨越界線，我依然感到非常驚訝。一位猶太女性主義者，寫過一本警告法西斯主義如何輕易掐死開放社會的書，她是怎麼合理解釋與川普和班農結盟？就這件事而言，班農作為一個驕傲的反墮胎天主教徒，曾被控家暴，甚至他的前妻在法庭上表示班農不希望他們的女兒「和猶太人一起上學」[8]——她又是怎麼合理解釋選擇沃夫作為隊友？

（班農對家暴指控表示不認罪，但由於他的妻子沒有出庭，這些指控被駁回，他也否認關於猶太人的言論。）儘管這些矛盾，沃夫不僅是班農《戰情室》的常客；她迅速成為節目中辨識度最高的人物。在兩人合作的顛峰時期，沃夫幾乎每天都上節目，持續兩週。他們甚至共同推出品牌結盟的「每日影響力暨戰情室之輝瑞調查」，深入各種疫苗的兔子洞，並包裝成一本電子書。顯然，任何一方都不讓過去的原則妨礙這個結盟。

我試著查明的是：COVID-19重新刻劃許多國家的政治版圖，模糊左右兩派的界線，並激怒之前不關心政治的群體，使他們走上街頭。這部最不可能的兄弟情電影有什麼看法？這和那些在要求員工接種疫苗的醫院外堵住出入口，不讓救護車進出的「自由鬥士」有什麼關係？或者那些拒絕相信不如己意的選舉結果的人？又或者是那些否認俄羅斯戰爭犯罪證據的人？又或者，或者，或者……

全球對角子午線

當然，政治版圖重劃是COVID-19留下的其中一項重大遺產，影響遠遠超過沃夫和班農。傳染病、經濟動盪和氣候災難交織糾纏，形成一個迷幻時期，

* 譯注：「大重設」是世界經濟論壇為應對COVID-19疫情而制定的經濟復甦計畫，始於二〇二〇年，並成為二〇二一年瑞士達佛斯世界經濟論壇年會的主題，即本書多次提到的「達佛斯的精英」。

促使各種奇怪的同床異夢聯盟加速出現。首先我們看到反對封城的大規模抗議，隨後針對任何有助解除封城的合理防疫措施又出現抵制。這些新的聯盟最終催生自稱「自由車隊」的運動，癱瘓我的國家首都渥太華三個星期，然後擴散到美國和歐洲，將對COVID-19相關的不滿，轉化為一種更廣泛且不斷演變的「自由」渴求。

這些組織匯集許多截然不同的政治和文化壓力：傳統右翼、強硬的匿名者Q陰謀論右派、通常與綠色左派相關的另類健康次文化、新納粹分子，以及抗議學校內發生和未發生的各種事情的家長（主要是白人母親），這些問題包括口罩、疫苗、性別友善廁所和反種族主義書籍。小企業主因為疫情控制措施嚴重影響利潤，對於通貨膨脹和電磁爐等各種事物也憤憤不平。這些新的集合體之中，存在巨大分歧——例如沃夫，既不是匿名者Q的邪教教徒，也不是新納粹分子。像她和班農在這樣的大型平台散播錯誤訊息，許多人受到影響，似乎認同這場傳染病是達佛斯（Davos）的精英謀劃，目的是在「大重設」（Great Reset）*的旗幟底下重塑社會。

如果主張來自極右派，那麼他們的祕密計畫可能就是為了針對綠色運動、社會主義、委內瑞拉、索羅斯或強迫接種疫苗的獨裁專政；而如果是新世紀主義者，他們則會警告大型藥廠、基因改造、生物識別晶片植入、5G、機器狗以及同樣是強迫接種疫苗的獨裁專政。除了COVID-19是最近的話題之外，這種政治融合的陰謀並不新鮮——大多數已經存在幾十年，有些甚至是古老的血祭誹謗*。新鮮之處在於這種磁鐵般的吸引力，讓不同背景的人找到彼此，形成《老虎鉗》（*Vice*）雜誌記者安娜・梅蘭（Anna Merlan）所謂的「陰謀奇異點」。[9]

在德國，這個運動通常稱自己的政治觀點為 *Querdenken*（意指橫向思考或突破框架的思維），而所形成的憂心聯盟從新世紀健康強迫症者（反對任何不純的東西進入他們悉心照顧的身體），到數個新法西斯主義政黨（將反疫苗的戰鬥口號視為對「衛生獨裁專政」的抵抗），這樣的目的是為了喚起納粹時代「種族清洗」的記憶，彷彿納粹對待人類如細菌的暴行與對待細菌的行為是同一件事。受到 *Querdenken* 一詞的啟發，兩位歐洲政治學者威廉・科利森（William Callison）和奎因・斯洛博迪安（Quinn Slobodian）將這些新興的政治聯盟稱為「對角主義」（diagonalism）。他們解釋：「對角主義者某種程度源於技術和通訊的變革，拒絕左派和右派的傳統標籤，同時通常傾向極右派的信念，表達對主流議會政治的矛盾心理（如果不是犬儒主義的話），並且堅持將整體論甚至靈性的觀點與個人自由結合。在極端情況下，對角主義堅信所有權力都是陰謀。」[10]

雖然宣稱後黨派，但是成功吸收對角主義難以控制的熱情和活力的，正是

* 譯注：血祭誹謗是反猶太人謠言，聲稱猶太人會謀殺基督宗教的小孩，用他們的血來進行宗教儀式。

世界各地的右翼政黨，通常是極右派。他們將 COVID-19 時代的不滿揉入早已存在的計畫中，反對「覺醒文化」，並煽動移民者「入侵」的恐懼。儘管如此，對於這些運動來說，重要的是，表現自己（並相信自己）與傳統政治決裂，並聲稱自己是超越傳統左右兩極的新事物。

這就是為什麼，自認為進步主義者或自由派的名人加入這場運動是關鍵。重要的是，這些進步主義者並非拋棄社會正義的目標，轉而擁抱強硬右派的世界觀（例如二十世紀中期知名的前托洛斯基主義者厄文・克里斯托〔Irving Kristol〕的做法）。相反地，他們必須繼續自認是驕傲的左派成員或忠誠的自由派，同時主張他們曾參與的運動或潮流背叛他們的理想，害得這些勇敢無畏的人在政治上無家可歸，並尋找新的聯盟。這些從進步主義中逃出的人不將自己包裝為逃兵，反而宣稱自己是忠心的人——指責之前的同志和同事才是冒牌貨和騙子。

幾個這樣的人物中，我的分身特別擅長這種伎倆。例如，當沃夫在二〇二一年首次出現在右翼新聞媒體時，她的姿態顯得寡言少語，一點也不挑釁。她提到自己投給拜登，強調曾為《紐約時報》和《衛報》撰稿，並在微軟全國廣播公司（MSNBC）上出現，稱自己是自由派的「媒體寵兒」。[11] 然而，現在她卻表示，右翼的節目，例如卡爾森的和班農的，是唯二有足夠勇氣提供她平台的節目。

至於他們，每次激動的右翼主持人邀請沃夫來當嘉賓時，總會沉浸在冗長而華麗的結尾，列出她所有的自由派資歷，並表示對於她與他們站在同一邊感到震驚。「我從沒想過，除了辯論，我會與妳這樣交談。」[12] 塔克・卡爾森第一次找沃夫上節目時這麼說。隨後，提到沃夫在推文表示她後悔投票給拜登，他補充：「我很驚訝，妳需要多少勇氣才能寫下那則推文——我相信妳一定因此失去朋友，來上這個節目也是。」沃夫惆悵地笑了笑，點點頭，接受這份英雄般的歡迎。

當她出現在英國最直言不諱否認氣候變遷的極右煽動者詹姆斯・德林波（James Delingpole）主持的播客時，[13] 德林波首先說：「這太不可思議了⋯⋯五年前，我根本不可能和妳一起領聖餐⋯⋯我有點把妳和『另一個娜歐蜜』搞混了——妳知道的，娜歐蜜・克萊恩，娜歐蜜・沃夫，差在哪裡？」（插入我無聲的尖叫。）他接著說：「現在，我們在這裡。我的意思是，我認為我們是一場更大、更廣泛的戰爭中的盟友。而且妳已經打了一場非常出色的比賽，所以恭喜妳。」[14] 再一次，她沉醉其中，在這些尷尬的初次政治約會中，扮演端莊的角色。

隨著時間推移，沃夫在節目上逐漸成為固定來賓，她似乎很享受這個

* 譯注：自由薯條是美國對炸薯條的泛政治化委婉語，將英語「薯條」French fries 中的「French」以「Freedom」取代，以回應法國反對美國在聯合國安理會擬議入侵伊拉克的行為。

新的角色，熱切扮演右翼民粹主義者又愛又恨的都會自由派精英，甚至在史蒂夫・班農的節目上秀法文。在一段關於法國封城規定的節目中，她問道：「『Liberté, égalité, fraternité』到底怎麼了？」——彷彿她的大多數聽眾，當年並不是把「炸薯條」改名為「自由薯條」*的人。而且她在第一次上班農的節目時告訴班農：「好幾年來我都認為你是魔鬼，絕無不敬之意。現在我很高興你在壕溝裡，和政治光譜上各種為自由奮鬥的人一起……我們必須立刻拋棄那些標籤，才能團結起來為我們的憲法和自由奮鬥。」[15]

這就是我們從對角主義政治中得到的關鍵訊息：這些不大可能的聯盟竟然正在形成，儘管過去存在分歧，參與者卻願意為了共同目標團結，這個事實證明他們的目標既緊迫又必要。否則，沃夫如何合理化與班農的合作呢？班農和川普將移民非人化，視為可怕的他者——強姦犯、幫派成員、疾病帶原者——這樣的政治話語被他們正常化。這也是為什麼沃夫極度而持續地使用極端的歷史類比——將COVID-19的防疫措施與納粹治理、種族隔離和奴役比較。[16]為了合理化她的新聯盟，這種修辭的提升有所必要。如果你正在對抗「終身奴役」或現代的希特勒，那麼一切，包括你同床共枕的人，都是次要。在許多方面，這與福音派基督徒被他們的領導人哄騙，讓他們無視川普的行為——調戲女性、涉嫌性侵犯、撒謊和殘忍——而這些行為都違反他們宣稱的價值觀。為了克服這一切，他們必須非常嚴肅看待川普，將他視為髒亂的使者，被神派到地球上對抗神自己的分身：魔鬼。賭注與永恆救贖一樣高，抓抓小穴又算什麼？*

但在班農與沃夫的聯盟中，他們偉大的目標到底是什麼？

他們各自想從對方身上得到什麼？

淘金COVID-19

人們常常問我，方式可能不同，但意思差不多：是什麼讓她崩潰？是什麼讓她徹底失去？他們想要一個診斷，但是我不像她，我不喜歡扮演博士。我可以為左派和自由派轉向獨裁右派提供一種等式，類似：自戀（自大）＋社群媒體成癮＋中年危機÷公開羞辱＝右翼崩潰。

而且那條等式某個程度是事實。

但是，我越是知道她最近的活動，越是無法接受這些問題的前提。他們的意思是，當她崩潰時，會粉碎在地。然而更正確的描述是，當沃夫走向崩潰的時候，在另一邊，數百萬人的手臂承接她，毫無疑問接受她異常的理論，

* 譯注：出自川普在二〇一五年電視影集中說的話。描述他試圖勾引某個已婚女人。原文：I don't even wait. And when you're a star, they let you do it. You can do anything. Grab them by the pussy. You can do anything.

而且顯得喜愛她。所以，雖然她在某部分失去，她得到更多——她得到全新的世界。

我母親那個世代的女性主義者，對於沃夫願意與那些對女性自由發動戰爭的人結成聯盟感到困惑。在某個層面上，他們的困惑可以理解。就在二〇一九年，沃夫將她命運多舛的書《暴行》描述為「一個警世的故事，當世俗國家獲得權力進入你的臥室時，會發生什麼事」。[17] 而現在，她結盟的人，把想成為神權政治家的人送進美國最高法院，那些人迫使十三、四歲的孩子違背自己的意願懷孕。然而，在另一個層面上，她的行為恰恰是注意力經濟價值的完美體現。注意力經濟訓練我們許多人，使用粗略且基於數量的矩陣衡量我們的價值。有多少人追蹤？有多少人按讚、轉推、分享？瀏覽次數是多少？是否成為熱門？這些指標並不衡量某些事情的是非或優劣，僅僅計算在那個以太中有多少數量，多少聲量。而如果聲量是遊戲的名字，那麼這些在右翼中發現新層面的跨界明星則沒有失去——他們反而獲得了更多。

「有些作家喜歡喝酒，有些作家喜歡觀眾。」戈爾・維達爾（Gore Vidal）早在一九八一年就說過。[18] 沃夫喜歡觀眾，那樣的方式對全盛時期早於社群媒體的維達爾將是無法想像。沃夫比同世代多數作家更早領會轉向注意力經濟是多重要的事。她於二〇〇八年加入臉書，充分發揮臉書自助出版的潛力，向世界發送長篇、未經編輯、常常與事實無關的理論，然後，當相關技術提供時——直播。

沃夫可能不大擅長學術研究，但她擅長運用網路。她將自己的想法包裝成清單文章，製作成點擊誘餌——例如「法西斯主義美國，簡單十步（慎防第十步）」和「解放我們的五個自由」。她的網站「每日影響力」顯示她如何嫻熟運用網路貨幣化的技巧：不僅收集注意力，還將這些注意力轉化為金錢。她接收廣告，出售印有狼設計標誌的品牌商品（例如「力量就在狼群中」*）；「高級」會員每月收費三・九九美元，「專業」會員每月收費九・九九美元。[19] 她還募集捐款，儘管這是一個營利事業而非慈善機構，更不用說這個網站的初衷之一（提供法案和決議草案的獲取權限），即為出售那些本來就是免費而且隨時可得的資源。這有點像在公共圖書館外設置私人收費站，擺明詐騙。

從這個脈絡來看，沃夫為網站選擇的名字反映真實情況。過去十年，沃夫已經成為我們這個時代特有的產物：影響力的追逐者。在這個凡事都上網的年代，影響力是一種無關道德價值的貨幣——既是現金的替代品，也是現金的管道。影響力不是計算你做了什麼，而是衡量你的存在占據世界上多少空間。透過扮演受害者，你能獲得影響力；透過加害他人，你也能獲得影響力。這是左派和右派都明白的道理。如果實質的權力搖擺不定，影響力便會隨之調整，占據自己所需的空間。

所以，如果沃夫近年來提出的眾多陰謀有一個明確模式，單純就是：圍繞

* 譯注：Wolf 同時也有「狼」的意思，因此沃夫以狼作為品牌標誌。

† 譯注：維基解密創始人。

當時占據新聞版面並引起熱議的主題。當然，從事時事分析工作的人無法免於熱門話題的影響。然而，從亞桑傑（Assange）†到伊波拉病毒，再到伊斯蘭國，沃夫所做的，遠遠超出僅僅關注這些事件。她宣稱擁有某些只有她自己發現的祕密知識，並宣稱因敢於分享這些知識而遭受可怕的迫害。正因如此，她能將自己嵌入無數流行文化交談的中心。她總是出現在熱度最高的地方。

而且沒有什麼能像 COVID-19 一樣擁有如此高的熱度，還有無窮的影響力。我們都知道為什麼。這是一個全球事件，同時發生在世界各地。我們在網路上相連，在相同的全球平台，討論同一件事，持續數週、數月甚至數年。正如史蒂芬・斯拉舍在他的著作《病毒下層階級》所言，COVID-19 是「第一個同時在社群媒體上如病毒般流傳的病毒傳染病」，創造「病毒傳染的二次方」。[20]

這個「病毒傳染的二次方」意謂，如果你發布與流行病相關的正確內容——標記正確的關鍵字組合（如「大重設」、「世界經濟論壇」、「比爾・蓋茲」、「法西斯主義」、「佛奇」、「輝瑞」），並以小報風格的標題吸引眼球（例如「領導者串通讓我們無能為力」、「他們不想讓你知道……」、「比爾・蓋茲竟然說了?!」）——你就能駕馭數位的魔毯。相較之下，之前所謂的「病毒式傳播」都顯得黯淡無光。玩家們都熟悉這個遊戲：例如，病毒影片《人為傳染病》（*Plandemic*）在封城初期便讓 COVID-19 陰謀的雪球開始滾動，第一週即獲得八百萬次觀看。導演米基・威利斯（Mikki Willis）對《洛杉磯時報》表示：「我們知道這部影片是關於陰謀論，而且用意是驚嚇觀眾。不幸的是，在這個時代，你必須這樣做才能引起人們注意。」[21]

災難分身

在較早的震撼中，我追蹤災難資本主義的扭曲面貌。過去我曾報導，颶風與戰爭劫後，某些私人公司從迫切的需求與恐懼中牟利，以昂貴的價格販賣槍枝與重建服務。這種老派的災難資本主義不僅將手伸進我們的口袋，當注意力成為我們文化最貴重的商品，也掏空我們的注意力。陰謀總在危機之中運轉——但是陰謀本身從來不曾是個興盛的行業。威廉・科利森和奎因・斯洛博迪安稱 COVID-19 是「可資本化的陰謀」。[22]

因此，除了通常試圖以犧牲廣大公眾利益為代價來推行有利企業精英的政策，並直接從醫療設備和治療需求中牟取暴利（這兩種現象在傳染病期間我們必定見過），我們還遇到一小群對角主義者，他們兜售誇張的陰謀論，描繪一個祕密的陰謀集團，為了引入他們的新世界秩序或優生主義計畫，如何製造整個災難。

我開始將這一小群重度依賴猜想和誇張標題的人視為災難的分身，因為他們高獲利的表演，目的在於分散我們的注意力，使我們無法關注那些迫在眉睫的真實醜聞。這種網路內容的經濟誘因，可以解釋為什麼在COVID-19的第一年，公眾人物這個品種似乎變得截然不同——他們變得更躁狂、更生氣、更破釜沉舟，發出奇怪的宣言。只要某個訊息能在數位海洋中被巨流推進，即使不可靠或根據薄弱，他們也會樂意分享。我可以列出清單，但我相信你的腦中已經出現自己的清單：「我以前真的相信某某。他們怎麼了？好像完全變了個人，完全屈服了一樣。」

成癮可能是理解這些人格轉變衝突最相關的視角。羅伯特·路易斯·史蒂文森（Robert Louis Stevenson）的經典分身文學《化身博士》（*The Strange Case of Dr. Jekyll and Mr. Hyde*），亨利·哲基爾博士喝下神祕藥水後就會變身為凶殘的艾德華·海德；然而，隨著時間的推移，藥水失效，原本的哲基爾博士完全消失。當我看著幾個過去幾年我認識並且相處愉快的人，他們的行為發生變化，顯然他們大口喝下釋放多巴胺的藥水，使他們變成，甚至可能永遠變成，數位時代的艾德華·海德。我相當確定我的分身知道這則警世寓言，因為在這個過程中，我還發現一件離奇的小事：一九九五年，她的父親李奧納多·沃夫出版《哲基爾博士與海德先生：羅伯特·路易斯·史蒂文森經典小說權威注釋版》，該書自稱是「史蒂文森經典二元故事的完整版」，並包含「關於文學界最著名的人格分裂著作，你想了解的一切」。[23]

然而，即使沃夫有理由提防掉入數位多巴胺的陷阱，疫情期間卻很少有人得到比她更多的亢奮，因為她的經歷實在獨特。二〇一九年BBC的訪問一敗塗地後，她的影響力隨之崩盤。如果要聽原始故事，可能就是這個事件，促使沃夫的未來轉向偽民粹主義右翼；那一刻，在BBC的直播現場，她被逮個正著，隨後受到羞辱、嘲笑，甚至被打得體無完膚。英國女性主義者羅西・博伊科特（Rosie Boycott）從《美貌神話》時期就認識沃夫，她觀察到，《暴行》慘敗之後，沃夫已經無法回歸自由派的知識分子，因而指出：「她必須找到一個事實不那麼重要的新世界，而這就是她要進入的世界。當然，她在裡面會成為超級巨星。」[24]

取消的相反

這是自由派的推特以為沃夫已經消失而大肆慶祝的諷刺（至少在馬斯克歡迎她回來之前）。既然多數的自由派和左派都不看也不聽班農的節目，或其他她是固定班底的節目，他們認為她是麻煩人物，所以早已認為她從人間蒸發。「願靈魂安息。」

* 譯注：將某位推特用戶設為「靜音」，就能從時間軸自動移除該帳戶的推文。

「記錄在案的死刑。」

有點像是小孩以為當他們的眼睛閉上，世界就消失了。因為沃夫根本完全沒從公開場合被驅逐出去：感謝班農和卡爾森，比起一九九〇年代她的黃金時期任何一刻，她現在的舞台更大，聚光燈更亮。

但普遍相信她不再重要這一點，不禁讓我納悶，人們所謂的「取消文化」是否部分源於這些平台利用他們的工具來設計我們的結果。我已經很多年沒在推特上封鎖任何人，但我經常將別人設為靜音*。只要我看到惡意攻擊，或注意到某人的推文總是汙染我的心情，我就會按下「靜音」。那種感覺很滿足，彷彿在這個平台上還有一些自主權，否則所有的一切都由別人決定。

但是對於我們輕易就能關閉其他人類，我也有點不安。我擔心點擊一下就讓別人消失會成為習慣。（就像在群體裡頭，將某人永遠趕出平台帶來的施虐快感，必定會成為習慣。）

一旦我們自己讓別人消失——噗通！問題就解決了！——也許我們就能更輕易接受科技公司做出同樣的事，透過一則自動訊息把人踢出去。同樣的情況在我們現實世界的關係中甚至更簡單，而這顯然也發生在「另一個娜歐蜜」身上。沃夫發表了數千字，詳細記錄因為她在 COVID-19 期間的滑稽行為，實際上導致她與家人、鄰居和朋友的關係破裂。她提到，包括一位最好的朋友「沒有說再見就離開這個國家」，以及「朋友的女兒生了孩子，不讓我進屋裡看孩子」，還有「朋友說他不和未接種疫苗的人坐在室內」。[25]

當人們以這樣的方式被踢出我們的社群網絡——無論在網路上還是日常生活中——他們真的就像被消失，或者真的被靜音。但事實完全不是如此。當某人因為說了或做了傷人或無知的事，或質疑正統的身分認同，或因為過快成功而遭人眼紅，最終被驅逐出進步主義的討論或社群時，人們經常會慶祝他們消失，就像沃夫被逐出推特一樣。然而，這些人不會因為我們再也看不見他們而真正消失。他們會去別的地方，許多人去了鏡像世界：一個與我們相似卻又顯得有些離奇的世界，明顯帶著怪誕的色彩。

被踢出推特？就去抄襲的網站蓋特註冊，這是右翼推特的對手網站，由川普的前助手傑森・米勒（Jason Miller）創辦：「不像矽谷的寡頭，蓋特永遠不會出賣你的個資。」[26]（沃夫在那裡有近二十萬的追蹤人數，比她被踢出推特之前還多。）

被 YouTube 審查？去 Rumble 弄一個帳號。

Instagram 被限制流量（Shadow banned）？試試 Parler。「自由發言，」該公司強調：「奉行憲法修正案第一條，最好的社群媒體應用程式。」[27]

美國集資平台 GoFundMe 拒絕把你募來的錢支持你最喜歡的自由車隊，宣稱那些資金會被用來支持暴力和騷亂？別擔心，GiveSendGo，「自由第一的基督宗教募資平台」會連同禱告把錢送去，而且不問任何問題。

班農甚至推出自己的貨幣，稱為「FJB幣」，這個縮寫，當然就是「去他的喬拜登」（Fuck Joe Biden）。因為，他說，你再也不能信任美國貨幣，民主黨讓美元貶值，而且「每天都在打擊你——所以你需要其他貨幣」。[28]

最近我交談的每個人，幾乎都會提到認識的人掉進鏡像世界。有些熟人不知怎的變得陌生，總讓我們覺得不安、怪異。

「我再也無法跟我妹妹講話。」「我母親掉進兔子洞。」「我正試著想想辦法，讓我奶奶離開臉書。」「他以前是我的英雄。現在每次和他說話都像在比誰更大聲。」

他們怎麼了？

當觀察鏡像世界時，很明顯數百萬人已經沉迷於幻想、虛構和表演。然而，更複雜且詭異的是，他們看著我們的時候也有同樣的看法。他們認為我們住在「小丑的世界」，困在「團體迷思」的「矩陣」中，受到「大眾生成精神病」（編造的名詞）的集體歇斯底里形式所苦。[29] 重點是，在反射玻璃的任一邊，我們對現實的不同詮釋沒有異議——我們對於誰活在現實、誰活在虛擬的問題才是分歧。科提斯・亞文（Curtis Yarvin）是班農式右翼的思想顧問，他曾說：「我的工作……就是把人們從《楚門的世界》中喚醒。」[30]而娜歐蜜・沃夫則表示，學校裡戴著面具的小孩變得恐怖，像鬼一樣，「溫順……像超完美小孩」（Stepford kids）*。[31]

她常回到「超完美」這個話題。二〇二二年七月，沃夫去上一個名為《新聞今日談》（*Today's News Talk*）的右翼播客，分享她「近來的想法」。[32]她在紐約市時注意到，那裡絕大多數的人都接種了疫苗，感覺……不一樣。實際上，感覺好像他們根本不是人。

「你接收不到平時那種人類的能量，整個能量場好像不在那裡，人看起來像立體圖像……像是什麼鬼城，你在那裡，看見他們，但你感覺不到他們。」[33]然後她注意到更奇怪的事：「（接種疫苗的）人沒有任何氣味。你聞不到他們。我不是在說，他們沒有散發臭味或體味——我不是在說體香膏。我是在說，他們聞起來不像房間裡有人，他們感覺起來，也不像房間裡有人的樣子。」

她向主持人解釋，這都是因為mRNA疫苗中的「脂質奈米粒子」，這些粒子會「進入大腦，進入心臟，於是讓那裡故障」。也許連「愛的波長」也在經歷這種「故障」……降低傳輸能力。[34]

她的結論是，「脂質奈米粒子就是這樣作用」。[35]

脂質奈米粒子不是那樣作用。疫苗不是那樣作用。任何事物都不是那樣作

* 譯注：出自艾拉・萊文（Ira Levin）的小說《超完美嬌妻》（*The Stepford Wives*）。

用。而且，我不敢相信我竟然寫下這些字——接種疫苗的人聞起來依然像人類。也許沃夫自己得過COVID-19，影響她的嗅覺，很多人得了之後都有這個後遺症。但是那個主持人坦言，她也注意到接種疫苗的人看起來像鬼。她很高興沃夫有勇氣說出這件事。

這顯然是一種炒作，就像行動電話的笑話一樣，讓我感到得意與優越。然而，再一次，問題在於：沃夫說的話，不管多麼脫離現實，總會利用某些事實。在現代都市中，總會出現死氣沉沉和脫序的現象，而疫情更是加劇這種情況——許多人確實感覺自己更沒有活力，更缺乏存在感，更孤單。造成這些的並不是疫苗，而是壓力、速度、篩檢和焦慮，這些全都是資本主義在技術主導階段的副產品。但如果一方說這種情況正常，而另一方卻聲稱這些人「不是人」，後者的吸引力更強大，應該也不意外。

在我的分身研究中，我得知有一種真正的醫學症候群，稱為凱卜葛拉斯症候群（Capgras delusion）。患者深信他們生活中的人——配偶、子女、朋友——都是長得一模一樣的替身或分身。根據電影歷史學家保羅・米韓（Paul Meehan）的說法，這個症候群可能啟發經典科幻電影，例如《天外魔花》（*Invasion of the Body Snatchers*）和《超完美嬌妻》（*The Stepford Wives*）。[36] 但是當一個社會分裂成兩個敵對的陣營，雙方都深信對方是分身冒名頂替，這又是什麼症候群？有解決方法嗎？

✧
✧
✧

回到最初的問題：沃夫和班農結盟，以及她在鏡像世界中的新生活能帶來什麼？只是透過一面扭曲的鏡子，她得到一切，她曾經擁有而又失去的——注意力、尊敬、金錢和權力。在密爾頓的《失樂園》中，墮落的天使路西法認為「在地獄中統治比在天堂中侍奉更好」。[37] 我的分身或許仍然認為班農是魔鬼，但也許她認為侍奉在他身邊，比在一個自稱天堂但我們都知道本質是地獄的地方繼續受到嘲笑來得更好。

那麼班農呢？與沃夫這樣的人形成對角聯盟，他又得到什麼？沃夫有什麼是他需要的？更重要的是，他從 COVID-19 和圍繞這個傳染病的所有陰謀中獲得什麼，因為他的整個節目幾乎是由這些邪惡故事支撐起來（以前稱為《戰情室》，但自二〇二〇年以來已被稱為《戰情室：傳染病》）。班農並非為了影響力加入，他已經擁有很多，至少不是僅僅為了影響力本身。在我看來，班農的終極目標越發明顯，而在這個過程中，我的分身扮演絕對重要的角色。

7 讓美國再次偉大的同夥

我小的時候，對於分娩的內容，實際知道的可能比應該知道的要多。我的父親麥克接生過數百個嬰兒，他在麥基爾大學（McGill University）擔任研究科學家，在蒙特婁的醫院進行大型隨機對照實驗。這些研究測量各種干預措施對母親和嬰兒健康結果的影響，包括引產、硬膜外麻醉、產鉗、會陰切開術和剖腹產。當他得到的數據特別驚人時，他無法將結果保密，意謂我在青春期之前就知道產後失禁和陰道撕裂的含義——而我非常希望自己不知道這些。

也有其他讓人不愉快的細節。他和他的同事也訓練住院醫師，一九七〇年代末期的某天晚上，我大約八歲，他欣喜若狂回到家，他們在幾間檢查室有個創新做法：安裝單向玻璃。他解釋，以前，他和其他醫師必須在住院醫師旁邊左顧右盼，確保他們提供病人正確的照護，但是這麼做會讓每個人都相當警覺，住院醫師和病人都是。現在病人，包括懷孕的婦人，可以和住院醫師一對一診察。但是這麼一來，房間裡會有一面像鏡子的東西，也有麥克風。我的父親，或其他主治醫師，會坐在隔壁的小房間，從單向玻璃觀察整個過程，必要時介入。

「但是病人呢？他們知道你在那裡嗎？」

我父親向我保證他們知道。呃，大概知道。

「我們向所有病人解釋，他們在教學醫院，可能會被觀察。如果他們希望有更多隱私，可以提出要求。」

我不覺得安心，一點也不。我腦中只有那些可憐的婦人，穿著單薄的病人服，挺著大肚子，像籠中老鼠一樣被人看著。直到今天，我走進診間還是會搜尋假的鏡子，心想是誰躲在另一邊。

最近，當我聽或看史蒂夫・班農的時候，也想到那面單向玻璃。

「史蒂夫・班農？妳為什麼要聽？」

當我提到我在他的節目上聽到或看到的事，這是最常得到的反應。「妳受得了聽到他的聲音？看到他的臉？」

因為，就像在那些檢查室看著病人的醫生，他可以看到我們。

單向玻璃

在自由派的媒體中，班農不會被忽視。他獲得大量關注，但報導主要集中在他如何利用大型媒體平台干預美國選舉過程。由於班農是川普贏得二〇二〇年大選「大謊言」（Big Lie）的主要推手，他遭到拒絕推翻拜登勝利的共和黨代表和間諜背叛，因此他的許多聽眾一直在組織，確保下次他們能在選區部署數千名「步兵」，拒絕承認民主黨贏得的選舉。當然，我們已經聽過許多班農無視眾議院傳喚的新聞，這是針對二〇二一年一月六日美國國會大廈襲擊事件的調查，他很可能因此面臨牢獄之災。

那些都很重要。但是干預選舉只占班農最近所作所為的一小部分。同樣重要的是他試圖真正贏得選戰的方式。選區策略只是萬一勝選策略失敗的備案。但是勝選策略的設計是為了成功，至少足以將選舉控制在選區策略（無論合理性）都可以竊取的範圍內。

重大事件。

我聽班農的節目，起初會直接快轉到沃夫的訪問，跳過前面和後面。但是後來，我會聽到班農天花亂墜地宣傳下一段節目，於是我便留了下來，出於好奇繼續收聽。漸漸地，我發現不管沃夫在或不在，我都會聽那個節目，因為我想了解他們如何討論重大事件。

我越聽他的節目，就越感覺到他最深的功力在於建構和拓展鏡像世界中的各種反射面。那些不僅是站不住腳的言論，更危險的是旨在駁斥對手而精心設計的鏡像論點和鏡像政治議程。其中一些是標準的政治節目：民主黨人談論大謊言（即川普贏得選舉的說法）；班農則談論「大偷竊」（即拜登偷走川普的勝利）。民主黨人討論川普如何煽動一月六日的叛亂；班農則表示，民主黨人在二〇二〇年種族正義抗爭期間允許暴徒燒毀城市。[1] 民主黨人因川普不承認合法的選舉結果而憤慨；班農則對民主黨人從未承認川普是合法總統而憤慨。在這個鏡像世界裡，總有抄襲的故事和一切的答案，而關鍵字往往也非常相似。

這個策略源於川普在競選過程中磨練出來的招牌反擊措施。無論他被指控什麼，他總是會用同樣的事反擊，聲稱他的對手也犯下相同罪行——貪汙、撒謊、勾結外國——甚至更糟。這種策略充滿班農的影子，其中最惡名昭彰的例子便是川普被錄下吹噓性侵犯的錄音。在川普即將與希拉蕊辯論的前幾個小時，他召開一場記者會，邀請一排曾經控訴柯林頓各種性犯罪的女性出席。時任川普競選經理的班農在場邊偷笑，彷彿非常享受這場表演。鏡像、轉向和投射的策略都相當有效，尤其是當你已經確立一個清晰的觀點。

弗拉基米爾・普丁也是鏡像高手，而且從他從政早期就是。在俄羅斯非法入侵和占領烏克蘭的整個過程中，普丁指責烏克蘭政府的罪行，正是他自己正在忙於犯下或考慮犯下的罪行。二〇二二年十月，俄羅斯指控烏克蘭準備在境內引爆放射性炸彈，然後將責任歸咎於俄羅斯。美國國務院發言人內德・普萊斯（Ned Price）指出，這是「鏡像」手法，並補充：「俄羅斯人指責烏克蘭人，也指責其他國家，因為他們自己正在計畫這樣做。」[2] 然而，普丁能夠向許多人兜售這些顛倒的主張，部分原因在於，美國政府自己也一直在做這種鏡像的事，假裝對俄羅斯干預美國選舉感到憤怒，而不關心他們的情報人員種種諷刺行為。自一九五〇年代以來，從伊朗到智利，再到宏都拉斯，美國一直在干涉世界各地的選舉，幫助推翻民選政府。此外，我們也不能忘記，美國為了支持葉爾欽而對後蘇聯時期的俄羅斯進行強硬干預，而葉爾欽則將接力棒遞給了普丁。[3]

班農有其他更令人不安的鏡像伎倆。這些伎倆與他緊抓對監視和大型科技公司的合理恐懼有關，而且這些監視恐懼在自由派的圈子中多半沒有好好處理。但這遠遠不只是他攻擊自由派的唯一弱點。

相反的木偶

和多數人一樣，我不知道COVID-19的病毒從哪裡來——從武漢的傳統市場來，或從武漢病毒研究所生物安全四級實驗室來，或完全從別的地方來。但回想起來，我確實發現，我太快接受官方說法的表面意義——來自出售野生動物的傳統市場。

老實說，我接受這種說法，因為符合我自己的動機推理，並強化我的世界觀：如果這是人類過度壓迫自然，結果被反咬一口的例子，那麼這個傳染病對我來說，就不那麼可怕了。隨著時間推移，「實驗室洩漏論」成為沃夫和班農等人在鏡像世界中的關鍵話題，[4] 並夾雜毫無根據的生物武器說法和大量的反亞裔種族主義，似乎有更進一步的理由，不去重新檢視事實。即使越來越多的事實和數據逐漸堆疊，催人認真考慮實驗室洩漏假說，多數自由派和左派這幾個月來都懶得去看，因為我們不想「像」他們，就像我不想「像」她一樣。奇怪的是，他們過度的陰謀論助長我們輕信。他們「質疑一切」導致我們許多人質疑得不夠。

同樣地，全新的疫苗對於懷孕或備孕婦女的安全性，本應更加謹慎處理。評論不應輕率認為問題輕佻或瘋狂而草草結束，對於疫苗將如何影響生殖健康的擔憂，應在公開辯論和可靠媒體中有足夠的表達空間。在這些場合，應邀請生殖醫學專家解釋疫苗的研究方法，並說明在懷孕期間免疫系統特別虛弱時，防禦 COVID-19 更不容易。因為當妳懷孕或考慮懷孕時，對新興病毒的疫苗感到擔憂是再合理不過的事——我懷孕時甚至擔心吃軟質起司。此外，許多人無論懷孕與否，都有充分理由不相信大型製藥公司和政府，尤其在兩者互相配合的情況下。像密西根州弗林特這樣整個城市的水都被汙染；當天然氣公司告訴你液壓破碎法是安全的，並請你不要擔心地震和可以點火的自來水；儘管孟山都公司不斷遊說，不讓自己的年年春（Roundup）被禁，但那個除草劑確實與癌症有關；[5] 當大型藥廠兜售引發鴉片類藥物危機的藥物時——在這樣的時代，懷疑壟斷是完全理性的。

嬌生公司，作為一家主要的疫苗製造商，近年來不僅陷入鴉片類藥物的訴訟，還因幾種處方藥，甚至是隨處可見的爽身粉（被發現含有石棉）造成的傷害，被勒令支付數十億美元的法律和解金。[6] 在這樣的背景下，加上在許多進步主義的場合中，既不針對疫苗辯論也不質疑安全性，因此，這麼多人去「做自己的研究」也毫不奇怪——找到我的分身，以及更多像她一樣的人，正帶著關於病毒照射和大規模不孕的瘋狂說法等待。

被摒除在外的不僅是對不孕的擔心。大多數嚴肅的新聞媒體對 COVID-19 疫苗的不良反應保持沉默，只進行零星報導。無論是十幾歲男孩和年輕男性在接受最初的 mRNA

注射後出現罕見的心臟發炎病例（這種現象正在接受美國疾病管制中心監測），[7]還是接受輝瑞和 BNT 生產的二價 COVID-19 疫苗老年人，中風機率可能略有上升（美國疾病管制中心在二〇二三年初提出這個問題）。[8] 每種疫苗都有風險（當然，任何醫療程序或藥物都有），而這些傷害反應的報告，即使證實，也不會否定接種疫苗的價值或重要性：COVID-19 本身對大多數人口仍然代表更大的健康風險。

這些事情原本可以由醫學專家輕易解釋，幫助民眾衡量健康決策的得失。然而，許多新聞報導似乎被恐懼控制，只要稍微提及可能的風險，就會傷害疫苗接種的信心，進而為陰謀論的群眾提供糧草。結果，事實恰恰相反：由於難以獲得關於疫苗風險可靠、深入的訊息，各種謠言，例如朋友的朋友在注射「疫苗」後生病或死亡，在數位世界成為小道消息流傳。這為我的分身和其他在注意力經濟中的騙子打開一扇大門，使他們能夠自我定位為無所畏懼的醫學調查員，梳理原始疫苗試驗數據，以及傳言被壓在疾病管制中心的報告。通常，這些沒有醫學學位的人缺乏專業知識來正確解釋這些報告。當然，這並不阻止他們精挑細選每個自稱的說法或實際的負面反應，以支持他們不斷高呼的論點：一場疫苗「種族滅絕」正在進行，而這一切在三流媒體中被大型藥廠資助的走狗掩蓋。[9]

再一次，這顯然是一種投射：二〇二二年四月，研究人員估計，在死於 COVID-19

的一百萬美國人中，有四分之一的生命「可以透過基礎劑的疫苗預防」。[10]這一百萬人中的四分之一如果接種疫苗，就能活下來。這種災難性損失的責任很大程度應歸咎於那些散布不實訊息的人。雖然這些疫苗並非沒有風險，但在降低COVID-19嚴重程度方面卻非常安全且有效。儘管如此，我們或許應該承認，許多媒體機構淡化或完全忽視罕見的疫苗不良反應，這樣的決定可能促使人們尋找更劣質的資訊來源。當編輯和記者因擔心觀眾無法應對複雜事實而迴避重要話題時，並不會遏制陰謀論蔓延，反而會助長發展。

關於是否關閉學校和面對面學習，這個爭論同樣受到類似兩極化邏輯的影響。學校和公司需要關閉，這點無庸置疑——但是，為什麼購物中心和賭場在同一時期卻經常獲准營業？在二〇二〇年春天，最初不可避免的混亂封城時期過後，我們應該更加關注線上學習的成本：低收入家庭因為缺乏相關設備，權益受到影響；無法照顧許多需要面對面支持的發展障礙學生；單親父母無法離家工作，甚至在家工作時也受到影響，尤其對於母親；社會孤立則對無數年輕人的心理健康造成負面影響。

解決方法不是在病毒仍在肆虐、疫苗尚未普及之前就隨意打開學校大門。然而，關於如何重新構想公立學校，使學校在病毒肆虐的情況下依然安全——例如縮小教室規模、增加教師和助教人數、改善通風、加強戶外學習——這些更廣泛的討論又在哪裡？我們早就知道，青少年和青年在封城期間面臨心理健康危機，那麼我們為什麼不投資戶外環境和娛樂活動，讓他們遠離螢幕，與其他年輕人在社區中互動，為我們這個陷入困境的星球貢獻有意義的工作，同時振奮他們的精神？

在與病毒共存的頭幾年，我們陷入封鎖與開放的二元對立，卻沒有考慮許多其他選擇，也缺乏深入辯論。面對陰謀右派如洪水般湧來的謊言，許多自由派和進步主義者選擇僅僅捍衛現有的措施，儘管事實上我們可以並應該要求更多。

彷彿就像某件事情在鏡像世界中變成一個問題，在其他地方就自動不再重要。這種情況在許多事情上都曾發生，有時我覺得我們就像相反的木偶一樣被綁在一起：他們的手臂向上，我們的手臂向下。我們踢，他們擁抱。

我們也開始用一些不舒服的方式互相模仿。遵守公共衛生措施的人對那些不遵守的人進行評價，因為他們拒絕將免疫功能低下者的福祉置於自己的便利之上，而且漠不關心醫護人員所做的巨大犧牲，所以未接種疫苗的人擠滿 COVID-19 的病房。他們怎麼這麼無情？怎麼如此願意區分人類生命的價值？然而，當未接種疫苗的人感染 COVID-19 時，許多曾經批評這些人無情的人又會說，那些人可能不值得接受醫療保健，或者發出一些糟糕的笑話（不一定是笑話），例如 COVID-19 可能會讓世界上愚蠢的人消失。法國總統馬克宏甚至說過，未接種疫苗的人不是正式公民。[11] 我們彼此對立，卻不知為何變得越來越相似，願意宣布對方不配當人。

我們怎麼割讓這麼多領土？變得如此被動？

收聽班農幾個月後，我可以篤定地說：多數反對他的政治立場的我們，雖然選擇不看他，但他卻密切關注我們。我們放棄的議題、不進行的辯論，以及我們侮辱和拋棄的人，他全都看在眼裡，並將這些編進他的政治議程。他深信這份扭曲的鏡像計畫，就是下一波選舉勝利的門票——而在玻璃這邊的我們，極少有人嘗試理解這份計畫。班農稱之為「MAGA Plus」，在他眼中，這是川普最初「MAGA」（Make America Great Again〔讓美國再次偉大〕）聯盟的超級擴大版，而且在美國境外也迅速被吸收和採納。

史蒂夫・班農，無論他未來還可能是什麼身分，首先而且最重要的，他是策略家。他擅長判斷議題，使他的對手在忽視或拋棄特定領域後變得脆弱無能，導致自己的領土與基地被奪走。這正是他在二〇一六年幫助川普做的事。他很清楚，民主黨的企業在一九九〇年代簽署的貿易協議加速工廠關閉，許多加入工會的藍領工人感覺被企業背叛，而在二〇〇八年經濟崩潰後，民主黨救助銀行而非工人和屋主，進一步加深工人的憤怒。班農密切關注「占領華爾街」運動被解散和鎮壓的過程，以及伯尼・桑德斯（Bernie Sanders）如何在民主黨建制派的重圍中與希拉蕊鬥爭，這些過程充斥各種陰暗的伎倆。（桑德斯二〇一六年左翼民粹主義總統競選就是從「占領華爾街」發展出來。）他看到機會，挖走一部分過去總是投給民主黨的工會男性勞工，這些人多數是白人，但並非全部。班農從競爭對手的背叛中精心編織一條競選訊息：川普將是全新的共和黨人，他會勇敢對抗華爾街，粉碎企業貿易協議，關閉邊境以阻止移民搶走就業機會，並且結束對外戰爭——此外，與以往的共和黨人不同，他承諾保護醫療保險和社會安全等社會計畫。這便是原始的MAGA承諾。

當然，這是一種誘餌和交換——川普在他的政府任命前華爾街高階主管，對貿易政策所做的改變大多微不足道，卻加劇國際緊張局勢，並且對富人減稅十分慷慨。他的民粹主義競選話術，實際上延續的是種族誘餌，針對移民、穆斯林、抗議「黑人的命也是命」的人，以及有關中國的各種言論。這種種族誘餌足以維繫他的基本盤，卻不足以贏得連任，更別提在他對COVID-19的管理不善導致許多人死亡之後。

拜登上任不到三個月，我的分身開始上《戰情室》，班農認真思考組成新的MAGA Plus聯盟。在這樣的背景下，他發現沃夫關於疫苗護照「終身奴役」的訊息，有潛力成為一個強大的交叉議題。「另一個娜歐蜜」的監視警告，無論與應用程式的實情多麼脫節，在廣大民眾之間引起極大關切。公眾對隱私和監控的擔憂，在政治和媒體中卻未見建制自由派重視。這正是班農想要的議題：瓜熟蒂落。

班農迅速將疫苗應用程式納入他所謂的「大型科技戰」範疇，這個類別不僅包括抱怨社群媒體公司暫停知名保守派人士帳戶的常見問題，還涵蓋更晦澀難解的擔憂。例如，班農有一位專門報導「跨人類主義」的記者，他的唯一角色似乎就是用各種方式嚇唬聽眾，描述科技公司如何夢想透過植入物、機器人和基因拼接來實現人類「升級」。[12] 再一次，班農指出一個在跨黨派訴求中被忽視的問題：許多左派人士擔心技術會抹煞人性，將工人當成機器對待（我知道我擔心）。更不用說，未來富人可能會花錢為自己和孩子進行基因升級，使世界變成反烏托邦。與此同時，許多保守派因不同原因反對這種技術拜物主義；他們認為這是侮辱上帝的計畫。

班農發現，類似的疏忽也出現在大型藥廠。製藥公司漫天要價、牟取暴利，一直以來都是左派的監督範圍；這些都是伯尼・桑德斯會大罵痛罵的事。然而，除了少數的嘟噥，進步主義者對於疫苗製造商如何從傳染病中獲利的方式，幾乎不曾強烈抵抗。這使班農有機可乘，開始攻擊貪婪的大型藥廠——但再次強調，他援引的是無事實根據的陰謀論，而非真正的醜聞。

班農有時會播放微軟全國廣播公司和CNN節目的音訊剪輯，這些節目「由輝瑞公司贊助」——明顯的含義是這些節目不值得信任，因為付錢的是這些公司。他說，這是「由富人統治、為富人服務——和你作對」的統治。「直到你覺醒。」他說這話的時候，語氣讓我想起諾姆・喬姆斯基（Noam Chomsky），或者亞馬遜工會領袖克里斯・史莫斯（Chris Smalls）穿的「吃掉富人」*的夾克。然而，一如既往，在鏡像世界裡，一切都不如表面所見。

右翼有許多後起之秀遵循類似劇本。他們獲得像彼得・提爾（Peter Thiel）等科技寡頭的大量資金，並獲得川普支持，將各種措施混搭成承諾，包括恢復能養家的工廠工作、修建邊境牆、打擊有毒藥物供應、解除大型科技公司的言論限制，以及禁止學校教授「覺醒」課程。在美國，圍繞這些平台發展事業的人包括俄亥俄州的ＪＤ・范斯（JD Vance）、密蘇里州的喬什・霍利（Josh Hawley）和卡里・雷克（Kari Lake），後者在競選亞利桑那州州長時以些微差距落敗（當然，她也聲稱這次選舉被偷竊）。這種非常相似的選舉對角主義在全世界各地深植，從瑞典到巴西。

我並不驚訝這些訊息得到迴響。多年來，我一直參與國際主義左翼運動，這些運動在世界貿易組織、達佛斯世界經濟論壇、八大工業國高峰會議和國際貨幣基金組織的會議場外，抗議這些團體破壞民主，而且促進跨國資本利益。在美國，我們批評兩大政黨都受制於企業捐助者，為富人服務，而不是為那些投票讓他們執政的人民服務。這就是華爾街占領行動背後的動力，也是伯尼・

* 譯注：「吃掉富人」據說出自法國哲學家盧梭在法國大革命期間的話：「如果人民沒有東西可吃，他們就會吃掉富人。」

桑德斯背後的能量，並貫穿於反對新石油和天然氣計畫的各種抗爭之中。然而，我們的行動從未贏得真正的權力。

現在，我們對寡頭統治的批評正被強硬右派完全吸收，並轉化為他們自己的黑暗分身。對資本主義的結構性批評已經消失，取而代之的是莫名的陰謀論，將放寬管制的資本主義描繪成偽裝的共產主義。喬芝亞・梅洛尼（Giorgia Meloni）完美提煉這個趨勢，她於二〇二二年十月成為義大利第一位女總理，同時也是義大利兄弟黨（Fratelli d'Italia）的領導人，該黨擁有深厚的法西斯根源。

梅洛尼身為史蒂夫・班農國際民粹主義計畫早期的伙伴，在她的演講穿插大眾文化指涉，抱怨將每一個人化約為消費者的體制。為了抨擊「覺醒」的意識形態，她也宣稱「我是女人，我是母親，我是義大利人，我是基督宗教徒」。[13]

看著她迅速崛起，我想起二〇〇一年夏天的義大利，那時另類全球化運動達到顛峰，在八大工業國高峰會議期間吸引一百萬人走上熱那亞街頭，抗議企業對民主和文化的傷害，以及猖獗的消費主義。這場運動來自左派——年輕的義大利人與農民和商業工會成員一起，捍衛勞工權利和移民權利，同時也為自己國家獨特的文化感到自豪。然而，許多國家重複的模式是，左翼政黨在九一一攻擊和隨之而來的維安鎮壓之後失去信心，而這樣投降的後果顯而易見：今天，譴責體制讓人人淪為「完美消費者奴隸」

的是梅洛尼[14]——但她並不提供資本分析，說明這個體制如何將生活的各個方面納入市場，並從中挖掘新的利潤中心。相反地，她把空虛的現代社會歸咎於跨性別者、移民、世俗主義者、國際主義者和左派。儘管她抱怨「大型金融投機者」，[15]但她並沒有任何政策約束他們，只是一味攻擊義大利微薄的失業保障。

班農批評企業掠奪，但他並沒有為他的聽眾提供任何真正的替代方案——他只是以更三流的方式敲詐他們，告訴他們購買貴金屬、FJB幣和防災食品，還有他的主要贊助商MyPillow賣的毛巾。他告訴《大西洋》：「《戰情室》是提款機，因為生產零成本。」[16]他的許多論點來自曾經強大的反戰左派，批評美國在烏克蘭不斷膨脹的軍事開支，指責統治華盛頓的「同業聯盟」被「軍工複合體」控制——卻又竭盡所能將這個龐大的複合體瞄準中國，這似乎成為引發第三次世界大戰萬無一失的配方。儘管如此，你不能責備一個策略家善於謀略。而且，挑出你的對手粗心忽視但能引起共鳴的問題，是高明的謀略。

回到稍早的主題，企業的品牌建立可以用來理解這股勢力。根據商標法，未積極使用的品牌可以被視為休眠品牌，另一方便有可能加以侵占。我開始覺得發生在我身上的事，「另一個娜歐蜜」的事，廣義來說已經發生在左派——班農、范斯、梅洛尼等人身上。我們曾經捍衛的議題在許多地方已經進入休眠狀態，而現在那些議題則被侵占，在鏡像世界裡被他們扭曲的分身接手。如果某人出現分身，代表某些事情需要引起注意，那麼這個閃爍的訊息就是我們許多人應該關注的事。

包容的戲碼

當班農透過單向玻璃凝視時，他不僅了解對手忽略和無視的問題，還發現肥沃的新領土，聲稱是自己的，或至少假裝是。他也注意到對手更微妙的弱點——討論問題的方式、表達異議的方式，以及人們在朋友和戰友之間的互動方式。透過這面單向玻璃，他研究我們所有的虛偽和矛盾，以便創造一個節目，呈現完全相反的東西。

關於我略知一二的運動，我可以說：在民主社會主義左派中，我們支持的社會政策強調包容和照顧——例如全民衛生保健、資金充足的公立學校、解除監禁、移民者權利。然而，左派運動的「作風」往往顯得一點也不包容或照顧。相較班農討好那些不滿的民主黨人，我們沒有充分思考如何與尚未加入我們運動的人建立聯盟。當然，我們口口聲聲說要擴展，但實際上，大多數人（甚至許多自稱堅決反對警察管制的人）花了很多時間去限制我們運動的邊界，攻擊那些自認與我們站在同一邊的人，導致我們的隊伍縮小，而不是擴大。

聽班農說話時，我還注意到一件事——他相當明智，緊緊貼著最有共鳴的議題：仇恨拜登、拒絕疫苗、抨擊大型科技公司、散播對移民的恐懼、懷疑選舉結果。他對某些傳統上保守的問題可能多少關心，但輕描淡寫帶過，因為這些問題可能會疏遠他的新朋友，例如墮胎和槍枝權利。雖然他沒有完全忽視這些議題，但在節目中的出現頻率遠不如人們預期。

再一次，左派絕大部分則正好相反。當我們出現分歧時，往往非常執著，並努力尋找各種分道揚鑣的機會。重要的異議需要溝通，但在追求進步的過程中，許多衝突往往源於行為。如果不加以指出，這些行為會使進步的場合之於受眾，顯得不友善或危險。然而，我們都知道，許多人經常做得過火，別人稍微說錯話就像犯下滔天大罪，而某些言論則充滿極為複雜的專有名詞，不在大學裡的人容易感到反感——甚至直接覺得荒謬。（激進歷史學家麥克・戴維斯〔Mike Davis〕曾經拜託年輕的組織幹部「說白話。變革的道德迫切性，只有用共同的語言表達時才最有威力」。[17]）

此外，當整個人民的分類被簡化為他們的種族和性別，並被貼上「特權」的標籤時，我們便很難面對在這個掠奪的資本主義秩序下，工人階級白人男女所遭受的各種虐待。左翼運動於是失去許多使我們更強大的結盟機會。這一切都毫無謀略可言，因為無論哪個團體或個人被我們踢到路邊，鏡像世界就在那裡，等著接住他們，讚美他們的勇氣，並提供同情的傾聽。

班農的招牌手法是尋找最近被左派驅逐或被《紐約時報》當眾羞辱的人，然後提供他們一個平台。例如，在某次這樣的事件之後，他特意撥出一整集節目給小羅伯特・甘迺迪（Robert F. Kennedy Jr.），讓他傳播他的反疫苗福音。班農殷切的態度簡直到了濫情的地步，他讚揚甘迺迪家族長期以來的公共服務和對弱勢群體的奉獻。當然，這是小羅伯特・甘迺迪參加總統初選的前奏。班農還明確表示，他與那些認為聽《戰情室》的人是「可悲」和「低等」的自由派不同，他能夠跨越黨派分歧，進行禮貌，甚至慷慨的對話，而他的民兵隊永遠不會因此而取消他。[18]

班農在美國煽動仇外情緒的程度不亞於當代任何人，甚至開始用「他者」描述自由派對待他的聽眾的方式。他說，這正是他被迫建造鏡像世界，以及裡頭的鏡像社群媒體、鏡像貨幣、鏡像圖書出版的原因，因為他的人民被「變成他者」。但他聲稱，這種情況不會再發生。「他們再也不能把你變成他者，或將你消失……那是中國共產黨做的事，那是布爾什維克做的事，那是納粹做的事。」[19] 在二〇二一年聖誕節前夕，班農如此告訴他的聽眾（他正打算向他們推銷ＦＪＢ幣）：「現在正在收聽的朋友，沒有人會對任何人做出那種事。你連想都不會想。你會說『那不公平』。」

班農的語氣通常都是這樣：溫暖、歡迎，保護他的「社群」，[20] 經常讚美聽眾的善良、智慧、勇氣。這一切都是設計用來修理部分受過高等教育的左派人士，他們的嚴厲、勢利、門戶之見和身分絕對主義。當然，班農還有另一個模式——齜牙咧嘴，威脅要將人「斬首示眾」，[21]但那個模式專為他的敵人保留。

作為打造MAGA Plus的一部分，班農顯然努力淡化他節目中公開的種族主義。對於他所謂的「邊境戰」，反對移民依然是計畫核心，但他同時大量討論他所謂「包容的民族主義」。[22]班農聲稱（而民調也支持這個說法），[23]越來越多黑人和拉丁裔人士，尤其男性，願意投票給共和黨，部分原因是COVID-19的措施影響他們的工作和小生意，讓他們沮喪；同時，因為他們的孩子回到家裡談論多元性別這種陌生的觀念，他們聽了不舒服。

在澳洲和法國也可以看到類似的嘗試，目的在使強硬右派的基礎多元化。這些運動依然圍繞仇恨和分裂——讓移民成為代罪羔羊；病態化跨性別青少年；抨擊支持這些學生或講述國家過去真實事件的教師；散播共產主義者和伊斯蘭主義者的恐怖謠言。「包容的民族主義」實際上意謂他們找到新的選民群體，這些群體也在尋找代罪羔羊，而且並非全部是白人或男性。

班農並不掩飾他的最終目標。他告訴他的民兵隊，他們「將為每個民族、每個膚色、每個種族和每個宗教治理這個國家一百年——這是一種包容的民族主義」。[24]

儘管在二〇二二年期中選舉中未能成功，但這種策略可能足以拼湊另一場總統選舉勝利——如果沒有成功，他們正在準備備案。根據公共宗教研究所（Public Religion Research Institute）在二〇二一年十一月發布的民調結果，自稱認為二〇二〇年選舉川普的勝利被偷走的共和黨人，近四成表示「真正愛美國的人，為了拯救我們的國家，可能不得不訴諸暴力」。[25]

在聲稱二〇二〇年選舉被竊取的片段之間，班農親自推銷一個家用打靶練習系統，使用雷射代替自動步槍中的實彈，以幫助建立真實情況下的「肌肉記憶」。[26]

第三步：發展暴徒階級

當那些尋求我所謂「法西斯轉變」的領導人想要關閉一個開放社會時，他們會派出由可怕的年輕人組成的準軍事團體來恐嚇公民。例如，黑衫軍在義大利鄉村遊蕩，毆打共產黨人，而褐衫軍則在德國各地舉行暴力集會。這種準軍事隊伍在民主國家尤其重要：你需要讓公民害怕暴徒的暴力，因此你需要那些不會被起訴的暴徒……假設在選舉當天出現抗議或威脅，歷史並不排除私人保全公司出現在投票站，以「恢復公共秩序」的名義介入的可能性。[27]

寫那段話（於二〇〇七年）的是娜歐蜜・沃夫，現在是《戰情室》的常客。而主持這個節目的男人，試圖確保下一個選舉日，暴徒將出現在每個投票站。

品牌完全重建

最初幾個月，當我在《戰情室：傳染病》中聽到沃夫描述某些鼓勵接種疫苗的計畫距離集中營僅有一步之遙時，有時能從班農的聲音察覺他壓抑的笑聲，彷彿他在想，我不敢相信這個女性主義者比我還要誇張。但他仍然保持鎮定。正如他在二〇一六年就知道，如果沒有憤怒的白人工會成員，川普不可能獲勝；現在，他確信那些憤怒、白人多數的郊區媽媽——因反反覆覆的遠距教學和關閉的健身房而神經衰弱；對疫苗強制接種和Instagram限制流量感到不滿；真心擔心孩子的福祉和自己的小生意而焦慮；受夠自由派的嘲笑和對她們的貶稱「凱倫」——就是通往下一次右翼復興的道路。上次，班農指責華爾街和全球主義者敲詐普通人的錢，現在，他不僅抱怨這一點，還將矛頭指向大型藥廠、大型科技公司，以及「覺醒的資本主義」，聲稱所有這些都在毒害孩子的身心，折磨每個媽媽。

這就是MAGA Plus的精髓：古老的紅色棒球帽大隊，*Plus*我的分身以及她代表的一切。班農將沃夫塑造成目標選民族群當中一位「首席媽媽」，這麼說一點也不誇張：從前高調的民主黨人，從前知名的女性主義者，現在打算代表她們全體，叫經理出來。

「所有這些正在聽娜歐蜜・沃夫講話的媽媽們……」班農在他的節目中說，並稱讚她是他現在所謂「戰士媽媽」或「媽媽大軍」的關鍵領導人物，而她欣然接受這頂王冠。[28]經過這幾個月，隨著沃夫和班農的政治計畫逐漸交會，他們的關係也不斷升溫，對於那些令人厭煩的諷刺去見鬼吧，班農似乎已經不再在意。

她嚴重警告班農，國家可能很快就會將兒童從未接種疫苗的父母身邊奪走，然而這種威脅純屬虛構，而且顯然她並不認為班農效忠的總統，對於五千多名兒童和嬰兒尋求入境美國時，被迫與家人分開，這件事情有什麼不妥。[29]班農則反過來大肆奉承她，聲稱她在他的節目中帶來的每一條訊息碎片都是「一個巨大的故事」，並敦促她「用妳精彩的方式」寫下。二〇二一年五月，他甚至表示她已經入選他的「年度女性決選名單」。[30]

在班農之前，沃夫孤伶伶的，但現在她擁有自己的「沃夫狼群」。作為《戰情室》的總司令，班農深知歸屬、目的、連結是基本需求。他從聽眾身上（那些不斷受到讚揚和拉攏的「戰情室民兵隊」），也從沃夫身上印證這點。兩人甚至一度合作推出聯名T恤，賣給數千名聲稱要幫助研究疫苗試驗數據的志工，這有點像一支瘋狂的棒球隊。T恤上寫著「疫苗研究小組」，底下則是「戰情室民兵隊」，中間的圖案是一隻炸開的針筒，粒子四散飛濺，一件只賣你二十九・九九美元。

隨著沃夫找到她的人馬，她也改變，變得越來越像他們希望她變成的模樣。她發布一段自己在鄉村道路上練習使用武器的影片，教練是她的新丈夫布萊恩・歐謝（Brian O'Shea），前軍人，現在是私人偵探和保鏢，也成立一家私人保全公司，但他似乎不喜歡被稱為「傭兵」。[31]

她學得很快，也學會新文化的規則。以前，她經常發布影片，抱怨自己的帳戶被停用，哭訴不公平；現在，她將被逐出平台視為一種榮譽徽章，而且利用這點募款。「我們真的需要你，」她告訴班農：「因為自從我們報導這件事情，又被踢出平台了！……我們已經被YouTube剔除，所以請上『每日影響力』的網站，DailyClout.io。」馬斯克友好的平台重新啟動她的推特帳號後，她回歸的第一篇推文是：「問候。簽到，被踢出去七次，還是對的。」[32] 她深知，在鏡像世界裡，只有隨波逐流的「羊」才能不受阻礙地發聲，而先知則必須努力不懈才能被聽見。

她說自己仍是支持人工流產的女性主義者。然而，當最高法院推翻《羅訴韋德案》（*Roe v. Wade*）時，她聳聳肩，稱這個決定「做了一些該做的事，我認為，就是將決定權交還給各州」。[33] 如今，她將女性主義的憤怒轉向男性陰謀論者，認為首先發現那些陰謀的是自己，卻未能得到應有的認可。例如，在參加超級大騙子亞歷克斯・瓊斯（Alex Jones）製作的節目《資訊戰》（*Infowars*）後，她說：「天哪，我真是厭倦了，靠著努力和尋找人脈來爆料，然後（通常是男性）『其他』評論員卻聲稱是他們的功勞……拜託停止，@infowars。」[34]

川普支持的共和黨人格倫・揚金（Glenn Youngkin）在維吉尼亞州的州長選舉勝出，很大程度因為他成功借助憤怒父母的浪潮。隨著這個結果出爐，我開始明白沃夫重新對準的深度。班農將揚金當選視為 MAGA Plus 勢力的領頭羊。關鍵議題是揚金反對學校教授反種族主義課程，但他也反對口罩和疫苗接種，同樣助他獲勝。此外，他也藉反對學校的跨性別包容政策吸引選票。簡而言之，「戰士媽媽」們贏得這場戰鬥，而班農對這場所謂「民粹主義的勝利」感到十分高興，尤其是揚金剛辭去領導二十五年的凱雷集團（Carlyle Group）。凱雷集團是一家惡名昭彰的私募股權公司，與一群前總統、總理、王室家族關係密切——這無疑是「全球主義」的代表組織。選舉日過後，班農邀請他的媽媽大軍上節目，其中就包括我的分身。

直到這個時候，沃夫依然宣稱自己是民主黨人，或至少獨立於黨派，所以我沒有料到她會公開慶祝揚金勝選。老天，我錯了。她說：「這是我在乎的議題，歷史上重要的一天……尤其關於女性的權利與女性的聲音。」[35]就在二〇二〇年，沃夫還強烈反對她這一代的某些女性主義者攻擊跨性別權利，並暗示她們已經成為右翼的工具。[36]如今，她卻與那些將性別友善廁所與性侵畫上等號的女性聯手合作。她表示，這個「盛大的勝利」顯示，「願意為孩子做任何事的郊區婦女」代表「巨大的核能武器」——這些父母已經意識到「有黑暗勢力針對他們的孩子……各種奇怪的虐童行為正在發生」。[37]

那天在《戰情室》，她說女性值得這份功勞，但是班農也應該鞠躬接受掌聲。「你付出這麼多，」沃夫滔滔不絕：「比我倡議二十五年面對的多數男人還多。我展現母親作為領導人的聲音……沒有人真正理解，直到現在。」[38]

事實上，從墨索里尼到皮諾契特（Pinochet）*的法西斯及新法西斯運動，都認識到女性在社會中扮演的重要角色，尤其當她們被視為母親、民族主義的守護者以及健康血統的保護者等所謂的「自然」角色時（例如喬芝亞・梅洛尼）。這些被認為擁有優秀雅利安血統的女性，如果願意退出勞動市場，成為生育工具，希特勒會獎勵她們。然而，沃夫和她所謂「獨裁領袖的十步」似乎並未注意到這個歷史細節。

到了二〇二二年的期中選舉，沃夫與班農一起全面否認選舉，拒絕接受紐

* 譯注：皮諾契特（一九一五－二〇〇六），前智利總統、智利軍事獨裁者。

約州合法的選舉結果。幾個月後，她因相信媒體對一月六日國會大廈暴力襲擊事件的報導，向「保守黨、共和黨、MAGA」「大聲道歉」。[39] 塔克・卡爾森在節目中將這些事件粉飾成可笑的版本，將暴民描繪成好奇的觀光客。播出後，沃夫發現自己「被全面的政治宣傳欺騙」。她甚至決定重新評估自己對川普的負面評價，寫道：「長期以來，關於他的事，我一直被騙，我無法辨別真相。」

無論怎麼看，這樣的政治轉變都是撲朔迷離。然而，看到一個長期與我的面孔混淆的人經歷如此徹底的變化，讓人感到一種特殊的寒意。我再次想起佛洛伊德對於離奇事物的描述：「恐怖的感覺，來自你曾經了解且一直熟悉的事物。」[40]

在沒有外國入侵的情況下，社會瞬間轉向法西斯主義，恐怖之處就在這種令人不安的熟悉感。當這股凶猛的力量被召喚，並對國內部分人口發動戰爭時，沒有任何外人可以責怪。原來，街上那些善良、正常的人也有能力成為怪物——怪物的真面目，其實是善良的雙胞胎，正常人的分身。

在試圖理解這種可怕的二元性時，藝術家經常借助分身的形象，在他們的恐懼加上物質的重量。事實上，許多關於分身的書籍或電影都探討過我們社會內在法西斯主義的潛力，甚至是我們自身潛在的黑暗。例如，丹尼・維勒納夫（Denis Villeneuve）在電影《雙面危敵》（*Enemy*）中，描述一位教授向大學生傳授法西斯主義的危險，卻發現自己被困在一個與不道德的替身（是他的雙胞胎？還是他的另一個自我？）雙面的網絡中。這些寓言往往微妙而深刻，我感覺時間緊迫，無法繼續模稜兩可。

機器人與機器心臟

在分身與法西斯主義的類別中，最著名的電影是我之前提過的《大獨裁者》。卓別林作為導演的天才之處在於一人分飾二角：一位親切而且被迫害的猶太理髮師，以及一位自負、荒謬、凶殘的獨裁者。更有趣的是，他讓理髮師模仿獨裁者。透過這種自我複製，模糊受害者與加害者之間的界線，暗示一個深刻的問題：「我們如何能夠變成自己邪惡的雙胞胎？」這對卓別林來說可能尤其令人不安，因為他與希特勒之間有些不可思議的相似之處——不僅他們都有那樣的小鬍子，甚至他們在一八八九年出生的日期相差不到四天，而且他們都關心普通人和邊緣人的苦難，只是方式截然不同。一九三九年《旁觀者》（*The Spectator*）的編輯曾經評論，卓別林與希特勒「各自都是扭曲的鏡子，一面為了善，另一面為了難以言表的惡」。[41]

那麼，究竟是什麼決定哪個版本勝出？卓別林似乎相信，個人在面對這兩種力量時，必須在歷史的關鍵時刻做出選擇。這正是影片結尾著名的演說傳達的訊息：

卓別林飾演的猶太理髮師，偽裝成邪惡的獨裁者，對著身穿法西斯盛裝的部隊喊道：

士兵啊！不要把自己交給野獸——他們鄙視你——奴役你——他們控制你的生活——告訴你該做什麼，該想什麼，該感受什麼！……不要把自己交給這些不自然的人——擁有機器思維和機器心臟的機器人！你們不是機器！你們不是牛羊！你們是人！……士兵們，不要為奴役奮戰！為自由奮戰！[42]

《大獨裁者》上映時，納粹大屠殺的恐怖尚未為世人所知。那場演說的對象是卓別林的母國觀眾，而在美國，國內法西斯主義正在擴散，許多人仍然不願參加對抗希特勒的戰爭。這裡讓我感到最不安的是：如今，擁有最大平台的人是史蒂芬・班農，他一方面高呼「擁有機器思維和機器心臟的機器人」，一方面又為邊緣的普通人和母親發聲。而喬芝亞・梅洛尼和我的分身則在他身邊，鼓勵各種聽眾抵抗大型科技公司，不要僅僅成為消費者，淪為他們的「奴隸」，為科技公司賺錢。[43]

在卓別林的電影中，獨裁者的士兵聽到猶太理髮師激勵的演說，立刻解開法西斯的咒語，歡呼「理性」與「民主」。[44]然而在鏡像世界中，正在進行的卻截然不同。

8 嚴肅得可笑，無言以對

我們繼續深入之前，我覺得有必要承認，「另一個娜歐蜜」不是第一個在我生活中造成混淆的娜歐蜜。在這一切來個政治大轉彎前，我的初步假設是，這個名字並不常見，以致人們認識了第一個娜歐蜜，之後遇見任何其他娜歐蜜，都不可避免與原本那位混在一起。我知道這聽起來有些牽強，但我無法找到其他解釋。在我作為作家的前十年，電視主持人會說：「廣告之後，我們邀請到娜歐蜜・坎貝兒（Naomi Campbell）。」

雖然並不是每次都這樣，但也發生足夠多次，以致我不得不自嘲，向觀眾道歉，因為他們原本以為走進攝影棚的是那位閃閃發光的超級模特兒，結果來了個一百六十七公分的反資本主義作家。然而，至少有一次，這種不大可能的信號交叉為我帶來實質的優勢。二〇〇四年，我在報導美國入侵伊拉克的事件時，收到一批外洩的凱雷集團文件，這些文件顯示前國務卿詹姆斯・貝克三世（James Baker III）正試圖利用自己身為小布希總統對於伊拉克的債務特使職位，迫使科威特政府與凱雷集團交易，而貝克在凱雷集團擔任高級顧問和股權合伙人，擁有估計一・八億美元的股份。[1]

文章出版之前，我需要驗證手中那些文件的真實性。既然這些文件不是來自凱雷集團，那麼必定來自科威特首相。我在科威特沒有任何熟人，於是冒險打了首相辦公室的電話，留言給接電話的人，完全不抱希望。然而，出乎意料的是，我在三更半夜接到首相次長艾哈邁德・阿勒穆海尼（Ahmed Al-Mukhaini）的電話。我急忙拿起筆記本，迅速獲得我需要的驗證，可以出版文章。

掛掉電話之前，艾哈邁德承認。「妳知道嗎？我回電給妳唯一的理由是，我以為妳是娜歐蜜・坎貝兒。」

好長一段時間，我都把這件事情拿來開玩笑，主要對我的新聞同行。有些人感到驚訝的是，貪汙的石油酋長國次長竟然認為坎貝兒會打電話給他們。我並不了解內幕，但考慮到坎貝兒在賴比瑞亞前總統查理斯・泰勒（Charles Taylor）國際戰爭罪的審判中，以證人身分指控這位惡名昭彰的屠夫在納爾遜・曼德拉的晚宴後送她一袋血鑽石，這件事就稍微不那麼奇怪了。我們可以說，一旦你擁有一定的名聲、財富和權力，就會互接對方電話。（這種直覺意識，即精英們生活在彼此互相聯繫的世界中，而且在那個世界裡，他們完全不需理會約束我們的法律，正是當今陰謀奇點的根源。）

我的名字難以捉摸的特性，雖然不像貝克的故事那樣有用，但常常帶來一些幽默的時刻。例如，有一段網路影片錄製於二〇〇八年歐洲金融危機後的動盪時期，當時在克羅埃西亞舉行了一場座談會。參加的人包括即將當選希臘總理的阿萊克西斯・齊普拉斯（Alexis Tsipras）和斯洛維尼亞哲學家兼煽動者斯拉沃熱・齊澤克（Slavoj Žižek）。齊普拉斯正在猛烈抨擊希臘人當時面臨的殘酷緊縮政策，他提到：「正如娜歐蜜・坎貝兒所說，他們想要實施這種震撼主義。」坐在講台上斜對面的齊澤克勇敢地點頭，而主持人的臉上閃過一絲驚恐。[2]

真正的鬼來了

當我開始這個寫作計畫時，本來打算在文章中加入許多重要且嚴肅的參考文獻，以增加這些古怪軼事的深度。我想借鑑佛洛伊德的不可思議論，因為這與分身和壓抑的本我密切相關。我打算比較佛洛伊德與榮格的共時性理論和心理陰影，並將這些被壓抑的無意識應用到愛倫坡、薩拉馬戈和杜斯妥也夫斯基的作品，以及狄更斯的《雙城記》。我還考慮深入研究現實世界中作家被分身折磨的例子，就像葛拉罕・葛林（Graham Greene）在一九八〇年的散文集《逃亡之道》（*Ways of Escape*）中描述的那樣，他提到自己的分身如何冒充他幾十年，利用相似的外貌混入華麗的慶典，勾引美麗的女人，欺騙周圍的人。

但問題在於，儘管這些作品提供許多洞見，在我生活這段顛倒的篇章中，實際上只有一位作家似乎真正理解我的痛苦、荒謬和嚴肅之間奇怪的組合。我只能找到一位作家，曾經認真思考被小丑或笑話束縛是什麼感受；這個小丑甚至可能引發一波人類不必要的痛苦和死亡——而且，也許在某些情況下，這樣的思考不無道理。只有這位作家思考過，如果某個作家發現自己與某人爭奪自己的身分，而那個人不僅是同行，還非常活躍，可能做出危險行為，將對那位作家造成什麼影響。

想過這件事情的人就是菲利普・羅斯。

和我之前提到品牌捍衛的問題一樣，這件事情出於個人原因讓我感到相當尷尬。首先，我最後一次接觸羅斯的作品在二十歲，那時我在多倫多大學的宿舍丟掉一本《反生活》（*The Counterlife*），發誓再也不讀他的書。

我已經深刻了解他的男性角色，知道他們複雜的生活、內心的心理劇場，以及他們遠大的思想。但令我失望的是，女性角色卻只是任意穿插在頁面，就像班尼・希爾（Benny Hill）搞笑節目中那些衣著暴露的護理師。

在我十幾歲的時候，曾經偷偷讀過《波特諾伊的怨訴》（*Portnoy's Complaint*）、《情慾教授》（*The Professor of Desire*）和《再見，哥倫布》（*Goodbye, Columbus*），這些書的感覺更像是去紐澤西拜訪家人那種頭痛的經歷，而不僅是小說。我的父親和羅斯一樣在紐華克（Newark）的工人階級社區長大，並且和他上過同一所學校——威維克中學（Weequahic High），只相差兩年。當書本撞上牆壁時，我心想，我受夠了。這些故事中的人類經驗廣泛豐富，而我對於三州地區（Tri-state Area）*中年猶太男人與媽咪之間的愛恨問題已經知道得夠多。是時候為新的種族原型和不大熟悉的心理官能症騰出心理空間。

我被那個誓言束縛了三十年。因此，我在研究分身文學時，感覺像是有隻

* 譯注：三州地區包含部分紐約州、紐澤西州、康乃狄克州與賓州城市。

不肯放棄的狗，狂抓我的門，此刻閱讀《夏洛克行動》讓我有些心煩。許多人認為這部小說是羅斯的巔峰之作。而我心煩的原因更加複雜，因為就在我不情願地訂購這本小說，靜候郵差將書本送到我們的巨石時，二〇一八年去世的羅斯突然成為新聞焦點，真的就像鬼魂一樣出現在我面前。

他授權的自傳出版，共計九百頁，媒體大肆報導這件事情，探討這位已故作家為了保護他的文學和人際遺產，付出非凡且殘酷的努力。據說，他與至少一位傳記作者終止契約，而且嚴格控制自己的檔案，最終將故事委託給作家布萊克・貝利（Blake Bailey），或許因為貝利看起來不會因羅斯偶爾在書中對待女性的方式對他進行評判。羅斯的判斷似乎正確，因為大多數書評都熱烈讚揚這部作品和這兩位男士。蘿拉・馬許（Laura Marsh）在《新共和國》中有趣地指出：「在貝利身上，羅斯找到難得的傳記作家，既能理解他的不滿，又鮮少挑戰他的道德價值。」[3]

然後，大獲好評的光景僅僅幾個星期，一切就全部都崩潰。貝利爆出性侵指控，美國出版社發表驚人聲明，宣布《菲利普・羅斯：傳記》（*Philip Roth: The Biography*）將絕版。隨後新的文章猛烈抨擊貝利和羅斯。不出所料，有人大喊這是另一個「取消文化」，而我則在不斷升高的焦慮中，目睹整個混亂的局面。對我而言，羅斯幾乎已經做了作家所能做的一切，控制和保護他的名字在世界上的意義——他花了一輩子的時間在一部又一部的小說講述和重述自己的生活，並因前妻魯莽提出她的故事版本而與她槓上（指的是克萊爾・布魯姆〔Claire Bloom〕的《離開玩偶之家》〔*Leaving a Doll's House*〕）。在生命的最後階段，他竭盡全力確保他的官方傳記成為遺產的一部分——他所相信的歸宿。然後，一切就在漫天的醜聞和拙劣的企業自保之中化為烏有。如果連像羅斯這樣的美國文學巨擘，千方百計也無法保住自己的名聲，那我這個小聯盟的作家，又有什麼希望去控制我的「另一個娜歐蜜」問題呢？

然後書本終於來了。並不是那本傳記（雖然後來又出版了），而是一九九三年初版的《夏洛克行動》。書評所言不假：這是羅斯迄今最複雜的作品，也是在我深入研究分身類型的作品中，最引人入勝的一部。而二十歲的我也是對的：唯一一直存在的女性角色是金克絲，一個活潑的金髮護理師，與羅斯的分身勾結。如今五十歲的我發現，與其像二十歲時那樣感到受傷，現在的我為羅斯感到一絲惋惜，並能將注意力轉向書中其他內容。

羅斯總是喜愛那些幾乎就是他自己的分身的角色：自慰的亞歷山大・波特諾伊、花心的納森・祖克曼，以及在一九九〇年小說《欺騙》（*Deception*）中飽受折磨的作家菲利普。但這次更進一步。《夏洛克行動》是以名為菲利普・羅斯的作家的聲音所寫，這位作家寫過完全相同的故事，過著與真實的菲利普・羅斯完全一致的生活。我們暫且稱他為「真羅斯」。故事一開始，他的情況就不大穩定，最近剛從因為服用安眠藥海樂神（Halcion）而引發的精神崩潰中恢復。情況嚴重到他在精神錯亂的狀態下，曾問妻子：「菲利普人呢？」[4]這句話提醒我們一件痛苦的事：一個人的自我可能會在沒有其他人幫助的情況下瞬間溜走。在從這段創傷恢復的過程中，真羅斯發現有個男人也自稱菲利普．羅斯，穿著與他相似的衣服，外貌也非常像他，並在遙遠的耶路撒冷陷入各種麻煩。我們暫且稱這個角色為「假羅斯」。

假羅斯一直在公開演講並接受媒體採訪，主張以色列建國是嚴重的錯誤。他堅信，以色列四面受敵，這樣的困境最終必然導致另一場大屠殺。因此，假羅斯發起「離散主義」運動，鼓勵以色列的猶太人反向出埃及，回到幾十年前離開的東歐，以逃避血腥的大屠殺和集中營。為此，他甚至會見歐洲國家元首，同時持續冒充真羅斯。儘管這些東歐國家仍然存在反猶主義，但假羅斯認為那只是小問題，並堅持透過推出「反猶無名會」計畫解決。這是他最初為自己火辣的反猶女友金克絲設計的仇恨排毒計畫。

真羅斯堅信這一切都極其危險，他別無選擇，只能在前往耶路撒冷時，扮演卓別林，冒充模仿他的人。隨之而來的是狂歡，而且與金克絲上床。

我一收到這本書，就迫不及待在上面畫滿底線、星號、驚嘆號。這是因為《夏洛克行動》探索許多心理和政治的陷阱，而且說實話，精準得詭異，正是自從我的分身問題越演越烈以來我不斷經歷的感受。面對這個滑稽的自我版本感到尷尬；捍衛個人品牌時進退兩難的無奈。我們的分身會揭露我們內心法西斯主義的陰暗面。整個社會也可以擁有邪惡的分身。這部小說無疑涉及這些主題，甚至更多。

在《夏洛克行動》中，羅斯挖掘一種緊張的關係：人類一方面渴望自己獨特，另一方面又強烈希望看到自我反射在另一個人身上。在這兩種驅力之間，後者揭示分身之謎的一個面向，而我至今一直忽略。因此，可以回想一下數百萬人自願上傳照片到尋找分身的網站，例如雙胞胎陌生人（Twin Strangers），殷切希望網站的臉部辨識軟體能在世界某個地方找到與他們相似的人。閨蜜們也會花上好幾個小時變成彼此的「雙胞胎」，毫不差錯地同步她們的穿著和風格，讓彼此看起來就像複製一樣。顯然，我們當中的許多人只是想找到另一個人，確切地理解生活在我們身體和思想中的感受，而這種渴望與希望與眾不同的驅力並存。二〇二三年重拍的《雙生姊妹》（*Dead Ringers*）中，瑞秋・懷茲（Rachel Weisz）一人分飾兩位都是產科醫師的雙胞胎姊妹，影評指出，該劇挖掘「具體的個性與對他人的需要、排斥、愛之間的矛盾驅力」。正是這種搖擺的心態賦予分身情感的深度。

在《夏洛克行動》中，羅斯將這些矛盾的感受賦予兩個不同的角色。真羅斯被他桀驁不馴的分身嚇壞，怒火中燒，決心對抗他的詭計以及身分被竊的困擾。他原以為當自己的分身被自己逮住時，對方會驚慌失措。然而，當兩個男人在耶路撒冷一家飯店大廳相遇時，假羅斯卻張開雙臂，像兄弟一樣擁抱真羅斯，因為那份親密與熟悉讓他激動不已。「我正看著我自己，」他欣喜若狂地說：「只不過是你。」[5]

真羅斯再度崩潰。他原本打算和假羅斯攤牌，看看誰才有正當資格使用他們的面容和名字，結果發現對方如此喜愛自己。他無法說出事先想好的譴責，卻也無法像假羅斯那樣，對著這面會動的鏡子萌生見到家人的喜悅。畢竟，他必須保護自己的名字。「你的名字！你的名字！除了那該死的名字，你有沒有曾經想過其他事情？」金克絲質問他。[6] 當我看到假羅斯承認，如果作者羅斯選擇追究，可能會對他提起商標訴訟時，我真的哭笑不得。他甚至指出一個有用的先例：脫口秀主持人強尼・卡森（Johnny Carson）曾對「強尼來了」活動廁所提過成功且真實的訴訟。

這裡恰恰展現文學品牌保護的兩難。什麼都不做，就會完全失去控制；而試著控制，等於承認自己在誘人購買書籍。有人賣書，有人賣廁所，都是在吸引客人。真羅斯沒有提出告訴，反而選擇一條瘋狂的道路，開始模仿那個假羅斯，走遍西岸，甚至更遠。

這一切讓人感到極其熟悉，但都不如羅斯的感受那麼深刻。冒名頂替他的人奪走他一輩子的言語和思想，並以滑稽的方式模仿他。

「菲利普，我覺得我是在向你朗讀一篇你自己寫的故事。」[7] 虛構的小說家阿哈倫・阿佩爾菲德對虛構的菲利普・羅斯提到一篇文章，描述假羅斯如何前往波蘭，會見該國總統萊赫・華勒沙（Lech Wałęsa），說服他歡迎以色列猶太人回到他們在歐洲的故鄉，並承認猶太復國主義的實驗已經失敗。這是小說令人暈眩的關鍵所在：假羅斯反對以色列作為猶太人的國家。他擔心以色列對猶太人道德和安全的影響，並相信散居國外的猶太社群是猶太文化和思想蓬勃發展的最佳場所。這個想法並非憑空而來，而是菲利普・羅斯的想法——不是角色，而是真實的人。

羅斯從二十幾歲開始，就因為「自我厭惡的猶太人」標籤受到攻擊。他筆下描繪的紐澤西角色粗魯且缺陷重重，因此美國拉比委員會和其他權威機構指責他，認為他使同胞看起來很糟糕，並因此將他們置於危險之中。面對這些批評，羅斯反而更加把勁，將他的批判目光從紐華克擴展到以色列，並像在《反

* 譯注：耶穌降世前一百五十多年，猶太人被塞琉古王朝統治時，馬加比家族帶領族人起義，抗拒外邦暴政，成功獨立建國。

生活》中一樣，將焦點擴大到暴力的激進行為，這些行為助長猶太人在以色列占領地的前哨擴張，尤其是來自紐約和紐澤西的移民，他們是以色列最狂熱的支持者之一。這是另一種對分身的探索：羅斯將持槍、肌肉發達的以色列「新猶太人」描繪成老猶太人的集體分身，這些老猶太人有藝術家和知識分子，就像他本人，許多以色列人認為這樣的老猶太人在民族主義計畫中顯得軟弱無用。

波蘭、烏克蘭和德國的民族沙文主義者長期以來將猶太人視為代罪羔羊。或許，新猶太人正是這些民族主義者的鏡中倒影，映照馬加比家族的歷史（Maccabean）*。羅斯對猶太復國主義的懷疑態度，以及他對移民社群的辯護，認為在這樣的環境中當個猶太人不僅令人興奮而且完全合法，這些觀點一直是我欣賞他的原因之一，儘管他的作品常有許多金克絲般的女性角色。

在《夏洛克行動》中，假羅斯挪用羅斯所有真實的社會和政治批評，並推向狂熱與滑稽的極端，同時表演羅斯在以往主角和文學分身中植入的元素，從波特諾伊到祖克曼，這些角色都帶有過度的性心理和精神官能症的混合。羅斯對他的分身哀嘆：「所有這些都合而為一，從一本本書中脫離，彷彿嘲笑一般，重新構成一個諷刺的複製品，複製了我。」[8]

這讓我想起我和沃夫被人混淆的感受。她聲稱每次重大衝擊和小危機——無論是

COVID-19，還是嬰兒配方奶粉短缺——用羅斯的寫作風格來說，都是針對美國的陰謀。我深陷的「左左布拉」正是羅斯完美的結論：「太荒謬了，所以無法認真；太認真了，所以無法荒謬。」[9]

我知道沃夫與班農建立的對角聯盟，轉化為國家層面及其他層面的政治權力，將繼續影響無數人，而且每況愈下。然而，儘管明顯如此嚴重，沃夫的滑稽行為——時間旅行的推文、疫苗調查小組的T恤、濫用且不斷的大屠殺類比——讓她的言論顯得如此荒謬，幾乎無法完全認真對待。換句話說，沃夫可能是個笑話，但不好笑。不過，老實說，我的分身幾乎總是讓我哭笑不得！

在《夏洛克行動》中，真羅斯試圖控制他那「荒謬的代理人」，拒絕使用他們共同的名字，並將他重新命名為莫伊什・皮皮克（Moishe Pipik）[10]——「皮皮克」是對頑童的通稱，他小時候家裡也用這個詞來形容類似笨蛋的角色。這個名字的字面意思是「摩西的肚臍」，適合那些極度自戀、只盯著自己肚臍的人。重新命名短期帶來一些安慰，最終卻適得其反：假羅斯依然陷入羅斯所稱的「皮皮克主義」（pipikism）或「肚臍主義」中，「一種反悲劇的力量，使一切變得無關緊要——使一切變得滑稽、瑣碎且膚淺」。[11]

有可能逃出像皮皮克主義那樣的牽引光束嗎？一旦某個想法被皮皮克化，是否還能再度嚴肅？在某種意義上，這正是近幾年來重塑現代政治那些可怕的小丑造成的問題：美國的川普、英國的強森（Boris Johnson）、菲律賓的杜特蒂（Rodrigo Duterte）。此外，普丁也自詡為這個地球上說真話的人，大談西方殖民主義的罪行，擁護反帝國主義和反法西斯傳統——他就是皮皮克。這些人物無論走到哪裡，都在散播皮皮克主義。這不僅讓他們說的話變得滑稽可笑，也使我們許多人事後所能表達的觀點變得同樣荒謬。

例如，當班農聲稱他的武裝民兵隊正被左派和自由主義者「變成他者」時，他盜用了分析獨裁主義者使用的重要術語，描述法西斯主義者如何將他們的目標視為非人類，使他們更容易被丟棄，甚至被消滅。然而，他的行為不限於此。他也貶低了「變成他者」這一整個概念，導致現在很難用這個詞來描述班農對移民、黑人選民、跨性別者以及性別非二元青年所做的事。同樣地，當川普在二〇一六年大選後指責一半的記者團是「假新聞」時，他的支持者開始懷疑在主流媒體上讀到和看到的一切。除此之外，他還盜用傳播學學者描述真實現象的術語：加工的政治宣傳，這種宣傳看似真實，實則完全捏造。類似的假文章對川普來說是好事，其中一篇特別瘋傳的文章錯誤報導教宗支持他。然而，因為他盜用了「假新聞」這個詞，我們或者想想塔克・卡爾森暫時停止挑起白人民族主義，聲稱在微軟全國廣播公司的競爭對手實行「公開的種族仇恨」，因為他們提到「白人」這個詞。而這個做法，等同一九九四年盧安達種族屠殺之前，煽動反圖西族的胡圖族廣播電台。他強調，「這種行為就是胡圖族廣播電台」，同時聲稱職業足球中有關種族主義的討論屬於「種族滅絕言論」，並且說「這並不誇張，完全就是這樣」。[12] 當這些草包人物成為公共生活的中心時，問題不僅在於他們說的蠢話，還在於他們接觸到的一切都變得愚蠢，包括，尤其是，我們用來談論他們和他們的行為那些強而有力的語言。我把這些人物稱為「笨蛋分身」，他們將如此多的術語和概念皮皮克化，讓我們所有人都陷入失語的危險之中。

二〇一四年，《新政治家》（*The New Statesman*）刊登一篇題為「娜歐蜜・沃夫怎麼了？」的文章。這篇文章以半開玩笑的口吻提供一種解釋，靈感來自沃夫眾多低俗的陰謀論。文章指出：「在過去五年的某個時候，真正的沃夫被小心翼翼地『中和』，並被一位演員取代。從那時起，這位演員不知疲倦地工作，使多數的左翼政治，特別是女性主義，看起來像一堆小丑的鞋子，只要以『美國很糟糕』為前提，他們幾乎可以相信任何事情。」[13]

如果沃夫只是一個可以揭開的假象，而不是與一切有關的意義都在大規模瓦解的症狀，那該有多好。但是，閱讀羅斯在《夏洛克行動》中對抗瑣碎化的力量，我開始思考這段期間以來，我如何讓皮皮克主義的力量改變我的做法。自從我開始注意到在鏡像世界中流通的《震撼主義》，無論事實，僅為追逐影響力而斷章取義，我一直不確定該如何回應。這是我自找的嗎？我以為自己已經足夠小心，強調我所謂的「震撼剝削」，並不是人為的陰謀，為了利用危機而在幕後催化危機。相反地，是看準時機後，利用這些危機作為策略工具，迴避政治上的反對勢力，推動不受歡迎的政策。但我是不是應該強調得更重一些？我要求人們在震撼時刻對權力保持懷疑的方式，是否助長了陰謀論？我所有的分身問題，是否在告訴我這點？或者——我更擔心這個可能性——問題在於我和其他左派人士，在COVID-19的年代過於膽小乖巧？我們是否太過輕易接受傳染病的措施，將如此多的負擔轉嫁給個人？我們是否未能強力對抗這段時期企業猖獗的貪念？

審查新政

在COVID-19疫情期間，政治人物和企業領袖反覆利用震撼主義策略。英國政府精心設計一條「高優先通道」，用於生產口罩和其他傳染病防護裝備，看起來更像讓朋友和捐助者中飽私囊的機會（在某些情況下，甚至生產出無法使用的設備）。長期資源嚴重不足的國民保健署（NHS）在二〇二一年底面對COVID-19和其他健康危機的沉重壓力，保守黨政府趁機引入各種私人醫療服務，恐怕導致英國珍貴的保健服務整個賣給私人。幾個加拿大省分同樣利用傳染病的困境，試圖祕密進行醫療私有化。此外，安大略省的右翼政府以防止更多「學習損失」為名，試圖剝奪公部門教育單位員工罷工的合法權利，又一次打擊公立學校。同時，印度政府打算取消對農民的經濟保護，最終因為多次抗議被迫收回。其他國家，包括塞爾維亞和希臘，則利用危機擴張維安權力，打壓政治對手。而中國極端的「清零」政策也數次侵犯勞工權利，使工人長達數週無法離開工廠。

我的資料堆積如山，疫情開始的幾個月，我經常撰寫和討論這些傳染病期間的投機主義與暴利行為。二〇二〇年五月，我在《攔截》和《衛報》上發表長篇報導，探討Google和亞馬遜等大型科技公司如何利用封城帶來的機會，推出「非接觸」技術的願望清單，並迅速將這些建立成「COVID-19病毒安全」的品牌。其中一個特別極端的例子是一家總部位於馬來西亞的公司，名為「駕駛科技」（Steer Tech），這家公司的執行長宣稱：「無人、非接觸的技術正在蓬勃發展。」隨後她冷冷地補充：「人類是生物災害，機器不是。」[14]

那是可怕的疫情初期——我們還沒能拿到優質的口罩，更不用說疫苗。在阻止這個幾乎未知的病毒擴散時，我們能做的，大概只有保持社交距離。然而，前Google

執行長艾瑞克・施密特（Eric Schmidt）和其他科技巨頭抓住這些社交距離的緊急措施，催促更多永久的改變，代表他們的行業將有大筆的營利機會，而且涵蓋範圍廣泛，從大部分教育永久線上化，到建立所謂的「智慧城市」，極端提高日常生活監控。我們在危機之中看見的未來，不僅我們的家不再是完全私人的空間，透過高速的數位連線，我們的學校、醫生診所、健身房，以及如果國家決定，我們的監獄也都不再私密。這是一個冷酷的願景，藉由人工智能實現的無接觸社會，將大幅減少聘用教師、醫生和司機。這樣的社會不接受現金，大眾交通非常簡陋，而現場藝術也大大減少。這些趨勢在疫情之前已經開始出現，但在封城初期急速發展。我的報導並不是推測——所有內容都是基於大型科技公司的公開聲明以及根據美國新聞自由法發布的資料。某種有條不紊的傳染病震撼主義開始崛起，我開玩笑地稱之為「審查新政」。

那篇文章刊出幾個月後，我開始看到相同趨勢的舉例，但塑造的方式更像陰謀論：也許那些科技公司早就計畫這一切，也許這一切都與世界經濟論壇及他們的大重設計畫有關；也許整個疫情根本就不是真的，死亡人數是精心捏造的騙局。又或許，正如我的分身似乎這麼表示，這一切都是為了讓我們接受中國共產黨的社會信用系統和監控國家。

我開始懷疑自己。我是不是不該報導科技公司如何利用危機進行剝削？我是否應該在我的震撼相關文章中更加強調，危機確實存在，並且需要緊急措施？事實是我退縮了——並非完全，但退得太多。當沃夫開始在福斯電視台以「科技公司CEO」的新角色上節目時，無論是否純屬巧合，聽起來都像我荒謬的代理人。[15]因此，我完全不知道如何繼續討論大型科技公司利用這場危機剝削我們，而又不被捲入陰謀工廠的渦輪之中。我無法看出如何嚴肅討論實際的災難資本主義，而不被混淆為危險的反疫苗幻想或徹底的COVID-19否定論。皮皮克主義將我束縛得無法行動。

綠色新重設？

更令人不安的是，儘管有些人嘗試應對我們面臨的眾多真實危機，從氣候崩潰到系統性的監禁，以及因為疫情暴露的剝削勞動條件，然而，這些新興但脆弱的努力，似乎在鏡像世界的鬧劇化中遭到侵蝕。雖然現在回想起來感覺遙遠，但在二〇二〇年的幾個月裡——整整半年——普遍流傳一種信念：這場傳染病可能催化我們社會集體拖延已久的許多結構變革。我們當中許多人，甚至夢想空蕩的公路，不再受到飛機打擾；人們思念彼此，這些思念最終影響我們在疫情結束之後如何生活。長達好幾個星期，我們許多人分享、引用和張貼阿蘭達蒂・洛伊（Arundhati Roy）的文章〈疫情是入口〉（The Pandemic Is a Portal），想像全球的災禍可能引領我們走向不僅不同，而且更美好的未來。[16]

在第一個春天和夏天，街道空無一車，卻充滿抗議警察殺害黑人的人潮，要求徹底重新評估公共事務的優先順序和支出。這些難以壓抑的希望變得更加深刻。正是在這個時期，社會運動團體和進步政策機構在平台上合作，呼籲「人民從疫情復甦」——這個計畫結合對綠色未來的渴望與種族公正和平等的願景。

然而，只過了幾個月，幾個月前傳染病抗爭期間的美好景象便已化為泡影。我們穿越那個入口，卻進入一個已經改變的世界，不是我們曾經期望的世界。原因很多：美國總統選舉消耗過多的政治能量；恢復正常生活的呼聲越發強烈；在我們仍然感到孤獨的現實生活中，保持專注變得極其困難；許多運動因內部衝突而分裂也是事實。其中很大一部分源於品牌建立取徑的緊張關係，應該圍繞關鍵人物，或者圍繞參與者和成員來構建基礎。

然而，還有其他因素阻撓我們：將傳染病視為通往更美好、更環保、更公平的世界，這個想法在鏡像世界中，被像我的分身那樣的人全面皮皮克化。這樣的觀點與陰謀論所謂世界經濟論壇中的「全球主義精英」，為了推進他們的大重設計畫而想要控制復甦，兩者混為一談。到了二〇二一年年初，關於我們的社會可以或應該如何改變以回應複雜的危機，任何這樣的討論，立刻會被對角主義者大聲否定，指責這些想法是比爾‧蓋茲在瑞士山頂祕密策劃的陰謀。突然間，「氣候封城」這個說法開始流行，與否認氣候變遷的智庫哈特蘭研究所密切相關。他們提出一個荒謬的論點，聲稱一旦全球主義者為了因應COVID-19而將你鎖在家中，接著就會以減少溫室氣體排放為名再次將你鎖住——這完全是捏造的威脅。此外，一些曾經受人尊敬的媒體人，如《六十分鐘》（*60 Minutes*）節目的記者拉若‧羅根（Lara Logan），如今全心投入兜售陰謀論，主張「他們希望我們吃昆蟲、蟑螂，而他們則以兒童的血為食」，[17]她因這個觀點被右翼頻道《新聞極限》（*Newsmax*）封殺，但仍然得到無數相信匿名者Q的人們認同。

皮皮克主義持續擴張，不只難以討論災難暴利的實例或綠色新政的需求。逐漸地，感覺就像每個重要的想法，每個可能表達當下重大意義的詞語，能被說出之前就被誘殺。

我清楚記得自己驚覺這種皮皮克行為有多麼危險的那一刻。當時我正在撰寫一篇文章，關於北加州某些強硬右派的政治人物命令警察，在該州最嚴重的森林大火之後驅逐住在公園帳篷中的倖存者。我寫下「這是生態法西斯主義未來的預兆」這句話，有人利用生態恐懼作為正當理由，對不幸的弱勢群體施加暴力——通常是移民和窮人。生態法西斯主義確實是一個真實的威脅，而部分右派也表現得越來越明顯。但是，後來我把那個術語刪了，改用「生態集權主義」——這樣的表達顯得相對薄弱。然而，隨便使用「法西斯主義」這個詞的，正是「另一個娜歐蜜」，她無疑也幫助讓這個詞變得更加荒謬。我意識到我做了什麼：生態法西斯主義本來是形容這個威脅的正確術語。如果這個詞被濫用並且被皮皮克化，以致反法西斯主義者不願用它準確描述現實中的事件，那麼法西斯勢力若要聯合將會多麼方便。

大約那個時候，我的朋友亞莉克絲從澳洲來電，我們透過視訊通話。「COVID-19封城，是否把澳洲變成法西斯國家？」我問。「因為剛才娜歐蜜・沃夫就是這麼告訴史蒂夫・班農的。我好像找不到可靠的報導。」

我的朋友亞莉克絲，少數不擔心我在聽什麼節目的人，聳聳肩回答：「治安不好。但很奇怪：以前我知道誰是法西斯主義，誰反法西斯主義。還會有巷戰，哪邊是誰非常清楚。但是現在法西斯主義者完全奪走我們的語言。我啞口無言。」

聽到她用「啞口無言」一詞，反而讓我莫名舒坦一些。以前我以為我的啞口無言來自我特有的「娜歐蜜與娜歐蜜」問題。結果是，在這極為孤獨的時刻，我們很多人都張著嘴巴看著世界運作。

啞口無言的問題，遠比在鏡像世界中濫用重要詞彙的情況更深入。我認為這也可能與文字扮演的角色和基本功用漸漸變得不確定有關。文字在生活中仍然實用，比如安排下課接送、條列購物清單或寫些無關緊要的詩歌——但之於改變世界呢？我的朋友比爾・麥奇本（Bill McKibben）經常談到他為何從寫作文章和書籍，轉而成為氣候變遷組織350.org的創辦人（十年來我們都是董事）。比爾說，年輕時，他寫了《自然的終結》（*The End of Nature*），這是他為大眾寫的第一本氣候變遷書籍，他「以為書本會改變世界」。然後，經過二十年的觀察，看到政策制定者無視他的著作，也無視其他人可以填滿整座圖書館的著作，更不用說成千上萬越來越焦慮的氣候科學家的研究，他得出結論：雖然文字有所幫助，但「改變世界的，是人民的運動」。然而，長期以來一直困擾我的問題是：如果我們現在創造出來的書籍和運動（像企業品牌那樣），只是改變文字？如果文字——無論寫在書頁上，還是在抗議行動中吶喊——只是改變人們和政府說的話，而不是他們做的事？

「我是那個不是文字的你。」[18]假羅斯對真羅斯這麼宣稱，觸及許多分身故事的核心問題：誰才是真正的自我，什麼又是真正的現實？首先主張身分的就是真的嗎？或者以那個身分做最多事的才是真的？在杜斯妥也夫斯基的《雙重人格》中，假的戈利亞德金非常活躍，喜愛交際，輕易搶走本尊的風采，最終取代了他。而在《夏洛克行動》中，真羅斯則始終處於假裝之中，他專注於書寫故事，卻未能付諸行動。假羅斯是一名積極的社會運動分子，而且可能改寫歷史。他指責真羅斯浪費他從文學名聲積累的文化力量，僅僅寫下更多神經質的小說，揮灑更多的文字，卻未採取具體行動來幫助小說中的主角——猶太人。

對假羅斯來說，一個人怎樣才算真的，答案非常明顯：假的隱藏在表象背後，而真的，行為「超越文字」。這點說明支撐我們這個時代的流沙：說話、點擊、貼文和行動被混為一談。生活在螢幕藍光的虛擬世界，與透過勞動體現（如挖掘、收割、焊接、縫製、清洗、裝箱、運輸和交付）以及物質投入（如石油、天然氣、煤炭、銅、鋰、鈷、沙子和木材）而實現一切的現實世界，兩者之間的緊張關係。

在這段不真實的時期，我感受一種近乎暴力的斷裂：文字世界與文字之外的世界。因此我啞口無言。近幾年，左派社會運動成功改變我們討論各種議題的方式——億萬富翁與寡頭統治、氣候崩潰、白人至上、廢除監獄、性別認同、巴勒斯坦人權、性暴力——我必須相信這些改變代表真正的勝利，而且至關重要。然而，幾乎在每個前線，實際的基礎節節敗退。改變論述並未阻止世界首富前十名的集體財富，在疫情頭兩年從七千億增至一・五兆美元；[19] 並未阻止警察預算增加，但教師必須自掏腰包準備基本教具；也未能阻止石油公司獲得數十億補助和新的許可；更未能阻止以色列警察部隊襲擊受人尊敬的巴勒斯坦裔美國記者夏琳・阿克利赫（Shireen Abu Akleh）的葬禮，幾乎可以確定她的生命是被以色列士兵發射的子彈奪走的。[20]

「我們確實改變了論述……」某天，一位朋友告訴我，然後這個想法就戛然而止。我們確實是，但似乎正好在文字與思想急劇貶值的時候改變。這場崩潰以我們幾乎無法理解的方式，與我們沉浸其中的，螢幕海洋裡的文字急流緊密相連。這道急流奮力表現誇大的美德，同時又以滑稽的形式貶低一切。二〇二一年春天，安吉拉・戴維斯（Angela Davis）如此形容喬治・佛洛伊德（George Floyd）死後所引發的緊張局勢：「在許多方面，其實什麼都沒有改變，但同時，什麼都變了。」[21]

「巴拉巴拉巴拉」之外

這些主題無論書寫或討論都很困難，因為我們使用的詞彙都相同，而且被貶低。因此，我特別欣賞格蕾塔・童貝里（Greta Thunberg）在二〇二一年格拉斯哥氣候高峰會期間的各種干預行動，她的做法實際上是在嘲笑人們談論氣候變遷卻毫無作為。她諷刺的方式就是不斷重複「巴拉巴拉巴拉」（Blah, blah, blah）。

值得回顧的是，童貝里還小的時候，最初的抗議行動是沉默。她了解生態危機，並看到實際措施如此稀缺，於是決定不與家人以外的人說話。隨著情況轉變，她開始說話——一開始是小事，例如她的家人決定成為素食主義者，然後是更大的事，例如全世界上百萬人參與氣候抗爭。

然後，她開始對各種觀眾發表演說，而且從她投入的心力可以看出，部分的她仍然相信這些演說能夠引發行動。然而，出現在格拉斯哥的童貝里，有趣的是，她顯然已經失去早期的信心——那種能夠透過演講羞辱無作為的領導人物的信心。因此，她的演說不再與氣候變遷直接有關，而是與整個議題不著邊際的荒謬更為相關。「重建得更好。巴拉巴拉巴拉。綠色經濟。諸如此類。二〇五〇年之前淨零。巴拉巴拉巴拉。」她在高峰會前夕說。「這就是我們從我們所謂的『領袖』那裡聽到的話，聽起來了不起，但是目前為止沒有任何行動。我們的希望和夢想都淹沒在他們空洞的言辭和承諾之中。」[22] 兩天後，BBC詢問她對格拉斯哥最終協議的看法，童貝里回答：「他們甚至成功輕描淡寫『巴拉巴拉巴拉』，真是了不起。」[23]

這比童貝里過去在如此受人敬重的會議中的作為更加尖刻。她以前會怒罵，會懇求，甚至會流淚。而且，雖然她對那些聽她發言的領導人物曾經嚴厲，但是她的話語依然暗示某種信念。然而，現在的童貝里似乎已經不再相信任何改變的理論。她來到我們許多人都曾經到達的境界：意識到除了我們自己，以及透過合作、組織和團結採取的行動，沒有人會來拯救我們。

清楚指出問題是有力量的，不僅為了消磨時間。因為如果你發現自己在說一些像比童貝里更圓滑的社運人士所說的話，例如氣候高峰會是一個「好的開始」，而高峰會的正式名稱是「第二十六次締約國大會」（事實上，除了因 COVID-19 而受到影響的二〇二〇年，自一九九五年以來每年都會舉行），那麼，也許是時候承認，語言不再發揮我們期望的作用。

我一直在寫班農和沃夫如何將詞語「皮皮克化」，也就是藉由嘲弄重要概念讓人迷失方向。然而，這種做法早已為偏中立派的領導人沿用：他們會按意圖使用語言，但無意圖執行語言。一種否定主義往往滋養另一種否定主義：我們的文化中，自由派圈子熱衷詞語與意義的口水戰，而在鏡像世界裡，反倒催生出一種完全的否定主義。

「某個時候你必須活得好像事實是真的。」氣象台樂團（The Weather Station）的塔瑪拉・林德曼（Tamara Lindeman）在她的氣候民歌〈失落〉（Loss）中唱道。[24]某個時候——但顯然時候未到。

我的整個成年生活都在書寫符號與意義脫節的現象。但我無法預見這一切會演變至今。在寫《No Logo》時，我深入研究早期生活風格品牌如何建立，觀察他們如何挪用革命形象銷售運動鞋、筆記型電腦和活期存款帳戶——馬丁・路德・金恩和甘地的肖像出現在蘋果的廣告看板上，反越戰運動的歌曲甚至被用來推銷耐吉。當時我以為我理解其中的危險。一方面，推動社會變革的運動與理念被從原本的脈絡剝離，結果逐漸失去力量和真實性。另一方面，強大的革命形象直接被用來掩蓋廣告產品背後真實的陰影世界，並分散人們的注意力——那個世界充滿印尼和中國工廠中思鄉、受到騷擾的年輕女工；全球供應鏈各個環節滲漏的汙染物和毒素；當有人要我們硬起來、建立自己的「品牌」，就不再穩定的勞動合約。這是拉攏、掩蓋和欺騙的三重奏。

然而，有個更宏大的圖像，我當時未能看清，就是這個披著進步外衣的新資本主義階段其實是場全面戰爭。這些品牌建立運動到頭來最重要的是，他們大膽宣告：從現在起，任何事物不再具有真正意義。如果金恩博士、甘地、巴布・狄倫（Bob Dylan）都能被招攬，成為新自由主義的詐騙幫手，那麼任何人、任何事都可以脫離原來的脈絡，然後被賦予完全相反的含義。故事背後真正的現象是，語言與現實之間的脫節已然成為常態，並將我們推向一個充滿諷刺與疏離的時代——因為在一個隨時可能言不由衷的世界裡，這似乎成為唯一保護自我的姿態。從這一點開始，我們都已準備好，一頭栽入社群媒體混沌的海洋，隨著支離破碎的論述翻滾。故事有如無止盡的五彩碎紙，隨意轉向——一下子「這個」，一下子「那個」，一下子又「看那裡」。

如果一切都沒有意義，任何事物都無法從其他事物推論出來，那麼正如漢娜・鄂蘭警告過的，一切皆有可能。現實成為憑意志雕塑的黏土。這種無序的衝動在鏡像世界裡尤其瘋狂——像我的分身這樣的網紅每天都聲稱，只有他們能在一個混亂的世界中「連接各點」：從艾普斯坦（Jeffrey Epstein）、比爾・蓋茲、達佛斯論壇、安東尼・佛奇，到中共。但我們在鏡子的另一邊，情況同樣荒唐。青少年在絕望中告訴各國領袖，地球正在燃燒，而這些領袖的回應卻常常是與他們碰拳、自拍，發布照片到推特。或者就如二〇一九年，加拿大總理杜魯道（Justin Trudeau）參加青少年發起的大規模氣候罷工，但這場抗議針對的，正是他領導的政府推行的政策。彷彿杜魯道真的忘了，除了遊行，他還擁有權力採取更多實際行動。

我欣賞童貝里的「巴拉巴拉巴拉」演說，因為她的話語精確捕捉啞口無言無所不在的感覺，比起我在這段期間的無能為力和無奈，顯得更具力量。童貝里找到一種方式，既能批判語言的空洞，又能捍衛語言的價值：她不只嘲笑他們的言辭，還模仿自己的話在那些人耳中的荒謬，同時將自己的語言保留在仍然可以發揮意義的地方——在那裡，話語依然能夠結合原則與行動，不僅為了鏡頭表演。隨後不久，她和其他社運人士就會遭到警方拘留，因為他們試圖封鎖德國西部煤礦擴張。

雖然我猶豫該不該說，然而這是我們可以向史蒂夫・班農稍微學習的地方。學習他頑固的戰略方法和儘管存在分歧仍成功建立的聯盟。學習他從聽者與觀者轉變為高度組織的行動者。學習他專注在「行動！行動！行動！」

取回那些因「皮皮克主義」而失去的一切也許已經太遲——但有一件事我們絕對

不能妥協，就是反法西斯主義的語言。詞語如「種族滅絕」、「種族隔離」和「大屠殺」的真正意義，以及讓這些現象成為可能的至上主義心態，絕對不能妥協。我們需要詞語，盡可能尖銳，用來清楚指出和對抗鏡像世界中迅速成形的事物——一個以「優越的身體」、「優越的免疫系統」和「優越的後代」為中心建立的完整宇宙，並靠著銷售保健食品、比特幣、產前瑜伽來為這套思想提供資金。

全部都是荒謬至極——但又如此嚴肅。

9 極右派遇上極怪派

選舉日決定後，選戰開打。我們的兒子每次經過掛著他父親名字的橘色競選看板，都會激動地大聲歡呼。我和艾維及他的團隊提過我對鏡像世界的研究，暗示或許與他們的競選活動有關，但當時是二〇二一年夏天，他們把這件事看作美國的瘋狂現象，不予理會。

但我總有些疑慮。我從一個以陰謀論為主題的播客得知，我們附近住著一個名叫羅曼娜·迪杜洛（Romana Didulo）的女人。她自封為「加拿大女王、國家元首和總司令」，忙著發布各種法令，還命令企業停止檢查疫苗接種證明，否則將面臨死刑（加拿大其實沒有）。這已經夠奇怪了，更奇怪的是，她似乎擁有數千名忠誠的「臣民」，其中一些人會親自送出她的「警告信」，通知企業、學校，甚至警察，警告他們「共謀危害人類的罪行，將被人民處決」。我也開始注意到，有一小群抗議者定期聚集在鎮上最熱鬧的十字路口。因為之前追蹤過「另一個娜歐蜜」，我對他們舉的標語相當熟悉，寫著：「我不同意／人為傳染病／恐懼是病毒」。儘管如此，當時，疫情爆發還不到一年，我認識的人裡頭，唯一認同我的，是我的健身教練。她也同意加拿大正遭邊境以南的「鏡像世界」肆虐，因為自從她開始要求必須接種疫苗才能進入她的工作室以來，一直收到大量威脅。我能理解競選活動為何抱持懷疑態度：加拿大人的自鳴得意心態如同一劑強力毒藥。在卑詩省——加拿大最西部的省分，政府將幾乎所有重要的 COVID-19 發言都交給公共衛生官員邦妮・亨利博士（Bonnie Henry）。她看起來極為理性明智，與川普截然不同，每天以幾近耳語的柔和聲音告訴我們最新情況，懇求大家「友善、冷靜，保持安全」。首年的感染率一直保持較低，她也成為風靡一時的象徵——藝術家為她金色的鮑勃頭畫壁畫，設計師約翰・弗魯沃格（John Fluevog）甚至設計一款漆皮瑪莉珍鞋向她致敬。

在 COVID-19 否定論和「大重設」情緒蔓延到加拿大的時候，右派政治似乎尚未完全察覺。許多選民離開古板的保守黨，轉向偏激、強烈反移民的人民黨（People's Party）。人民黨直接從鏡像世界汲取選舉話題。我家信箱收到一張傳單，標語是「向疫苗護照說不！」並呼籲抵抗「當權派的暴政」。艾維認為，這種情緒不大可能影響他希望爭取的進步選民。他代表新民主黨（NDP）參選——這是加拿大的社會主義政黨，不僅由他的祖父和父親共同創建，而且長期以來堅守左派立場，甚至比加拿大的實際左派更左。在這次選舉中，新民主黨承諾加強社會保障體系，這個體系在疫情期間幫助國家相對穩定地度過幾波衝擊。艾維相信許多加拿大人已經準備好支持更積極的政府，應對氣候和住房危機。基於當時我們大多仍然懷抱的樂觀，他提出這次選舉的口號：「疫情復甦必須秉持大眾的綠色新政！」

我試著警告他，我真的試了。我告訴他，對角主義已經跨越邊境，正在社會切割一條對角線，舊的左派右派軸心已經不足以分析眼前的情勢。我提醒他，我們所在的社區裡，能量治療師和生活教練的職業至少與護理師和教師同樣受人追捧，無輔助分娩（free births）和滿月森林派對風靡一時，吸引許多選民——包括他所希望爭取的潛在選民——這些人很可能已經被我的分身這樣的人帶入鏡像世界。我敦促他多了解疫苗護照的爭議，研究大重設的概念，並在這些話題上展現謹慎而深思熟慮的立場。

他真的沒有時間。他忙著制定關鍵政策，應對真實的危機：長期乾旱引發水資源短缺、租金飆升和住房成本過高、大眾交通不足，以及我們最後的原始森林被砍伐。可愛的人：他仍然相信現實會影響選票。

然後我們開始挨家挨戶敲門。

拜票從來不算愉快，尤其在經歷一場超現實的全球事件十七個月後，人們對他人呼吸本能的恐懼讓拜票顯得格外詭異。對某些開門應對或偷偷從窗簾後方觀望的人來說，站在門外階梯上的陌生人就像不請自來的幽靈。

大約一小時後，我的同伴塔克已經按了好幾個門鈴，但我們的書寫板上記錄的正面互動只有一家。大多時候，人們根本不會開門，哪怕我們聽到屋內有人互相咆哮。然後我們走到一棟房屋，屋頂上裝著太陽能板，車道上停著一輛正在充電的電動車。

「自己人。」塔克信心十足。

當時是下午三點，打開白色前門的女人大約四十多歲，略微披頭散髮。

「抱歉，我還沒換衣服。」她說，明顯尷尬，指著熊熊圖案的睡褲。

「喔，老天，我一點也不介意。」我回答，希望口罩底下的燦爛笑容至少會呈現溫暖的魚尾紋。「我不敢相信我現在不是穿著我的睡衣！我兒子超過一年沒穿上真的衣服！」

我們都笑了。她的黑色拉不拉多犬衝出屋子，一邊吠叫一邊轉圈。

「別管他。現在他見到人反而不習慣，和我一樣。」

我們又笑了。我告訴她，我家那隻與社會脫節、每天昏昏欲睡的科卡貴賓犬正與她的分身交戰；我也討了拉布拉多犬的歡心，並稱讚她的太陽能板。開頭還算不錯。「我們今天來，是想知道不久之後的選舉，您有什麼想法。」我解釋。「我們是新民主黨——」

氣氛瞬間改變。她後退一步，用我後來認為的「網路眼」盯著我。

「我這輩子都投給新民主黨。我父母投給你們。我祖父母投給你們。但我必須告訴你們，我對你們的領袖非常失望，他被全球主義者收買。」

全球主義者？我的頭皮發麻，感覺話裡藏著「猶太人」的暗號。不過，我去那裡是為了拜票，不是交朋友。我試著施展拜票訓練中所謂的「橋接」。

「我是作家。其實以前我寫過一本關於企業全球化的書。而新民主黨一直都在對抗大型企業和惡劣的貿易交易。他們想要徵收財富稅——」

「不了，我聽夠了。」她說，並把她的狗叫回去，往後退得更遠。「這次我要投給人民黨。」

說完，她和黑色拉布拉多犬消失在緊閉的白色門後。

塔克和我目瞪口呆。

「我參與過幾次選戰。」他緩緩地說。「但這是我第一次遇到從新民主黨跳到人民黨的選民。」

她必定搭上某種「特快車」：加拿大的兩大老牌政黨——自由黨和保守黨——長期以來在政治的核心地帶輪流掌權。而這位選民卻從左派的新民主黨，直接跳到極右的人民黨，中間毫無過渡。我能理解對新民主黨的失望，畢竟我也曾經有過相同感受。從氣候行動到急劇的不平等，這些年來新民主黨並未提出真正的左派替代方案。也正因如此，艾維才決定參選，想促使新民主黨實現最初的理想。然而，對妥協的左派感到失望就直接轉向極右？這到底是怎麼回事？

我們又敲了幾家門，這次遇到熱情的旁遮普裔加拿大人。他們感謝新民主黨對印度農民大規模抗爭的支持。於是塔克和我開始感覺自己不再像掉進紅迪（Reddit）貼文串的兔子洞。

帶著寫滿選民資料的書寫板，還有幾個可能成為「超級志工」的名字，我們前往一位黨內堅定支持者的家，準備參加預定的彙報。幾個街區外敲門的艾維不久後也加入我們。他看起來有些震驚，結結巴巴說著如何「聞到檀香的味道」。他脫下口罩，喝了口水，告訴我們來龍去脈。他拜訪了一戶人家，前門微微開著，一股檀香的氣味飄到人行道上。窗台上擺著幾個銅製的雕像，他一眼就認出是佛陀和象頭神甘尼許。

就像我們看到太陽能板，看到這些象徵，他想，像這樣的家庭應該不難接受綠色新政的理念。但是就像我們，他也完全誤判。

一位穿著瑜伽服裝、肌肉發達的白人女子從門廊走出來，氣勢十足準備迎戰。她用手遮住嘴巴充當口罩，直接問艾維一個問題：「你對疫苗護照的立場是什麼？」

艾維回答「本黨支持在室內活動中確認疫苗接種狀態」，在當時的疫情階段，從流行病學角度來看相當合理。接著，他詢問她的立場。

就是此時，她開始談論她的「身體自主」和「主權公民」，以及她如何擁有「強壯的免疫系統」。

「太好了。」艾維說，並且開始施展他的橋接。「您的身體健康真是太好了。我想，比較擔心的是，不是每個人的免疫系統都非常強壯。有些人缺乏抵抗力，或者本身有些健康問題，病毒會讓他們非常危險，甚至致命。」

她的回答，尤其在這個以嬉皮精神著稱的西岸社區，竟然是：「我想那些人就應該死。」

說完，她消失在檀香的雲霧中。

經歷這幾次令人不安的拜訪，我們開始在周遭看到越來越多「對角主義」散播的證據。從社區公告欄，到地方政府會議，甚至在市區那一小群抗議者中，他們迅速擴展。競選活動開始兩週後，我開車經過兒子出生的那家醫院，平時一向寧靜，如今卻有大約三百人聚集在外——這是我在這個郊區見過最大規模的抗議，人數比當年反對伊拉克入侵的抗議還多，甚至可能超過二〇一九年氣候罷工時的規模。

示威者不僅干擾需要緊急醫療的病患，還辱罵護理人員——這場抗議是協調好的「全球罷工」部分行動，反對強制疫苗接種，也是我的分身在她新開的蓋特帳號上大肆宣傳的內容。[1] 某個時候，抗議人群低聲唱起〈女戰士之歌〉，這首歌是本地許多原住民社群的聖歌，其中包括社群理事會辦公室就在街道對面的錫謝爾特（shíshálh）原住民族。該理事會隨即發表聲明，譴責這種挪用行為冒犯他們的文化。同時，在國家的另一邊，總理杜魯道取消原定的造勢活動，因為反疫苗人士威脅施暴，甚至咒罵他並呼籲對他進行新的紐倫堡審判。

「所以，妳怎麼看疫苗護照？」那天晚上艾維問我，試著假裝輕鬆。

「首先，我會認同他們對資料外洩的擔憂，並強調我們的首要任務就是保護他們的隱私，防止個人資訊落入私人科技公司手中。我會將對話聚焦在監管這些公司上，強調必要的拆分，並視為公用事業，保障每個人都能公平參與數位公共平台。我會讓他們知道，我們可以有一種方式，既能使用大型科技公司的便利，同時不會讓他們和他人的生活面臨風險。」

他在聽。

「大型藥廠的情況也是如此。要記住，人們有充分理由不信任這些公司。我會強調我們的共同立場：救命的治療和藥物本來就不應該以營利為優先。接著轉向討論我們為何需要擴展公共衛生保健系統，將處方藥納入其中，並談談如何在公共衛生和預防醫學領域創造良好的就業機會。」

他對這些論證瞭若指掌，多年來一再講述。這只是換種說法，試圖從鏡像世界奪回領土。我認為這個策略或許能在某種程度上影響一些選民——那些只在邊緣瞥見鏡像世界的人。然而，對於已經深陷其中的，即使艾維再有魅力，想帶他們回到現實恐怕還是很難。

接下來幾週，有人寫信來，想藉機說服他，讓他認為他的立場完全錯誤，而且很巧妙地想利用我的著作反駁他：

關於我們面對的情勢，我持續做了許多研究，也希望娜歐蜜能夠寫一些《震撼主義》的後續文章，來說明這個世界正在發生的事。例如，我們正在失去自由，如果不願接受實驗性的「針劑」，就會被歧視……這場「人為傳染病」讓我們

的世界付出高昂的代價。我希望看到正義得以伸張，那些參與其中的人——安東尼·佛奇、比爾·蓋茲、大型藥廠、媒體——都應為此負責。

多數人甚至不希望進行這種深度的對話。

即使已經研究鏡像世界數月，我仍為艾維和我在街坊所見感到震驚。疫情初期，有不少人大聲疾呼，年老病弱者應該為了維持經濟運作而被犧牲——這些話來自那些奉承討好的共和黨人，殘酷但符合他們的形象。然而，我沒料到的是，終身支持新民主黨的選民——這個對加拿大全民公共衛生體系至關重要的政黨——竟對大規模的死亡不屑一顧。我更沒想到，可能成為我流動瑜伽老師的人，竟主動倡導體弱者應該被「自然淘汰」（我認為那些人就「應該」死）；或者會在至福深層冥想和深層按摩的招牌旁邊看到人民黨的標誌；甚至聽到那些資深環保人士私下表示，不接種疫苗的權利才是他們這次選舉的唯一關切，也是反抗大型藥廠的原則。（後來我們還發現，在舊金山暴力攻擊南西·裴洛西八十二歲丈夫的男子，正是在我們這一帶長大。）

不管我曾認為「他們」和「我們」之間的界線為何，如今都已模糊不清。顯然，有種毒素已經滲入我們的文化，而且不僅靠少數自由派跨界明星的助力在右翼中擴散。這還是別的東西：一種有毒的化合物，與「自然生活」、「身體強健」、「健身」、「純淨」和「神性」這些強大的概念糾纏在一起，並與「不自然」、「身體虛弱」、「懶惰」、「汙染」和「詛咒」等印象對立。

健身和另類健康次文化一直以來都與法西斯主義和至上主義運動交織糾纏。在美國，早期的健身和健美愛好者同樣推崇優生學，並希望藉此塑造他們心目中的「優越人類」。納粹的政治宣傳充斥年輕男子健行的形象，而希特勒深信「自然」食品攸關第三帝國的成功（儘管他的素食主義有些被誇大）。納粹黨內盛行各類健康風潮，並融合極端的神祕主義信仰，這些都被納入建立「雅利安超級神族」的計畫。換句話說，打造一個「黃金種族」的計畫，本身就具有玄妙性質，也正因如此，這件事情能夠輕易與新世紀健康風潮和各種自然主義崇拜融為一體。

經歷二戰的恐怖後，法西斯主義與健身及新世紀運動之間的聯盟似乎分崩離析。隨後，新世紀運動在一九六〇年代迅速興起，並與嬉皮文化、環保主義，以及研究超覺冥想的披頭四樂團緊密相連。然而，這項運動當中古老的至上主義根源如今似乎正在捲土重來。

我和艾維在這個光譜極端遇到的人似乎並非完全否認COVID-19存在。相反地，他們將病毒視作某種「清洗」——一種「去蕪存菁」的自然篩選，帶有生態法西斯主義的意味，似乎認為承受人類壓力的大自然藉著這場疫情復健。這種思維在封城初期相當猖獗，網路上充斥「地球正在修復，而我們才是病毒」的迷因，再加上大量野生動物回歸城市的影片（其中許多是偽造）。隨著時間推移，這種接受一定人數人類死亡的態度愈加明顯，而且顯然與反對疫苗的立場有關。就在這時，前福斯新聞主播羅伯・施密特（Rob Schmitt）轉投《新聞極限》，並在節目中說出耐人尋味的話：「說起來奇怪，我覺得整體上接種疫苗是違反自然的。我的意思是，如果某種疾病出現——也許只是生命的自然淘汰，某些東西應該消滅一定數量的人，這就是演化的方式。疫苗在某種程度上阻礙這一點。」[2]

這種想法在美洲是血淋淋的歷史，可追溯到歐洲征服者與殖民者講述的故事：移民偷走原住民的土地，摧毀他們的食物來源，削弱已經脆弱的原住民族群，而傳染病肆虐更雪上加霜。征服者稱這一切是「神的旨意」，象徵神將這片土地賜予白人基督宗教徒。英格蘭詹姆士王在一六二〇年為新英格蘭頒布的特許狀中，稱疫病為「絕妙的瘟疫」，並寫道「全能的神以祂的偉大仁慈將瘟疫送到野蠻人之中」。[3] 一六三四年，麻薩諸塞州灣殖民地的首任總督約翰・溫思羅普（John Winthrop）也以相似的語言描述肆虐阿爾岡昆語（Algonquian）原住民的疫情：「神如此追捕他們，以致三百英里的範圍內，天花席捲他們大部分的人……因此，神已經確立我們對這片土地的所有權。」[4] 一七〇七年，前卡羅來納州州長約翰・阿奇代爾（John Archdale）則把大規模死亡視為「天賜之物」：他在談到「印第安人」時寫道：「全能的神將不尋常的疾病如天花散布到他們中間，減少他們的數量……因此，與西班牙人相比，英格蘭人幾乎不須對印第安人流的血負責。」[5] 實際上，移民手中沾滿鮮血，種族屠殺充斥其中，而疾病只是多種毀滅方式之一。然而，傳染病被視為工具，執行神或自然的力量，是現代世界起源神話中不可或缺的一環。

可悲的是，在我們所處的歷史時刻，這種生態法西斯主義思想激增，幾乎不可避免。我們活在一個時代，即使做兩份工作也不一定買得起房子，許多政府將清除遊民營地視作可行的解決方案。同時，我們每過一天，就越接近氣候崩潰的未來——如果我們無法有效減緩或逆轉這種趨勢，大部分人類和其他物種將面臨淘汰，而最先受到影響，打擊最為嚴重的，將是那些最脆弱的族群。這個過程已經悄悄開始。在這樣的刀口上生活，無奈被迫成為這個現實的同謀，而我們所謂的領導人依然不作為，這樣的情境難免催生各種病態症狀。人們必然會尋找各種說法來理解這種殘酷的現實。

氣候正義運動多年來一直倡導這樣的理念：有良知的人可以跨越彼此的分歧，團結起來，凝聚力量，在這個關鍵時刻推動一個更公平、更環保的社會。這也是艾維的主張。然而，隨著時間流逝，這種信念越來越難以維持。相對地，另一個擴散更迅速的理念卻逐漸興起：我會沒事，因為我已經準備好了——我有罐頭、太陽能板，還有這個星球上的特權地位；要受苦的是別人。然而，這種說法的問題在於，需要找到某種方式解釋並接受他人的苦難。於是，將他人的死亡視作天擇，甚至福氣，便成為合理化這種自保心態的故事和邏輯。

這一切，如同法西斯主義與新世紀思想的聯盟，似乎在某種歷史循環中重演。每當一群人允許可怕的暴力落在另一群人身上，便會出現故事與邏輯，讓暴力的受益者心安理得，甚至滿懷熱忱地參與或冷漠地迴避。這些故事告訴人們，那些為了他人舒適而被犧牲、奴役、監禁、殖民或被置於死亡邊緣的人，不是「同等」的人類。他們是「他者」——不合標準的、弱小的、黑暗的、充滿獸性的、病態的、犯罪的、懶惰的、不文明的。這些論調在右翼勢力中反覆出現，並體現在巴西、印度、匈牙利、菲律賓、俄羅斯和土耳其等地的法西斯及集權領導人身上。但在我們的競選過程中，看到的卻是這些邏輯沿著一條古老且陰暗的神經通路，從極端保守派向部分綠色及新世紀左派延伸。連接他們的線簡陋又赤裸——淘汰帶來的安心。

那本名人錄

我們還住在紐澤西時，那裡是全美僅次於紐約，COVID-19 死亡人數最多的州。

封城初期，抗議聲浪主要來自兩個群體。一是極度虔誠的信徒：福音派基督徒中有許多人無視封城，繼續聚集在大型教堂裡；而我們的猶太教正統派鄰居則不顧衛生當局命令，依舊參加大型葬禮和其他宗教儀式，並因此與地方政府起了衝突。這其實不難預料：許多虔誠的信徒相信他們的信仰本身就是一種力場，能夠抵擋疾病，或者他們認為感染風險只是履行宗教義務的微小代價。依照這種邏輯，不順從上帝的旨意集體祈禱，比冒著被感染的風險還要嚴重。某天晚上，在封城的頭幾週，我沉迷在有線電視新聞裡，看到一則報導：數千人湧入一座大型教堂，參加一場幾乎沒人戴口罩的非法禮拜。當記者問一名信徒是否擔心感染時，他微笑著回答：「不會的！我沐浴在主的寶血之中！」

在封城初期的幾週裡，另一個堅決反對衛生命令的群體有些令人出乎意料：健身狂。他們當中有些人甚至在疫情爆發不到兩週就組織抗議活動，走上街頭做仰臥起坐和伏地挺身，要求恢復在室內舉重的權利。位於紐澤西柏馬（Bellmawr）的阿提里斯健身中心業主無視禁令，違法營業——這位留著鬍子、滿身刺青的前重罪犯因此成為福斯新聞上的「反抗英雄」。（他後來還參加共和黨初選，試圖競選國會議員，但未能成功。）

一開始，我想不透這兩個看似無關的群體有什麼關連：極端虔誠的信仰與

* 譯注：在產後協助產婦身心調整的非醫療執業人員。

極端崇拜健身，對主的崇拜和對身體的崇拜，這兩種截然不同的活動背後到底有什麼共通點？隨著我花了越來越多時間研究鏡像世界——特別是那些分享 COVID-19 陰謀論的新世紀健康網紅角落——答案開始浮現，逐漸變得清晰。

這種思維方式的演變首次出現在二〇一一年的一篇學術論文，被稱為「陰謀靈性論」，[6]之後因為同名書籍和播客（那個我聽了太多的節目）而流行起來。就像那些不擔心感染 COVID-19 的極端虔誠人士一樣，這群極端注重健康的人也認為自己對病毒有特殊的防護。他們經過排毒和鍛鍊的身體便是他們的「神殿」，守護他們的健康——健康和強壯是他們的力場，或至少他們這樣認為。

這有助理解我稱為「健身人類」的群體在對角主義者中擁有的巨大影響力。當然，我們每個人都住在自己的身體裡，想要享受、保養並保持身體健康。但是在這裡，我指的是那些以健體為業的專業人士——不是醫生（儘管其中少數人具有醫學背景），也不是具備傳染病專業知識的流行病學家。相反的，這些人多是健身房老闆或高階瑜伽修行者，宣稱知道什麼才適合他人的身體。他們的身分包括訓練師、瑜伽老師、健身教練、按摩師、綜合武術專家、整脊師、哺乳顧問、導樂師（doula）*、營養師、草藥師、更年期指導教練、專業果汁療法師等。

這些領域中許多人都經過嚴格訓練，精通人體生理學，並且嚴肅看待

COVID-19。許多健身房和瑜伽館的業主不惜投入大量成本，竭力保障客戶的安全。然而，在這個利潤可觀的行業中，有些知名人士徹底成為COVID-19匿名者Q。對抗網路仇恨中心（Center for Countering Digital Hate）發布的「假消息十二人」名單顯示，COVID-19病毒和疫苗的錯誤資訊，大約百分之六十五要算在這十二人頭上。[7]這份名單並非人們想像的右翼媒體明星。相反地，裡面有一名整脊師和三名不同的整骨治療師，其中一名在佛羅里達州經營保健食品事業，做得有聲有色；一對夫妻出售治療癌症的精油和「拿回健康」的DVD；《養生狂》（*Health Nut News*）的編輯張貼反猶的迷因，有關羅斯柴爾德家族和「全球精英如何操盤#新世界秩序#說實話的人」；還有時事通訊《綠醫資訊》（*GreenMedInfo*）背後的大師，一邊發布超級食物如何自我療癒，一邊發布比爾・蓋茲如何利用疫苗減少地球人口的迷因。

名單上也有幾個女人，就像沃夫——出過幾本書，讚揚自然美、自然生產、改變人生的性高潮——已經以女性身體專家之姿建立個人品牌。放棄婦產科醫師本行的克莉絲汀・諾瑟普（Christiane Northrup），[8]寫過暢銷書籍《女性的身體、女性的智慧》（*Women's Bodies, Women's Wisdom*），在她開始推銷無毒清潔產品和散布帶有匿名者Q、COVID-19否認主義色彩的「活力健康」後，被列入「假消息十二人」名單。「全人精神科醫師」兼暢銷書作家凱莉・布羅根（Kelly Brogan）也是如此，她很可能會發布一段自己跳鋼管舞的影片，然後要你「感謝你的身體」在沒有疫苗或口罩的幫助下戰勝COVID-19（她敦促她的追蹤者脫掉口罩以示解放，類似第二波焚燒胸罩的解放行動）。

簡單來說，那是一本另類健康、女性保健、精神飲食與健身的名人錄。現在所有人都無可救藥地與洶湧的極右勢力緊緊糾纏，成為鏡像世界的正式公民。

許多人認為，我們只是目睹馬蹄鐵理論的實際應用：政治光譜的極左派和極右派在最遠的端點幾乎相遇。然而，這種說法混淆了極左派（主要由社會主義者和革命者構成）與「極怪派」（偏向保健和新世紀唯靈論的人群）。進入「假消息十二人」名單的這些次文化成員，已經深諳如何將「極怪」貨幣化——他們擁有幾個最大的線上平台和最強的個人品牌，並利用這些平台銷售高價的閉關修行、研討會、會員資格、電子報及酊劑等產品。他們是響噹噹的網紅，吸引大量平凡的追蹤者。

理解這點之後，這個新興聯盟就說得通了。疫情封城期間，與身體相關的小型企業和自由業者受到嚴重打擊。部分原因確實出於流行病學考量：治療工作難以保持社交距離，健身工作室又往往在密閉空間中大口呼吸。然而，這個行業在某些方面也確實受到特別不公平的待遇。早期的疫情紓困計畫嚴重傾向員工人數眾多的大型工作場所；而小型健身工作室多由業主親自經營，員工許多是約僱，他們仍須支付高昂的市區租金，卻往往無法獲得政府援助。

許多健身房老闆為了在嚴格的新規定下繼續營業，不得不背上巨額的個人債務。然而，隨著疫情推移，規定變動頻繁，他們的經營更加困難。例如，二〇二二年Omicron 病毒變異株盛行的時候，我所在的加拿大地區要求健身房關閉，但速食餐廳和脫衣舞夜總會卻可以繼續營業——許多健身愛好者不滿這一點，其實不無道理。同時，小型健身工作室似乎承受比大型運動場館和滑雪度假村更多的限制，畢竟大型場館和滑雪場有資金聘請遊說團體來維護自身利益。

最終的結果就是一場經濟屠殺。根據國際健康及運動俱樂部協會（International Health, Racquet & Sportsclub Association）彙編的數據，到了二〇二二年初，近萬家美國健身俱樂部被迫永久關閉。卑詩省坎路普斯（Kamloops）一位健身房合夥人賈斯汀・格羅弗（Justin Grover），說明該行業普遍的憤怒情緒：「人們可以去酒吧吃炸醃黃瓜，喝廉價啤酒，覺得這是生活必需品，但那些已經在戒酒團體待了二十年，靠健身保持清醒的人，他們不這麼認為。」[9] 這樣的不滿，使許多健康從業人員開始在與疫情相關的一切中，看到精英邪惡的陰謀。

然而，封城遭受特別嚴重的打擊，是否足以解釋陰謀論在健康界擴散？為何其他小型商業，例如社區電影院的老闆，並未因此走向極端？為何追求諾瑟普所謂最佳體能和「活力健康」的生活方式，會演變得如此惡毒？

身體分身

在《美貌神話》裡，沃夫主張一九八〇年代加諸在女性的美貌標準提升，是社會因為女性主義成功而徵收的父權稅。現在，除了繁忙的工作、家務和育兒的「夜班」之外，她們還得在休閒時間增加「大夜班」。「女強人……必須在她的職業日程中加入認真的『美容活』」。[10]

沃夫如此主張的三十年後，另一位更精通政治經濟學的女性主義作家看到不同觀點。這位作家是於二〇二二年九月去世的芭芭拉·艾倫瑞克（Barbara Ehrenreich）。在她的著作《老到可以死：對生命，你是要順其自然，還是控制到死？》（*Natural Causes: An Epidemic of Wellness, the Certainty of Dying, and Killing Ourselves to Live Longer*）中，艾倫瑞克探討在雷根和柴契爾時代，對健康和保健的追求如何逐漸演變成一種執迷，而且影響力延續至今。她認為，這種轉變並非女性主義成功的反應，而是革命運動失敗的結果——當六〇年代與七〇年代的理想和厚望，撞上八〇年代新自由主義的磚牆。

正義的夢想破滅，美好生活的集體願景也隨之幻滅，每個人開始只顧自己——在這個原子化的社會裡，個體為了在放鬆管制、不穩定的就業市場中獲得優勢，相互攀緣往上爬。艾倫瑞克認為，正是在這樣的背景下，許多人將注意力轉向身體塑造——跑步機取代抗議遊行，自由重量（Free Weight）*取代自由戀愛。起初，女性的壓力大得多，但很快，異性戀男性也會面對他們自己望塵莫及的健身美貌標準與迷思。在艾倫瑞克的觀點中，這種現象是「六〇年代短暫經歷社會進步的激昂之後，人們整體退回關注個人問題……即使無法改變世界，甚至無法掌控職業生涯，你仍然可以控制自己的身體——包括體態、肌肉，以及能量的消耗方式」。[11] 在這樣的背景下，曾經是國際青年黨（Yippie）的叛逆分子、芝加哥七人組（Chicago Seven）的成員傑里・魯賓（Jerry Rubin），也在八〇年代成為驕傲的雅痞，熱心宣揚健身。

艾倫瑞克在描述自己與健身房之間那種長期存在、時而矛盾的關係時寫道：「我可能無法改變世界上嚴重的不公不義，至少光憑自己或在短時間內無法，但我可以決定在腿推機上增加二十磅，並在幾週內達成這個目標。」[12] 我從來不是健身狂，但我完全能夠理解這種心情。許多時候，瑜伽成為我唯一能掌控的事。我無法阻止美國入侵伊拉克——儘管我們數百萬人努力反對——但我可以慢慢拱起我的身體，做出烏鴉式，狀況好的時候甚至可以倒立。幾年後，

* 譯注：自由重量是指無固定軌道的訓練器材，如啞鈴、槓鈴等。

我被診斷出癌症，瑜伽練習成為我的寄託：不斷增強力量和柔軟度，感覺自己身體的某一部分會聽從我的指揮。隨著氣候危機加劇，大地在我們腳下震動，火焰在四周燃燒，我想，許多人都會在身體依然聽話時得到一絲安慰；無論多麼微小，在那裡可以得到依靠。

但我也知道，從自己青春期的暴食症和沉迷於《珍芳達健身操》（*Jane Fonda's Workout*）的經歷來看，這種追求，在極端和不健康的形式，本身就是一種分身。對於那些透過飲食控制和健身來改造自己的人而言，有一個當下的自己，還有一個想像中理想的自己——似乎永遠存在，而且只要足夠的自我否定和自律，足夠的飢餓，足夠的重複次數，更好、不一樣的你，就能觸手可及。艾倫瑞克在書中回憶健身房裡奇異的寂靜：人們聚集在密閉空間裡，除了協調使用器材，幾乎不交談。她觀察到，這是因為在健身房裡的核心關係並不是健身者之間的互動，而是他們與心目中理想的形象——那個身體「分身」——之間的對話。

卡門・瑪麗亞・馬查多（Carmen Maria Machado）在著作《她的身體與其它派對》（*Her Body and Other Parties*）中，探索瘦的自我，與作為內在分身存在胖的自我，兩者之間的關係。在〈吃八口〉這個故事中，敘事者厭惡自己原本的身體——沉重、柔軟、鬆弛：「我厭倦更衣室單調而無情的燈光，厭倦站在鏡子前面，抓著自己痛恨的部位，提起、掐緊那些部位，然後鬆手，全身都痛。」[13]於是，她去做減重手術，把自己縮小成社會較為接受的體型。然而，這個敘事者卻被某種東西糾纏，起初她以為是鬼魂，最後才發現是可怕的東西——她手術切除的一百磅脂肪，竟然以模糊的人形出現在家中，像個泥人般存在著，由她無法喜愛而且選擇切割的自己組成。「我在它身邊跪下。」敘事者這樣說道。「那是沒有任何機能的身體：沒有胃或骨頭或嘴巴。只是柔軟的輪廓。我彎腰，輕撫它的肩膀，或我認為是肩膀的部位。它轉頭看我。它沒有眼睛，但它還是看我。她看著我。她糟糕但誠實。她詭異但她是真的。」[14]敘事者接著狠狠揍了她的分身。

對於不完美、不健康的自我心生的憎恨與怒氣，另一面便是對完美、受控的身體的執著，試圖透過正確的運動、飲食、手術以及各種健康干預手段實現。而當我們目睹另一個「身體的分身」——年老的自我，這種執著與對抗可能會更激烈。容貌與身材在地球公轉一圈又一圈的時候改變，經歷懷孕對身體的摧殘、育兒的睡眠剝奪、壓力與汙染。正如我那難以應付的分身之王菲利普・羅斯所言：「老年不是抗戰；老年是屠殺。」[15]

我們逗留世間的時間越長，對自己就越陌生，對照我們年輕「巔峰時期」的自我，每個變形的版本都比上一個更加難以辨認。越是試圖緊抓年輕的分身，反而越有可能變成動過手術和打過針劑的滑稽模仿——甚至可能更糟。這正是《格雷的畫像》中寶貴的警告：若執著於青春的外表，拒絕年老的分身存在，最終結局將是兩者皆亡。

對完美健康和永保青春的渴望，無疑吸引許多人走向像克莉絲汀・諾瑟普這樣的網紅。諾瑟普堪稱陰謀論界的瑪莎・史都華（Martha Stewart），她保證，若妳購買她的書籍、各種更年期保健產品、眼藥水或陰道潤滑液，就能獲得源源不絕的活力──這些產品都在她的網站上出售。當然，還有其他因素驅使人們走入這些圈子，包括傳統醫學的限制與失誤。專科醫師和藥廠經常讓患有複雜疾病或功能失調的人失望。我從小聽著這些飯桌不宜的話題，父親的研究也讓我了解，生殖健康還有許多未被探索的領域，而女性合理的健康抱怨太常被視為疑病症而遭到折扣、打發、駁斥。分娩過程可能相當剝奪個人自主權，而傳統醫療在這方面的照護不足與漠視，對黑人和原住民婦女尤為嚴重，她們的身體敘述長期未被重視。根據美國疾病管制中心的數據，「黑人女性死於妊娠相關原因的可能性是白人女性的三倍」，而二〇二一年的一項研究顯示，黑人女性所生嬰兒的死亡率是白人嬰兒的兩倍以上。[16]

這些事實，加上其他諸多因素，促使數百萬人為了恢復、治癒並掌控自己的健康，追求各式各樣不斷成長的自助指南和健康配方，其中許多方法確實帶來益處。這正是鏡像世界的問題所在：謊言中總夾雜著事實；他們總能發掘某些集體的重大缺失，並加以利用。

COVID-19陰謀的誕生管道

以多倫多的網紅「亮麗媽媽」為例，她擔心女兒可能接觸祖父母施打疫苗後的「疫苗顆粒」，內心十分不安。在COVID-19疫情之前，「亮麗媽媽」主要指導女性如何在懷孕前後保持苗條。（「我來告訴妳，保持健康和理想身材其實很簡單，感覺最佳狀態，迎戰瘋狂的#媽媽生活。」）[17] 然而，在疫情期間，她轉而帶領不戴口罩的媽媽發起抗議，占領購物中心，要求取消衛生規定。

這個過程看似矛盾，其實存在某種內在邏輯。一方面，人們希望盡可能保持健康；另一方面，懷孕並養育小孩本來就是艱難的過程。考慮身體內外接觸的各種物質，許多可能含有化學成分，如果過量，可能會對發展中的胎兒或嬰兒造成危害。許多過去從未留意環境毒素的人，瞬間像是上過速成班。此外，當思考自己希望如何分娩時，未來的父母也常被各種恐怖故事轟炸——不耐煩的醫生使用藥物引產，進而引發更多干預措施，最終導致緊急剖腹，留下長久的後遺症。

有人可能會拿我的分身在二〇〇一年出版的書《錯誤概念：真相、謊言與成為母親旅程中的意外》（*Misconceptions: Truth, Lies, and the Unexpected on the Journey to Motherhood*）給他們看，書中她描述自己的經驗，以及這些經驗帶給她的憤怒與無力。

由於西方醫學常常對這類擔憂不以為然，許多懷孕者轉而尋求替代的資訊來源和支持系統——在那裡，她們被告知，醫療體系的設立就是為了讓她們感到無助、依賴和脆弱。她們被告知，自己可以找到內在的直覺力量和與生俱來的能力，甚至，根據二〇〇八年克莉絲汀・諾瑟普主演的紀錄片，還可能擁有「分娩高潮」（birthgasm）。這其中許多可以是正向而且健康的：擁有分娩方式的選擇權是好事。然而，這正是健康產業中白人且富裕的自由派可能致命的盲點所在。雖然許多醫生確實太快放棄自然分娩，過於依賴手術干預，或對低風險的在家分娩過於警惕，但事實是，懷孕和分娩的併發症依然是全球主要死亡原因之一。即使在美國這樣的富裕國家，許多女性和性別邊緣化群體所需要的，是更多且更細緻的健康照護，而不是更少。

家庭醫學科醫師暨皇后大學家庭醫學系助理教授蜜雪兒・科漢博士（Michelle Cohen）調查 COVID-19 時期，偽科學女性健康網紅如何暗中為害。在認識到自己的專業真正失敗同時，她認為，這些網紅利用「醫學中的性別歧視，創造新的、專屬女性的市場，販售所謂的『靈丹妙藥』」。他們並未嘗試修復現有的醫療體系，而是從體系的缺失中獲利。科漢博士指出，「健康產業並非致力將更多、更好的科學引入女性健康領域，而是希望在主流之外，為女性的問題創造一條次要途徑。更隱晦的風險在於，健康產業將繼續沿著專屬女性的道路發展，使女性高度暴露在庸醫的危害之中。」[18]

這與早期一九七〇年代女性主義的健康運動截然不同。當時，女性主義的健康運動以低調的方式反資本主義，例如抵制雀巢，因為該公司向全球南方的貧困母親推銷嬰兒配方奶粉。運動的目標是爭取制度和集體層面的變革，例如推動醫院內分娩中心、助產士與導樂師專業認證、安全墮胎管道，並成立女性健康專門研究機構。此外，還關注有薪育嬰假和哺餵母乳不被定罪的權利。我在這個運動氛圍中成長，受益於父親的研究與母親的倡導，可以作證，這一切並不光鮮亮麗。助產士與導樂師雖有酬勞，但並不高；家庭醫師收入雖稍高，但仍遠低於產科醫師。甚至《我們的身體，我們自己》（*Our Bodies, Ourselves*）* 的版稅收入也僅是用來資助波士頓女性健康叢書，沒人因此發財。

廣義的「健康」（wellness）確實具有巨大的價值。許多人因為工作需求，每天長時間久坐，而這種生活方式隱藏健康風險。我們只要在空閒時動動身體，就會感覺更健康、更舒適。用新鮮食材烹煮的食物比百忙之中匆匆抓起的速食更能滋養我們的身體。這些選擇並不能讓我們青春永駐或免於死亡，但有益保持活力與身體強壯；選擇營養豐富的飲食也是好的，而從大型藥廠的框架之外探索健康的多種可能，也是值得鼓勵的。每個人，不論居住在何處，都應該擁有這些選擇，也應該擁有時間和資源善用選擇，然而現實卻仍距離遙遠。

* 譯注：美國女性自我保健經典書籍，於一九七〇年初版。因為肯定女性的性行為、生育權、女同性戀性行為、性獨立等，是革命性的著作。

整個疫情期間，許多醫生和另類健康從業人員強調，健康的生活方式不能替代疫苗、口罩和處方藥，然而是重要的輔助。例如，醫師魯帕・瑪麗亞（Rupa Marya）嚴厲批評COVID-19陰謀論者，稱反科學態度是「在美國死亡的主要原因」。[19]同時，她也認識到醫療體系中存在許多需要解決的問題。因此，她與拉吉・帕特爾（Raj Patel）合著《發炎：深度醫學與正義解剖》（*Inflamed: Deep Medicine and the Anatomy of Injustice*）一書。兩位作者承認，健康專家認為我們生活在一個使人容易生病的文化中，這個觀點並非毫無道理。然而，他們並未將個人健康的最佳狀態視為昂貴的解決方案，而是提倡「深度醫學」：透過結構變革為我們的世界「排毒」，並讓所有人都能獲得健康的選擇。

了解另類健康和預防醫學知識的專業人士，可以像瑪麗亞和帕特爾那樣，利用他們的專業知識，在疫情期間倡導集體與結構的健康應對措施。這種精神與美國大蕭條時期的新政計畫如出一轍，當時的公共工程創造數百萬個就業機會，建造公共游泳池以及數百個州立和國家公園。這些高遠卓越的公共工程計畫核心理念是，運動與親近自然不應是富人的專利。今天，我們可以啟動類似的計畫，重點放在黑人與棕色族裔社區，這些社區從未公平享有新政帶來的基礎設施，或在白人反對整合後失去他們的份額。與其攻擊護理人員和教師，健康專家應與他們攜手努力，為孩子們爭取更多戶外教育和親近自然的機會，並為家長爭取更短的工時、更好的薪資和工會保障——所有這些都將促進更積極的生活方式，並讓人們擁有更多選擇和準備健康食物的餘裕。

然而，以上那些，沒有一項是當今幾位知名健康網紅選擇影響的方向。相反地，他們更多的是暗示，只要我們擁有完美的身體分身，就能實現理想的生活。《我們的身體，我們自己》這本經典書籍曾經是我母親的健康指引，如今已被「我的身體，我的價值」的風氣取代——而這個風氣理所當然的延伸便是「你的身體，你的問題」。

這個產業的樣貌和公式，如今人們已經十分熟悉。清一色白人、典型美貌且身材緊實的女性，在明亮的白色背景前拍照或錄影。感謝濾鏡和填充注射，她們的臉都像卡通般光滑。柔軟的背心印著激勵人心的標語，搭配花俏的緊身褲。而這些波浪鬈髮的媽媽網紅，所呈現的育兒生活，充滿各式各樣的置入廣告商品。她們透過鏡頭，滿懷著愛注視我們，但事實上，她們真正看到的是手機上的自己——她們的數位分身。在她們指導我們追求「最好的自己」時，我們的身體也出現另一個分身，宛如置身永無止境的鏡子屋裡。

就像網路上許多其他東西，亮麗的網紅文化一時之間似乎並非那麼危險。是的，Instagram 和抖音毫不留情傷害自尊；網路上當然充斥江湖術士，販賣不可靠的利尿茶。但是也有健康食譜、免費的運動妙招，以及一些真正有幫助的資訊。

然後 COVID-19 來襲——這場全球健康危機幾乎嚇壞所有人，包括專業人士，而這個聚集自稱健康專家、蓬勃但未受規範的產業，與這場疫情正面碰撞。畢竟，這些網紅的瑜伽工作室、混合式健身房、按摩治療室首次被迫關閉，收入和未來瞬間黯淡無光。正如艾倫瑞克教導我們的，當生活感覺失控時，我們就會轉向身體。正是在這個時期，許多平日結實美麗的網紅不再只是安慰我們，說些鼓勵的話，敦促我們在家鍛鍊或喝綠色果汁，而是開始低聲警告：黑暗勢力正在靠近，企圖毒害我們，最終控制我們的行動，強制注射，並徹底支配我們。正是在這個時期，對角線的兩端開始逐漸靠攏。

因喧鬧而團結

史蒂夫・班農顯然不是任何人心目中的養生迷；川普偏偏就愛吃速食；福斯新聞最喜歡的消遣是譴責鼓勵美國佬吃蔬菜的自由派（蜜雪兒・歐巴馬的白宮花園是他們最喜歡攻擊的目標）。儘管如此，還是可以找到共同立場——而且很多。

團結極右派和「極怪派」的是兩者的喧鬧，以及對超級個人主義的信仰。在另類健康的世界裡，每個人似乎都在販賣各種產品：課程、閉關修行、聲頻浴、精油、抗金屬毒物噴霧、喜馬拉雅鹽燈，甚至是咖啡灌腸。僅在二〇二二年，全球保健食品市場的估值已高達一千五百五十億美元。[20] 與此相似的是班農的《戰情室》和亞歷克斯・瓊斯的《資訊戰》（*Infowars*），他們銷售壯陽補品、生存物資、自由節活動門票（Freedom Fests）、貴金屬投資折扣、膠體銀牙膏和武器訓練課程。而且我們不要忘記塔克・卡爾森在二〇二二年的紀錄片中建議男性：定期用紅外線照射睪丸，以提升睪丸激素品質，為未來的「艱難時期」做好準備。

這兩種聲音的調性完全不同——一個充滿親密感，另一個則粗暴且帶有恐嚇意味。（隨著瓊斯的官司日益嚴重，他甚至開始對觀眾怒吼，催促他們購買品牌產品：「不支持我們，你就是幫助敵人！」）[21] 但兩者傳達的潛在訊息相似：社會正在瓦解，而你作為個體（而非社會的一員），必須做好準備、強壯起來，無論是鍛鍊身體還是囤積災難物資，甚至兩者都要。在很多方面，那些成功的健康與健身網紅——透過出售理想形象的自己而發家致富，以及認為你也可以透過不斷的自我進步來達到涅槃——與極右派的經濟自由主義者和無政府資本主義者不謀而合。他們都將個人視為唯一重要的社會參與者，同時忽略能讓所有人過上健康生活的整體解決方案或結構變革。

極右派和極怪派，對於疫苗，真的都抱持相同信念嗎？卡爾森宣稱沒有接種COVID-19疫苗，而班農也強烈暗示相同的事，但是我們無從得知真假。我們知道的是，他們發現破壞原本可以非常成功和受歡迎的政府計畫——在疫情期間發送免費的救命疫苗——可以得到巨大的政治優勢。

其中顯然部分因為那個計畫是在川普輸掉二〇二〇年大選之後推出，而民主黨仍然控制政府三個分支。若能順利達成高度疫苗接種，將拯救許多人的生命，對民主黨來說也是重大政績。相反地，多虧醫療的錯誤訊息日以繼夜傳播，像是懷俄明和密西西比等州，甚至難以讓半數符合資格的人完全接種。[22]

反對疫苗的背後可能隱含更深層的意識形態動機。如果當時美國能夠透過免費疫苗接種和紓困計畫成功控制 COVID-19，便能證明，只要聯邦政府決心推行，仍然能為全體社會提供及時、普遍且人道的照護。

但是問題來了：如果政府能為疫情做到這一步，為什麼不繼續擴大？為什麼不推出同樣宏大的計畫應對其他重大社會難題？政府能否解決飢餓問題、住房價格高漲、普遍健康照護的需求？若疫情成功的應對措施為現代積極的政府立下先例，對許多右翼人士而言將是危險的信號。因此值得思考，為什麼像班農和卡爾森這樣的人將疫情的公共衛生措施視為攻擊目標，可能原因很簡單：因為這些措施為所有人而設。

「假消息十二人」中的健康專家與小販（以及那些渴望達到同樣影響力的人）也認為自己正與官方衛生當局交戰，不過更大程度是出於金錢利益。正如克莉絲汀・諾瑟普在她的網站宣稱：「健康不是醫療機構的目標。訂閱我的電子報，了解健康的真正原因！」旁邊還附上一系列她凍齡得詭異的照片。[23] 又比如那個廣為流傳的迷因：「我從不接種流感疫苗！因為我夠聰明，知道醫療行業偏愛慢性病患者，不喜歡健康的人。」（第二個說法有一定道理，但與是否獲得免費流感疫苗無關。）

這些說法總結健康產業中偏向企業家的普遍邏輯：醫生和製藥公司希望你生病，這樣他們才能向你推銷OK繃，而健身和健康專業人士則希望你健康——前提是你要購買他們的商品，不論他們賣的是什麼。隨著健康產業規模越大、利潤越高，這種競爭的觀點變得更加激烈，甚至到了看醫生或拿處方籤就像健康上的失敗，暗示你不夠努力喝蔬果汁或鍛鍊。與所有「普通人」（即那些身體含有毒素、身材不健美的人）一起排隊，接受不需特殊知識或自律便能獲得的疫苗——而且在市場體系中最可疑的是，這項服務竟然免費——這樣的情況足以引發某些人全面的自我認同危機。

當COVID-19來襲時，健康界的名人，和他們鄙視的對象——那些「只研究疾病」的人（即醫生和科學家），之間的競爭達到新的層次，原因很簡單：在疫情初期，傳統醫學對我們幾乎毫無幫助。那段期間，如果你懷疑自己感染COVID-19，醫生給的建議完全無法讓人安心：「盡量避免傳染給他人」、「待在家裡，除非你快要無法呼吸」、「如果你真的無法呼吸，請叫救護車，去當地醫院碰碰運氣——但你很可能再也無法出來」。

這不是陰謀，而且多數不能真的算是缺失。是的，我們的醫療照護系統原本可以做好更完善的準備，儲備更多口罩、更多呼吸器、更多床位和更多護理人員，但也不會改變那個根本問題：了解新型病毒需要時間，嚴肅的科學家研究需要時間，才能提出最好的因應策略。

正是在那段空窗期，許多健康產業的騙子抓住先發優勢。他們當然也不了解這種病毒，但在這個不受監管的行業中，許多人習慣在真正了解之前就先大肆宣傳某種草藥或飲食的奇效。於是，當流行病學家忙於研究「嚴重急性呼吸道症候群冠狀病毒二型」時，許多健康「大師」趁機推出各式各樣的保健食品、酊劑和靈藥，聲稱這些產品能夠做到醫療無法達到的效果：保護我們的健康。對他們來說，這是一座金礦——當然，直到疫苗問世，威脅破壞所有樂趣。

健康走到開戰的地步，有什麼奇怪的嗎？

黑死病

到目前為止，為了說明方便，我提出「對角聯盟」的概念：極右的政治宣傳家和極怪的健康網紅憑著各自的理由阻撓疫苗計畫——前者擔心看到一個有效運作、關懷人民的政府，尤其政治對手的政策落實；後者則擔心失去自己在健康產業中的影響力。然而，我越來越相信，這種連結不僅各取所需，而且深層、令人不安——在這些互相靠近的世界裡，逐漸可見一個共同信念：誰的生命算得上寶貴，而誰的死亡被視為「順其自然」的結果。

運動確實能夠帶來深層且有益身心的愉悅，健康生活的其他面向亦然。然而，對於這些領域的傳教士而言，健身和飲食被賦予高尚的意義——實現目標需要嚴格的標準和不懈的自律（也稱為「努力」），才能達成理想的身體分身。就此而言，並無不妥。但是，而且問題就在這個「但是」，如同卡門・瑪麗亞・馬查多在她的分身短篇故事中描述，當達成纖細完美的身形後，過去那個不受控制的身體卻仍形影不離——而且這個被拋棄的分身是討厭鬼。在〈吃八口〉中，敘事者的女兒對於母親的手術和隨之而來的轉變感到受傷，甚至憤怒，因為她覺得這個選擇形同攻擊。「媽，妳討厭我的身體嗎？」她語帶哀傷地問。「顯然妳討厭自己的身體，但我的身體看起來就像妳原本的樣子，所以——」[24] 這就是分身問題更私密的一面：當對身體的執著達到極端，健康的自我摧毀過去不健康的自我後仍無法滿足，還可能將這種自我厭惡滲透到外界，投射到他人更不健康、不符合普遍觀感的身體上。

這種道德的身體判斷在疫情期間加深，尤其當人們意識到肥胖、糖尿病、某些成癮習慣以及年齡等因素會增加感染 COVID-19 的風險。[25] 同時，佩戴口罩和接種疫苗被視為對弱勢群體的責任，形成一種社會壓力。正是在這個時候，健康文化中對於那些被認為不夠「完美」的身體和不夠「純淨」的生活方式，逐漸露出尖牙，浮現敵意。

這種帶有「骯髒」觀念的例子太多，無法一一列舉，但某次與我們的老朋友亮麗媽媽交流，為我總結這一點。她經常在 Instagram 發表 COVID-19 陰謀的影片，並不時提到自己頭暈。「抱歉，各位，今天是我斷食的第三天」，她會這樣說。飢餓的效果似乎成為影片優勢。疫情第二年，她在某段影片中怒氣沖沖，因為有人說她和她的女兒拒絕戴上口罩或接種疫苗，可能會對他人構成健康威脅。當然，她的身體不可能永遠健康，或是永遠保持積極樂觀，但對於想像中的批評者，她的回應是：「他媽的去吃紅蘿蔔，然後給我站上跑步機。」[26] 另一位教練也附和：「我意識到，我並不在乎一個新陳代謝不健全的人是否能夠自我治癒或改善他的狀況……只要承認，他們的健康是他們的責任，我的健康是我的……句點！」隨後，她繼續張貼原始人飲食（paleo-friendly）馬芬蛋糕的圖片（#潔淨飲食）。

從這些評論中不難看出，至少在這些教練眼中，如果你不像他們一樣結實，那麼你不僅沒有資格對健康發表任何看法，更沒有權利對他們提出任何健康相關的要求。大多數人都支持 COVID-19 時期的核心公共衛生訊息——為了集體健康，每個人都須忍受一些個人不便。然而，這個核心訊息卻與健康產業的整體理念格格不入：個人必須對自己的身體負責，身體是影響、控制、競爭的主要場域。那些不努力掌控自己身體的人應該自承後果，正如這種觀念下的「優勝劣汰」，一種身體的新自由主義。

在疫情開始的第一個月，我們對於這個病毒的了解仍然非常有限，但我們知道非裔美國人受到的威脅大於白人。普林斯頓大學的歷史學家基安加・亞瑪塔・泰勒（Keeanga-Yamahtta Taylor）於二〇二〇年四月在《紐約客》發表文章，稱COVID-19為「黑死病」，指出：「數千名美國白人也死於這個病毒，但非裔美國人的死亡速度已將這場公衛危機轉變為種族和階級不平等的實際教訓。」[27]然而，這並不是許多陰謀論健康網紅學到的。他們從早期的死亡人數中看到的似乎是「這個病毒殺的是那些不像我的人」。（雖然疫情初期確實如此，但隨著時間推移，隨著疫苗和佩戴口罩的錯誤訊息傳播，情況也隨之改變。）[28]

在至上主義的敘事中，針對他們認為低等的人，往往毫無顧忌抹煞人性。這種強烈的排斥態度，正是將溫柔、珍愛自身的女性健康世界，與火爆、激烈排外的班農派右翼，兩者相互連結的強力黏著劑。我懷疑，那些體格健美的白人健身教練，當他們譏諷那些希望他們接種疫苗的人「應該去吃紅蘿蔔並站上

* 譯注：川普用屠殺比喻經濟凋零的美國社會。

跑步機」時，是否意識到一個事實：當時，COVID-19失控擴散，最深受其害的正是窮人、黑人及棕色人種。然而，這些現實與對角聯盟中極右派的白人至上主義目標完全吻合。面臨最大風險的群體，正是班農在他「邊境戰爭」中視為入侵者的對象，也是川普在就職演說中形容為「美國大屠殺」*的社區（據說這個演說由班農及其他副官撰寫）。

這樣的連結不止於此。隨著跨國極右勢力——從喬芝亞・梅洛尼到前巴西總統雅伊爾・波索納洛（Jair Bolsonaro）——為了鞏固他們東拼西湊、內部矛盾的「包容式民族主義」而散布反跨性別的恐懼，健康界許多曾經批評COVID-19疫苗「不自然」的人，現在也開始更公開提倡性別二元和傳統家庭角色作為「自然」的選擇。與其說是八竿子打不著的連結，不如說，現代健康產業的一大部分實際上與極右派的自然階級觀、遺傳優勢論和可被拋棄人口的概念非常契合。

黃星與瘋狂投射

沃夫是反疫苗陣營中最早的其中一人，將口罩和疫苗強制規定比作納粹占領時期強迫猶太人佩戴黃星。此外，這場運動還流行其他直接與納粹相關的比喻：杜魯道和馬克宏被稱作希特勒；安東尼・佛奇被比作「死亡天使」約瑟夫・門格勒（Josef Mengele）*；隔離旅館被稱作集中營……諸如此類。這些牽強附會的比喻廣受歡迎，以致田納西州納什維爾（Nashville）的一家帽子店開始出售繡有「未接種疫苗」字樣的黃色大衛之星補丁。店主在Instagram上炫耀：「賣得很好！每個五美元……我們很快會推出卡車司機帽。」[29]話雖如此，我還沒遇過像我的分身那樣熱衷納粹比喻的人。

沃夫不僅直接使用納粹的比喻，還聲稱我們正處於「生物法西斯」政變中。為什麼？因為她認為疫苗強制規定基於一種法西斯觀念，即某些身體（接種疫苗的身體）優於其他身體（未接種疫苗的身體）。像沃夫的例子常見的一樣，這種說法背後充滿投射手法。事實上，納粹在德國放寬疫苗接種計畫，但在他們吞併的領土上積極反對這些計畫，目的是讓非雅利安人逐步滅絕。納粹黨領袖馬丁・鮑曼（Martin Bormann）在一九四二年寫道：「斯拉夫人要為我們工作。只要我們不再需要他們，他們就可以死。因此，強制疫苗接種和德國醫療服務都是多餘。」[30]更重要的是，疫苗接種措施的本質是要求健康的人接受些許不便，以保護自身及那些病重、年長，或體弱的人——這與生物法西斯主義完全相反。我們反而可以稱為生物正義。

* 譯注：德國納粹黨衛隊軍官和奧斯威辛集中營的醫生，將營內囚犯送進毒氣室或勞改，或進行人體實驗。

當我們接種疫苗以預防可能對社群其他成員構成更大威脅的疾病時，我們是在表達這樣的價值觀：無論個人的身體缺陷或障礙為何，每個人都具有基本的平等價值，並有權平等地進入公共領域，享有美好生活。這正是身心障礙者正義運動的核心原則，而且經過數十年的奮鬥，這個原則已被納入大多數憲政民主國家的法律體系之中（儘管還不夠充分）。正是這些努力，才促使建築物設置坡道和電梯，也促使公立學校為大腦和身體非典型的孩子提供必要支援。然而，這些成就時常面臨挑戰，因為「我們是擁有不同需求和脆弱程度的個體，彼此交織並共同發揮功能」這樣的理念，與新自由主義的資本主義核心觀點背道而馳：你靠的是自己，在人生中你的命運是你應得的，無論好壞。而且，這個理念也違背新自由主義健康文化的主張：在這個殘酷而汙染的世界中，你的身體是你控制和占有優勢的主要場所。所以努力變得更強壯吧！

身心障礙正義倡議人士暨作家碧翠絲・阿德勒－波頓將助長許多COVID-19否認心態的現象稱為「來自未來的死亡」。[31] 根據她的定義，這種心態源自一種先入為主的觀念，認為COVID-19造成的死亡「某種程度上是注定的」，因為多數死者可能無論如何都會早早離世。COVID-19只是把時間表稍微提前個幾年，不值得大驚小怪。而這已經是相對「溫和」的說法了——在更極端的情況下，帶著檀香氣息的那一端，甚至有人歡迎這些「來自未來的死亡」。正如那位瑜伽女士所說：「我認為那些人就應該死。」

這麼說可能聽起來像是我的分身，而且冒上更多被誤解的風險，但這種觀點其實就是法西斯思想，確切來說，是種族滅絕的觀念。這讓我聯想到殖民屠殺被合理化的方式——在偽科學種族主義者構建的生命等級中，本土人民，例如塔斯馬尼亞的原住民，被視為「活化石」。前英國首相索爾茲伯里勛爵（Lord Salisbury）在一八九八年某次演說中表示：「你可以將世界各國粗略分為活的和死的。」[32] 在這種語境下，原住民族被認定為「已經先死」，消滅他們只是加速不可避免的進程。

這些都是現今主流健康文化想像的歷史——這種文化吸納矽谷「自我優化」的概念，而自我優化本身則是個人品牌文化的產物，深深折磨當今的年輕人。每一步都要計數，每一夜的睡眠都要測量，每一餐都要「乾淨」。正是這樣的背景為一九三〇年代法西斯與新世紀聯盟的回歸鋪路。人類應該「優化」的想法本身就蘊含法西斯的世界觀——因為如果你的食物特別乾淨，那麼很容易暗示其他人的食物特別髒；如果你因為免疫系統強健而安全，就會進一步推論，其他人因為虛弱而不安全。當你「優化」自己，其他未達此標準的人就被視為有瑕疵、用完即丟。於是在這樣的脈絡下，某些知名的反疫苗人士開始自稱「血液純粹」，因為自己的血液未受疫苗「汙染」，完全不在意這個詞彙背後的至上主義色彩有多麼毛骨悚然。

這也帶我們來到鏡像世界最「皮皮克」的投射現象。從 COVID-19 陰謀論最初的漣漪，到接著淹沒我們的謊言浪潮，有一種說法反覆出現而且最受青睞：這一切背後是一場旨在消滅大部分人類的計畫。首先，病毒被認為是中國設計的生物武器，目的是消滅我們；接著，又說比爾・蓋茲是祕密的優生學家，捏造病毒以推廣疫苗，而且疫苗才是真正的滅絕工具。然而，這種針對大規模非必要人類犧牲的行為，究竟是誰在參與？正是這些對角主義者自己——他們完全拒絕那些簡單、安全的防護措施，這些措施原本是我們保護社群中弱勢成員（如病患、身心障礙者、免疫低下者、老年人）的最佳途徑。淘汰群體中脆弱成員以「強化遺傳資源」，正是優生學的核心理念。這也確實發生了——美國最早死於COVID-19的八十萬人中，四分之三超過六十五歲。根據窮人運動組織（Poor People's Campaign）分析，生活在貧困郡縣的民眾，死亡率幾乎是富裕郡縣的兩倍；在Delta變種高峰期間，最貧困郡縣的死亡率更是最富裕地區的五倍。[33]這些數字揭示的COVID-19，是一場階級戰爭。

✧✧✧

那麼事情就是如此嗎？這樣極不公正的人類犧牲，罪魁禍首是那些走進鏡像世界中的人。而我們其他的人，接受這個糟糕的病毒考驗時，會因為我們所做的事感覺良好。我們佩戴口罩，接種疫苗，在一波又一波的困境當中不屈不撓。是嗎？

更困難的事實是，這是分身的故事，而分身的故事從來不只關於他們，永遠也關於我們。文獻非常明確。德國作家讓・保羅（Jean Paul）在一七九六至九七年的小說《西本卡斯》（*Siebenkäs*）發明「**Doppelgänger**」（分身）一詞，定義為 *Leute, die sich selber sehen*（看見他們自己的人）。[34]

我也是嗎？我是否正視自己的眼睛，毫不畏縮接受自己的許多缺點、失敗和深灰色的鞋子？在仔細觀察「另一個娜歐蜜」和她的新盟友時，我仍然拒絕看到我和我的什麼？當我說「我們」，我仍然拒絕看清人們的什麼？

就像拉斐爾前派畫中的那對夫妻，如果我們在樹林中遇見自己，我們會看到什麼？恐怕許多人會嚇得昏倒。因為在勾勒鏡像世界的輪廓時，我無可避免看見那種心態——那種在這個奇異而悲哀的篇章中潛藏的核心毒藥——遠遠超出對角主義的軸線。在玻璃的這一邊，我們做了多少來促使政府制定口罩強制規定，以保護免疫力低下的人？為了把每個室內工作場所的空氣過濾權當作一項基本權利，我們努力過嗎？我們分享過疫苗給邊界之外的國家嗎？當我們的政府推動第二劑、第三劑接種時，我們是否考慮過等待，直到全球每個人都接種第一劑？我們默默隨波逐流的時候，究竟犧牲多少生命？那些有幸在家工作的人，有多少真正努力過，確保我們稱為「不可或缺」的工人們得到應有的報酬和保護，如同他們真的不可或缺一樣？我們為他們爭取過組織工會的權利嗎？還是只是為了方便，繼續在亞馬遜購物？事實是，我們多數人都可以做得更多。

而這點，我想就是把人們從鏡像世界拉回來最大的挑戰：鏡子的這邊，提出什麼替代方案？我們有什麼計畫，打造一個沒有人犧牲的世界？而那個計畫可以相信，可以付諸行動——或者看起來像是更多「巴拉巴拉巴拉」？換言之，我們怎麼說服被幻想誘惑的人們，仍有可能發揮力量，以重大而重要的方式改變現實？當艾維、塔克和我挨家挨戶拜訪那些飽受疫情困擾的鄰居時，這就是我們要求他們與我們一起做的事——相信我們能將對抗氣候汙染和系統性貧困作為首要的社會使命。

我們遇到一些人，他們已經準備放手一搏，與我們一起實現這份信念——事實上，他們如此渴望，彷彿一直在等待我們邀請。但也有一些人，他們可能曾經對於這種集體使命抱持開放態度，如今卻迷失在新的、更險惡的敘事中。

我無法擺脫這樣的感覺：除非出現重大變革，否則這只是大規模思想遷移的開端。

✧✧✧

選舉結果印證我們所見的情況：杜魯道之所以提前舉行選舉，是因為他堅信能夠利用加拿大對抗 COVID-19 的經驗，爭取議會多數席位。然而，最終結果卻和他開始的時候一樣：他依然是總理，但政府依然是少數派。艾維成功在他的選區讓新民主黨的票數翻倍，但杜魯道的自由黨依舊保住該區席位（也不算意外）。與此同時，極右的人民黨全國得票數增加了三倍。這樣的結果雖不算最糟，但也稱不上好。

一年後，對角線再次相交，這次伸得更遠，更接近我家。二〇二二年十月，溫哥華市政選舉結果揭曉，一直由偏綠、進步中間派掌控的市議會突然右轉，且態度強硬。溫哥華是北美第三昂貴的城市，超越舊金山和洛杉磯，同時也是藥物成癮危機的中心。[35]獲勝的候選人並未提出確實解決住房和毒品問題的方案，而是激起人們對於城市無家可歸的人和精神疾病患者的恐懼，並承諾增聘一百名警察。

許多評論家推測，影響選舉的決定性因素可能是溫哥華第三大富豪奇普·威爾遜（Chip Wilson）的巨額資金流入，他是瑜伽服裝業界巨頭露露檸檬（Lululemon）的創始人。[36]二〇一三年，威爾遜回應關於自家公司緊身褲品質的投訴時說：「有些女性的身材就不適合……會摩擦大腿。」[37]此話惹怒許多顧客。不久之後他退出經營，但仍持有多數股份。有一段時間，他忙著在自己的部落格上分享奇怪的觀點，包括被刪除的一篇，標題是「勃起重要嗎？」他在文章裡頭聲稱，因為女人不夠「女性化」，無法激起男人的性慾，繼而威脅「人類的延續」。[38]

最近，威爾遜一直利用他的巨額財富資助右翼政客和煽動情緒的媒體，包括此次溫哥華的選戰。[39] 當朋友和同事因民調結果感到沮喪時，播客《打擊》（*Crackdown*）的主持人加思・穆林斯（Garth Mullins）觀察到：「這次選舉圍繞對犯罪的恐懼，是由黑暗的瑜伽資金催化而成。」[40]

由一位擔憂男子氣概又恐胖的億萬富翁創立的瑜伽褲帝國，為增聘一百名警察提供資金支持？鏡像世界確實正在擴張，而情勢只會越來越荒誕。二〇二二年十二月，傳出有人密謀發動暴力政變，推翻德國政府並恢復君主制，然而最終失敗。這個陰謀由大量武裝的極右極端分子和陰謀論信徒組成的對角聯盟策劃，與加拿大匿名者Q「女王」的支持者一樣，幻想並堅信德國現任政府不合法。隨後一個月，巴西也發生一場失敗的叛亂。極右總統雅伊爾・波索納洛敗選，他的支持者闖入政府大樓，呼籲軍方發動政變。數週以來，班農和《戰情室》的民兵隊不斷炒作虛假說法，聲稱巴西選舉遭到操縱，現任總統魯拉（Lula）受到中共控制，意圖在南美洲散播馬克思主義。

隨著那些健壯的男人和結實的女人對自己的目標越來越執著且野心勃勃，我不禁有種不祥預感：對無數不屬於他們圈子的人而言，他們千篇一律的完美形象到底意謂什麼。我也感受越來越多針對個人的威脅。在對「純種」兒童和完美身體的執著之間，我隱隱約約聽到一種無法忽視的訊息——朝著我自己的孩子攻擊。

10 自閉症與反疫苗前傳

時間不斷流逝，即使掉進兔子洞也是。我兒子最近十歲了；當這本書問世時，他應該已經十一歲。從一開始，我就有意識地決定，在工作中既不詳細描述養育一個神經學表現特異（neurodivergent）孩子的過程，也不討論醫生在他四歲時，花了兩個小時和他相處過後，選擇為他貼的標籤能帶來什麼好處。

有點像是個人品牌，若我用那些方式定義我兒子，將會透過他人的眼光，將他固著在單一時間點上。何時分享我兒子的個人世界（如果要這麼做），將由他來決定。

因此，我寫了關於他熱愛掠食者的輕鬆軼事，以及到處敏銳明智的觀察，但我選擇這些，是因為大多數小孩都可能這樣。

我接下來要做的——因為難過的是這件事情與本書有關——是寫下在非常特殊的次文化，我自己的經驗：自閉症家長社群。

曾經有一段時間，我迫切想要找到一些同樣身為家長的人——和任何可能理解我家處境的人——和他們談談。我兒子在我們現在居住的卑詩省出生，但在他只有幾個月大的時候，我們搬到多倫多，為的是靠近艾維的家人，並利用大城市的各種服務。然而，對於像我兒子這樣的孩子，他們所需的專門服務竟然極端稀少。

診斷他的醫生警告我們，政府補助的治療可能要等上幾年，而他也強調早期介入是「關鍵」。我們當地公立學校的幼兒園幾乎讓我們崩潰：班上有三十個孩子，其中五個有發展障礙，只有一名教師和一位優秀的助教。後來那位教師請病假後再也沒有回來；助教則因不堪工作壓力調到另一區。「我本來可以改變那五個孩子的生活。」她事後告訴我：「但不是五個再加上另外二十五個。」至於所謂的「自閉症團隊」，負責服務幾百所學校，直到學年結束前十天才終於出現在我兒子的學校。

我迫切需要找到其他在這個破碎體系中努力為孩子爭取幫助的家長。我想像一個互助團體，也許來點酒，大家可以開懷大笑、互相安慰，同時分享如何從資金短缺的學區董事會榨出資源。在這個全新而陌生的世界裡，我確實找到一些同伴，其中有兩個人給予我很大的幫助。但隨著我深入探索，我還發現其他令人不安的事物：一個詭異的「神奇療法」產業——包括私下為孩子注射維他命、極端的排毒飲食、全天候的沉浸式治療，甚至聲稱能夠利用聲波和潛意識訊息「重新編程」大腦的方法，讓我不禁聯想，過去我研究過的中央情報局人類思想控制實驗「MKUltra」，而且針對的是精神疾病患者。在網路上，我還發現一些自稱「自閉症戰士家長」的人，他們宣稱與孩子的自閉症「戰鬥」。有些人指導他人進行危險的「治療」，例如讓孩子喝二氧化氯，一種常用於紙漿和造紙廠的漂白劑。[1] 有些家長告訴我，當他們得知診斷結果後辭去工作，成為孩子的全職應用行為分析治療師（Applied Behavior Analysis）。這種治療方法使用獎勵和懲罰系統，過去曾有黑暗的歷史，包括曾經使用電擊，現今仍以殘酷的方式進行，目的是「消除」自閉症幼兒所有的差異跡象。「激進的早期介入非常重要。」其中一位家長告訴我：「如果不及早開始，就太遲了。」

兒子確診後不久，我來到基督教青年會（YMCA）——以前我會在這裡上九十分鐘的瑜伽課，現在則站在那個宛如洞穴的健身房邊緣，看著兒子拉著大大的瑜伽磚。我與一位以前就認識的辯護律師聊了起來。他的臉上掛著黑眼圈，告訴我，他剛學會走路的孩子最近被診斷出自閉症。他說，孩子原本一切正常，但自從接種疫苗，就開始畏縮、退步。他堅信絕對是疫苗。他建議我自己去研究相關資料，再和他詳談。接下來的幾年，這位律師成為反疫苗運動的知名人物，並在COVID-19疫情時期繼續協助領導反對所謂「暴政的防疫強制規定」。

當我開始尋找自閉症兒童的父母時，完全不是想要追究責任或發起訴訟。我只是在尋找同伴，能夠一起探索這個對我們孩子不友善的世界，或者僅是能夠理解感覺統合困難的音樂治療師或牙醫。二〇一八年，我接受羅格斯大學（Rutgers University）的教職，或多或少將那裡視作最後一線希望。羅格斯大學在神經多樣性研究方面頗具聲譽，而紐澤西州的公立學校也為像我兒子這樣的孩子提供優秀的輔助資源。作為一位曾對加拿大公共衛生和教育系統感到自豪的公民，得知《美國身心障礙者法》（ADA）和《身心障礙者教育法》（IDEA）在保障學生權益方面比我們北邊的法規更有力，我感到很驚訝。更重要的是，紐澤西的家長一直竭力爭取當地學校資源，確保他們的孩子能夠獲得應有的支持。

前年夏天，在兒子上小學前，我們搬到那裡，立即感受明顯差異：新的公立學校配有護理師、心理師、語言治療師和職能治療師，這些專業人員只和另外兩所學校合聘。當這些專家如同身心障礙界的「十八羅漢」圍繞在我兒子身邊時，我感到一陣安慰，忍不住落淚。經過兩天的密集測試，他們為我們制定一份詳細的教育計畫，包括將我兒子編入一個僅有五名學生的小班，這些學生皆位於自閉症光譜上，由三位教師共同支持他們學習。放學後，我們發現一系列專為神經多樣兒童設計的課外活動——從音樂課到改編的戲劇課程，再到每週一次的體育活動「伙伴球」（Buddy Ball），這個活動會將神經典型的青少年與自閉症兒童一對一配對。這裡看起來真的就像新的世界。

然而，有一件事並沒有改變，就是尋找「解藥」。我剛到伙伴球的課程不到五分鐘，一位父親把一本光亮的手冊按在我的手上，關於疫苗與自閉症之間據稱的關連。他提出他的證據，有控制組和對照組。他解釋，他的大兒子在國外出生，沒打過疫苗，是神經典型；而小兒子則在美國出生，接種了疫苗，如今患有自閉症。「所以，」他堅定地說：「顯然是疫苗的緣故。」

這種威力來自所謂的「疫苗自閉症迷思」——這個廣為流傳的說法認為，兒童在一歲後開始接種的麻疹、腮腺炎和德國麻疹混合疫苗（MMR疫苗）會導致自閉症。這個說法很大程度上為後來的反COVID-19疫苗運動奠定基礎。這種觀點源自一九九八年發表在英國知名科學期刊《柳葉刀》（*The Lancet*）的一篇論文，文章聲稱MMR疫苗可能與自閉症和腸道疾病有關。然而，十二年後，《柳葉刀》正式撤回這篇論文，並指出文章論點「已證明為不實」。[2] 早在二〇〇四年，那篇論文的十三位共同作者中已有十位撤回支持，表示研究存在數據「錯誤解釋」的問題。[3] 論文的主要作者暨腸胃病學家安德魯・韋克菲爾德（Andrew Wakefield），因為隱瞞利益衝突以及對受試兒童「冷漠無情」的態度，被英國醫學總會吊銷醫師執照。[4]

韋克菲爾德的論文發表至今已近四分之一世紀，儘管缺乏任何進一步證據支持，這個自閉症疫苗的神話，此時卻比以往任何時候都更普遍。這些謠言透過臉書社團、YouTube 頻道以及精心製作的紀錄片構成一個全球網絡，模仿調查新聞報導的形式，針對未受過閱讀科學論文訓練的人，將調查新聞報導模仿得維妙維肖。這個網絡擁有自封的醫學偽專家、名人、網紅、律師，其中以小羅伯特・甘迺迪最知名。他們以「揭露真相」為名推廣謠言，導致如麻疹等疾病死灰復燃。[5] 美國早在兩千年宣布根除麻疹，如今再度爆發。世界衛生組織在二〇一九年的報告表示全球麻疹病例激增，通報病例達到二十三年來最高，奪走二十萬七千五百條生命，短短三年內死亡人數增加百分之五十。[6]

聲稱疫苗導致自閉症的錯誤訊息之所以激增，通常與社群媒體興起，以及這些年來垃圾科學在社群平台上未經查核即廣泛傳播有關。當有人告訴父母，孩子因接種常規疫苗而永久失能，這樣的消息極具衝擊力，似乎正是為了吸引注意力經濟而設計。然而，與 COVID-19 相關的錯誤訊息，社群媒體只是加劇早已存在的趨勢。每當我與那些走上指責疫苗之路的自閉症兒童家長交談時，總被他們深感受騙或被冤枉的情緒震驚。他們堅信，自己本來應該擁有一個神經典型的孩子，但這一切被某人或某事奪走了，換來一個不同、有缺陷的孩子；他們覺得自己的家庭在某種程度上遭到侵害。

我的分身如今完全投入傳播自閉症錯誤訊息的運動中：她為這場運動的核心人物站台，他們也熱情為她助陣。她自豪地發布自己與小羅伯特・甘迺迪的合照，並對他極端反對疫苗的「兒童健康防衛組織」（Children's Health Defense）表示：「我尊重你們組織進行的所有研究，覺得來源非常可靠。」[7]他們的出版社甚至合作，計畫將他們最近關於疫情的書籍製成盒裝套書。（「今年的聖誕禮物，就送真相！」[8]）此外，她還分享一些荒謬的言論，將COVID-19疫情期間的文化描述為「類似亞斯伯格症」，並稱學校的防疫措施是在「培養正常孩子的亞斯伯格特質」。[9]

孩子作為分身

然而，我們的「分身」故事，這部分並不直接與沃夫相關，而是與一種更普遍的身分複製有關——父母和子女之間的複製。長期以來，特別是在富裕階級，生育被視為某種時間的延續，孩子往往繼承父母的名字，以延續家族的遺產與財富（例如小羅伯特・甘迺迪）。在這個講究個人品牌和自我優化的時代，即使沒有財富或頭銜，也可以輕易模仿這種做法。你可以把孩子當成自己的「副牌」或品牌延伸——與你的「迷你版」穿著相配的服裝在 Instagram 上分享照片，或一起在抖音上表演可愛的舞蹈。

亮麗媽媽就和她可愛的女兒做了這些事——分享她們在客廳跳舞的可愛影片。然而，她也張貼顯然不那麼可愛的影片。「別告訴我，我們健康的孩子會讓你陷入危險。」[10]她對著鏡頭怒吼，而她的女兒在汽車後座睡覺。「先管好你自己的生活方式，好嗎？別再往嘴裡塞垃圾、整天坐著、消費他媽的媒體……然後告訴我，我美麗、充滿活力的孩子威脅你不健康、愚蠢、懶惰的屁股。去你的，操你媽，好嗎？」

我認為，這是羞辱和病態化與我們文化不同的孩子必然的結果——對那些符合所有社會標準、近乎完美的孩子感到無比自豪，視他們為需要被保護、保持純潔、遠離「罪人」的象徵。鏡像世界中的許多衝突——例如「反覺醒」法案、「不要說同性戀」法案、全面禁止性別肯定醫療，以及學校董事會關於疫苗和口罩的爭論——其實圍繞同一個核心問題：孩子的角色究竟是什麼？孩子是獨立的個體，我們作為父母的責任就是支持並保護他們，讓他們找到自己的道路？或者孩子只是我們的附屬品、品牌的衍生品、副牌、分身，供我們形塑操控，最終從中得利？許多父母似乎深信自己有權對孩子行使絕對控制，而不受任何外界干預或參與：控制他們的身體（把口罩和疫苗視為對孩子的侵害或毒害）；控制他們的思想（將反種族主義教育視為對孩子思想的

「入侵」）；控制他們的性別與性取向（把所有關於性別和性取向的討論視為對孩子的「誘拐」）。[11]

同樣地，無法視小孩為自主個體，也是為何長久以來身心障礙兒童被藏在殘忍的機構之中。如果許多父母追求的是完美反映他們的分身，那麼身心障礙的孩子將會破壞他們的計畫。或者，用今日的語言，如果你的小孩是你的品牌延伸，那麼生下挑戰社會正常標準的小孩，意謂你的整個個人品牌陷入危機。

這不是黨派問題。有些保守派甚至比某些自由派更積極支持身心障礙兒童。這種壓力下，恐怕沒有人能完全置身事外。我們的文化總是把孩子的成就歸功父母，而當孩子面臨困難時，也嚴厲批判父母。我當然也不例外。奇怪的是，幫助我的是我一生對母職的矛盾心情。我從來不是那種經常幻想自己成為父母、孩子會是什麼模樣的人。在我的生活想像中，並沒有這些特徵。這或許讓我不大具備父母的本能，但也令我真正好奇我所接觸的每個父母。我之所以這麼說，是因為在與自閉症兒童父母交談時，我注意到他們往往經歷一段強烈的悲傷期，哀悼那些深植他們心中的期望與幻想。這個「孩子分身」讓他們悲痛不已，以致難以真正看見孩子的真實樣貌。這種心路歷程類似一些跨性別孩子父母的經歷：他們通常需要時間，在完全接受孩子的性別認同之前，為他們曾以為的「女兒」或「兒子」哀悼。

有時候，對父母來說這只是一段短暫的痛苦時期，不管他們哀悼的是跨性別的孩子，還是神經非典型的孩子（或者，也不罕見的情況，兩者都是）。幸運的是，孩子往往能夠理解並包容這些養育過程中的艱難時刻。真正的問題在於，正如我在自閉症兒童的家長中觀察到的，有一些父母無法接受理想破滅，他們陷入困境，執著於尋找「治癒」手段，迷戀陰謀和極端療法，試圖「消除」孩子的特異行為，而不是理解並支持孩子的真實需求。[12]

二〇一八年，《華盛頓郵報》刊出一篇文章，改編自惠妮・艾倫比（Whitney Ellenby）的自閉症母親回憶錄《未經審查的自閉症：揭開序幕》（*Autism Uncensored: Pulling Back the Curtain*）。摘錄的細節充滿痛苦，艾倫比描述，她強迫患有自閉症的五歲兒子在嘈雜又開闊的禮堂看《芝麻街現場！》（*Sesame Street Live!*），不管「他極度害怕室內空間」。[13] 她的兒子又踢又哭，但她強行按住他的四肢，在地上與他摔角，最終壓倒這個五歲男孩「純粹的反抗」。進入禮堂後，這個男孩，她寫出名字但我不會這麼做，逐漸平靜，開始觀看演出。艾倫比贏了，宣布兒子克服恐懼，並說自己的行為是堅強的愛。

很多自閉症的人不是這樣閱讀這篇文章。亞登・傅萊代（Aaden Friday）是一位自閉症患者，也是非二元性別者，他在回應中寫道：

許多自閉症兒童的成長環境，如同艾倫比的文章描述，充滿肢體對抗，或是在拒絕基本、經過同儕審查的醫學方法的家庭中成長，或是由完全忽視自閉症孩子自主權的父母撫養——而這些行為卻被美化為「愛」。

但那不是愛；那是虐待。我們是過來人，我們不希望任何年齡的自閉症兒童遭受這樣的對待。請傾聽我們。相信我們。你的孩子不需要被「治療」，他們需要的是尊重、傾聽，還有最重要的，愛——真正的愛。[14]

艾倫比的文章中，最具說服力的或許是一句話——她描述兒子「激戰」輸了之後，安靜坐在禮堂。她寫道，在那「珍貴的時刻」，他「與其他同齡的孩子無異」。[15]這句話直接呼應應用行為分析創始人、心理學家奧勒・伊瓦爾・洛瓦斯（Ole Ivar Lovaas）提出的惡名昭彰主張：在一九八七年發表的一篇文章中，他宣稱，根據他們的研究，接受他的應用行為分析治療的孩子，將近一半在老師眼中已「與他們普通的朋友無異」。[16]

對於心智不同的年輕人來說，這是極為痛苦的訊息：他們的存在被他人視為問題，需要「解決」、需要「治療」，甚至需要掩蓋。擁有一個不符合傳統標準、在同儕之間與眾不同的孩子，可以是特別的禮物——對父母、對老師都是。對於某些孩子，在隆隆作聲的機器、刺眼的燈光和《芝麻街現場！》的世界航行非常困難，這些全都不是按照他們的心智所造。對於某些父母，這種經驗讓他們感到與他人格格不入，相對他人極其突兀，甚至產生深深的恐懼——害怕在這個充滿小鏡子的世界中，輸掉「完美」的競賽。

所以另一種競賽開始：靈丹妙藥、根除治療，還有，常見的，找人負責。

儘管數十億美元投入自閉症研究，我們依然無法確切了解為何某些大腦的連結方式不同。[17] 然而，過去二、三十年間，自閉症的診斷數量急劇增加。根據美國疾病管制中心資助的自閉及發展障礙監測網絡（Autism and Developmental Disabilities Monitoring Network）報告，二〇一八年每四十四名八歲兒童中，就有一人被診斷為自閉症；而在兩千年，這個比例是每一百五十人中才有一人。[18] 對此現象，我們確實找到一些原因。首先，自閉症的臨床定義在一九九〇年代有了顯著擴展，涵蓋許多以前未被納入的神經非典型人群。[19] 反過來，許多人因此決定接受測驗，導致診斷數量激增，也讓我們更加理解自閉症的多樣表現形式。[20] 最近，醫生在識別女孩的自閉症也有更多進展，因為女孩往往更善於掩飾。此外，針對黑人、原住民和拉丁裔男孩的識別也有所加強，這些孩子以前往往被當成「問題學生」並受到約束和處分，而不是因為他們的神經多樣性而得到支持和包容。[21] 診斷數量增加另一個可能因素是較晚生育的父母。多項經同儕審查的研究表示，年齡較大的父母所生的孩子，更可能被診斷為自閉症。[22]

疫苗與自閉症迷思持久的吸引力在於，無論被戳破多少次、以多少方式，都讓那些將差異視為悲劇的父母得到可以究責的外在因素。不是中了基因樂透。不是因為父母的年齡。他們告訴自己，是疫苗，於是安全保護自尊。同樣地，對於新手父母來說，追蹤苗條的媽媽網紅，可以幫助他們在生活全新、令人畏懼的篇章，達到完善和優化的狀態。而不讓孩子接種疫苗是一種感覺可以控制某些事情的方式，但事實是，那些事情完全不在我們的控制。就像保證健康的口號。

因此，毫不奇怪，最熱衷堅持疫苗與自閉症迷思的人，並非被吊銷執照的醫生，而是兼職健康網紅和媽媽網紅的名人。這些人（多為女性）似乎無法接受任何不符合傳統完美標準的事物出現在她們精心塑造的生活，堅持幻想孩子應該完全反映她們重視的自己。前模特兒、後來成為健康網紅的艾兒・麥克法森（Elle Macpherson，產品系列：WelleCo）據說曾與安德魯・韋克菲爾德交往，並協助他宣傳反疫苗影片。澳洲拜倫灣（Byron Bay）這座奢華的新世紀海濱小鎮，被譽為「網紅之都」，而不巧的是，這裡也是澳洲的「反疫苗之都」。二〇二一年，拜倫灣一歲兒童的疫苗完全接種率僅有百分之六十六・八，遠低於全州平均百分之九十四・八，導致白喉等可預防的疾病捲土重來。[23]

在宣傳疫苗與自閉症迷思方面，模特兒、演員兼電視主持人珍妮・麥卡錫（Jenny McCarthy）比任何人都賣力。她在多次高調的訪談中，反覆將她兒子的自閉症形容為「災難」，入侵原本完美的生活。當醫生告知診斷結果時，麥卡錫說：「我在那一刻死了。」[24]十多年來，她不斷散布錯誤訊息，甚至在二〇一五年告訴美國公共電視台的《前線》（*Frontline*）節目：「如果你問百分之九十九點九的自閉症孩子父母，是否寧願得到麻疹，也不願得到自閉症，我們會選麻疹。」[25]

這個論證從COVID-19時代開始，現在已經無所不在：我寧願帶著一種病毒，儘管對許多人可能致命，但我確定對我和我健康的家人來說，不過是場重感冒。麻疹和COVID-19病毒的論證，聽起來如此相似，並非偶然：一個是另一個的前身。早在媽媽戰士上班農的節目撻伐COVID-19疫苗和批判種族理論（critical race theory）之前，麥卡錫早就上遍各大節目兜售她的著作《母親戰士：父母克服重重困難治療自閉症的國家》（*Mother Warriors: A Nation of Parents Healing Autism Against All Odds*）。[26]

作家艾瑞克・賈西亞（Eric Garcia），著有《我們沒有破碎：改變自閉症對話》（*We're Not Broken: Changing the Autism Conversation*），他早就認出這些連結。他解釋，

「我們所處的世界多年來對於自閉症無不危言聳聽」，並補充：「許多現在質疑一切的人，從COVID-19（疫苗）的功效到美國選舉的公正性，現在也轉戰推銷陰謀論和自閉症完全虛假的言論。」[27]

這正是當前地圖上地形的關鍵特徵。害怕小孩患有自閉症或任何身心障礙，我們因為這樣的恐懼走到今天這個地步。引用已故自由市場經濟學家傅利曼的一句話——他是我在寫作《震撼主義》時的宿敵之一——他曾說，社會上「想法」隨處可見，只等適當的震撼來臨。[28] 同樣地，這些思想也透過數位資訊網路無遠弗屆地傳播，隨時待命：高明的話術、霧裡看花的「自然」療法、疫苗造成傷害和死亡等未經證實的誇大之說、大型藥廠與大政府聯手對健康身體展開戰爭的陰謀論，甚至庸醫提倡的漂白劑治療等。（川普早已經開始挑撥疫苗與自閉症的迷思，並在COVID-19疫情期間加大力道宣揚這些庸醫的騙術。）

偽科學的紀錄片《人為傳染病》在早期造成數不清的傷害，之所以能夠迅速製作完成，正是因為這部影片把在反疫苗運動之前已經存在的各種論點混合而成。同時，COVID-19「假消息十二人」中的許多成員早已準備好他們的反疫苗論述，蓄勢待發。他們多年來反對各種疫苗，因此非常熟練如何利用這些論點，經常針對那些絕望且恐懼的父母，讓他們相信購買昂貴的保健產品、參加研討會或健康方案，就能改善情況。

這種欺詐行為可以追溯到韋克菲爾德的原始論文。當他發表這篇論文時，並未披露這項研究獲得律師理查・巴爾（Richard Barr）部分資助，而這位律師代表聲稱MMR疫苗致害的受害者。同時，韋克菲爾德自己已經為另一種疫苗申請專利，這樣一來，MMR疫苗聲譽受損可能直接讓他獲益。[29]

這幾個世界匯聚，我們可以看到錯誤訊息不只共享基礎，還共享世界觀、思維模式、人們對於正常或異常的觀感、純潔或汙染、成功或失敗。甚至，如同所有分身的故事，有本尊也有冒牌。

「砰！他眼裡的靈魂就不見了。」珍妮・麥卡錫就是如此形容疫苗對她自閉症兒子的作用。[30] 她不是第一個這麼形容身心障礙兒童的人。

「你的拿走，我的還來！」

擴大自閉症定義，導致診斷率大幅上升的人，是英格蘭兒童精神科醫師蘿娜・溫（Lorna Wing）。一九五〇年代末期，她開始投入這個領域的時候，自閉症被當成稀少、極端、使人虛弱的疾病，每一萬名兒童只有二至四人得到診斷。[31] 精神科醫師利奧・肯納（Leo Kanner）於一九四三年首次診斷這個症候群，根據他的定義，自閉症兒童，儘管「毫無疑問具有良好的認知潛力」，[32]但他們生活在自己的世界，重複相同動作，對事物固執，言語往往有限，而且基本的生活自理困難。

溫意識到傳統的自閉症定義過於狹隘，排除許多需要支持的神經非典型兒童。因此，她提出新的概念：自閉症並非固定的症狀組合，而是一個光譜，根據個人情況呈現多種不同特徵，甚至包括口語流利或肢體靈活的人。她的研究最終促使自閉症被重新定義為「譜性障礙」（spectrum disorder）。[33]為了支持她更廣泛的定義，溫呼籲人們關注奧地利兒科醫生漢斯・亞斯伯格（Hans Asperger）的著作。亞斯伯格與肯納在同一時期進行自閉症研究，當時他身處維也納，甚至經歷納粹掌控奧地利的時期。到了一九九〇年代，溫的研究功不可沒，「亞斯伯格症候群」被納入美國精神醫學學會《精神疾病診斷與統計手冊》，被視為「高功能」自閉症的一種特殊形式——這個特徵隨後也引發不少質疑。[34]

除了臨床工作之外，女兒患有自閉症的溫，早在出現任何醫學術語描述自閉症患者之前，對於民間故事、宗教、文學中描繪自閉症患者的方式就很感興趣。她追溯愛爾蘭和凱爾特傳說對自閉症患者最早的描述，以及神話當中「仙女偷走人類的嬰兒，調換的孩子」。[35]

有趣的是，「調換兒」在早期也被視為一種分身描述。傳說中，仙女會尋找健康的人類嬰兒或幼兒，在夜裡偷偷將他們帶往仙境，並在原地留下一個魔法替身。這個替身看似相似，但外表畸形或行為異常，表現「乖戾」的特質，例如畏縮，或彷彿活在另一個世界。對溫及自閉症維權人士大衛・波特（David Potter）而言，這些調換兒的傳說，實際上是一種文化對身心障礙的詮釋。「在一些調換兒的神話中，」他們寫道：「調換兒的特徵——美麗卻疏離，奇特而不同——聽起來與自閉症兒童的特質非常相似。」[36] 許多文化都有類似的傳說，例如德國、埃及、斯堪地那維亞、英格蘭等。

這些故事中，也有家庭因為害怕來自仙境的懲罰，將調換兒視如己出。其他故事，為了誘使精靈父母收回他們的骨肉並歸還被偷走的人類小孩，有人建議虐待那個分身，有時至死。[37] 瑞士精神科醫生暨巴塞爾大學教授卡爾・哈夫特（Carl Haffter）在一九六八年的論文詳細描述傳說裡頭為了驅逐分身而痛下的毒手：

必須拿樺木棒打九下（調換兒），直到流血，同時父母大喊：「你的拿走，我的還來！」人們應該把調換兒舉在沸水上方，威脅要扔進去。烤爐應該用九種不同的木材加熱，孩子放在鏟子上，彷彿要將他推入火中……宜餵食皮革、燒紅的鐵，飲毒。[38]

故事說，如果虐待成功，調換兒會被逼出家門，從煙囪倉皇逃跑，回到仙境，消失不見。某些故事中，「真的」小孩會回來；其他故事中，除掉分身就夠令人滿意。

這些故事在流傳時，人們並不覺得是虛構。大多數，包括格林兄弟的恐怖故事，都被當成真實事件。此外，有些家長顯然將這些故事視為「指導手冊」，據此對待身心障礙或其他異於常人的孩子。民間傳說學者D・L・艾許利曼（D. L. Ashliman）研究調換兒神話的起源與傳統，指出這些傳說往往取材自真實事件——家庭在社區成員的影響下，實際虐待身心障礙兒童。「有大量的證據顯示，」他強調：「這些故事並未歪曲或誇大那些被懷疑是調換兒的孩子受到的虐待。」[39]

艾許利曼接著說：「這些充滿奇幻色彩的故事提供希望、滿足，讓人們得以逃避那個受到先天缺陷和嬰兒疾病困擾的時代。」[40] 讀到這裡，我不禁想到那些我在足球場或瑜伽教室遇到的父母，將疫苗視為代罪羔羊。他們說著類似調換兒的故事，試圖解釋為什麼孩子突然變得與眾不同：我的孩子原本完美、正常，直到某件事（疫苗）發生，把他們變成另一個東西——一個扭曲、他們自己的分身。就像珍妮・麥卡錫說的：「砰！他眼裡的靈魂就不見了。」

史提夫・希伯曼（**Steve Silberman**）在他二〇一五年的著作《自閉群像：我們如何從治療異數走到接納多元》（*Neurotribes: The Legacy of Autism and the Future of*

Neurodiversity）寫到，自從自閉症診斷開始增加，「網路上開始流傳一些關於嬰兒的故事，這些嬰兒原本似乎發展正常，直到接受常規疫苗接種……父母說他們的兒子和女兒像是被綁架了，就好像穿著兒科醫生白袍的小偷在夜裡偷走他們」。[41]

父母對這些所謂「掉包」的反應，在某種程度上與調換兒的傳說有著令人毛骨悚然的相似之處。現在，自閉症戰士父母不再用滾水燙他們的孩子，但有太多人仍以治癒為名，將孩子置於各種虐待形式之中。而且，即使未必真實表露出來，這些父母絕對在吶喊那古老的調換咒語：「你的拿走，我的還來！」

這種情況讓人不寒而慄，因為在各種騙子的指導之下，許多父母逐漸相信孩子的障礙並非孩子本身的一部分，而是某種外來的邪惡力量入侵。如果將障礙視為敵人、外人，甚至偷竊靈魂的人，那麼，如同對待傳說中的調換兒，父母可能會認為，幾乎任何殘酷行為都是合理，因為他們是在驅逐這個敵人，試圖恢復自己想像之中正常而完美的生活。就像健康產業的某些圈子對肥胖或不那麼熱愛運動的人幾乎無法容忍一樣，這也是一種非常危險的心態，尤其若在家庭中釋放，將深深影響脆弱兒童的身心健康。而這與另一種分身現象密切相關，一種席捲整個社會，甚至轉變社會整體情緒和特質的極端變化，例如當年的維也納。

在納粹統治初期，奧地利有一群醫生非常熱衷研究某些兒童，這些兒童並不符合納粹心目中的 *the Volk*。所謂 *the Volk*，指的是純種且優越的雅利安民族，是納粹至上主義計畫的核心。諷刺且痛苦的是，就在幾年前，其中一些醫生也參與了所謂的「紅色維也納」（Red Vienna）時期兒童發展進步的計畫。

第一次世界大戰結束後，維也納陷入困境：數十萬貧困難民，其中許多是猶太人，擠在不衛生的住房，傳染病肆虐；大量戰爭孤兒流浪街頭，而受傷失能的軍人面臨黯淡的未來。正是在這樣的背景下，奧地利社會民主工人黨於一九一九年上台，執政至一九三四年法西斯主義者當選。這段期間，維也納在一個由保守天主教政治人物主導的國家中，成為社會主義與人道政策的實驗場，以及世俗主義者和猶太知識分子的避風港。

「紅色維也納」帶來一種嶄新且包容的生活方式，建造優雅的公共住宅街區，擁有充足的自然光線和通風的庭院。這項工程為約二十萬名工人階級居民提供住房，約占當時維也納總人口百分之十一，至今仍被視為社會住房政策進步的典範。[42]

當時的維也納學者塔瑪拉・卡馬托維奇（Tamara Kamatovic）寫道：「維也納的社會主義者，是歐洲最早推行全民福利計畫的一批人，旨在大幅減少兒童貧困，並糾正社會不平等。」卡馬托維奇解釋，許多新建的公寓樓內設有基礎服務設施，包括孕產婦保健中心，「婦女可以在居住地附近獲得衛生專業人員指導，了解嬰兒疾病和營養等資訊——這代表公共衛生服務巧妙融入工人的日常生活，展現大膽的創新」。[43]

這項民主社會主義的實驗核心在於一種激進的新觀念——兒童不僅是父母的附屬物，他們的未來不應由社會階級決定，教育的目標也不該只是灌輸服從或為奴役的人生準備。對於兒童複雜的內心世界，當時的研究出現許多突破（畢竟這是佛洛伊德的故鄉），基於這點，維也納的政策制定者相信兒童擁有自己的權利，而教育應該致力於激發他們全部的潛能。正如社會主義教育理論家奧托・費利克斯・卡尼茨（Otto Felix Kanitz）於一九二五年寫道：「這些孩子不再受壓迫，不再被剝奪童年的快樂，不再被欺騙或威脅自己是被施捨的對象。他們可以成長為驕傲、自由、完整且富有創造力的人。」[44]

在紅色維也納，這種關懷從孩子出生就開始。貧困的母親會收到尿布和衣物，不必用報紙包裹新生兒。那項運動自豪地宣告：「維也納的兒童不會出生在報紙上。」[45]衛生、教育和社會服務部門僱用大量「照顧人員」；城市內建造美麗的公園和公共游泳池，舉辦工人階級夏令營；設立大量幼兒園和課後計畫。學校引入創新的戶外和藝術教育實驗，雖然保守派嘲笑這些改變，說這樣一來孩子永遠學不會閱讀和寫作。

他們錯了。紅色維也納的兒童確實成長茁壯，這個以兒童為中心的社會在許多方面成為歐洲的新政原型，而且更具平等主義色彩。當時許多社會福利計畫由醫師朱利葉斯・坦德勒（Julius Tandler）督導，後來成為社會主義政治人物的他，深知早年對兒童的投資是避免日後歧視的關鍵。人們總是記得他的名言：「誰建造兒童的皇宮，就拆除監獄的圍牆。」[46]

然而，那裡並非人間天堂。同一時期，優生學思想也在大西洋兩岸興起，獲得進步派與保守派支持。在美國，一些州已經開始推行強制計畫，對所謂的「精神耗弱者」和被視為基因庫威脅的人進行絕育。在紅色維也納，部分社會主義領袖，包括備受尊敬的坦德勒在內，也認為嚴重失能和精神失常的人難以在社會立足，並且贊成美國的絕育計畫，儘管他們並未實行這種政策。

相較之下，維也納的醫生、精神科醫師與社會工作者，在實現這座城市「以兒童為中心」的願景時，對發展障礙兒童採取積極干預的方式。許多這樣的孩子被安置在品質參差不齊的復健機構或寄養家庭。歷史學家伊迪絲・薛弗（Edith Sheffer）在著作《亞斯伯格的孩子們：自閉症在納粹維也納的起源》（*Asperger's Children: The Origins of Autism in Nazi Vienna*）中寫道，這是一段實驗的時期：「維也納成為思想的熔爐，眾多教育工作者、兒科醫師、精神科醫師和精神分析師，將各種理論應用於學校、法院、診所及蓬勃發展的社會福利體系。」[47]

這些兒童福利機構當中的旗艦是維也納大學兒童醫院的治療教育診所，稱為**Heilpädagogik**。過去那些可能被關在類似監獄的機構中，或為了消除異常行為而遭受體罰的兒童，會被轉介至此接受評估、教育與治療。在這裡，他們獲得的療法在當時而言非常先進：音樂、藝術、自然體驗、運動、語言治療、遊戲，還有傳統的學校課程，都是治療的內容。

正如希伯曼在《自閉群像》中記錄的那樣，當美國精神科醫師造訪這家診所時，發現診所裡頭沒有自己國內常見嚴格的測驗和紀律體系，他們感到相當驚訝。[48]在這裡，許多年輕人表現醫師描述的「自閉症」特徵——這個詞源自希臘語*autos*，意為「自我」，意謂專注於內心——並且苦於社會規範。然而，多年來，維也納的診所拒絕為這些兒童貼上診斷標籤，甚至不願將他們歸類為「異常」。教育工作者發現，這些造成社交困難的特徵其實歷史上一直存在，典型如高度專注的藝術家或心不在焉的教授，因此不必視為疾病。相反地，為了符合紅色維也納以兒童為中心的政策精神，教育工作者將這些行為視為人類的多樣性，並提供量身訂製的支持。不幸的是，這樣的好景不長。

漢斯・亞斯伯格發現他的陰暗面

到了一九三〇年代初期，隨著社會民主工人黨在維也納執政超過十年，法西斯勢力在奧地利鄉村地區逐漸抬頭。一九三三年，這些勢力終於取得政權，迅速對敵對政黨和工會展開鎮壓。許多人奮起反抗，試圖保衛紅色維也納的進步成果，但在短暫的內戰後，奧地利法西斯主義者最終還是占領這座城市。到了一九三四年五月，整個奧地利落入「祖國陣線」（Fatherland Front）統治之下；四年後，奧地利更被納粹德國併吞。紅色維也納時期的進步實驗到此結束。許多社會主義領袖急忙逃亡，其中不少是猶太人。那些選擇留下的人，包括以解放童年為理想的烏托邦教育家奧托・費利克斯・卡尼茨，最終會在納粹的集中營被殺。

在納粹統治下，人們對於兒童有了新的看法：不再將他們視為擁有權利的複雜個體，而是視為建立優等種族的關鍵——這個計畫需要鼓勵生育理想的雅利安嬰兒，並防止那些他們認為對集體純潔構成威脅的兒童出生，或結束他們的生命。

在維也納，納粹並未完全廢除所有社會主義時期以兒童和家庭為中心的計畫和政策，反而將這些計畫轉變為他們極權統治的邪惡分身。原本支持所有母親和兒童（包括猶太難民）的社會福利計畫，變成專為雅利安母親和兒童服務的系統——這正是納粹優等種族理念的核心使命。卡馬托維奇解釋：「在納粹統治下，『家庭福利』被重新定義為種族化的福利。」[49]紅色維也納為了理解和支持那些面臨社交和發展挑戰的兒童設立的計畫，被改造成一個診斷系統，供醫生挑選出被認為對納粹計畫有價值的人，而其他兒童，用納粹的話來說，「不值得活下去」。[50]

納粹開始在集中營大規模屠殺猶太人之前，已經在收容所裡對身心障礙人士實踐並修正他們的屠殺方法。一九三九年正式啟動的「T－4行動」（Aktion T4）是一項安樂死計畫，超過二十萬名身心障礙人士遭到殺害。有些人死於帝國的第一間毒氣室；更多的人則在醫療人員實施的「瘋狂安樂死」過程中喪生。這些醫療人員將納粹政策視為己任，認為照顧身心障礙人士對戰時的國家構成巨大財政負擔。屍體隨後被投入萬人塚焚燒。大多數的情況下，家屬被告知他們的親人死於傳染病。

在維也納，將近八百件謀殺發生在著名的兒童診所 *Am Spiegelgrund*。即使在那些兒童死後，暴行仍然繼續，數百名兒童的大腦保存在甲醛罐中用於實驗。在 *Am Spiegelgrund* 的受害遺體切片研究，戰後持續很長一段時間，直到一九八〇年代。

有個人從奧地利的分身翻轉中受益，那個人就是漢斯・亞斯伯格。年輕的亞斯伯格被任命為治療教育所的所長，那裡專門治療患有自閉症和其他發展障礙的兒童。他在紅色維也納理想主義的鼎盛時期攻讀醫學，並曾與猶太精神科醫師喬治・弗蘭克爾

（Georg Frankl）等人共事。弗蘭克爾的一大貢獻在於推動一種理論，正是我們今天理解神經多樣性的核心觀點之一——大腦有多種連接方式，差異並不必然等於病理。

在德國吞併奧地利前一年，亞斯伯格還持這樣的觀點：他的年輕病人雖然表現自閉症的特徵，但難以用一種診斷清楚分類。一九三七年，他寫道：「有多少不同的性格，就有多少不同的（兒童發展）方向。不可能建立一套嚴格的診斷標準。」[51] 然而，不到幾個月，他便徹底改變立場，開始附和納粹的優生學論調，開始談論避免「患病遺傳物質傳播」。[52] 對於表現自閉症特徵的孩子，他先前無法歸類診斷的群體，現在則重新定義為「特徵鮮明的一群兒童」，並稱這些孩子為「自閉症精神病患者」。[53]

這種診斷本身就深受納粹意識形態影響，正如薛弗所言，在這種意識形態中，每個人的價值透過他們的 *Gemüt* 衡量。這個難以翻譯的德語概念在當時的背景下，意指一個人在更廣泛的 *the Volk* 中與群體的連結——即納粹國家正在構建和軍事化的雅利安群體。[54] 亞斯伯格認為，自閉症患者因為更專注於內在世界，難以解讀社會線索，而且通常不重視社會認同，所以「缺乏 *Gemüt*」。他認為這些人難以融入 *the Volk*。他描述，這類人大多數毫無社會價值，長大後可能會「像『原始人』一樣在街上閒逛，奇形怪狀、衣衫不整，大聲自言自語，或莫名對路人說話」。[55] 然而，其中少數被亞斯伯格稱為「小教授」的孩子，可以發揮特殊作用。[56] 一九四一年，在納粹牢牢控制之下，他寫道：「我們知道，從前的孩子有不少——包括一些非常棘手的案例——已在專業領域、軍隊乃至（納粹）黨中完全履行職責，其中不乏身居要職者。因此我們可以確信，我們的努力得到成功的回報，是值得的。」[57]

由於安樂死計畫已經謀殺大量身心障礙人士，亞斯伯格的言論等於在說：大多數自閉症患者都應該被淘汰，但少數具有特殊專注能力的可能被納粹利用（也許可以破譯密碼，或法西斯計畫其他一些極需專注的部分）。近期研究顯示，亞斯伯格曾經簽署文件，將兒童送往 *Am Spiegelgrund*，在那裡他們遭到殺害，其中最年幼的只有兩歲。[58] 換句話說，亞斯伯格在這個分類系統中扮演關鍵角色，決定哪些人可以存活、哪些人將被處決。這套分類系統很快擴大為一台謀殺機器，最終謀害數百萬在其他方面不符合納粹雅利安理想的人。

對薛弗來說，這不僅使亞斯伯格症的診斷蒙上陰影，甚至可能也玷汙了亞斯伯格努力塑造、更廣泛的自閉症譜系診斷。從相關文章來看，亞斯伯格的判斷標準顯然並非基於醫學科學，而是法西斯思想：納粹為建立雅利安種族，需要成員完全屈服於至上主義的集體迷思。亞斯伯格聲稱自閉症兒童存在病態，因為他們缺乏所謂的 *Gemüt* 能力。與其說這是醫學診斷，不如說是一種高度意識形態的判斷，界定什麼才算「正常行為」：毫不誇張地說，他診斷他們缺乏法西斯主義。正如薛弗所言：「由像亞斯伯格這樣的納粹兒童精神科醫師來診斷兒童的性格，目的是判斷他們的行為是否符合政權規範。」[59]

亞斯伯格將他所謂的「小教授」與其他自閉症同齡人區分開來，認為只有小教授才值得拯救，由此創造「高功能自閉症」與「低功能自閉症」這個飽受爭議的區別。這便是亞斯伯格的遺產：讓一小群神經非典型兒童被視為優於其他人，同時構建一個判斷標準，使缺乏競爭優勢的兒童走向死亡的命運。

亞斯伯格矛盾的職業軌跡顯示，短短數年間，同樣的機構和同樣的工作團隊，可以從關愛與探索弱勢群體，轉變為冷酷無情的種族滅絕清洗，彷彿切換開關一般。

隨著 COVID-19 疫情年復一年，我的分身及她幫助煽動的力量又引發新一波恐慌，說我們這些接種疫苗的人就如同被調換的孩子一般失去靈魂，或者「血液不純」。這是我越來越擔心的分身形式：一個社會如何逐漸傾向法西斯主義的分身。沃夫長期以來主張，每個暴君都遵循十步來達成這種轉變。然而，我並不認為一切如此簡單，這不僅是關於位居高位的暴君，而是關於普通民眾的飢餓和胃口——被激起的優越感和純種的胃口。雖然分身的原型自古以來反覆出現，探索生與死、身體與靈魂、自我與本我、真實的孩子與偽裝的替身，但是這種分身與自古以來「邪惡的雙胞胎」警示我們的不同：他是住在我們所有人之中，並在每個國家等待登場的影子暴君。

既是這個，又是那個

菲利普・羅斯在這裡也可以提供很多啟示。《夏洛克行動》儘管表面看來荒謬，結局觸及更廣泛且更嚴肅的分身形式。小說背景設定在一九八八年，以現實中約翰・德米揚約克（John Demjanjuk）的審判為依據。德米揚約克是烏克蘭出生的汽車工人，於美國俄亥俄州克利夫蘭市被逮捕並引渡至以色列，他被指控是「恐怖伊凡」（Ivan the Terrible）也就是特雷布林卡集中營（Treblinka）以殘忍而惡名昭彰的守衛。他會一次用毒氣殺死數百名猶太俘虜，並以他們的痛苦為樂。讀這本書時，我慢慢意識到，羅斯的分身看似愚蠢，到處惡作劇，其實只是作者的手段，引導我們進入這個更重要領域。

因此，當真羅斯和假羅斯為微不足道的自我問題互相鬥爭時，那位被控為「恐怖伊凡」的人正站在耶路撒冷的法庭，面對一個又一個大屠殺倖存者指證。真羅斯坐在旁聽席，聽著原告與被告陳述。年近七十的德米揚約克，堅稱這一切根本就是找錯人，他在集中營的識別證是蘇聯偽造的。他不可能是那個惡魔；他是虔誠愛家的男人、慈祥的父親與祖父、才華洋溢的園丁，是社區的支柱。真羅斯在看台上注視著他，甚至設想他的辯詞：「我對你們所經歷的一切深表同情，但你們要找的伊凡，絕對不是這位來自俄亥俄州克利夫蘭、平凡無害的老園丁約翰……他溫和的性情，無數次反駁這些瘋狂的指控。」[60]

「我怎麼可能既是這個人，又是那個人呢？」對作家羅斯而言，德米揚約克平凡的家庭生活並不足以辯護。真正可怕的事情恰恰在於，一個人可以同時是這個人又是那個人——既是殘酷的殺人機器，也是慈祥愛家的男人。這種雙重人格可以共存，彼此並不互相抵銷。「德國人已經向全世界證明了這一點，」真羅斯觀察道：「保持兩種截然不同的性格——一種非常好，一種非常壞——不再只是精神病患者的特權。」[61]

亞斯伯格也是如此，保持兩種看似截然不同的性格——一方面，他耐心觀察那些迷人的「小教授」，書寫細膩且人性化的檔案，為他們的生存權利辯護；另一方面，對於那些少話、不如一般人討喜的孩子，他冷酷地簽下轉院單。對薛弗來說，「亞斯伯格行為的雙重性，恰好凸顯納粹主義本身的雙重性」[62]——這個體系以集體健康和福祉的名義犯下極端惡行。

亞斯伯格的雙重性格如今深深糾纏自閉症的文獻：他究竟是哲基爾還是海德？救世主還是納粹？光明還是陰影？學者持續辯論這些問題，然而其實無須非此即彼——他可以既是這個，又是那個；這兩個面貌並不矛盾。自閉症研究者安娜·德·霍格（Anna de Hooge）描述亞斯伯格的「兩張臉」，在「亞斯伯格症候群」被從診斷手冊中移除之前，這個名字一直為許多像她一樣的人貼上標籤。她說：「我對他背後潛藏的意識形態很感興趣——哪些孩子得以被拯救，而哪些被送往*Am Spiegelgrund*，他如何決定？更重要的是，我關注這種意識形態延續至今的方式。」[63]

我對那件事情也很感興趣。每天晚上，當我不可自拔滑著手機時，都會遇到更多的人用令人毛骨悚然的語言談論他們良好的基因、他們強大的免疫系統、他們「純粹的血液」和他們完美的孩子，藉此拒絕採取某些簡單的行動，例如戴上口罩，保護那些比他們想像的自己不那麼強壯和完美的人。在很大程度上，他們不知不覺繼承野蠻的傳統，曾經試圖在世界上消滅像我兒子那樣的兒童的傳統。

當那些光鮮亮麗的網紅，對著要求他們為人著想的人噴出厭惡肥胖的怒火，他們其實是在運用一種深層的至上主義邏輯，判斷哪些生命具有價值，哪些生命則可以隨意處置。父母拒絕讓孩子接種已經控制數代之久的疫苗（如麻疹疫苗），因為害怕自己的孩子成為那種被納粹視為「不值得活著」的人類時，他們也在助長這種至上主義的邏輯。

這就是今日反疫苗者的族譜。然而，在經過皮皮克的鏡像世界中，他們之中的許多人似乎完全相信，他們是被迫佩戴現代黃星的人，而且正被送往集中營。

他會反射嗎？

我無法確定我的經歷在自閉症家長社群中是否具有代表性——在運動場邊和各種治療候診室隨機遇到一些人後，我便選擇走向另一個方向。然而，我能確定的是，疫苗錯誤訊息的產業正無情利用真實的痛苦。家中有發展障礙兒童的家庭和我們生活在同一個世界——樂於提供診斷，但吝於給予支持的世界。說出「誰建造兒童的皇宮，就拆除監獄的圍牆」這樣的話，一定會被自認嚴肅的群體嘲笑。照顧一個重度身心障礙的孩子，無論健康保險多「高級」，輕易就會讓人破產。即使在某些地方，身心障礙正義運動為學齡兒童爭取足夠的資源，但是許多這種計畫，一旦兒童成年就會終止。

即使在那些被迫採取行動的學校中——這些學校大多位於白人富裕地區，而且家長有能力提出訴訟——主要的教學方式依然是應用行為分析。這種方法實際上是一種糖果和後果的系統，不免讓人聯想到訓練小狗。在紐澤西，最初的欣喜過去之後，雖然我們不再面臨學校系統的直接忽視，但我經常感覺，那些神經非典型的孩子被分到特殊班，接受應用行為分析的訓練轟炸。這種訓練似乎不是為了滿足他們的需求，而是為了在無止境的測試中展現理想的結果。這些測試結果構成學校排名的基礎，而學校排名進而影響財產價值，財產價值則決定資助學校的財產稅基礎。從診斷的那一刻起，孩子便被置於一個「正常」與「異常」的框架中。

「他會適當玩玩具嗎？」第一位醫生問。

適當？誰來決定？給孩子一輛玩具車，玩賽車就一定比把車子堆在牆上，變成一件抽象雕塑更「適當」嗎？至少我不這麼認為。

「他會反射嗎？」某個來家裡的治療師問我。

「什麼意思？」我問。

「就是說，他會模仿妳做的事嗎？像是玩『老師說』那樣？」

哦，這我還真沒特別注意過。不過，這帶來另一個問題：我真的希望他「反射」嗎？如果是的話，該反射誰？我？其他孩子？還是電視上的卡通人物？不就是那種模仿別人的反射衝動，把我們搞得亂七八糟嗎？是的，日子也許會比較輕鬆。但是，難道有些孩子專注聆聽自己內心的音樂，就這麼不好嗎？

我們真的需要更多鏡子嗎？還是該有一些通往新天地的門？

我的家人在身心障礙方面的經歷，大多背離尋求名稱、治療、控制的思維模式。然而，正如往常一樣，總有其他方式存在——這正是我們搬到偏遠的巨石上時意外發現的，也成為我們決定留下的原因。坦白說，起初我確信，讓兒子去上鄉下的一般學校，缺乏紐澤西那些花俏的支持，必定會是災難。沒想到，那裡竟然成為他童年最美好的經歷，原因非常簡單：幾乎沒有壓力、評量和測驗。

那裡沒有專門的自閉症治療師，但當他感到心煩時，一位關心他的助教會陪他去樹林散步，輪流選擇話題，學習與生活在同一世界中的其他人互惠互利。富有創意的老師總能抽出時間，編寫符合他興趣的課程，例如「掠食者」。兒子向我保證，他很幸運，從未遭遇霸凌。未來難說，也許還會遇到其他挫折，我也認識一些在這裡沒那麼幸運的人。但至少現在，在這個輟學和不適應比例偏高的社區（還伴隨某些奇特的政治觀點），他正在體驗所有孩子都應該得到的東西：接納。

駛出主要路段的出口

艾維競選的夏天結束後，某天我在藥局排隊等待處方，此時，一位看起來十八歲左右的年輕女子，說起布口罩與拋棄式口罩的優點。

「我討厭那種藍色的口罩。」她說。「製造太多垃圾了。」

「不要打擾人家。」和她一起來的女人說（母親？祖母？）。她抓起女子的手，把她從我這裡拉走。「人家」——指的是我——「不想跟妳說話。」

我不知道醫生在這個年輕人身上貼了什麼標籤，但我猜想和我兒子身上的不會差太多。

「沒關係，我很樂意聊天。」我說。「除了排隊，我也沒別的事。」

所以我們聊天。關於布口罩的優點（比較軟，比較漂亮，對環境比較友善）；關於我有幾個兄弟和姊妹（兄弟一個，姊妹一個）；關於我幾歲。同時，我看著照顧她的人，明顯放鬆，卸下防備。

我有過幾次這樣的經驗，通常是在排隊的時候，情況總是如此：先是友善的神經非典型人主動打破我在公共場合築起的孤立小泡泡（通常我戴著耳機），接著便是他們羞恥和驚慌的父母或祖父母，最後則是因為得到許可，不需對自己所愛的人產生痛苦的情緒，於是感到寬慰，在永無休止的風暴中找到一個小小的避風港。

我略懂他們的感受。在我青少年時期，我的母親因為嚴重中風，喪失許多肢體能力，還有一些認知能力。身為她的照顧者，我很快體會這個冷漠的世界，也漸漸察覺人們厭惡和不耐煩的表情——他們顯然認為身心障礙應該被隱藏起來。即使如此，我仍然感到羞愧，並非總能領悟到，人類的大腦和身體，在與這個世界相遇時，互動方式不同，但各自美麗。

我的轉折點是在兒子上幼兒園的時候。在當地學校外面，我看著他困在一個簡單的遊戲設施。他們班上一個女孩走過來，開始跳躍、擺盪，像個專業的體操選手。她倒掛在設施上，長髮輕拂地板的塵土。我心想，養育那麼靈活的小孩，會是什麼樣的生活？而且這麼可愛！她停下來，想要幫我兒子找到穿過單槓架的方法。我非常喜歡這個自信滿滿、陪伴我兒子的女孩。

差不多時候，她的父親來了，我稱讚他了不起的女兒，以及她如何給予一個不同的孩子善意。我的讚美引來一陣停不下來的吹噓，讓我在很短的時間了解，除了身為體操選手明顯的熟練程度之外，他五歲的女兒還可以背誦《羅密歐與朱麗葉》全部的獨白、參加象棋比賽、酷愛小提琴，而且從未攝取過任何含有精製糖的食物。

我為他感到疲憊。這對父女在追求完美的奧運會上表現得如此出色，對一個孩子的童年來說，似乎有點悲傷。這個孩子已經如此耀眼，她不需要被塑造成一座獎盃。然而，如果我誠實面對自己，也能理解，如果我有一個輕鬆駕馭世界的孩子，我很難抗拒那種誘惑，不去參與這場競賽，試圖贏得我們這個殘酷的經濟秩序只頒發給少數人的獎品。就在那一刻，我意識到，我有一個與眾不同的孩子——他的天生特質注定他無法參與這場競賽，但這反倒成為一份特殊的禮物。到那時，他已經在自己的世界裡制定獨特的規則——很酷的規則，或許將來會帶他去一些極其有趣的地方——但那些規則只有他能解讀。

我看著兒子有點笨拙，但是開心地滑下塑膠溜滑梯，並祝福他為我們倆提供這個駛出主要路段的出口。

祕密和陰影

分享這麼多關於我兒子的事，我也倍感壓力，這個美麗的孩子，生來就沒有我們許多人認為理所當然的防護盔甲。我希望，當他長大後，他會認同這樣的分享。讓一些光線照進自閉症家長世界幾個黑暗的角落，這麼做是值得的。我也曾考慮是否要分享那位自豪的父親的故事，他可能會因此感到不快。他真的應該被那樣描述嗎？他不過是個偶爾會在陌生人面前急於表現的人，也許不值得如此描述。即使如此，我認為他的態度值得思考，因為這不同於許多我寫過的鏡像世界裡的荒謬故事，這是發生在那些以理性、人文主義為榮，並相信科學、關心弱勢的圈子裡的事——那些以為自己和他們截然不同的圈子。

富裕的自由派父母將童年變成一場成就的軍備競賽，在這場競賽中，進入精英大學只是眾多終點線的第一步，然而這個目標非常重要，迫使孩子不得不將內心深處的創傷包裝成戰勝逆境的故事（而最富有的家庭透過賄賂和欺騙達成這一步，正如近年的入學醜聞）。我還擔心，同一階級的自由派父母中，有人可能會在未來說服自己，進行胚胎基因編輯來提升孩子的智商、運動能力或身高，不僅是特權，更是他們的責任。

他們會告訴自己：世界逐漸失控。我的小孩當然需要競爭優勢。或者正如比爾・麥奇本最近對我說的，「他們希望自己的孩子在這個分崩離析的世界茁壯，而不是希望每個人在這個世界都能蓬勃發展」。

在健康和育兒這兩個密不可分的世界中，追求完美的競賽最讓我感到不安的是：結構性的不健康普遍存在，而那些超級健康、追求完美的人似乎都在試圖逃避這種不健康的現實。不健康無所不在，事實上，我懷疑我們所看到的鏡像與分身，主要來自我們無法承受真正看見的事物——在我們之間、在我們的過去，以及在那個迅速逼近、充滿混亂的未來。有無數種方式可以逃避我們的陰影，而屈服於陰謀論的世界只是其中之一。接下來，這張地圖將不可避免地帶我正視這些陰影。

第三部

陰影國度（分割）

我們舉起很多旗幟，
他們舉起很多旗幟。
讓我們以為他們快樂。
讓他們以為我們快樂。

——〈耶路撒冷〉（Jerusalem），耶胡達・阿米亥（Yehuda Amichai）

「現在開始，會很痛。」艾咪說。
「任何死而復生的東西，都會痛。」

——《寵兒》（*Beloved*），童妮・摩里森（Toni Morrison）

11

冷靜，陰謀……資本主義

回到二〇〇七年，我在為《震撼主義》巡迴演講，而那天的地點是奧勒岡州的波特蘭市。來機場接我的主辦代表頭髮灰白，活潑親切，但是透露憂慮。她解釋，城裡有個「陰謀論」的團體非常活躍，有風聲表示他們要干擾今晚的活動。

果然不出所料。我在當地教堂演講到一半，看台上兩個穿著連帽上衣的男子忽然放下布條，寫著「九一一是自導自演」。

當時九一一陰謀論非常盛行，一些左派人士甚至也默許，甚至支持這些觀

* 譯注：時任美國副總統。

點。低成本紀錄片《脆弱的變化》（*Loose Change*）成了當時的人為傳染病，推動這場運動的主要策略之一就是讓高調批評布希政府的人「承認」，我們其實私下都知道迪克・錢尼（Dick Cheney）＊和小布希密謀炸毀雙子星大樓，並讓事件看起來像恐怖攻擊。他們在我演講的問答環節不時強行插入這些觀點，同樣的情況也發生在我朋友傑瑞米・斯卡希爾（Jeremy Scahill）推廣他的新書《黑水：世界上最強大的僱傭軍的崛起》（*Blackwater: The Rise of the World's Most Powerful Mercenary Army*）時。

這些年來，類似的事件多到讓我得出這樣的結論：未經證實的陰謀論和可靠的調查研究，兩者之間的界線並不如我們想像那樣牢固和穩定。顯然有些人會讀調查新聞與基於事實的分析，同時也會吸收與事實無關的陰謀，自行混合並串連這三者。

從研究者的角度來看，這三種文本形式的差異應該相當明顯。負責任的調查人員遵循一套共同標準：進行雙重甚至三重來源驗證；驗證外流的文件；引用同儕審查的研究；坦率呈現不確定性；與公認的專家分享文本，確保正確理解專業術語和研究方法；出版前將內容交由事實查核人員詳細核對，並送交誹謗律師（或像我的書，則需多位不同領域的律師審閱）。這是一個耗時費日、勞心傷財的過程，但能幫助我們盡可能接近被廣泛認可為真實的證據。

在我看來，陰謀論網紅的行為就像調查報導的分身：模仿正統報導的風格和慣例，但完全跨過正確性的護欄。沃夫在這方面堪稱高手。她經常宣稱自己擁有「確鑿的證據」或「重磅獨家新聞」，但引用的科學文件和解釋資料動輒數千頁，難以核實她的說法（她常說這些文件揭示COVID-19疫苗「種族滅絕」的陰謀——其實，我看過她引用的文件，絕對沒有這麼說）。這種手法就像專業的氣候變遷否認者：拿出脫離脈絡的溫度圖、過時的數據和大量科學術語，試圖「駁斥」地球暖化的科學共識。這些陰謀論者是科學的皮皮克，而沃夫也在其中。她的評論到處都是她濫用的醫學術語，反覆提到「脂質奈米顆粒」、「棘蛋白」、「血腦屏障」，語速之快又難以理解，連班農都忍不住叫她「慢點，慢點！」

被這種論述包圍的最終結果，是一種持續懷疑反射，巴西哲學教授羅德里戈・努內斯（Rodrigo Nunes）稱之為「否認主義」。這是一種顛倒的狀態，如同鏡像世界中的一切，完全服務於右派，並且削弱左派。正如努內斯所言，這種狀態「用扭曲、荒誕的版本取代真正迫在眉睫的威脅。因此，民主的問題不再是各地政治精英受制於企業和金融市場的利益，而是不為人知、計畫建立全球政府的戀童癖陰謀集團」。[1]

就像「環境的問題不是氣候變化，而是決心改變我們生活方式和阻止經濟成長，將科學變成武器的政治計畫」。對於這樣的話，我們可以照樣造句：COVID-19的問題，不是追求利益的藥廠與被淘空的政府半吊子對抗具有高度傳染力的疾病，而是想要把你變成奴隸的應用程式。

這當然就是為什麼世界各地的「班農」在億萬富翁輪流資助下喜歡陰謀論，無論他們個人是否相信：他們總是可以將注意力從許多人們已經煞費苦心證明的醜聞轉移，並且讓我們一直關注更聳動、說要證明但永遠沒被證明的事情。（選舉真的被偷了！疫苗真的正在殺死嬰兒！還有醫生！）

自從COVID-19的全球健康危機爆發以來，真實的剝削事例層出不窮：企業藉病毒牟取暴利，損人利己的政治領導利用緊急情況作為掩護，悄悄拍賣我們重要的公共服務。數萬億美元被投入支持市場和救助跨國公司，最終導致大量工人失業，而億萬富翁累積財富的速度宛如熱血沸騰，更不用說他們抬高物價，進一步加劇生活成本的壓力。這一切本身就足以惹怒民眾、引發抗議，不需任何誇大（正如伊拉克非法入侵和數十萬人因此喪生，已是不爭的真相，不需再強調「自導自演」）。當富國和窮國的疫苗分配呈現真正的「種族隔離」時，便沒有必要虛構未接種的人遭遇「種族隔離」的情節；當病毒在監獄、肉類加工廠和亞馬遜倉庫肆虐，裡面的人命彷彿毫無價值，便無須捏造COVID-19「拘留營」的幻想。在一個公正的世界裡，我們本應整日關注這些真實、經過證實的醜聞；然而，我們多數人卻無法如此，部分原因是時間和精力都耗費在那些虛構情節上。

以冷靜對抗震撼

我經常用「模式辨識」來形容我的工作生涯。我記得有一刻，突然意識到日益不穩定的就業、關鍵產業的所有權集中，以及行銷預算指數成長（一線生活品牌，中空的企業結構會有的特徵）之間，存在某種關連。這不是某個陰謀集團精心策劃的藍圖，而是一種流程、一種模式，將看似無關的趨勢編織成資本主義迭代的合理敘事。就在那一刻，我決定寫下《No Logo》，那種感覺如此強烈，四分之一個世紀後，我仍然清楚記得當這些模式「咔」的一聲對接瞬間，以及我當時正坐在地板上，與一位學生記者用室內電話交談。

我寫下《震撼主義》，希望提供類似的方向感。那是九一一之後，攻擊事件擾亂政治信號，而且動搖許多朋友和同事的信心。我再次探索關於連結的故事：這次是在我們經歷恐怖的震撼之後，與過去半個世紀之間，這段時期，其他震撼被用來推行某些政策，剝奪其他國家和人民的權利、隱私、共同財富。

在大量構成我們「欲望滿足」互不相關的事實中，研究分析者的角色很簡單：試圖創造某種意義、某種事件順序、權力地圖。我寫作生涯中最有意義的回應來自最可愛的文學導師約翰．伯格（John Berger），我拿《震撼主義》出版前的定稿給他。很多人說他們被書中內容激怒，但是他的反應非常不同。他寫道，對他來說，這本書「引發並灌輸冷靜」。他觀察到，當人們和社會進入震撼狀態時，就會失去自己的身分和立足點。「因此，冷靜是反抗的一種形式。」[2]

我經常思考那句話。冷靜不能取代仗義執言或義憤填膺，而必要的改變，必須靠這兩者的力量推動。但冷靜是集中注意、判斷輕重緩急的先決能力。如果震撼導致身分喪失，那麼冷靜就是我們回歸自我的條件。伯格幫助我看見，追求冷靜是我寫作的原因：馴服我的周圍與我自己腦中的混亂，以及——我希望——讀者腦中的混亂。這些訊息幾乎總是令人痛苦，對許多人來說，甚至令人震撼——但在我看來，目標絕對不該是讓讀者陷入震撼狀態，而是將他們從震撼中拉出來。

在這段漫長的時間裡，我追蹤我的分身的言行，發現一件驚人的事：她的目標似乎非常不同。沃夫經常用「驚恐」描述她的心理狀態。她說COVID-19疫苗的研究令她「觸目驚心」，而她選擇撻伐的公共衛生措施不是錯誤的，甚至不是危險的，而是「瞠目結舌」。[3]

「我不想用誇張的字眼」，她告訴班農衛生官員將疫苗接種資訊放在民眾家門口的時候這麼說。然後她繼續，預測「如果你沒讓你的孩子接種疫苗，他們就會把你的孩子帶走，這是標準程序的下一步。或者，如果你無法出示疫苗接種證明，他們會把你送去隔離營。我的意思是，這聽起來可能有點……不安或誇張……」[4]聽起來確實就是。聽起來一直都是，而且目的就是。陰謀論文化的作用就是冷靜的相反：散播恐慌。

陰謀論是……資本主義

事情就是在這裡變得更複雜，在分身的世界不可避免會這樣。當激進和反建制的作家與學者，嘗試分析我們這個世界權力結構的基礎系統，包括揭露為了消除系統威脅而進行的祕密行動，這些人通常會被斥為陰謀論者。事實上，這是經過千錘百煉的戰術，當掌握經濟和政治權力的人覺得某些想法對他們不利，想要掩蓋和邊緣化；或者覺得反企業、反資本主義或反種族主義的分析會牽連他們個人，就會使用這個戰術。從馬克思開始，每一位嚴肅的左翼人士，分析權力的時候都曾面臨這種誹謗。

為了因應COVID-19的錯誤訊息到處蔓延，許多當權機構會這麼做：例如，歐盟委員會（European Commission）發布一份指南，定義陰謀論為「相信某些事件或情況由具有負面意圖的強大勢力在幕後操作」。[5]這個定義可以，但是漏了最重要的因素：所指的理論是否錯誤，或至少是否未經證實。因為許多事件和情況——金融危機、能源短缺、戰爭——確實就是「強大勢力在幕後操作」，而這些操作對日常生活產生負面影響。然而，相信那些事情，並不會讓你成為陰謀論者；反而讓你認真觀察政治與歷史。

對我來說，研究、閱讀、書寫經濟與社會系統，並試圖識別背後的運作模式，正是因為那些系統正在穩定。這種以系統為基礎的分析工作，就像為大樓打下堅實的地基：一旦地基穩固，後續的結構就更加牢靠；缺乏地基，強風一吹什麼都不安全。確實，在我們懂得這點之後，世界仍然令人困惑——但並非不可理解。總有系統性的力量在發揮作用，其中很大部分都與資本主義的核心要求有關，也就是透過尋找新的邊界擴充和成長。

這個要求無疑能夠相當程度解釋，目前為止討論的各種分身類型。不斷追求成長的結果就是我們的經濟狀況更不穩定，促使我們將自己的身分品牌化和商品化，優化我們的自我形象、身體，甚至我們的孩子。同樣的要求也設定規則（或缺乏規則），允許能力平庸的科技富二代接管我們整個資訊生態，並從我們的注意力和憤怒當中創造新的經濟利益。這也是將COVID-19的因應措施轉移到個人身上（戴上口罩、注射疫苗）背後的邏輯，於是排除能夠強化公立學校、醫院、交通系統的重大投資。從這些優先事項獲得大筆利益的精英，正好也是資助政治和媒體計畫的人，全心投入操縱非富裕的階級，基於種族、民族、性別表現，互相對立——讓他們不大可能基於共同的經濟和階級利益團結。

當然，無論人力成本，按照既定設計運作的系統與由邪惡個人組成的祕密陰謀集團擾亂公平和民主機制，兩者之間存在顯著區別。我始終認為，這正是左派存在的核心價值之一：深入分析財富和權力的結構。人們普遍感受到（而且正確感受到）社會被少數人操控，並違背多數人的利益；而且重要事實往往被華麗的政治修辭掩蓋。左派的使命正是提供條理分明、嚴謹的分析，因為如果我們不了解，就無從改變這種現狀。事實上，系統確實受到操縱，而多數人確實因此受害。然而，若不清楚理解資本主義藉由圈地、抽取資源等方式尋找新的獲利源頭，許多人就會想像有個壞人組成的陰謀集團在拉繩子操縱。

對我的分身來說，這當然像是真的，從她《美貌神話》的時期就是。她當時寫道：「不知何故，在某個地方，一定有人發現，如果〔女性〕一直處於自我憎恨、不斷失敗、飢餓和性不安全的狀態，渴望成為『美女』，她們就會購買更多東西。」[6] 廣告業的一個基本邏輯，尤其針對女性的廣告業，是在我們感到不安全時，我們的消費需求就會增加。沃夫提到這個不安全感，但是利用這些不安全感並不構成讓我們失望的陰謀——這只是舊資本主義運作淺顯的模式，尋找新穎的方式商品化生活的各個面向。

這也是為什麼，沃夫在占領華爾街期間，完全誤解警察鎮壓的舉動。當公園被清空後，她看到最高層針對美國人民的陰謀和「戰爭」。[7] 事實上，全國各地的警察都會分享清空營地的技巧，原因與十年前他們在世界貿易組織和國際貨幣基金組織的抗爭噴灑催淚瓦斯和胡椒噴霧如出一轍，幾年後也將再次利用同樣方法鎮壓「黑人的命也是命」的抗議行動：因為我們生活的結構系統旨在保護有產階級，不讓他們受到來自下層的任何挑戰，有時透過暴力鎮壓，有時透過象徵性經費撥款，但是往往透過兩者結合。

在我與沃夫的各種差異中，對我來說這是最重要的，因為我相信這是她和其他許多人如此迷失的核心原因。我是一名左派，關注資本如何蹂躪我們的身體、摧毀民主結構、侵害我們全體生存依靠的系統。沃夫是從未批評過資本的自由派。她只是希望像她這樣的女性能夠擺脫體制中的偏見和歧視，以便追求個人發展。「我相信女性需要齊全的裝備，這樣她們就不會在市場經濟中被剝奪權力。」多年前她曾如此告訴《衛報》的凱瑟琳・維納（Katharine Viner）。[8]

沃夫堅信自由派精英政治的承諾：提供個人成長的工具，而不是制定普及的計畫確保所有人過上更好的生活。她遵循精英政治的規則，搭乘那座電梯，一層一層到達頂端：高中辯論社、耶魯大學、牛津大學、自由派媒體寵兒、世界上某些頂尖權貴的顧問、達佛斯論壇的晚宴。她將自己描述為「有故事的人」和「東北或東西岸精英思想領袖」。[9] 結果呢？她是否在某個時候發現，這個權貴的自由派秩序，如此提升她的地位，然而不如看起來那樣光鮮亮麗？其實並不公平，充滿操縱、虛假承諾和冷酷行為？是不是在這個崩壞的世界觀、這片荒蕪的廢墟中，沒有其他東西可以取代，才讓她看到一個由政治祕密組織和陰謀組成的迷宮？

羅格斯大學的傳播學者傑克・布拉提奇（Jack Bratich）研究陰謀論，向我解釋這種可能的變化軌跡：「自由派對個人主義的投資，導致人們認為權力存在於個人和團體，而非結構之中。缺乏資本或階級的分析，他們落得默認西方所謂『個人能夠改變世界』的故事。但是，英雄的故事也很容易變成惡棍的故事。」[10] 這就是關鍵所在：陰謀文化並未質疑超級個人主義，然而許多迫在眉睫的危機，核心就是超級個人主義。相反地，他們反射這一點，將社會弊病的所有責任歸咎少數的強大個人：佛奇、比爾・蓋茲、克勞斯・施瓦布（Klaus Schwab）*、索羅斯。

沃夫聲稱，COVID-19的防疫措施讓她相信撒旦的邪惡存在。可惜的是，她並未因此失去對於資本主義的信心。

* 譯注：世界經濟論壇創辦人和執行董事長。

交織的震撼

英雄變成反派的翻轉，某個程度解釋，為何那麼多看似不關心政治的人，卻執著COVID-19陰謀論帶來的恐懼。陰謀論能夠吸引像沃夫這樣的人，他們長期遵循這個破碎體系的規則，一步一步取得成功。他們創業、存錢、貸款，或許還是小房東，靠收租來補貼收入。他們接受自己全部的責任就是照顧自己和家人（儘管住房、學費、醫療和能源成本飆升，讓這種「照顧」越來越難以負荷）。他們堅信自己擁有的舒適生活和成功，完全來自他們的聰明才智和辛勤工作，而非依賴工人、照顧者、有利於富裕國家的貿易政策，當然也不是因為他們的種族或階級背景。然後，這場突如其來的危機要求人們不再僅僅以個人、家庭或國民的身分行動，因為我們的命運實際上彼此交織。這樣的震撼，對於某些人來說，比COVID-19病毒本身更為劇烈。

僅僅試圖理解事情為何變得如此怪異並不夠——我們還必須理解事情究竟已經有多怪異。自一九七〇年代開始，延續至今的新自由主義時代，將貧窮、學生債務、強迫搬遷和藥物成癮等苦難，病態化為個人失敗，同時將每一種成功美化為白手起家的典範、優越的象徵。這種深植的個人主義錯覺遠比新自由主義半個世紀以來逐漸瓦解的現實更加堅固。我們這些生活在美國、加拿大和澳洲等殖民國家的人，大多從未真正正視一個事實：我們的國家之所以存在，完全依賴對他人土地和人民的雙重盜竊。許多早期的殖民者以勞役償債，而奴役和種族滅絕則成為他們參與這場「自我實現冒險」的染血津貼。當初發動這些殖民十字軍東征的歐洲國家也沒有正視。

幾十年來故意播下的不信任，結出腐爛的果實，而我們現在正在收割——不再信任身為社區或社會成員的身分，也不再信任或期望政府能夠或應該為我們做任何積極的事。柴契爾夫人曾說：「不存在社會這樣的東西。」[11] 那麼多人信以為真，真的令人意外嗎？這種狹隘而貧乏的世界觀和人與人之間的冷漠，已經延續很久，以各式各樣的形式表達，無論是打擊工會、殘酷的邊境政策，還是搖搖欲墜的公立醫院和學校，削弱「公共利益」這個概念。這幾個字變得如此陌生，以致任何要求個人的政策——無論是應對COVID-19、氣候危機，還是不平等的問題——現在被投射在鏡像世界中，視為將「中共價值觀」強加給西方的陰謀。

我們的社會誕生於對自由最狹隘的定義——「不要踐踏我的自由」，堅決不把眼前的事視為一種生活方式，讓我們難以消化COVID-19病毒帶來的衝擊。這場危機只有在我們選擇真正看見彼此，包括那些在陰影中工作和生活的人時，才能應對；只能透過集體行動和個人為更大利益做出犧牲的意願解決。

* 譯注：單親女性家庭在一九八〇年代後的新右派福利政策中，被標籤為「福利女王」，指控她們依賴福利。

誰能忘記疫情初期脆弱而停滯的幾週？我們許多人都感到前所未有的孤單，卻也前所未有地緊密相連。每在家門外呼吸一口氣，我們就會想：還有誰在這片空氣中吐過氣？每觸碰任何東西——門把、電梯按鈕、公園長椅、食物包裝、宅配紙箱——我們不得不思考：還有誰摸過？他們身體健康嗎？如果不健康，他們有請病假的權利嗎？他們能夠獲得醫療保健嗎？在那一刻，我們「獨立自主」的幻覺消失了。我們過去不是、也從來不是完全自力更生。我們的成功、我們的失敗，彼此相連，脣齒相依。

在疫情期間，政府原本可以，也應該建立穩固的關懷與團結精神，但他們沒有做到——遠遠比不上美國新政或二戰時期的後方動員。然而，過去半個世紀的每項主要公共政策趨勢都在刻意拋棄「我們因為共同的人性而彼此虧欠」這個觀念。而COVID-19疫情期間，許多政府付錢讓人民待在家裡，而且免費提供快篩與疫苗接種，反而成為過去趨勢的例外。事實上，他們沒有選擇：若不採取這些措施，將有數百萬人無辜死去，整個經濟也將面臨崩潰。

值得記住的是，人們花了幾十年的時間才去社會化，逐漸接受新自由主義的冷酷行為。反黑人種族主義和反移民的歇斯底里在這個過程發揮強大的推動作用，政客和媒體巨頭持續將照顧弱勢的社會福利計畫，等同黑人「福利女王」*、「頂級掠食者」、「非法移民」。雖然我們不必逐一回顧一九八〇和九〇年代，但在描繪當今鏡像世界的輪廓和事件時，需要理解這段歷史。幾代人接收的訊息使社會成員之間彼此對立，這種情況不會因為一場流行病而在一夜之間消失。然而，奇怪的是，當COVID-19來襲時，許多中立派的政治人物竟然希望社會迅速團結，這種期待本身就是一廂情願。

在毫無徵兆的情況下，我們的政治和企業領袖突然一百八十度大轉彎。他們呼籲：事實證明，我們畢竟是一個社會，年輕和健康的人應該為年老和患病的人犧牲；即使不是為了自己，我們也應該戴上口罩，表達對他們的支持；我們所有人應該鼓掌並感謝那些在疫情中奮力工作的人——其中許多人是黑人，許多人是女性，許多人來自較貧窮的國家。然而這些人的生命和勞動，在疫情之前被忽視、貶值、輕視得最徹底。

這些團結的表現才真的讓人頭暈，真正讓人覺得顛倒，因為這些與資本主義長久以來教導我們無視和忽視彼此的方式完全不同。現在回想起來，社會上某些人說：去你的，我們不會戴口罩、注射疫苗或留在家裡保護那些我們已經選擇不去看的人，完全不足為奇。

同樣完全合理的是，免費疫苗衝擊許多人的利益——尤其在美國，這個國家將醫療保健視為營利工具，許多人已經將好藥等同「鍍金」的私人保險方案。正如阿肯色州三十一歲的房地產經紀人凱文・紐曼（Kevin Newman）說的：「如果疫情真的那麼嚴重，我們就必須付錢接種疫苗。其他東西都很貴，疫苗卻免費提供？這很可疑。」[12]

另外值得注意的是，COVID-19抗議活動的攻擊目標，常是象徵集體行動的機構，像是義大利和澳洲的工會總部，這些地方被對角主義的示威者洗劫和襲擊。他們在街頭高喊「自由」——這個空洞而沉重的詞語。但究竟是什麼樣的「自由」？抗議通常象徵集體力量，核心原則在於「團結讓我們更強大」。然而，這些不同：一群原子化的個體暫時聚集，將任何不符合他們個人身體和家庭利益的群體視為敵人。某種程度上，這是一種對連結的反抗。病毒給我們的教訓是，無論我們是否願意，我們都與陌生人共享同樣的空氣、醫院和生態圈。不管你喜不喜歡，我們唇齒相依。但是示威者反駁：「不，我們是孤島，由我們親手打造，不受他人影響，也不對他人負責。」他們自稱是「自主的公民」，不能強迫他們成為社群或社會成員。[13]

這一切其實都不應讓人感到震撼。真正令人驚訝，甚至可以說令人振奮的是，儘管「我們生活在一個社會」這個觀念經歷數十年的猛烈攻擊，我們之中大多數人依然堅持足夠的公民和社區精神。在過去兩年裡，許多人遵守新的規定，並且從這段時間短暫的社會意識當中找到喜悅。沒錯，當政府停止防疫政策後，我們又回到所謂「正常」的危機中，但有一段時間，我們曾短暫地瞥見另一個世界，一個集體精神再次翻轉的世界。

有些陰謀是真的

了解現代資本主義如何塑造並扭曲我們的世界，能夠提供一定的啟示，然而，並不排除現實生活那些可被證實的陰謀。如果我們將「陰謀」定義為一群人暗中達成協議，推行某些有害計畫，那麼政府與企業的資本代表顯然參與陰謀。一九七〇年代初期，中央情報局支持的陰謀無疑就是如此：民選的智利社會黨總統薩爾瓦多・阿葉德（Salvador Allende）在將銅礦國有化後，遭到政變推翻；同樣地，一九五三年伊朗總理穆罕默德・摩薩台（Mohammad Mosaddegh）也因石油公司國有化（原先由英國石油公司控制）而被推翻。

在《震撼主義》中，我記述新自由主義崛起的另類歷史，提出許多有憑有據的陰謀，而我毫不懷疑還存在其他尚未曝光的陰謀。我們已知不少案例，當代掌握權勢的人密謀傷害公眾。例如，密西根州弗林特（Flint）的水汙染事件，年復一年被州政府掩蓋。英國石油公司和哈里伯頓公司（Halliburton）在深水地平線鑽井平台的運作中投機取巧，導致墨西哥灣史上最嚴重的石油洩漏，兩家公司忙於掩蓋災難的傷害。福斯汽車多年來隱瞞柴油車的汙染排放，修改程式欺騙測試人員。更令人觸目驚心的是，埃克森美孚（Exxon）和其他石油巨頭長期效仿菸草業巨頭，散布對氣候變遷的懷疑言論，長達數十年。這些僅僅是最露骨的幾個例子。

這些決策確實是在某些密閉房間裡頭敲定的；其中一些房間或許點著昏暗的燈光。但與匿名者Q的邪惡想像不同，這些陰謀背後的動機相當平庸：一家美國礦業公司執意壟斷利潤豐厚的金屬資源，或是一家石油巨頭不願撤出油藏豐富的國家。

「利潤最大化」是資本主義的核心——即使需要陰謀也在所不惜。這也指向「皮克主義」的另一個受害者：「深層政府」（deep state）一詞的含義變質。最初，這個詞因土耳其左派而流行，用來描述軍事與精英網絡進行的祕密活動。[14] 但班農和川普將之用來描述，當他們行使不受限制而且常常違憲的權力時，任何阻礙他們的力量，舉凡經濟、司法、新聞、情報機構。此外，這個詞也成為方便的代罪羔羊——他們失敗的時候，什麼都不是他們的責任，永遠都是「深層政府」的錯。

亞當・斯密（Adam Smith）在一七七六年出版的《國富論》（*The Wealth of Nations*）中提到：「同業的人很少聚在一起，即使只是為了娛樂，但談話的結果往往是針對公眾的陰謀，或者是抬高物價的計謀。」[15] 英國作家兼出版商馬克・費雪（Mark Fisher）更進一步指出，今天所謂的陰謀多半是「統治階級的階級團結表現」[16]——他的意思是，主要由商界和政界的超級富豪勾結串通，狼狽為奸。

這類陰謀是真實存在的，還有更多陰謀比在紐約和倫敦的無菌會議室中醞釀的更骯髒，目的是操縱價格、愚弄監管機構，或破壞南半球新當選的社會主義政府。地球富裕地區的中產階級直接參與的那些市場表層——燈光明亮的雜貨店和加油站、時尚網站、沉悶的辦公室——並不是資本主義的全部，只是資本主義光鮮亮麗的門面。所有這些操作在某種程度上都依賴壓榨工人、消費者和用戶，然而更深層的供應鏈中隱蔽的部分——那些過度開發、人為控制和生態毒害影響的區域——並非系統的瑕疵，而是長久以來維持我們這個世界運轉不可或缺的部分。

為了完整呈現這張地圖，我們可以稱這些地方為「陰影之地」——本應和諧的全球經濟中，損壞而密集的底層。幾十年來，不斷追求極致效率，壓榨供應鏈中的每個環節，上演一個個獨特但又似曾相識的掠奪故事——從提取原料的礦山和畜牧場，到將原料轉化為零件和成品的工廠與屠宰場，再到跨越大陸和海洋運送貨物的火車和輪船。商品進入倉庫，輕點滑鼠即可分揀和儲存，然後經由卡車或配送車送到消費者手中；而廢棄物最終匯聚在垃圾山和汙染的水道。這一切的終點，則是提供超級富豪享受奢華生活的遊樂場。

令人震驚的已經不是這些故事本身，而是這些故事似乎不再引起任何震撼。在我出版《No Logo》二十五年後，一件紐約、倫敦或多倫多的少女身上的快時尚，意謂孟加拉達卡的工人（多為年輕女性）必須冒著在服裝工廠裡被燒死的風險，但這已經成為生活的一部分。或是在中國深圳製造我們手機的工廠中，為了防止工人因絕望而跳樓的自殺防護網，已經成為建築「正常」的設施。又例如，像杜拜和杜哈這樣的城市，由大批移工建造與維護，但這些移工工作和生活的條件惡劣至極；若因工作死亡，雇主不需負擔責任。或是紐澤西州的倉庫工人，為了獲得足夠的時間上廁所休息，必須對抗地球首富前三名的其中之一。在馬尼拉，內容管理員日復一日盯著斬首和兒童虐待影片，為的是保持我們的社群媒體「乾淨」；在加州，因為我們無窮消耗能源，助長洛杉磯和索諾瑪的森林大火，而負責救火的監獄囚犯冒著生命危險，每天僅得幾美元；更甚的是，來自中美洲受氣候災難影響的移民，在有毒的空氣中摘採酪梨和草莓，一旦生病或要求更公正的待遇，立即會被驅逐回國，像受損的水果一樣被拋棄。

而且，在陰影之地，這些居民還算幸運，是相對的贏家。他們有工作，可以寄錢回家，或在監獄買點額外的東西。無數的其他人被推入世界上更陰暗的角落——移民拘留機構和拘留區，或者無法度過一般風雨的船隻，或者隨著房地產成為越來越有利可圖的投機活動，而在我們閃閃發光的城市中漸漸成形的帳篷城。和諧是我們時代偉大的承諾。但是衝突不會只是因為我們不看而消失——只是轉移到在陰影之地充滿苦難的生命上頭。

這些陰暗的角落也和真實的陰謀有關。在這些地方，基本的工作和生活條件極為惡劣，為了維持社會進步的假象，這些角落被刻意隱藏於陰影之中，甚至充斥極端的虐待行為。所謂的「陰影之地」，是主管、警衛乃至士兵經常施行身體和性虐待的場所。這些虐待之所以持續，是因為受害者多為貧困、無證件、無法律保護的群體，大多數是黑人和棕色人種——他們的生命價值早已被大打折扣。虐待行為在陰影之地如此猖獗，正是因為這些行為在那裡可以無所顧忌地存在。而要維持這種現狀，需要陰謀來掩蓋真相，保護加害者，同時保護消費者。當我們行走在供應鏈中明亮的部分時，陰謀讓我們對這些黑暗現實保持無知與無辜。

還有另一個與資本主義密切相關的陰謀需要揭露，這個陰謀源自這樣一個事實：當社會中一小部分的人因為這些「陰影之地」存在而累積財富，而且富可敵國時，那些居於高位、享受純淨空氣的人便開始覺得自己凌駕於法律之上。例如，當艾普斯坦在監獄中去世時*，我認為許多權勢人物的祕密也隨之消失，而且我不確定我們有沒有可能完全知道。你知道嗎？

權力與財富共謀，無論在公開場合還是在私密場域，在聚光燈下還是在陰影中，都在相互保護。因此，當我們試圖理解鏡像世界中那些荒謬的理論時，應該格外謹慎，以免失去理性，最終認為性虐待和各種惡行並未發生，而且覺得只有瘋狂的陰謀論者才會相信這些離奇的事件。在我們這樣一個充滿極端不

* 譯注：美國金融家，所涉及的性侵少女和性交易案，披露多達一百個政商名流的名字。原本在獄中等待審訊，卻突然被發現死亡，引發各種陰謀說法。

平等的經濟秩序中，億萬富翁的浮誇生活彷彿高速飛船掠過人類苦海，而這種秩序本身就是一種惡行，必然會滋生更多的罪惡與不公。

問題不再是我們不知道這些重要事實，而是我們有太多人不知道如何了解。我們都知道，我們的世界建構在陰影之地上方。但知道又如何？以後會如何發展？憤怒、羞愧和悲傷又該往哪裡去？

報導寡頭精英的罪行二十五年後，我經歷了一段痛苦的時期，「有罪不罰」的現象讓我感到極度挫敗。血汗工廠和石油外洩、伊拉克入侵、二〇〇八年金融危機……甚至拉丁美洲的政變中，異議人士被獨裁者從直升機拋入海中。這些事件彷彿都成了無代價的過去。華盛頓干預俄羅斯剛萌芽的後蘇聯民主，造就一群寡頭，並為普丁上台鋪路。我難以忍受這些人竟然能夠逍遙法外；沒人因此付出代價，而且名聲都能重建。季辛吉依舊為歷任總統提供建議，迪克・錢尼被視為一位「合理」的共和黨人，而在二〇〇八年親手推動衍生品泡沫，導致全球經濟崩潰的羅伯特・魯賓（Robert Rubin），如今竟然能夠建議我們應對氣候變遷「不要操之過急」。想到這些，我就喉嚨緊繃，呼吸急促。狀況不好的時候，我真怕自己會爆炸。這種有罪不罰的現象會讓人發瘋，也可能讓整個社會陷入瘋狂。正如數位新聞學者馬庫斯・吉洛伊－威爾（Marcus Gilroy-Ware）在《事實之後？》（*After the Fact?*）中所寫的：「權力濫用催生陰謀指控，這些權貴男女，至少要為針對他們極端且虛構的指控承擔部分責任。」[17]莎拉・肯齊爾（Sarah Kendzior）在她二〇二二的著作《他們知道：陰謀文化如何讓美國自滿》（*They Knew: How a Culture of Conspiracy Keeps America Complacent*）中也探討真正的陰謀如何逃避懲罰，反而助長荒謬信念的增長。[18]

關於大重設的陰謀論可能正是典型案例。當這些陰謀論在早期反封城的抗議活動中浮現時，看起來彷彿揭露一個巨大的祕密。然而，奇妙的是，「大重設」並非被刻意隱藏——這是世界經濟論壇發起的一場品牌推廣活動，為了重新包裝許多早已提出的構想：生物識別身分、3D列印、企業主導的綠色能源、共享經濟等，這些全被匆忙定位為振興疫情後全球經濟的藍圖，目標是「探索更好的資本主義模式」。大重設透過一系列影片呈現，聚集跨國石油巨頭，探討氣候變遷帶來的迫切挑戰，政治人物也承諾要「重建得更好」，為我們帶來「更公平、更環保、更健康的地球」。這些內容是達佛斯的標準配備——傲慢自負不在話下，其中許多構想確實存在風險。然而，整個倡議裡並沒有什麼新意，也並非什麼祕密。

但是，右派的記者和政治人物，以及左派的「獨立研究人員」，一次又一次，表現得好像他們已經揭露狡猾的精英試圖向他們隱瞞的陰謀。如果是這樣，大重設就是第一個擁有自己的行銷機構和解說影片的陰謀。

正義的幻想

是什麼奇妙的動力讓人們試圖「揭露」那些根本未被隱藏的事？或許是因為，在那些口頭上強調社會平等（或至少「公平」）的自由民主國家中，我們的全球精英自認理所當然能夠行使凌駕他人的權力，而公眾對於這種毫不掩飾的炫耀心生不滿。寡頭統治的體制並非隱藏於幕後；相反地，他們驕傲展示，甚至主動羞辱目睹這一切的人。每年，億萬富翁、國家元首、一線名人、記者以及各國王室成員都會齊聚瑞士達佛斯參加世界經濟論壇，類似他們赴美國科羅拉多州的亞斯本（Aspen）參加創意節，或前往曼哈頓出席柯林頓全球行動計畫（Clinton Global Initiative）。Google甚至在西西里島舉辦一年一度僅限受邀嘉賓參加的「夏令營」，在那裡你遇見馬克・祖克柏和凱蒂・佩芮的機率一樣高。在每一個這樣的場合，他們都披著「解決全球問題」的斗蓬——從氣候崩壞到傳染病，再到饑荒。然而，這些活動既未獲得授權，也缺乏公眾參與；最重要的是，毫無羞恥——他們在創造和維持這些危機中扮演的核心角色。

意識到這種赤裸裸的金權政治能在民主社會中扎根，而且幾乎不需掩飾，感覺就像被迫目睹配偶出軌，但這完全不是你的癖好。也許，我們應該將陰謀文化——大灑狗血揭露並未隱藏的事物——視為某種為了維護自尊而扭曲的突襲。

這種力量甚至可能是激勵匿名者Q的根源。在這類陰謀論的核心，是一種驚天動地的正義幻想——一群「白帽好人」突然出現，逮捕所有作惡的戀童癖、撒旦崇拜者和貪汙小偷，將他們送往關塔那摩監獄，稱為「大風暴」或「大覺醒」。真是天真得令人同情，正如馬克・費雪所說：「有人真的認為，例如，假如我們用一群全新的（甚至『更好的』）人，取代所有管理和金融高層，事情就會改善嗎？」[19] 然而，你知道嗎？我懂那種吸引力。這種幻想的力量絕對強過觀看蜜雪兒・歐巴馬與小布希分享糖果，或是在二〇二二年五月聽到前總統譴責俄羅斯入侵時的口誤引來觀眾會心一笑——他說：「這完全不合理，是殘暴的入侵伊拉克……我是說，烏克蘭。」[20]

以上連帶提出一個迫切的問題：在「鏡像世界」之外，是否還有人抱持正義與負責的願景？自由派長期以來一直期待川普最終會為在任期間或卸任之後的罪行承擔法律責任。但除此之外，是否有人呼籲將當代戰犯送上國際刑事法院？是否有計畫扣押加劇氣候危機企業的資產？如今，當「讓美國再次偉大」的共和黨人將眾議院進行的種種作秀審查稱為新的「丘奇委員會」* 時，這種說法簡直是皮皮克主義的極致。然而，當民主黨控制眾議院時，他們究竟做了什麼來調查情報機構與科技巨頭之間的合作，揭露侵犯隱私與監視我們的各種

* 譯注：一九七五年由民主黨參議員法蘭克・丘奇（Frank Church）主持的調查委員會，負責揭露情報機構在國內外最骯髒的手段。

行為？或者試圖赦免像愛德華．史諾登這樣的吹哨者？我們是否已經放棄追求這種規模的正義？如果真是如此，那麼看到這種正義的渴望在「鏡像世界」中以扭曲的形式重現，也就不足為奇。正義的真空已然形成，而如果說我的「分身」教會我什麼，那就是這樣的真空往往會被填補。

此外，還有其他因素助長陰謀論文化。過去三十年來，企業極度整合，創造對消費者不利的競爭環境，以致獲取基本生活所需變成一場無止境的騙局。彷彿每家公司都拿著好幾頁的服務條款同意書欺騙我們，心知肚明我們永遠不會去讀。黑盒子不僅是操控我們通訊網路的演算法——幾乎每個領域都是一個黑盒子，一個隱藏真正目的的不透明系統。住房市場的核心不是家，而是避險基金和投機者的樂園；大學不再關於教育，而是讓年輕人背負一輩子的債務；長照機構的重心不在照護，而是在臨終和房地產交易中榨取老人的資源；許多新聞報導不是在報導新聞，而是在推銷自動播放的廣告和業配。幾乎每件事物都不是看起來的樣子。這種掠奪的資本主義不斷滋養不信任和偏執。在這樣的背景下，匿名者Q的陰謀論——精英為了獲取「腎上腺素紅」而綁架年輕人——之所以能夠瘋傳，也就不難理解。確實，精英階層在榨取我們的金錢、勞力、時間、數據，甚至導致地球的大片區域在氣候危機中自動燃燒。達佛斯的精英或許不會吃掉我們的孩子，但他們正在吞噬我們孩子的未來，而這樣已經足夠糟糕。匿名者Q的支持者或許幻想披薩店和中央公園底下藏有祕密通道，用來運送兒童。這是虛構的情節，但事實上，某些大城市的地下確實有「陰影之地」，藏匿窮、病、毒蟲、棄兒。在拉斯維加斯燈火輝煌的地面底下，成千上萬的人生活在龐大的雨水排水系統之中。

正如我的「分身」將我們對監視的恐懼投射到疫苗應用程式那樣，陰謀論者可能弄錯具體事實，但他們往往弄對感覺——生活在這個充滿陰影之地的世界中的感覺；每次有人類苦難，就有某些人從中獲利的感覺；在掠奪和壓榨中疲憊不堪的感覺；以及重要真相被刻意隱藏的感覺。驅動這些感覺的系統名稱以C開頭——資本主義（capitalism）。但是，若你從未真正了解資本主義的運作，只是被告知這一切都是為了自由、陽光、巨無霸漢堡，以及通過遵守規則來實現應得的生活，那麼你很可能會將這個「C」字頭的系統誤解為另一個C開頭的詞——陰謀（conspiracy）。

如同吉洛伊－威爾所說：「陰謀論是健康且正當的政治直覺點火不良：懷疑。」[21]

但是這種懷疑若指向錯誤的目標，將會非常危險。

* 譯注：英國影集，描述一九〇三年倫敦市中心一戶人家，樓上住著主人，樓下住著傭人。

追過我們的陰影

《我們》是喬登‧皮爾在二〇一九年推出的恐怖片，電影想像一個陰暗的地下世界，這個世界住著地上每個人的「分身」，彼此看不見，卻隱隱相連，彷彿被無形的繩索綁在一起。地上每一個動作都會反射到黑暗痛苦的地下世界。因為地下人民的苦難，地上人民才能享受安逸。許多人將這樣的動態類比於種族資本主義下的階級壓迫。在電影裡，地下的人民厭倦扭曲、陰暗的生活，最終決定走向光明並造成巨大破壞。

這些地下人民是誰？

「我們是美國人。」這句話是一記當頭棒喝。

南韓導演奉俊昊二〇一九年的電影《寄生上流》同樣描繪一個地下陰影世界。工人階級被視如蟲子，住在狹小陰暗的地下洞穴，悄悄爬上樓去占據富人的鍍金生活。這不僅是《樓上，樓下》（*Upstairs, Downstairs*）*那樣的社會階級劇情，更是資本主義與帝國主義「陰影之地」的隱喻：中國血汗工廠裡工作的青少年、剛果鈷礦中掙扎的孩子、裝滿我們油箱的石油戰爭，以及為了維護歐洲堡壘的幻想而在海上溺斃的移民。現在還可以加上：數十億人無法獲得一劑 COVID-19 疫苗，而生活在富裕國家的人卻在排隊接種第三劑和第四劑（前提是他們不因所謂的「暴政」威脅而放棄這項特權）。

小說家黛西•希德雅德（Daisy Hildyard）在她二〇一七年的書《第二個身體》（*The Second Body*）中，將我們如何被捲入這些「陰影之地」的現象描述為一種分身形式。她認為每個人都有「兩個身體」：一個是我們有意識生活於其中的身體，負責滿足日常需求，如飢餓、通勤、健身、生育等；而另一個則是「影子自我」，這個分身代表我們穿梭於我們刻意忽視的平行世界，從中提取資源、製造商品，運轉和支持我們的生活。

她寫道：

你被困在這裡的身體，但從技術角度來說，你可以是在印度和伊拉克，你在天空呼風喚雨，你在海中驅趕鯨魚擱淺。或許你不會感覺到你的身體真的在那些地方；就像你擁有兩個截然不同的身體：你存在、吃、睡、過日子的身體；能夠影響其他國家和鯨魚，不如另一個固實，但更加廣大的身體。[22]

在希德雅德的構想中，我們的稅金被拿去支持戰爭，保護供應我們取暖、烹飪、驅動汽車所需的石油和天然氣，這些資源同時也在加速地球毀滅。我們在這樣的戰爭中成為「共犯」，共犯的身分與我們的生活密不可分，是我們身體的延伸。正如她寫道：「第二個身體是你自己字面上和物理上的存在——是你的另一種形式。」這個「第二個身體」是我們自我的化身，是我們隱晦卻深刻影響他人和世界的那個面向。

這不僅是鏡像世界的病態，不僅是他們的問題；這也是我們的世界，是我們每個人所在的現實——位於陰影之地上方的世界，一直存在的世界。我們因此可以看見，富裕世界的社會結構呈現二元性質——不是踢著正步容易發現的納粹，而是滅絕的暴力和殘酷的剝削，「文明」計畫最脆弱的下腹。偉大的德國哲學家瓦爾特・班雅明在一九四〇年去世前寫道：「任何文明的文獻，同時也是野蠻的文獻。」[23]二十年後，傑出的小說家、散文家與劇作家詹姆斯・鮑德溫（James Baldwin）也寫道：「不用說，我相信，如果我們更了解自己，就會減少對自己的傷害。然而，自我和自我認知之間的障礙確實很高，很多事情人們寧可不知道！」[24]

COVID-19的時代迫使我們不得不正視許多我們本來寧願忽視的真相——關於當前的經濟秩序，還有年長的人和從事關鍵工作的人遭受的無情待遇。關於我們共同的歷史：現代世界的誕生，很大程度建立在對非洲人民的暴力掠奪和對原住民的土地盜竊之上。我的「分身」圈子裡的許多人正致力將這種對過去的反思——以及過去對現在的深遠影響——從教科書和學校圖書館中移除。彷彿這些問題還不夠嚴峻，我們還必須面對朝著我們逼近的未來。過去三十年來，氣候科學家不斷懇求政府和企業領袖減少溫室氣體排放，但是他們的行動卻背道而馳。我們隱約感受殘酷的未來正潛藏在螢幕的光芒、引擎的轟鳴聲和快速的物流服務背後。我們知道，無論遠近，無數的人類同胞及生態系統都將為此付出沉重代價。二〇二二年秋天，我們瞥見這個未來：巴基斯坦的洪水讓數千萬人無家可歸，沖毀一整季的農作物，但洪水還未退去，這場災難便已從我們的螢幕消失。

在這個星球上相對富裕的地區，這些平行的陰影之地是我們個人和星球的潛意識，糾纏我們。過去、現在、未來的鬼魂，全都一起朝著我們奔來。我們感覺，分隔這些世界的圍籬無法支持很久。即使資源最豐富的人也無法隱藏痛苦和醜陋。就像社會可以縱身一躍變成可怕的分身，地球也可以從適合居住變成不適合居住。隨著亞馬遜雨林燃燒、南極洲的冰崖崩塌入海，這個過程已經開始。

「當你身處從前的戰場或亂葬崗時，你就會知道。」迪娜・梅茨格（Deena Metzger）在她二〇二二年出版的新書《La Vieja：火災日記》（*La Vieja: A Journal of Fire*）中寫道。[25]

你其實知道。我們都知道。而且我們感覺得到，陰影正在接近。

12 別無他路，只能回頭

某天，我們所有的兒女和孫兒女會直接問我們每一個人：「爸、媽——爺爺、奶奶——他們會問：戰爭的時候你們在做什麼？」[1]

娜歐蜜・沃夫在她二〇二二年三月二日的電子報發表這段話的時候，戰爭正在肆虐。第二次世界大戰以來，一個歐洲國家遭受最嚴重的攻擊。長達一週，俄羅斯一直在攻擊烏克蘭首都基輔及周邊郊區，並且開始圍攻馬里烏波爾港（Mariupol）；根據聯合國當時估計，有一百萬烏克蘭人逃離被襲擊的國家。但沃夫想像兒女和孫兒女質問長輩的，不是那個戰爭。她也不是指我們地球上的戰爭，儘管政府間氣候變化專門委員會（Intergovernmental Panel on Climate Change）三天前剛完成一份報告，用聯合國祕書長安東尼奧・古特雷斯（António Guterres）的話說，那份報告就像「人類苦難和罪證的圖集，並且譴責各位領袖失敗的氣候政策」。[2]

不，我的分身，在一篇貼文標題寫著「不是我『勇敢』，是你『沒種』」。她指的戰爭發生在沃克酒店（Walker Hotel），位於曼哈頓的富裕社區翠貝卡，根據這篇貼文，沃夫本人在這場戰爭中扮演英雄的角色。

隔夜燕麥事件

沃夫解釋，她一直住在這家酒店，並注意到酒店的咖啡店張貼告示，寫著座位「僅供已接種疫苗人士使用」。這家咖啡店是藍瓶咖啡（Blue Bottle），一杯咖啡售價四美元，隔夜燕麥售價六美元。沃夫決定親自對抗這個暴政：

所以，在我入住的第三天，我禮貌地告訴藍瓶咖啡的工作人員，我沒有接種疫苗，而我現在要把我的小杯咖啡和隔夜燕麥帶到禁止我使用的午餐櫃檯，然後

我會安靜地坐在那裡，紐約市要咖啡店歧視我，但我不會服從。

工作人員低聲告訴我——這是他的工作——我這麼做會違反紐約市的「規定」。

我說我明白，但我還是選擇不遵守……然後，我在不合法的午餐櫃檯坐下，傳訊息給我的律師以防萬一，並公開發文給州長霍楚（Kathy Hochul）和市長艾瑞克·亞當斯（Eric Adams），表示紐約市規定未接種疫苗的人不能坐在咖啡店，這是歧視，而現在我故意違反。如果他們想逮捕我，我就在翠貝卡沃克酒店咖啡店的午餐櫃檯。

然後我心臟狂跳，等了一個小時，誰會來逮捕我。你知道怎麼了嗎？

什麼都沒發生。[3]

是的。什麼都沒發生。警察沒來，州長和市長大概在忙。

沃夫沒有被嚇倒，她的社群媒體現在處於高度戒備狀態，她前往紐約市中央車站，在要求疫苗接種的等候區演出完全相同的戲碼。這次「立刻出現兩個警察」。根據沃夫的說法，他們客氣地引導她到另一個專為未接種疫苗的人設置的等候區：

我解釋，紐約市以及美國在這方面的優勢，就是多元平等對待所有人，而且如

果人們拒絕遵守其他形式的歧視，也拒絕強制分開住宿，歧視的規則就會早點結束。那天我第二次表示，我打算和平地不遵守。

沃夫等待那天第二次的勇敢宣示會被逮捕。「我再次準備好戴上手銬。」她寫道。「我的心臟再次狂跳。」但是就像在藍瓶咖啡，什麼也沒發生。沒有。「我問，現在我可以離開去搭我的火車嗎？沒人阻止我。」

從這些喝咖啡、坐火車的平凡經驗中，沃夫得出一些非常重要的結論：

當我拒絕遵守這些非法「規定」時，這些「規定」已經燒毀一座曾經偉大的城市的靈魂，什麼也沒發生……但在我緊張、害怕地對抗那些聽起來可怕的「規定」時，證明一件事，至少對我自己來說，那些規定毫無意義。其他人的勇氣在這個世界創造可能。

那個，沃夫寫道，是「收穫」。[4]

這不僅是我的分身無法在紐約被捕的唯一「收穫」。另一個值得注意的收穫是，儘管她一再聲稱相反的觀點，但事實上從未發生過以疫情為藉口結束自由的政變，她也從未生活在生物法西斯政權之下。實際上，當沃夫發起抗議時，她必然知道，紐約市長亞當斯已經宣布，[5] 只要疫情維持在緩和狀態，將取消室內用餐的疫苗強制規定，幾天後果然就取消了。[6] 儘管確實存在一些過度干預的情況，這些防疫措施的確只是暫時的。

正如我說過，我對疫苗應用程式的矛盾感在於：日常生活數位化的程度加深，進一步加劇原本已經存在的不平等，但隨著死亡人數越來越多，讓病毒繼續肆虐同樣也會造成不平等。病毒變異導致疫苗在預防感染的效果顯著下降，持續強制接種疫苗也將不再那麼有意義，這也是為什麼紐約等地取消疫苗強制規定。（雖然口罩和快篩在控制感染和傳播方面仍然非常有效，但遺憾的是，這些要求也取消了。）

撇開這些事情不談，在沃夫激動的敘述中，在這座城市最終什麼也沒發生的一天，最讓我印象深刻的是她奇怪的措辭。藍瓶咖啡基本上是外帶的連鎖店；有一些簡易的座位，但沒有沃夫三次提到的「午餐櫃檯」。很明顯，她使用這個不合時宜的詞語，是為了喚起一九六〇年代初期的記憶，那些在真正的午餐櫃檯前進行的靜坐，勇敢而血腥。最著名的在北卡羅來納州格林斯波羅（Greensboro）的銅板商店沃爾沃斯（Woolworths），儘管有僅限白人的政策，四名黑人民權社運人士仍然堅持他們獲得服務的權利。格林斯波羅四人的行動，在整個種族隔離的南方，鼓勵更多公民不服從運動；許多人因為挺身而出而遭毆打逮捕。

美國的種族隔離法確實是一種暴政，專門設計用來將黑人壓制為二等公民。沃夫引用「午餐櫃檯」，並用「強制分開住宿」和「歧視的規定」指涉早期美國的歷史事件，[7]自以為地將自己與格林斯波羅四人以及羅莎・帕克斯（Rosa Parks）相提並論（一九五五年帕克斯在阿拉巴馬州蒙哥馬利的公車上拒絕讓位給白人乘客。沃夫對她非常崇拜，並將女兒取名為羅莎）。[8]隨後，沃夫會寫道，在COVID-19疫情期間生活在紐約州「就好比我們都生活在種族隔離法之下」。[9]

種族角色扮演

這些歷史引用並不是特例。在她的訪談中，除了浮濫提及納粹，沃夫反覆將疫苗強制規定類比為真實的種族壓迫結構。同時，整個更廣泛的反疫苗、反口罩、反封城運動，一直將自己類比為黑人解放運動，並大量借用他們的詞彙。班農已經開始向他的社運聽眾灌輸這樣的觀念：他們攻占學校董事會、接管地方共和黨分會，是在「扭轉趨勢」。無論是在紐約、雪梨、巴黎，還是在羅馬，白人——其中多數是抗議的人或領袖——聲稱自己正在參與一場「新公民權利運動」，認為自己是新興階級制度中的「次等公民」，並宣稱遭受「醫療種族隔離」。某些人舉著「強制規定＝奴役」的標語。

二〇二一年九月，奧勒岡州紐伯格一所小學的助教甚至扮成黑人去學校工作，以此抗議當地的疫苗強制規定。「我扮演的是羅莎・帕克斯。」她對脫口秀主持人說。[10] 總而言之，這場運動在不同時期，聲稱自己是在反抗歷史上幾乎所有針對種族和宗教少數群體的罪行：奴隸制度、種族滅絕、納粹大屠殺、美國的種族隔離政策和南非的種族隔離制度。

例如，某個我追蹤的亮麗網紅說，她正在爭取「呼吸的權利」——指的是反對店家要求顧客佩戴口罩，而她選擇拒絕。聖地牙哥的母親組成團體，反對小孩在學校佩戴口罩，並稱她們的組織為「讓他們呼吸」（Let Them Breathe）。[11] 很難想像，這些受過教育的中上階層白人母親會沒有意識到，她們的口號與另一個充滿歷史痛楚的口號互相呼應：二〇一四年，紐約市一名警察在街頭掐住艾瑞克・加納（Eric Garner）的脖子，加納掙扎著說出「我無法呼吸」後便失去生命。她們也應該知道，二〇二〇年，喬治・佛洛伊德在街上被明尼亞波利斯市的警察殺死之前，也說了同樣的話。然而，距離佛洛伊德被殺引發的抗議活動震撼全國不到一年——以及因艾哈邁德・阿伯里（Ahmaud Arbery）、布倫娜・泰勒（Breonna Taylor）和其他黑人被害事件而引發的連串抗議——這句「我無法呼吸」的口號再度出現，卻轉向反對旨在減少 COVID-19 病毒傳播的公共衛生政策，儘管病毒已經肆虐黑人社區。

諸如此類的種族角色扮演在對角主義者之間無所不在。二〇二一年春天，沃夫計畫在六月節——紀念美國奴隸制度結束的日子——舉行的反疫苗活動上，演說她的「五個自由」。記者歐因・希金斯（Eoin Higgins）向主辦單位提出質疑，選擇一個對黑人解放如此重要的節日來從事這些運動是否合適。他得到的回答是：「我們一直被我們的政府奴役。」[12]

那個活動後來似乎取消，但原本的計畫指出一些想到就讓我訝異的事。沃夫不斷聲稱，COVID-19的相關措施開創一個政治服從的新時代，而且只有她和她的同伴有勇氣反抗。他們的故事完全忽略一個事實：二〇二〇年，儘管佩戴口罩和社交距離的規定，數百萬人日以繼夜走上街頭，抗議警察謀殺黑人，並要求徹底重新分配資源，從大規模監禁和軍事化執法，轉向教育、住房以及基礎醫療等服務設施。這些訴求的目的是在縮小財富和資源差距，不讓黑人社區在合法的種族隔離結束後，仍然處於事實上的二等公民地位。

如果你擔心COVID-19象徵中共鼓勵的群眾服從時代開始，那麼值得注意的是，美國歷史上規模最大的抗議運動發生在疫情期間——數百萬人冒著被催淚瓦斯和胡椒噴霧攻擊的風險，為了捍衛言論、集會和異議的權利而上街。試想，如果你關心國家暴政的問題，那麼你也會關注那些推動抗爭的因素，如謀殺和大規模剝奪被監禁者的自由。然而，在沃夫所有的影片中，她一再警告美國正在變成一個「羊群國家」，但她既不承認這些種族正義訴求存在，也不承認如果一位黑人在藍瓶咖啡或中央車站重演她的行為，結局很可能是被壓制在地、戴上手銬——這不是因為疫苗規定，而是因為警察系統深層的反黑人種族主義。這些引發抗議的問題，沃夫卻選擇忽視。

二〇二二年六月，藍瓶咖啡之役三個月後，事情變得更加荒謬／嚴重。沃夫在奧勒岡州塞冷（Salem）上演一場更吸睛的宣傳戲碼。她找到城裡唯一仍然需要疫苗接種證明才能內用的餐廳——後記餐酒館（Epilogue Kitchen and Cocktails），這是黑人開的餐廳，窗戶上掛著喬治・佛洛伊德和布倫娜・泰勒的肖像，以及「黑人的命也是命」和「仇恨無處容身」的標語。儘管塞冷有那麼多家餐廳，儘管在別處已經預約，沃夫走進後記餐酒館，與餐廳對質，直到她被要求離開。她錄下自己對著餐廳黑人經理說教的影片，她說：「這個國家歷史上有很多人都曾經這樣突破界線。事實證明這是正確的做法，因為人們在這個國家確實享有平等的權利。」她也說，要求客人接種疫苗「絕對是歧視」。[13]

這段影片持續很長一段的時間，令人看得非常痛苦，沃夫宣稱她受到的待遇是「這個國家歷史上的重要時刻」。[14] 她驕傲地將影片發布在蓋特上，那家餐廳，果不其然，隨即被她的追蹤者透過電話、電子郵件和社群媒體，灌爆種族主義的侮辱。許多人假裝訂位（有些甚至說自己是川普）並故意拉低餐廳評價。「我們有超過一百五十個假的一星評價。」一週之後，餐酒館的合夥人強納森・瓊斯（Jonathan Jones）這麼說。「他們很多人很快就會表現種族歧視。肆無忌憚、嚴重的種族歧視。」[15] 確實，許多回應都結合目前為止在這趟旅程中反覆出現的主題：恐胖症、反黑人種族主義、陰謀和基因優越論，還有特別為窗戶上「黑人的命也是命」保留的仇恨。

這一切帶出另一個問題：對角主義者與我們這個時代其他主要運動之間究竟有何關連？他們是否只是各自發展，毫無交集？我們是否如許多對角主義者聲稱的那樣，目睹自由派精英的雙重標準，譴責反封城抗議卻讚揚種族正義抗爭？或者這種動態其實更加複雜，兩者之間存在某種扭曲的鏡像辯證關係？

我並不否認，在執行疫苗護照時，未接種的人可能會感到被歧視，甚至覺得自己像是社會中的賤民遭到排斥。對於健康情況會因佩戴口罩或接種疫苗而面臨更高風險的人，確實應當提供更明確的豁免。然而，我注意到，大聲聲稱這是危險歧視的，是與我相似的寬裕白人女性。我無法擺脫一種感覺：她們做出這些選擇的部分原因是，她們認為身處疫情健康共識之外，賦予她們一種強大的受害者身分——在那個種族暴力問題引發廣泛關注的時代，許多白人女性重新審視自己的角色。當大家都在批評典型的「凱倫」時，白人女性是否可以主張自己也面臨歧視？好吧，也許，假如凱倫能說服自己，她其實是喬裝打扮的羅莎・帕克斯，無法進入餐廳和大眾運輸，朋友和家人避之唯恐不及。這樣一來，聲稱自己失去地位，反而提升她們的地位——我們面對現實吧，在當前的新自由主義資本主義階段，這並非完全奇怪的現象，這種方式巧妙地將基於身分的壓迫，從本應促進團結和共享的基礎，轉變為個人身分的「貨幣形式」。

沃夫向塞冷餐廳的黑人經理說教，他們既反對反黑人暴力，又歧視未接種疫苗的人，是一種諷刺，此時經理平靜回答：「很抱歉那是妳的感覺。」[16] 這個時刻特別有意思。餐廳的老闆和經理事後都說，事發當時他們根本不知道沃夫是誰。但是另一個層面來說，他們非常清楚她的「身分」。

在那些經濟建立在奴役黑人並強迫他們勞動的國家，以及透過可怕的暴力、酷刑、饑荒、強迫搬遷，從原住民手中奪取土地的國家，這段歷史構成我們集體、不可動搖、無所不在的陰影。只有在如喬治・佛洛伊德被謀殺後那樣劇烈的社會清算下，主流文化才會對這些根本罪行給予多於偷偷摸摸的重視，或者更加意識我們的社區、學校、醫療系統和司法體系中持續存在的種族隔離現實。更不用說疫情期間高度種族化的分歧：誰待在家裡抱怨，誰又在醫院、療養院、倉庫、廢棄物處理設施等支撐現代生活的基礎設施中，領著微薄薪水，沒有適當防護裝備，冒著面對病毒的風險工作。

當保守派與自由派互為鏡像，各自聲稱自己披著真理與正義的斗篷時，這段隱晦的歷史與現實構成白人「陰影世界」的一大部分——這是真理，既被人知曉，又被人壓抑。塔納哈希·科茨（Ta-Nehisi Coates）在他的著作《在世界與我之間》（*Between the World and Me*）將白人對這段陰影的否認稱為「那個夢」，[17]即「美國夢」的縮寫，但著重於「夢」的部分而非「美國」本身。重要的是，那個夢知道自己只是一場夢，不是真實，也意識到現實正用力敲打著門，催促人們從沉睡中醒來。因此，必須花費極大的力氣拉上窗簾，以防真實的光線洩漏進來。

沃夫在曼哈頓和塞冷餐廳裡那些荒謬的舉動正是最殘酷的諷刺。在她吸收並挪用公民權利運動的語言時，她許多鏡像世界中的同行卻積極反對人們講述美國過去真實的故事，聲稱向學生教授美國種族主義的現實就像口罩和疫苗，是「虐待兒童」的形式。他們推動立法，要求只教授「愛國」歷史，並禁止相關書籍——正如歷史學家基安加·亞瑪塔·泰勒所說，真正了解歷史需要我們在當下回應這些歷史遺產的影響。

這些集體努力使得公開討論美國的種族主義和仇外歷史變成一種笑話，甚至在某些情境下幾乎無法進行。然而，探討美國種族主義的歷史有助於深入理解當今存在的貧困、失業和社會剝奪模式。而且，這樣的對話是為減緩種族排斥而設立或擴展公共計畫的重要論據基礎。[18]

泰勒提到，這些對話顯然是右翼人士厭惡的，但「甚至一些自由派也迴避，因為他們害怕被貼上支持『大政府』的標籤」。

因此，當沃夫扮演羅莎・帕克斯時，她新結識的戰友，某些為「自由」而戰的人，正忙著禁止他們全都在偷竊的精準歷史書籍，其中包括一本名為《我是羅莎・帕克斯》的繪本，該書被列入賓州學校董事會的禁書名單。我聽過數十次沃夫在右翼媒體的訪談，從未聽到她公開反對全國各地不斷升級的圖書禁令，儘管她哀嘆自己在社群媒體平台被「限制流量」或封鎖。[19]

對角主義者試圖做的，好像就是藉由吸收被壓迫者的語言和姿態，擺脫過去漫長的陰影。包括我們年輕的國家是建立在被燒毀的村莊和墓地之上的事實。這片土地的靈魂從未安息。

兩支卡車車隊的故事

二〇二一年五月，卑詩省內陸的第一民族（First Nation）蘇斯瓦族（Tk'emlúps te Secwépemc）發表一份聲明，在全世界引起迴響。據說，在過去運營將近一個世紀，前坎路普斯印第安寄宿學校（Kamloops Indian Residential School）的舊址發現墳墓，可能埋葬多達兩百一十五名兒童。有些兒童入土的時候，可能僅有三歲。[20] 原住民學生從全省及其他地方被送到那裡。

寄宿學校只是種族滅絕一種相對現代的武器；與歐洲人接觸後，美洲原住民人口整體減少百分之九十以上。從學校生還的人都記得神祕的掩埋場。半夜不見之後就再也沒回來的孩子；被神父收養之後離奇消失的嬰兒。這是如此公開的祕密，以致真相與和解委員會在二〇一五年發布官方報告，呼籲加拿大政府全面調查學校中可能的死者和謀殺案件。

那份報告仔細審查所謂的「文化種族滅絕」：[21] 從一八八〇年代到一九九〇年代末，來自加拿大各地至少十五萬名第一民族、[22] 梅蒂斯人（Métis）和因紐特人（Inuit）的兒童被迫離開他們的家庭和文化，進入這些所謂由天主教會和其他組織應聯邦和省政府要求開辦的寄宿學校。[23] 進行數千次訪談後，真相與和解委員會確定三千兩百零一名在寄宿學校死亡的兒童姓名，而且該數字現已更新至四千一百一十七名。[24] 真相與和解委員會主席暨法官默里・辛克萊（Murray Sinclair）後來估計真實數字可能接近兩萬五千人，他持續敦促政府調查這些機構的舊址。[25]

但渥太華卻拖拖拉拉。正是這種背景之中，某些第一民族開始自己調查，即使在

COVID-19疫情期間孤立無援的情況下，持續進行搜尋。現在，藉由透地雷達的幫助，土壤逐漸保守不住祕密，以西方科學證實倖存者及他們的後代已經知道的痛苦事實。這些學校不僅刻意扼殺原住民文化，他們還殺害原住民兒童——很多的原住民兒童。透過醫療疏忽、營養不良、肢體虐待，而且有時候，似乎還有，殺害。「世界末日」（Apocalypse）原始的希臘文意思是「掀開」、「揭露」、「披露」。正是如此。

在坎路普斯確認埋葬兒童一事——透過雷達「反射」，集體潛意識的物質浮出表面——加拿大再也不能否認暴力的種族滅絕。而且這只是開始。蘇斯瓦族最終會將數字從兩百一十五修正至兩百，但接下來幾個星期，其他學校的舊址又發現數百個無名墳墓；在我寫作同時，距離我的住處僅幾分鐘路程的地方，正在調查可能的墳墓，已找到數十座淺埋墳墓。迄今，加拿大各地學校舊址上，疑似無名墳墓已發現超過兩千座。[26]毫無疑問，令人不寒而慄的證據仍將不斷增多。

這些機構的根本目的不是教育，而是終結原住民的身分認同。加拿大設立學校的官方目標是「殺死孩子身上的印第安人」[27]——切斷原住民與土地、傳統、儀式、語言和親屬關係之間的所有連結。有時，這一切被完全歸咎於種族主義，但種族主義只是部分原因。另一方面，寄宿學校制度背後的白人至上主義和基督宗教至上主義，同時服務國家的經濟和政治利益。加拿大早期由毛皮貿易公司和其他採礦企業推動發展，因為他們覬覦這裡的土地，所以需要這些學校切斷連結——連根拔起並破壞父母和孩子之間、土地和人之間的關係——有助殖民者奪取未割讓的原住民土地，以便開採資源和定居，然而不受任何限制。

正如二〇二〇年喬治・佛洛伊德被殺害後引發的清算，二〇二一年，無名墳墓的真相浮現，在加拿大各地引發憤怒、悲傷和團結的浪潮。幫助設計這些機構的殖民人物雕像被推倒；知名大學更名；教堂被燒。最後，教宗方濟各親自來到加拿大進行他所謂的「懺悔朝聖」，之後他表示「是的，這是一場種族滅絕」。[28] 加拿大議會隨後一致通過一項動議，確認寄宿學校系統符合聯合國對種族滅絕的定義。[29]

在雷達確認墳墓之前，為了率先伸張正義，一場以橘色上衣和「每個孩子都重要」口號為象徵的運動已經在進行。那年春天，印有這句話的橘色旗幟在成千上萬的住家和商店外面飄揚，從銀行到大學等各種機構也響應「橘色上衣日」活動。幾乎每所學校和操場外的鐵絲網都繫上象徵的橘色絲帶（共兩百一十五條），公共廣場擺滿小鞋子和泰迪熊，堆疊成追悼的紀念碑。報紙則刊登關於白人至上主義法律架構的文章，揭露這些法律如何掩蓋撕裂家庭和掠奪土地的行徑。這些法令，例如「昭昭天命」和「發現論」，都是單方面的謬論，歐洲君主和教宗依此宣稱擁有「神聖權利」掠奪那些「新發現的」、早已有人居住的土地。

卑詩省的名稱直譯為「不列顛哥倫比亞省」（British Columbia），這個名字本身是將不列顛王室與哥倫布這兩個殖民符號結合，是令人可恥的產物。如今，這個拓荒者為了建國而掩埋的世界，似乎正要破土而出。這些逝去的孩子以及隨後的掩蓋行動是真正的陰謀，現在再也無法否認。曾就讀坎路普斯學校的酋長喬治・曼努埃爾（George Manuel）是現代原住民權利運動的先驅，他在回憶錄中寫道：「提到那所學校，我絕不會忘記飢餓。」他又說：「不僅是我，所有印第安學生都帶著飢餓的氣息。」[30] 體弱的原住民少年更容易感染疾病；曼努埃爾本人在十二歲時罹患肺結核，並因此終身傷病。

喬治・曼努埃爾的孫女卡娜胡斯・曼努埃爾（Kanahus Manuel），多年來持續領導運動，試圖阻止卑詩省內陸地區的石油管道擴建。她形容那些對她眾多家人進行虐待的學校，背後真實的意圖：「他們偷走孩子來竊取土地。」[31] 當墳墓位置鎖定後，我隨即訪問卡娜胡斯。她告訴我，只有透過真正有意義的賠償才能實現正義。她的要求是「歸還土地」，這個口號是大部分原住民權利運動的核心訴求，也正在逐步推動。什麼是「歸還土地」？這個問題的對話相當困難，但總算展開。隨著殖民事業的根本罪行從陰影之地曝光，許多人意識到，官方歷史中安慰人心的神話再也站不住腳。就在喬治・佛洛伊德被殺，引發種族清算一年之後，加拿大的機構、每個部門和行業都受到清算的震撼。教會和政府對原住民兒童身體和心靈種種的恐怖作為，這些長期隱藏的罪行，要求加拿大人重新審視我們的身分、我們如何來到這裡，以及未來我們希望成為什麼樣的國家。

二〇二一年五月底，無名墳墓的消息公開。通常，每年的七月一日是加拿大國慶日，紀念加拿大由殖民地成立聯邦。但在那一年，隨著搜索持續進行，全國人民達成清楚的共識：以往展示紅白楓葉旗海、燃放煙火的慶祝活動，今年並不合適。卑詩省首府維多利亞市完全取消國慶日的慶祝活動，而其他城市則以「每個孩子都重要」的壁畫和官方悲痛與悔過的聲明取而代之。總理杜魯道呼籲國家「誠實面對我們的歷史」。[32]在我居住的海岸地區，加拿大國慶日的人群變成一片橘色的海洋，不見紅白相間的旗幟。

愛德華・薩依德（Edward Said）在《文化與帝國主義》（*Culture and Imperialism*）中寫道：「民族本身就是敘述。」[33]但我們的敘述並不成立。那年的春天和初夏，這片土地彷彿被挖掘到前所未有的深度。我感到的並非暈眩，而是某種堅實的想法逐漸成形。這種想法取代短暫而且自我吹捧的民族神話與官方歷史，讓我更清楚地理解，我們這些拓荒者究竟如何獲得這片土地，以及如何才能成為真正的好客人和好鄰居，而不再否認未曾看到、未曾理解的生命。正如詹姆斯・鮑德溫所說：「虛構的過去永遠無法使用；就像乾旱季節的黏土一樣，在生活的壓力下會破裂和崩解。」然而，「接受一個人的過去——一個人的歷史——並不意謂沉溺其中，而是學習如何加以運用」。[34]

與我交談的許多原住民朋友和鄰居，儘管義憤填膺，都慎重希望這種深度學習可能真的正在發生。《環球郵報》（*The Globe and Mail*）訪問坎路普斯的倖存者諾曼・雷塔斯克特（Norman Retasket），他說，「如果我在三年前講一樣的故事」，關於學校裡頭發生的事，會被當成「虛構」。現在人們相信他的故事。「故事沒有改變，」他說：「改變的是聽眾。」[35]

有個了解之後改變的人，他是麥克・奧托（Mike Otto），白人卡車司機、小企業老闆，也是父親，住在九十七號公路距離第一座墳墓兩小時的地方。奧托想像這些年來原住民家庭的經歷，他們永遠不知道「那些失蹤的孩子」究竟發生什麼事。[36] 目睹原住民鄰居的痛苦，奧托決定做點什麼，以表明像他這樣非原住民的加拿大人，支持原住民向政府、法院系統和教會尋求正義。

疫情仍然緊張，發現墳墓的社區已明確表示，他們不希望成群的陌生人在他們的領土閒逛。奧托有個強大的想法，可以尊重社區對物理距離的需求：一支卡車車隊，這支車隊會開到埋葬場前，獻上和平的禮物，然後離開。他稱之為「我們團結一致車隊」。

奧托向許多卡車司機的臉書社團發出邀請，並聯繫業界有影響力的人士。他的目標是集結兩百一十五台卡車，但最後，將近四百台卡車加入，還有許多重型機車和汽車隨行。司機在車輛上裝飾愛的訊息，網格護罩掛著橘色上衣，揮舞「每個孩子都重要」的旗幟。沿途車隊受到熱烈歡迎，有些地區甚至全村全鎮動員，共享食物。當卡車隊伍到達寄宿學校遺址時，車輛鳴響空氣喇叭，蘇斯瓦族的成員用儀式的擊鼓、戰士的歌聲和燃燒的鼠尾草迎接。人們舉起的拳頭鬆開，淚流滿面。

我提到這些事件，因為對我居住的世界具有深刻意義——那是一個極為罕見的例子，非原住民社群將原住民的死亡視為一場真正的集體危機，而不是將追求正義和賠償的責任推回那些已經承受無數痛苦的原住民身上。我提到二〇二一年六月四百輛卡車的車隊，是因為麥克・奧托及他慷慨動員的壯舉如今幾乎被遺忘，即使在加拿大也是如此。八個月後，這支象徵團結與尊重的隊伍，已在公眾的記憶中，被另一支聲勢更為浩大的加拿大卡車司機車隊取代。

全世界都聽到的喇叭聲

或許在你的記憶中，從二〇二二年冬天開始，國際媒體不斷報導那些高大魁梧的加拿大卡車司機，車上掛著「去你的杜魯道」的標語。我們的首都渥太華市中心因此關閉大半個月，而堵塞的橋梁將加拿大與美國之間主要的貿易通道變成停車場。引發這個第二支車隊的行動，是一項新的規定——要求卡車司機必須出示COVID-19疫苗接種證明才能跨境。然而這項活動迅速演變為更廣泛的訴求，呼籲結束所有「強制措施」，包括戴口罩和其他公共衛生限制。

大多數的加拿大卡車司機都已完全接種疫苗，並且配合相關防疫措施。但是他們之中少數接觸過對角主義言論的人，主張要求接種疫苗就是新的暴政形式，因此，他們與一群憤憤不平的小企業老闆、前警察和退伍軍人、《瞧她閃閃發亮》（*Oh She Glows*）純素烹飪書的作者，以及許多福音派基督徒合作——所有這些人聯合起來「關閉國家」，終極目標是說服總督，即女王在加拿大的代表，解散杜魯道新當選的政府。

這支車隊的粉絲很多，川普和馬斯克稱讚「加拿大卡車司機」是工人階級的英雄；史蒂夫・班農和塔克・卡爾森也大肆報導這群司機，我的分身甚至為他們喝采，稱他們為現代的自由戰士。很快地，抄襲來的車隊從華盛頓特區一路開往紐西蘭威靈頓。在對占領行動採取消極態度數週後，加拿大總理杜魯道的政府突然大轉彎，援引我國歷史上首次《緊急狀態法》（Emergencies Act），大刀闊斧展開鎮壓，包括凍結支持者的銀行帳戶。這項法令的使用範圍廣泛，對於未來任何干擾主要經濟活動的行動設下危險先例，無論罷工或原住民封路運動。嚴厲的鎮壓則引發更多的關注，班農和播客巨頭喬・羅根（Joe Rogan）等人更頻繁報導車隊。

這場抗議活動確實很有看頭——打雪仗、啤酒桶、抽大麻、加拿大國旗的旗海。一場接一場的「耶利哥遊行」（Jericho Marches）*和街頭布道，許多人宣稱他們聽從「來自上帝的指示」。有人擁抱陌生人，也有人辱罵戴口罩的路人。甚至有充氣熱水浴缸。此外，還有那些典型的政治亂象，凸顯對角主義的世界觀：有人奮力揮舞巨大的納粹旗幟，而旁邊的人手舉南方邦聯的旗幟；還有反疫苗的抗議人士，戴上黃星，聲稱自己生活在南非或美國的種族隔離政策中。他們究竟是納粹還是反納粹？支持種族隔離還是反對種族隔離？是自豪的愛國者還是決心推翻最新選舉結果的叛亂分子？這些身分似乎無關緊要——車隊的核心是一個永遠無法解開、介於嚴肅與荒謬之間的皮皮克結構。

許多車隊支持者試圖將明顯的種族主義元素與車隊切割，宣稱那些元素可能是祕密警察或反法西斯人士的祕密行動，意圖以種族主義抹黑他們。然而，這種說法難以成立，因為種族主義與車隊的連結十分深厚。車隊中最直言不諱的領導人物之一是帕特・金（Pat King），他透過臉書為抗議人士提供後勤支持，擁有約三十五萬粉絲。金是公開的種族主義者，稱原住民文化為「恥辱」，並

* 譯注：典故出自聖經，二〇二〇年十二月於華盛頓特區為抗議大選舞弊與支持川普的遊行。

在二〇一九年組織一支規模較小的車隊，反對移民和氣候行動，聲稱這兩項議題對加拿大人的生活構成雙重威脅。[37] 金還宣稱「這是針對高加索人或盎格魯—撒克遜人的人口削減計畫」，「目標是削減擁有強大血統的盎格魯—撒克遜人口」，[38] 並說這個計畫「透過大量難民進行滲透，並滲透到教育系統以便操縱」。[39]

金顯然是在模仿「大取代」理論，這是許多白人至上主義屠殺事件的核心理念。而他並非唯一公開表達種族主義觀點或有種族主義關係的車隊領導人物。加拿大反仇恨網絡（Canadian Anti-Hate Network）指出，他們監控的所有組織，幾乎都在這次抗議活動扮演領導角色。[40] 其中包括一個社群，夢想建立一個名為「狄亞戈龍」（Diagolon）的新國家，從阿拉斯加開始，穿越加拿大大草原和阿爾伯塔省，一直到佛羅里達。根據反仇恨網絡的報告，「狄亞戈龍正逐漸發展成為一個民兵網絡」。「他們的最終目標帶有法西斯色彩，使用暴力奪取權力，剝奪那些不符合他們的意識形態、種族和性別純潔標準的人的權利……他們的座右銘是『槍或繩』。」[41]

值得停下來想想這些事實。不到一年前，無名墳墓曝光，人們不得不討論一個事實：那些學校是國家的官方政策，目的是積極以英語和法語的基督宗教文化取代原住民民族、語言和文化。有些宇宙觀認為自然世界是神聖、有生命力、相互依存的——這些信念與我們此刻面臨的地球危機密切相關，但是那些寄宿學校正是專門為了消除這樣的宇宙觀而設計的機器。而現在有支車隊，由一個男人領導，宣稱他的基督宗教與高加索文化面臨威脅，可能被更黑暗、低下的其他文化取代，稱為大取代。對傑出的奧吉布韋語（Ojibwe）作家暨加拿大藝術協會主席傑西・溫特（Jesse Wente）來說，這個反射相當刺眼。溫特在談到車隊時寫道「隨著更多歷史真相曝光，這種情況發生並非巧合」，而他描述車隊是「在面對歷史真相和需要社群意識的情況下，某些群體試圖重新確立殖民統治地位的欲望」。[42]

一位保守黨議員試圖將渥太華的占領行動描述為一群愛國的普通民眾，形容街上的氣氛如同「加拿大國慶日的千倍」。[43] 某種程度上，這種描述確實有其道理。毫無疑問，那些曾在悲傷、反思的加拿大國慶日被人們束之高閣的紅白旗幟，如今捲土重來，隨風飄揚在每輛卡車上。奇妙的是，加拿大的紅白旗幟經常與美國的星條旗並肩出現，彷彿經歷兩年的種族清算後，我們兩國已經融為一個集體遺忘的共同體。

在建立現代世界的國家整合陰影之地，我們依然可能觸及某種堅實的基礎。正如鮑德溫所言，只有當我們面對過去的恐怖，歷史才能成為人人皆可利用的資源，甚至可能為團結奠定新的基礎。但沒有人說，這種整合過程不會帶來痛苦。因此，看待前往渥太華的聯結車隊，他們可能是在轉化憤怒，重新宣示無罪，將那些困難的真相埋藏在更深的陰影中，同時努力重新編織關於正當與優勢的安心美夢——無論作為個人，還是作為國家。

占領渥太華的車隊與八個月前不大知名的車隊形成鮮明對比。麥克・奧托的行動，罕見表明他願意誠實面對我們國家誕生的過程當中發生的種族滅絕，但是後來的車隊表現一種激進的現在主義（presentism）——拒絕思索任何不愉快的歷史，無論是加拿大過去的暴行，或COVID-19病毒仍在肆虐（許多司機感染），或是讓他們的大卡車殆速一個月幫忙的全球暖化效應（車隊非官方的象徵是偷運裝滿油的塑膠桶進來）。不到一年，我們已經從「我們團結一致車隊」，承認並接受交織的網絡，到「自由車隊」，拒絕互相依賴，偏愛高度個人獨立。顯然，我的國家裡，有一部分人希望恢復他們無罪的幻想，而他們會以我們其他人為人質來得到這些幻想。

我也是受害者，最大的受害者！

由於我們的政治是一種「分身政治」，僅僅拒絕令人畏懼的事物並不足夠——還必須反射、模仿，甚至嘲弄（皮皮克）。因此，除了渥太華街頭的雪堡和空氣喇叭，自由車隊還出現象徵和平的菸斗和圓錐形帳篷（引來三位當地阿岡昆酋長譴責）。有些卡車揮舞印有「每個孩子都重要」的橘色旗幟——但這似乎並非為了認同在寄宿學校遭受強姦、虐待，甚至殺害而且至今遺體未尋的原住民兒童，反而是指他們自己的孩子。在越演越烈的對角主義論述中，這些人聲稱，自己的孩子因為口罩規定和疫苗要求，面臨所謂的「第二次種族滅絕」。這種鏡像世界的等同現象已經醞釀數月：在第一座無名墳墓被發現僅兩週後，一群反疫苗的白人媽媽開始販售橘色運動衫和其他物品，聲稱 COVID-19 的防疫措施就是加拿大的「第二次種族滅絕」。[44]

原住民和黑人群體爭取種族正義的行動，在疫情期間深刻挑戰我們國家的敘事和許多人的自我認知。那些卡車司機是否試圖搶走他們的話語權，或者試圖掩蓋、拉攏他們？這樣的行為當然不是有意識的。史蒂夫・班農和驕傲男孩（Proud Boys）* 並未與我們的「分身」和帕特・金在昏暗的房間策劃什麼邪惡陰謀。我認為，那些更像一種反射行為，對參與者來說，這是一種源自內心的直覺反應，一種自我保護的本能。

長久以來我們所依賴的穩固真理，如今突然搖搖欲墜，在這樣的時代生活並不容易。當許多事情變得不確定時，生活尤其艱難：擁有一間自己的房子、支付日益高漲的租金、保住任何手上的工作，甚至只是預測每週生活必需品的花費。一切都在傾斜與滾動，就像季節變化一樣不容置疑，我們很可能再也無法回到穩定的狀態，至少在幾代人內不會，而這還是最好的情況。在這種不穩

* 譯注：完全由男性組成的北美極右翼新法西斯組織，宣揚並參與政治暴力。

定的狀態下，我們被迫改變、重新評估並重新想像自己必須成為什麼樣的人。因此，這個壓力山大的時刻喚起一些極端行為和異常現象並不讓人意外。我們不去正視一波又一波令人震驚的真相——護理人員被迫穿著垃圾袋代替適當的防護裝備；德瑞克・蕭文（Derek Chauvin）將自己的體重壓在喬治・佛洛伊德的脖子上，眼中流露冷酷的恨意；變態的神職人員；被森林大火染成橙色的天空——許多人選擇以某些宏大的事物來分散注意力，這也不令人驚訝，包括將自己塑造成過去五百年來每一起反人類罪行中巨大的受害者。

這或許能夠解釋為何在鏡像世界中，陰謀論常常彼此矛盾。對於這種新的政治格局來說，陰謀論的真正目的從來不在讓人們相信那些未經證實的理論——這些理論不過是工具。無論有意識還是無意識，重點在於助長否認和逃避。重點在於，當我們面對艱難和不安的現實時，可以逃避那些同樣艱難和不安的行動——無論是應對COVID-19疫情、氣候變化，還是承認我們的國家建立在種族滅絕的歷史之上，而且從未進行任何嚴肅的修復過程。相較之下，否認比自省、反思或展望未來都要容易得多，比改變容易得多。然而，否認需要依賴說法和藉口，而這正是陰謀文化所提供的。

但是，這個分析蘊含的某種安慰令我不安——完全否認處於鏡像世界中的人。這與否認氣候變遷的問題類似：頑固的否認者很容易就被辨識出來，他們直截了當說這都是騙局。但更大的障礙可能始終是「柔和的否認者」——我們明知這些問題是真實的，卻表現得彷彿問題並不存在，無論大事小事，不斷選擇性遺忘。

我稍早提過，班農狠狠抨擊他所謂的「大偷竊」——拜登偷走二〇二〇年的選舉——而民主黨人稱之為「大謊言」。那是一個荒唐的謊言，危險的謊言。但那真的是「大謊言」嗎？例如，比下滲經濟（trickle-down economics）*更大？比「減稅與就業法」（tax cuts create jobs）更大？比在有限的地球無限成長更大？比柴契爾「別無選擇」和「不存在社會這樣的東西」的雙重打擊更大？甚至比「昭昭天命」、「無主之地」和「發現論」——這些支撐美國、加拿大、澳洲和其他所有殖民國家基礎的謊言——更大？如果我們能夠忍受凝視陰影之地，哪怕只是一秒，就會清楚看見我們陷入毀滅生命的謊言之網，無論鏡像世界本週發生了什麼，既不是最大的謊言，也不是最重要的。班農和沃夫撻伐的現實，完全有可能正是在許多建構現代世界的重大謊言明顯崩潰時發生的。當然，隨著房子倒塌，有些人選擇逃進完整的幻想——但這並不意謂我們其他同樣在那棟房子出生長大的人都是真理的守護者。

在這座陰影幢幢的森林中，我們這麼多人還是不看的，還是逃避的，是什麼？

* 譯注：認為政府對富人減稅與提供企業經濟的優待政策，可改善經濟整體，最終改善社會底層的貧窮問題。

13 鏡中的納粹

某天晚上，當卡車司機在國家的另一邊打雪仗時，我決定看一部影集，希望幫助我理解這些奇怪事件：HBO的四集迷你劇《白色殲滅》（*Exterminate All the Brutes*，片名直譯為「消滅所有野獸」），海地電影製片人拉烏爾・佩克（Raoul Peck）的作品。紀錄片娓娓道來，深思熟慮，留給觀眾很多時間思考。在某個時刻，身兼旁白的佩克說：「這部電影的存在本身就是一個奇蹟。」[1]這無疑是一個跡象，顯示陰影之地敞開更多裂縫，更多的祕密和幽靈正在逃離他們的葬身之地。

佩克較早的電影——包括《盧蒙巴》，描述剛果解放領袖暨總理帕特里斯・盧蒙巴（Patrice Lumumba）被暗殺的故事；《我不是你的黑鬼》（*I Am Not Your Negro*），描述詹姆斯・鮑德溫的人生和思想；以及《馬克思：時代青年》（*The Young Karl Marx*）——他解釋，每件作品都是一則暴力的故事，關於我們的世界如何誕生。現在佩克正在尋求一個貫穿這些篇章的統一理論，試圖找出一種世界觀，將歐洲殖民者在美洲拓荒並得以掠奪非洲，與在美國建立種族隔離的各種殺戮、大屠殺、政治暗殺縫在一起。

佩克說，「這一切的基礎」包含在他選擇的片名，靈感來自一九九二年瑞典作家斯文・林奎斯特（Sven Lindqvist）的著作《消滅所有野獸》，[2] 而這本書的書名又是來自約瑟夫・康拉德（Joseph Conrad）一八九九年首度出版的《黑暗之心》（*Heart of Darkness*）當中一句決定性的話，描述中非殖民地象牙貿易的故事。康拉德引用許多歐洲人前往「教化野蠻人」的例子，以此作為伸張土地、財富和身體權利的高尚藉口。不可避免地，這種教化衝動驅使歐洲人盲目消滅原住民——一旦一群人認為他們在生物上比所有其他人優越，就預示這個結論。

「消滅所有野獸」這句話代表凶殘、毀滅的衝動，不惜一切代價，追求自身利益。正是這種至上主義心態，不僅認為民族和文化的徹底滅亡是進步過程

* 譯注：地球歷史上最年輕的地質年代。

中不可避免的因素，而且視為人類演化有益的階段。在康拉德的小說《救援》（*The Rescue*）中，崔佛先生解釋：「如果劣等種族必須滅亡，那也是一種收穫，是社會朝著完美邁出的一步，而進步的目標就是如此。」[3] 這是一種讓整個大陸淹沒在血液中的心態昇華，而在加拿大，在那些擁有祕密墓地，所謂的「學校」中，確實發揮作用。在這種心態下，種族滅絕不是犯罪，只是一個困難但必要的階段，是受到神（對信徒而言）或達爾文（對理性主義者而言）祝福的階段。達爾文在《人類的由來》（*The Descent of Man*）寫道：「在未來的某個時期，以世紀衡量並不遙遠，人類文明的種族幾乎必定會消滅並取代全世界野蠻的種族。」[4] 如果有「大取代」理論的話，就是這個。

我沒料到的是，我發現佩克的作品是一個分身的故事。他的理論是，主流論述對於希特勒和納粹大屠殺，視為極端熱衷死亡，而且找不到歷史先例——其實完全錯誤。佩克反而主張，大屠殺的本質與歷史上蹂躪其他大陸的暴力殖民意識形態相同，儘管是強化和濃縮的方式。當時的納粹將那樣的意識形態應用在歐洲本身。《白色殲滅》的核心觀點是，希特勒這個二十世紀最受鄙視的惡棍，不是文明、民主西方邪惡的「他人」，而是影子、分身。這麼說毫不為過。他的靈感來自林奎斯特的論點，消滅心態是「歐洲思想的核心……總結我們大陸、我們人類、我們生物圈的歷史，從全新世（Holocene）* 到大屠殺」。[5]

佩克和林奎斯特訴說的故事不是從美洲開始，而是早於西班牙宗教裁判所、焚燒異端、血腥驅逐猶太人與穆斯林的世紀。然後，這個故事跨越大西洋繼續：對美洲原住民大規模的種族滅絕，接著是所謂「瓜分非洲」期間的屠殺，最終在納粹掌權時又回到歐洲。這種視角挑戰二次大戰的常見敘事：英勇的反法西斯同盟國對抗殘暴的納粹。毫無疑問，擊敗希特勒並解放集中營，不論來得多遲，都是現代最正當的勝利之一。然而，讓這段歷史更加複雜的是，希特勒多次公開談論並書寫，自己種族滅絕的靈感來自英國殖民主義和北美建立的種族階級。

例如，一九四一年，希特勒曾說：「集中營並非德國人發明，而是英國人創造，用來逐漸摧毀其他國家的意志。」[6] 這句話帶有政治宣傳的意圖，但其中也包含部分事實。集中營確實出現在許多殖民背景中，例如：西班牙人在古巴設立集中營；德國殖民者在西南非大規模迫害赫雷羅人（Herero）和納馬人（Nama）；布爾戰爭期間，英國人在現今南非設立的集中營裡，數以萬計的俘虜因疾病橫行而喪生。在希特勒開始以「種族保健」之名大規模殺害基因「劣等」的人群之前，早在一八六六年，英國皇家海軍司令貝德福德·皮姆（Bedford Pim）就在倫敦人類學學會上談到殺害原住民，「大屠殺中蘊含仁慈」。[7]

這種影響延續至近代與當代。例如，當漢斯·亞斯伯格以及德國和奧地利的醫生開始決定哪些身心障礙者「不值得活著」時，他們深受美國影響。一九〇七年，世界上第一部強制非自願絕育的優生法在印第安納州通過，隨後很快擴展至其他州。[8] 透過這些法律，美國優生運動為數以萬計的潛在父母提供「偽科學」的理由，強迫他們接受絕育，因為他們的基因被視為對整個族群的威脅。而這個計畫內含的偏見，即是假定盎格魯和北歐血統的智力更為優越。納粹正是基於這個先例，並加以擴大，在統治期間約有四十萬人被迫絕育。然而，納粹在這方面的「創新」，僅是規模和速度，而非概念本身。

詹姆斯・懷特曼（James Q. Whitman）在二〇一七年出版的著作《希特勒的美國模式：美國與納粹種族法的誕生》（*Hitler's American Model: The United States and the Making of Nazi Race Law*）詳細記錄納粹從美國得到的許多靈感。在耶魯大學法律系任教的懷特曼指出，美國為了剝奪特定族群完整的公民權利而扭曲法律，啟發一九三五年的紐倫堡法。該法剝奪德國猶太人的公民身分和政治權利，並禁止雅利安人與猶太人之間的性行為、婚姻及生育（即《第三帝國公民法》和《德國血統和德國榮譽保護法》）。納粹研究美國針對黑人和原住民的法律隔離制度，並以此為模板設立猶太人聚居區；此外，南非的種族隔離制度也是他們重要的靈感來源。

最根本的是，許多納粹分子深受美國邊疆神話啟發，成為熱衷的信徒。這種神話假設西進，並占領更多土地以供定居，是應有的權利。對德國人而言，這個比喻便是*Lebensraum*，即生存和發展所需的空間。希特勒將這個概念轉化為向東擴張、征服並占領土地的必要條件。就像美國西部的土地被視為歐洲移民的合法領地，卻被原住民占據一樣，德國認為斯拉夫人和猶太人是東部土地的「阻礙」。希特勒讚揚歐洲移民「將數百萬紅皮膚的人槍殺至數十萬」，[9]並宣稱輪到德國在自身邊境進行清洗和大規模遷移。

希特勒在一九四一年說：「任務只有一個：把當地居民視為印第安人，引進德國人來實現這片土地的德國化。」[10]同年的某次談話他說：「在這件事上，我將冷血地直往前走……我不明白為什麼一個吃麵包的德國人，會因為生產這塊麵包的土壤是拿劍奪取的想法而折磨自己。我們吃加拿大的小麥時，也不會想到被掠奪的印第安人。」[11]談到他對烏克蘭糧食的所有權時，希特勒開玩笑說：「我們會給烏克蘭人圍巾、玻璃珠和殖民地民族喜歡的所有東西。」[12]

納粹認為，在他們占領的土地上，部分居民適合被奴役勞動，但猶太人被視為毫無價值，因此面臨滅絕，部分原因是為了騰出空間給德國人定居。隨著戰爭持續，死亡的規模和速度達到前所未見的程度——過去從未有人建造毒氣室或火葬場，並日復一日用來消滅大量人口。然而，儘管納粹的屠殺狂潮將國家支持的仇恨推向極端，以奪取土地為目的的種族滅絕並非希特勒首創。林奎斯特指出：「奧斯威辛集中營只是滅絕政策的現代工業應用，歐洲人在統治世界時早已倚賴這種手段。」[13] 但他也寫道：「當這些黑暗行為在歐洲中心重現時，卻無人識破。沒有人願意承認那眾所周知的真相。」[14]

這麼說並不正確。當時，幾位主要的黑人知識分子已經清晰察覺其中的相似之處。第二次世界大戰結束不久之後，杜博伊斯（W. E. B. Du Bois）出版著作《世界與非洲》（*The World and Africa*），寫道：「納粹的暴行——集中營、大規模的殘害和謀殺、玷汙婦女或褻瀆兒童——並非新生的事物。在不久之前，歐洲的基督宗教文明就曾以統治世界的優越種族之名，針對全球的有色人種實施，用以維護自認的優越地位。」[15] 不同的是，這次被視為劣等種族的是歐洲同胞。

馬提尼克（Martinic）出身的作家暨政治家艾梅・塞澤爾（Aimé Césaire）在《殖民主義論》（*Discourse on Colonialism*）控訴歐洲人先容忍「納粹主義，才讓納粹主義傷害他們」。在這些方法回到歐洲土地之前，「他們對此開脫罪責……他們對此視而不見，合法化，因為在此之前，只適用於非歐洲民族」。[16] 塞澤爾相信，對同盟國來說，希特勒犯下的罪行是，他對猶太人和斯拉夫人的所作所為，「在此之前專門為了」在外國土地上被殖民的非白人。但從加勒比海人的角度來看，這一切都是同一個漫長、連續、蜿蜒的故事。

塞澤爾明確表示，在他看來，希特勒不只是美國和英國的敵人——他是他們的影子、他們的雙胞胎、他們扭曲的分身：「是的，值得從臨床上詳細研究希特勒和希特勒主義所採取的步驟，並向二十世紀文明、高尚、基督教化的資產階級揭示。在他們毫無自覺的深處，住著一個希特勒。希特勒就是他們內心的惡魔。」[17]

鏡子碎了

這種分析幾乎顛覆伴隨我成長的所有故事，那些故事告訴我們，納粹大屠殺是史無前例的單一事件，遠遠超出人類歷史範圍，根本上不可能理解。我們從很多方面學到，即使將納粹大屠殺與任何其他罪行相提並論，也像在褻瀆，因為這麼做會讓納粹不那麼可怕，不那麼令人震驚，在某種程度上變得稀鬆平常。但是如果平常就是恐怖呢？如果那就是重點呢：納粹主義並不是啟蒙運動和現代性那樣令人振奮的故事的變體，而是不那麼遙遠的分身，故事的另一張臉？

林奎斯特提到德國偉大的作家歌德，寫道：「滅絕的觀念距離人文主義的核心並不遠，正如布亨瓦德集中營（Buchenwald）距離威瑪歌德故居的距

* 譯注：一九四一年珍珠港事變後，美國政府集中拘留日裔美國人。

† 譯注：美國白人攻擊土爾沙的非裔美國人社區，並屠殺非裔美國人，被視為美國歷史上最嚴重的種族暴力事件之一。

離一樣。這個看法幾乎被完全壓抑，甚至是德國人，他們被當作滅絕概念唯一的代罪羔羊，而滅絕概念實際上是歐洲的共同遺產。」[18]

納粹實施的大屠殺為何與眾不同，關於這個問題，有許多廣為人知的主張。技術更先進，死亡速度更快，規模更龐大——以上皆是。但是每個大屠殺都不同，這也為真。每次種族滅絕都有自己的特點，每個被憎恨的群體都以自己特殊的方式被憎恨。從死亡人數來看，美洲原住民遭受的種族滅絕超過其他所有地區。就現代技術而言，跨大西洋綁架並奴役非洲人的貿易，以及內戰之前美國南方和加勒比地區種植園的貿易，以當時的背景可謂高度現代化。學者紛紛表示，為運輸、保險、折舊、追蹤、控制和從這種強迫勞動中提取最大財富而開發的系統，其實非常先進，影響現代會計和人力資源管理許多方面。正如種族和性別學者里納爾多・沃爾科特（Rinaldo Walcott）在他的《論財產》（*On Property*）寫道：「種植園經濟中形成的思想，持續塑造我們的社會關係。」[19] 那些社會關係延伸至現代的維安和大規模監禁。

例外論的主張還依據什麼？事實上，歐洲猶太人深深同化並融入歐洲文化，舉手投足皆符合當時歐洲大陸定義的「文明」。許多被殺的人甚至相當富裕。那麼，同一時期被送往美國和加拿大拘留營的日本家庭呢？* 更早之前，一九二一年奧克拉荷馬州土爾沙（Tulsa）的「黑色華爾街」縱火屠殺呢？† 當然，不同規模的犯罪都顯示，同化作為保護，其實有所限制。許多在德國和奧地利的猶太人之所以受害，原因是拒絕相信自己可能成為納粹屠殺的目標：很長一段時間以來，他們告訴自己，他們太有文化，受過太多教育，永遠不會被視為野獸。杜博伊斯和塞澤爾告訴我們的是，文化、語言、科學和經濟並不能防止種族滅絕——只需一個擁有足夠軍事力量的國家，願意譴責你們的文化為野蠻，並宣稱你們是野獸。這就是世界各地殖民暴力的故事。視某些人不屬於某個土地——因為他們從事不同形式的農業，因為他們隨著季節移動。無論藉口，故事的最終目標皆同——種族滅絕的前兆。猶太人在被屠殺前被稱為「無根」，就像殖民列強稱原住民族是游牧民族、不文明，並以此為竊取他們的土地鋪路。在地球上的每個大陸，違者處死。

許多文化、土地和身體都受到這些攻擊的人，正因為熟悉這種暴力邏輯，才能識破希特勒政治計畫的本質。例如，一九三八年水晶之夜後，澳洲原住民聯盟（Australian Aborigines League）一位代表寫了抗議信，譴責「德國納粹政府殘酷迫害猶太人」，[20]而且，歷史上鮮為人知的是，他親自將信送至德國駐墨爾本領事館（領事館拒絕接受）。這件事情遠早於西方政府對抗希特勒的任何行動；然而，這些仍在為自己的基本權利奮鬥的原住民領袖，清楚看見這個威脅有多嚴重。納粹屠殺的規模前所未知，而且猶太人的情況獨特。但是哪個悲劇不獨特？而且某些事情的模式就是太過相似。

二次大戰後「再也不會」的呼聲，另一面是不言而喻的「從未有過」。堅持將納粹大屠殺從歷史中抹去，未能辨識這些模式，以及拒絕了解納粹符合殖民種族滅絕的哪條支線，結果都是高昂的代價。擊敗希特勒的國家不必面對令人不安的事實，也就是，希特勒關於種族競賽和人類控制的指導和靈感，其實來自他們；他們不僅可以繼續保持無辜，甚至因為正義的勝利更加凸顯無辜。

這就是林奎斯特的論點：「兩個事件不必完全相同，其中一個事件可以促進另一個事件。歐洲的世界擴張，伴隨無恥的滅絕抗辯，創造思考習慣和政治先例，為新的暴行鋪路，最終導致其中最可怕的事件：納粹大屠殺。」[21] 最難改掉的思考習慣之一就是本能地移開目光，不看眼前的事物，也不知道我們知道的事。

林奎斯特寫下《消滅所有野獸》的時候，是一九九〇年代初期，而氣候危機幾乎不在他的視線範圍。他還不知道，歐洲列強與他們移民的殖民國家將在接下來的三十年裡，實際上決定讓「低等種族」居住的大陸被燒毀和淹沒，因為，同樣地，其他選擇將會中斷無限的財富累積與流動。我們現在必須問的問題是：如果成熟的法西斯主義不是門口的怪物，而是屋裡的怪物，我們內心的怪物——即使我們的祖先是種族滅絕的受害者？

我擔心，這就是鏡像世界帶來的最大危險，以及對歷史越演越烈的攻擊。通往陰影之地的大門被打開，真相如洪水般湧出，再也無法封閉。我們經濟體系中被壓榨最深的勞工——那些持臨時工作簽證的移民男女，每天在四個護理機構之間奔波，或在寒冷血腥的設施裡處理雞肉——終於出現在我們的電視螢幕。不是以英雄之姿得到歡呼，而是因為他們所在之地成為疫情「熱點」：太平間和冷藏車裡堆滿屍體的場所。我們無法迴避，只能正視並思索那些長期被隱藏和壓抑的現實。隨後，在疫情的第一個春天，我們當中許多人湧上街頭，高喊那些被謀殺者的名字；一年後，我們為那些永遠沒有回來的孩子哀悼低頭，更多真相也在此時不斷浮現。

就像拉斐爾前派畫作中的夫婦，我們當中，越來越多人開始，才剛開始，勉強開始，看到自己和我們在一個充滿幽靈、更大的世界中的位置。某些人暈了過去，其他人生氣憤怒。對許多人來說，我們因此想要改變：驅逐集體無意識中的怪物，或者至少嘗試，嘗試成為日常生活不需要毀滅其他生命和其他生活方式的人。

「一旦出現機會，反對正義的勢力隨時準備完全扭轉昨日奮鬥的成果。」奧盧費米・奧・塔伊沃（Olúfẹ́mi O.Táíwò）在二〇二二年出版的著作《重新考慮賠償》（*Reconsidering Reparations*）這麼寫道。[22] 到了那個時候，遺忘的力量已經捲土重來——關上那扇門，再次將我們的國家封閉在無辜和正義之中。心理分析歷史學家賈桂琳・羅斯（Jacqueline Rose）寫道：「記憶本身內部就抗拒著記憶。」[23]

坎路普斯學校的無名墳墓公開一年後，《紐約郵報》發表一篇文章，引用一位長期反對原住民權利、頗具影響力的保守派理論家湯姆・弗拉納根（Tom Flanagan），他稱墳墓曝光是「加拿大歷史上最大的假新聞」和「道德恐慌」案例。[24] 對許多人來說，真實講述歷史的感覺就像背叛，絕對不准。但如果這些真相被塞回去，就會繼續困擾我們，並以扭曲的形式，不斷在鏡像世界重新出現。

二〇二二年五月十四日，一位十八歲、執著於大取代理論與白人低出生率的白人至上主義者，開車到紐約水牛城的頂級友好超市（Tops supermarket），打算盡可能殺掉黑人。他拿著合法購買的AR-15步槍殺了十個人。就像在他之前的其他人，他也依照他的世代被教導那樣，直播這場屠殺。他留下一份冗長、雜亂的宣言，讚揚納粹，並稱自己為「生態法西斯主義者」。[25] 我在氣候正義運動的作家同事朱利安・諾易斯克（Julian Brave NoiseCat）注意到某些令人不安的類比：

> 右派陰謀論與實際對原住民的政策，兩者如此相似，令我震驚。
> 「取代論」—昭昭天命
> 匿名者Q（大規模機構化兒童虐待）—寄宿學校
> 「傳染病」—天花、酒精、生物恐怖主義

這一切都好佛洛伊德。對這種事會發生在他們身上的恐懼，源自他們暗自承認對其他人也做過這種事。好像黑人、棕色人種和受壓迫的原住民和他們一樣充滿憎恨，而且轉身就會對他們做他們對我們做過的事。[26]

這是我們看到的部分嗎？鏡像世界中越來越暴力的陰謀論者是否害怕被圍捕、被視為二等、被占領、被淘汰，因為某種程度上，他們知道創造並維持他們相對但越來越脆弱的特權，就是這些種族滅絕行為？他們是否害怕，如果陰影之地的真相——過去、現在和未來——被完全揭露和清算，只會導致角色戲劇性的逆轉，受害者變成加害者？

受害者變成加害者的事情過去還真的發生過。其實，現在也正在發生，在一個一切都有分身，分身政治統治生活各個層面的地方。正在以色列，以及以色列分割的陰影之地發生——巴勒斯坦。這是我們的最後一站，也是我們這趟曲折旅程遇到的許多力量，匯聚碰撞的地方。

14 不可動搖的民族分身

「這是反猶主義。」

今年冬天發生破紀錄的暴風雨和泥石流，這是第五次斷電，我撤到父母家為我的筆記型電腦充電。媽媽利用這難得的獨處時間，提醒我不要老是想著沃夫的問題。（有點太晚了！）

「他們認為妳們都是同一種類型。」她端著一碗解凍的蔬菜湯說。「幹嘛引起別人注意？」

她告訴我這件事的時候，看起來很傷心，很沮喪。專注於我的分身問題——以此編織關於數位分身、個人品牌、鏡像世界和陰影之地的理論網絡——她很確定，只會吸引更多危險的關注。混淆的根源，對她來說再明顯不過：猶太人。

其他人也支持她的觀點。《國家》（*The Nation*）雜誌專欄作家傑特・赫爾（Jeet Heer），同時也是狂熱的沃夫觀察者，他在沃夫再次發布令人震驚的COVID-19錯誤訊息後寫道：「在這個時間點上，將娜歐蜜・克萊恩與娜歐蜜・沃夫混淆，已經不只犯錯，而是反猶主義。抱歉，規則不是我訂的。你的大腦應該能夠處理超過一個娜歐蜜。」[1]

規則也不是我訂的。漢娜・鄂蘭倒是有個規則。「如果一個人作為猶太人受到攻擊，就必須以猶太人的身分捍衛自己。」她寫道。「不是作為德國人，不是作為世界公民，不是作為人權維護者。」[2] 所以，那就是我該做的事？我一直拖延的，是這件事嗎？我需要以猶太人的身分保護自己，面對這一切的侵害嗎？

白人女士，加入同溫層吧。我聽到你們某些人說。

這算公平。這個世界上，無數的人因種族等級被貼上標籤，必須苦苦應付更令人髮指的族裔和種族投射，被迫在白人眼中只剩膚色。他們也登入社群媒體，發現自己因他人言行受到指責或讚揚。澳洲詩人奧馬爾・薩克（Omar Sakr）經常分享電視觀眾和隨機讀者把他和其他棕色皮膚的公眾人物混淆的誇張故事。某次他甚至收到完整的旅行行程，要他前往某個家居裝修節目客串，但他和那個節目從沒聯絡過。同一個節目也對另一個作家奧斯曼・法魯奇（Osman Faruqi）犯過相同的錯誤。

「你寄別人的行程給我們做什麼？」薩克問。「你們真的完全無法分辨棕色皮膚的人嗎？」[3]

或者想想所有那些每天都為此困擾的人，面對自己有個「值勤中的雙胞胎」——另一個有色人種，來自相似（或完全不同）的種族背景，同事經常將他們混淆。顯然，這些不是分身。兩人之間並沒有可怕的相似之處——這只是種族偏見繼續破壞我們大腦的方式。事實上，我幾乎可以直接告訴自己，這種分身不是我該背負的十字架。我行走世界，以為我遇到的人能夠輕易辨識我的特徵，正確判斷我是我——不是根據我的膚色、髮質和眼睛形狀推測我的身分。但是，我的母親剛才跟我說的是，我一直自欺欺人，沃夫和我始終都被歸在一個特定的文化刻板印象——奮鬥的猶太女人。

「有人因為我是猶太人而責備我，有人稱讚我，有人原諒我，但所有人都想著猶太人。」一八三二年德國政治作家路德維希・伯恩（Ludwig Börne）覺得煩惱（改名為勒布・巴魯克〔Loeb Baruch〕又改信基督教，還不足以保護他）。[4] 這是羅斯的《夏洛克行動》另一條主線：仇恨猶太人的本質永恆不變。到了書的結尾，羅斯真正的分身根本不是假羅斯。我們了解到，某方面而言，不存在擁有文學素養和智慧的真羅斯，就像不存在熱衷社會運動和宣揚離散主義的假羅斯。在小說的世界中，兩人最終都在扮演猶太人菲利普·羅斯。這意謂兩人都是莎士比亞《威尼斯商人》中放債的夏洛克，堅持討回全部借款。對羅斯來說，夏洛克是猶太人永恆的分身。

偏見就是如此運作。抱持偏見的人無意識中，為被鄙視群體的每個人創造分身，那個扭曲的雙胞胎靠近所有符合標準的人，總是威脅要吞噬他們。擁有這些分身，意謂無論你是誰，無論你為自己塑造什麼樣的身分，無論你的個人品牌多麼新奇獨特，無論你與同類的刻板印象多麼不同，對黑特來說，你永遠代表你被鄙視的群體。你不是你；你是你民族／種族／宗教的分身，而且你不能動搖那個分身，因為不是你創造的。

「猶太人是被別人當成猶太人的……因為造就猶太人的正是反猶主義。」沙特在他篇幅如書般的論文《反猶主義者與猶太人》（*The Anti-Semite and Jew*）中寫下這些話，帶有故意挑釁的意味。[5] 當然，許多猶太人並非依賴他人的仇恨，而是透過積極實踐自己的文化和信仰，塑造自己的猶太身分。但沙特是在巴黎剛從納粹手中解放之後寫下那篇文章，當時記憶猶新的是，法國的猶太人——很多已經被同化，幾乎不認為自己是猶太人，甚至不知道自己的父母或祖父母是猶太人，然而受到徹底的調查和檢查，尋找猶太身分的蛛絲馬跡。約瑟夫·羅西（Joseph Losey）一九七六年恐怖的分身電影《克萊恩先生》（*Mr. Klein*）前提就是這樣，描述巴黎一個富裕的藝術經銷商被誤認為同名同姓的猶太人，逐漸被自己的民族分身套牢，動彈不得。影片的開頭是一家診所，一位面無表情的醫生為一位中年婦女檢查：牙齦、鼻孔、下巴、步伐——每一處都經過一絲不苟、令人難堪的測量和探測，檢查是否有猶太人潛伏在裡面。反猶主義者造就猶太人，以臨床的精確程度創造致命的分身。

歷史上被憎恨的群體都背負這種隱形分身，版本各有不同，並且某些分身比其他更具威脅。杜博伊斯在一八九七年寫過，在美國當黑人，需要「分身意識」，持續感覺「雙重存在」，因而產生一種渴望，「將分身自我融入一個更好、更真實的自我中」，而真實的自我不需要這個分別。[6] 直到今天，黑人身分依然產生非常危險的分身，持續數個世紀。這個可能致命的種族分身，對於被投射的人來說，隨時可能突然降臨——開車、跑步、走路到商店、費力打開卡住的前門的時候都是。（茱恩・喬丹〔June Jordan〕在一九七六年的詩〈我必須成為我的敵人的威脅〉〔I Must Become a Menace to My Enemies〕寫著：「我打算告訴你為何你如此緊張兮兮／還有你的臉部為何抽搐。」）[7] 臉部辨識軟體最初行銷的特色是消除這種維安偏見，現在反而自動製造偏見，人工智慧不斷錯誤辨識黑人臉孔，經常導致非法逮捕，毀人前途。與此同時，在歐洲，一艘又一艘載著黑人移民的船沉入海裡，在他們到達陸地之前，和他們一起上船的危險分身已經先他們一步啟程。

蒙特婁的藝術家法蘭索瓦・布魯內爾已經拍了數百幅分身的肖像，他解釋為何特別想要去拍像得詭異的臉孔：「臉部是我們建立和維持人類關係的終極溝通工具。」[8]是。對許多人來說，其他人扭曲的感受無時無刻惡意破壞臉部的溝通能力。

隨著地緣政治變遷，種族分身的形態也不斷變化。紐約和華盛頓發生九一一襲擊事件後，穆斯林恐怖分子的影像迅速成為所有穆斯林男性的分身，從工程系的學生到前往機場的旅客，全都突然變得危險。種族形象如果不是國家創造的分身，又是什麼？實際上，乘客若有像穆罕默德這樣常見的姓氏（更不用說奧薩馬〔Osama〕這個名字），必須面對非常可能的情況：他們出現在一些最高機密的、錯誤百出的禁飛名單，可能會讓他們被要求下飛機接受特殊詢問，或者，更糟的是，被戴上頭罩並「送往」布希政府其中一間新的「黑牢」。COVID-19時代催生的亞裔代罪羔羊（我的分身不遺餘力編織中共生化武器的陰謀，起了不少作用）投射一道不祥的陰影在亞裔人士的生活，皮尤研究中心（Pew Research）在二〇二二年春季進行的民意調查顯示，大約三分之一的亞裔美國人表示，他們改變日常生活，以免成為仇恨犯罪的目標。

在這片惡意的分身景觀中，猶太分身處於什麼位置？戴著黑帽子、穿著長外套的哈西德猶太人（Hasidic）很容易成為街頭暴力的目標，但是像我這樣世俗的猶太人呢？老實說，要說自己感同身受，我還真的不敢。感謝我出生的時間和地點，正逢大屠殺教育和集體懺悔的高峰，很大程度保護了我，沒有直接遭遇反猶仇恨。一個特別的例外是在英格蘭牛津度過的一年，當時我十歲，在那裡，「猶太人」是校園裡常見的嘲笑對象，因此我隱藏自己的宗教身分，而且胡亂應付晨間讚美詩（「真光普照，基督，彰顯你天父榮光！」）儘管如此，我從沒想過反猶主義會對我造成什麼重大傷害，我唯一擔心的是，若被發現，就無法與牧師的女兒凱蒂繼續當朋友。（並不會。那年十二月，她的父親隨口對我說「光明節快樂」——結果我是個很遜的猶太臥底。）

對艾維來說有點不同。他比我擁有更多典型的猶太特徵和舉止，和他一起生活了四分之一個世紀之後，我逐漸體認他偶爾流露的本能反應。二〇二〇年，我幫伯尼・桑德斯競選的時候，也發現同樣的分身作用：有些人根據他的演講風格和舉止，將他想像成刻板印象中的猶太人，無法擺脫咄咄逼人、憤怒、粗魯的形象，但他本人其實溫柔又慈悲。

但是我？我當然已經磨平我的民族邊角；我已經不會讓自己出現那種引起別人刻板印象的本能反應。但是，即使在我寫下這些字的當下，我突然不確定自己是不是真的磨平。難道不是因為害怕自己的猶太影子，才會如此痛苦抱怨自己太像猶太人的名字，還有念起來拖拖拉拉的音調？我執著於拉直自己的鬈髮，並為自己不像「波浪鬈髮的分身」那樣顯眼而自豪，難道不是出自同樣原因？這難道不是背叛某種自我憎恨的欲望，想要避免猶太人和非猶太人對猶太女性的持續抹黑——美國猶太公主*？我一直擔心被混淆／混為一談的種族分身，難道不是聖經中的拿俄米？——如此奮發，為了她的族群生存不惜一切代價。所有這些，都是可能的答案。

對猶太人的公開仇恨在大屠殺後可能稍緩，而這段暫時的平靜即將結束。川普以來，反猶仇恨犯罪一直上升。大取代理論中，猶太人占有重要地位——我們永遠的夏洛克顯然是允許這麼多移民進入的原因：我們可以利用他們賺更多的錢。二〇一八年在賓州匹茲堡生命之樹猶太會堂週六上午的禮拜中，殺害十一人的槍手正是這麼相信。肯伊・威斯特認為猶太人控制他的世界，威脅要對猶太人祭出「三級死亡狀態」（death con 3）†，而他的威脅可能幫助打開反猶的洪水閘門。目前興起各種形式的種族和性別分身，之間仍然存在許多差異。人們不會因為我的猶太影子而加快腳步或鎖上車門；醫生不會低估我身體感受疼痛的能力；攻擊的人不會去想，即使他們真的傷害了我，也不會有人主持公道。然而，正如我們所見，將人分門別類，往往容易掩蓋共同的人性，而且同樣重要的是，阻撓團結的可能。

* 譯注：典型的富裕或被寵壞的美國猶太女孩或婦女，稱為猶太公主。

† 譯注：美軍使用的國家戒備狀態等級 DEFCON 3 的諧音（加強軍隊就緒狀態至一般就緒以上）。

邪惡的雙胞胎是撒旦大軍

反猶太主義學者將對猶太人的仇恨追溯到古代，認為早在希臘化時代，人們便不滿猶太人自成團體，視為宗族主義。但是，仇恨是在基督宗教的世界才變得不可避免。《新約》是個強大的分身宇宙論：上帝／撒旦、基督／敵基督、天使／魔鬼、天堂／地獄。由於猶太人在幾篇福音中與撒旦有關，猶太人和基督宗教徒從一開始就處於孿生關係，猶太人被視為基督忠實追隨者的邪惡分身。我們有機會時，不僅沒有認出真正的彌賽亞，而且長期因耶穌的死而受到指責。（所以，我要修正稍早說的話：這完全就是我們背負的十字架。）這個故事為幾個世紀以來對猶太人的抹黑奠定基礎。

其中許多誹謗都說，猶太人綁架基督宗教的兒童，為了抽乾他們的血，在祕密儀式使用。這些可怕的指控成為反猶暴徒暴力的藉口。波蘭的主教座堂至今仍掛著壁畫，描繪駝背的猶太人腳下豐滿但布滿傷痕的嬰兒。這種古老形式的反猶仇恨在一四九二年西班牙收復失地運動以及驅逐猶太人和穆斯林達到顛峰，隨之而來的是屠殺、焚燒猶太人和大規模強迫改信天主教（然而在宗教裁判所期間，天主教幾乎沒有提供任何保護，不讓他們祕密的猶太人身分曝光）。一四九二年被驅逐的猶太人和穆斯林難民——當時是盟友——獲得安全通往鄂圖曼帝國的通道。

那種暴力衝突並非人類首次為了爭奪土地和資源屠殺其他群體。但是林奎斯特和佩克主張，在這個時期誕生一種衝動，以文明、進步、虔誠的名義「消滅一切野獸」，並在接下來的幾個世紀一再重複。而且，或許並非巧合，也是在一四九二年，哥倫布的船隻橫渡大西洋，以虔誠之名，帶著這些滅絕工具，揭開全球化的序幕。

猶太人與撒旦教的聯想就是整個中世紀反猶的正當理由，更進一步的是，猶太人被列為二等公民，他們被限制在猶太區內，不得擁有農業土地，也不得參與重要貿易。所以，猶太人只能是街頭小販、商人，也是放款人。他們之所以被允許從事放款，主要因為基督宗教的統治階級希望與這種神不允許的活動保持距離。到了一七〇〇年代，小放款人長成大型銀行，正是這種本身源於反猶主義的發展，維持更現代和持續的反猶主義——貪圖金錢的猶太銀行家，須對勞動人民的所有苦難負起責任——再加上一個由同樣狡猾的猶太人組成的國際陰謀集團，正在密謀更可怕的計畫。

從光明會到《錫安長老會紀要》，從羅斯柴爾德銀行家族到喬治・索羅斯的慈善事業，猶太人一直是過去兩個半世紀，陰謀論歷久不衰的主題和目標。儘管姓名和演員不同，劇本是換湯不換藥：有個國際的猶太集團在暗中勾結，破壞基督宗教價值，削弱基督宗教國家，奪取基督宗教財產。在後來的版本，還會控制媒體。從革命到傳染病到恐怖攻擊，似乎永遠都是我們的錯。

匿名者Q之所以引人注目，並不是因為他們編織的情節多麼原創，而是因為他們能將猶太陰謀集團統治世界這個現代的比喻，與綁架並抽乾基督宗教兒童古老的誹謗，兩者混在一起。匿名者Q的版本中，有個許多知名猶太人參與，但不限於猶太人的國際陰謀，綁架兒童，吸乾他們的腎上腺素紅，顯然是為了延長陰謀者自己的生命。這些故事目前正在我們的文化中流傳、結合、變形，為我們猶太人隨身攜帶的無形種族分身賦予古老而險惡的能量。

看那裡！

在鏡像世界中，陰謀論分散人們對億萬富翁的注意力（那些提供製造錯誤訊息資金的），也分散人們對經濟政策的注意力（放鬆管制、私有化、緊縮政策），而這些政策在新自由主義時代，導致財富分層，造成災難。陰謀論激起人們對達佛斯精英、大型科技公司和大型藥廠的憤怒，但憤怒似乎從未到達這些目標，反而被轉向反種族主義教育、性別友善廁所，以及針對黑人、非白人移民和猶太人的大取代等文化戰爭。同時，為整個騙局提供資金的億萬富翁們很有把握，我們文化中沸騰的憤怒不會去找他們。導演這齣戲的，既不是史蒂夫・班農，也不是塔克・卡爾森。

數個世紀以來，反猶陰謀對精英權力發揮非常特別的作用：緩衝器、避震器。在人民的憤怒抵達國王、王后、沙皇和世襲地主之前，陰謀就先行吸收，轉向中間的經理人——宮廷的猶太人*。詭計多端的猶太人，他們的無邊帽下可能藏著角。轉向夏洛克。

這就是為什麼反猶主義有時被稱為「愚人的社會主義」，[9] 這個詞由奧地利民主黨人費迪南・克羅納維特（Ferdinand Kronawetter）創造，於一八九〇年代因為德國的社會民主黨而廣為人知。社會主義的分析以物質現實為基礎，認為資本主義系統的內部邏輯是剝削和剝奪。兜售反猶主義陰謀論的人提供簡單有趣的故事，說有黑心的歹徒在社會和經濟結構之外活動。而且如果他們存在於這些結構之外，就可以輕易將他們剔除——趕出城鎮，或者按照林奎斯特和佩克的說法，當成野獸消滅。

在歐洲，每當工人和農民的多民族群體開始從底層往上建立權力，威脅堅固的財富階級時，隨即就會爆發反猶主義的政治宣傳。一次又一次，在猶太人從未完全被接受的民族國家中，無根的猶太惡魔與根深蒂固的、種族純正的基督宗教公民發生衝突，從西班牙到法國，再到波蘭。長期存在的惡魔雙胞胎。這個手法幾個世紀以來不斷重演，原因很簡單：有效。才剛萌芽的工人聯盟隨

* 譯注：幫助歐洲王室與貴族理財的猶太銀行家。

即瓦解，權貴的利益持續維持，證實這個手法非常可靠。

一九〇五年失敗的俄國革命是特別悲慘的案例。那年一月，俄羅斯帝國各地的工人和農民掀起罷工和抗爭浪潮，包括軍隊內部，挑戰王室和尼古拉二世的權威。這場革命由多民族和多元團體聯合領導，主要派系之一是猶太勞工聯盟（Jewish Labor Bund）——這個聯盟擁有數萬名成員、數百個地方議會和國防民兵，是社會主義政黨，在波蘭和烏克蘭尤其強大。

猶太勞工聯盟一項核心原則是 *doi'kayt*，意為「此處」，主張猶太人屬於他們居住的地方，即他們的「定居點」。身為猶太人，也身為工人，應該和相同階級的非猶太人共同奮鬥，追求更大的權利和更多的正義，而不應該如同早期的猶太復國主義者在同一時期主張的那樣，把希望寄託在遙遠的猶太家園。他們也不應該像數十萬德國和東歐猶太人一樣，已經被迫逃往北美。*Doi'kayt* 宣告，勞工聯盟的成員會留在這裡，而且把這裡變得更好。

為了因應來勢洶洶的革命聯盟，包括沙皇在內的俄國精英，反擊的方式有兩種：第一，表示讓步，包括建立一個薄弱的多黨議會制度；第二，同時發動一場惡意的反猶仇恨運動，將一九〇五年的叛亂描繪成猶太人煽動的陰謀，目的在於統治基督宗教徒。次要的改革加上主要的注意力轉移，效果良好。改革宣布後，反猶暴徒馬上在六百六十個城鎮發動血腥屠殺，其中最嚴重的發生在敖德薩。[10] 暴動之中，估計八百名猶太人被殺。歷史學家羅伯特・溫伯格（Robert Weinberg）在《俄羅斯評論》（*The Russian Review*）中描述暴行：「他們將猶太人扔出窗外，強姦並剖開孕婦的腹部，並在父母面前屠殺嬰兒。特別可怕的一次，反猶分子將一名婦女倒掛，並將她六個死去的孩子放在她下面的地板。」[11] 這個景象令人想起兩個世紀前誹謗猶太人取血的油畫，毛骨悚然——只不過現在成為現實，而且目標是猶太人。溫伯格表示：「種族分裂是一種離心力，削弱敖德薩工人團結行動的能力。」[12] 沙皇學到的一課，也是傳承千百年的一課：如果你想從底層打擊一場眼前的革命運動，沒有什麼比反猶陰謀更有效，因為那會喚起比耶穌基督更古老的仇恨。

事實上，任何基於身分認同的分歧都可以加以調度，發揮這項功能：猶太人與黑人、黑人與亞洲人、穆斯林與基督徒、性別批判女性主義者（gender critical feminists）與跨性別者、移民與公民。這就是川普和世界各地其他偽民粹主義強人使用的腳本：向基層做出一些小的經濟讓步（或至少聲稱讓步），放出種族和性別仇恨的獵犬，同時讓財富迅速向上轉移，並推動權力專制集中。

事實的社會主義

深入研究猶太仇恨歷史，一件有趣的事情是，這些理論竟然如此矛盾：猶太人是貪婪的銀行家，密謀獲得基督宗教徒的財產，然後把錢裝進自己的口袋？還是我們這些煽動烏合之眾的共產主義者，正在密謀徹底廢除資本主義？一幅廣為流傳的納粹漫畫描繪「永恆的猶太人」——一個駝背的男人，一手拿著金幣，一手拿著德國地圖、錘子和鐮刀，而且不知為何，他似乎既是大資本家，也是革命的馬克思主義者。陰謀論不需要邏輯一致才能吸引人（參見：冷靜！COVID-19是小感冒／恐怖！COVID-19是生物武器）。儘管如此，令人震驚的是，猶太人歷代以來面臨兩條最頑強的攻擊路線——詭計多端的猶太銀行家和詭計多端的猶太馬克思主義者——始終處於邏輯衝突的軌道。

一如既往，一顆事實的種子足以滋養無數幻想。猶太人由於不准進入許多行業，因此在金融業中的確比例較高；同樣的，他們在革命社會主義者和共產主義者中的比例也較高。好像，真的過高。他們的隊伍包括但絕不限於托洛斯基，以及俄羅斯革命的核心人物孟什維克與布爾什維克的領導階層；羅莎・盧森堡（Rosa Luxemburg）和她在斯巴達克同盟（Spartacus League）中推動民主革命到德國的許多同志；弗拉基米爾・梅德姆（Vladimir Medem）和猶太勞工聯盟整個領導階層；艾瑪・高德曼（Emma Goldman）和紐約無政府主義左派；以及法蘭克福學派的班雅明、西奧多・阿多諾（Theodor Adorno）等人。當然還有那個人——卡爾・馬克思。雖然他不在猶太信仰中長大，但他父母的家族都是拉比。馬克思的父親改信路德教，並將自己的名字從赫歇爾（Hershel）改為海因利希（Heinrich）。

理解猶太人為何被共產主義和社會主義吸引的方式有兩種。一種是：「哇，左派真的是猶太人的陰謀！」另一種則認為，猶太人長期成為仇恨和歧視的目標，因而特別關注解決社會不公（這是我從小聽到、令人欣慰的左派故事）。但還有一個相關的可能：猶太人之所以對馬克思主義感興趣——特別是其中對於全球資本主義全面、科學的分析——或許是為了與那些困擾猶太人的陰謀論對抗。所有那數千頁的理論和宣言，某種程度上是猶太人對抗歷史的磚牆，試圖說明：「不，你的金錢問題不是猶太『騙子』剝削勤勞的『非猶太人』，而是源於一個從勞動人民身上榨取財富的制度。」這個制度不叫「光明會」或「錫安長老會」，叫「資本主義」。只有工人階級成員之間跨越種族、民族、性別和宗教團結，才有機會贏得更公平的世界。還有——拜託不要殺我們。

這些理論家畢竟不只是觀眾。某個程度而言，所有在十九世紀和二十世紀初從事寫作和組織工作的猶太社會主義者和共產主義者都有切身之痛。馬克思主義萌芽的土壤和《錫安長老會紀要》是同一片，最後也產出威瑪共和與納粹德國。沒有人的生活不受影響；沒有人能免於夏洛克分身的傷害，即使改信其他宗教或無神論者也是如此。馬克思的父親改信並非出於信仰，而是因為他是律師，而普魯士新的法令禁止猶太人擔任法律職務或國家職務。

馬克思的女兒愛琳娜（Eleanor Marx）選擇恢復家族傳統，自學意第緒語，以便組織倫敦東區的猶太服裝工人，在歐洲反猶太主義的浪潮中明確表示「我是猶太女人」。[13] 羅莎・盧森堡描述她的政黨在媒體上被「排山倒海的反猶主義」視為目標。[14] 托洛斯基早期當記者的時候，因為報導反猶暴徒暴力事件深受影響，他描述幫派「喝得爛醉，渾身散發血腥味」。[15] 他本人經常被他的政治對手描繪成猶太魔鬼（包括長角和各種形容）。一九四〇年，托洛斯基去世那年，他生動地觀察到：「資本主義在崛起的時期，將猶太人帶出隔離區，並利用他們作為商業擴張的工具。今天，敗壞的資本主義社會正竭盡全力榨取猶太人的一切。」[16]

這些革命家的目標，不是對抗敵人強大的反猶陰謀論。他們的目標更宏偉——畢生致力在現實世界實現社會主義。然而，考慮他們對於勞動人民的政治教育付出極大努力，我認為將對抗反猶陰謀視為這場鬥爭的弦外之音（甚至正文）也是合理。以更有價值的目標（經濟體系、意識形態、結構性的不公平）取代弱者非理性的仇恨。以事實的社會主義取代愚人的社會主義。

話說到一半就被中斷的辯論

這一切並不是說，身處動盪時代的猶太知識分子，對於如何應對持續存在的反猶太主義具有任何共識。在希特勒將猶太教等同創傷之前，在異議被恐懼和順從取代之前，幾十年來，猶太知識圈內的辯論充滿不安，當時被委婉稱為「猶太問題」。（今日的同義詞可能叫做「身分政治問題」或「種族相對階級問題」。）康乃爾大學教授安佐・妥拉維索（Enzo Traverso）對這段精神歷史深入研究，將猶太問題描述為「一系列關於解放和反猶主義、文化同化和猶太復國主義的問題」[17]——而在猶太馬克思主義者和社會主義者中，對於可能的答案還沒有共識。

猶太人是否應該在基督宗教的社會中爭取完全平等——投票權、從事所有行業的機會（社會民主黨的立場）？或者目標應該是徹底改造這些社會，同時猶太人完全同化為解放的無產階級，因為宗教作為安慰的來源不再那麼必要？（馬克思寫道：「宗教是被壓迫生靈的嘆息，是沒有人性世界中的人性，是沒有靈魂處境裡的靈魂。它是人民的鴉片。」[18] 這是托洛斯基和盧森堡所追求的立場。）猶太教是一座監獄，革命是否可以將猶太人從監獄中解放？（如同布爾什維克宣稱，儘管許多人承認有必要保護私人生活當中宗教實踐的權利。）或者，即使在社會主義的社會，猶太人的同化也是一個陷阱，忽略歐洲猶太人獨特的文化和語言在多民族、多國工人社會需要得到保護？（猶太勞工聯盟「此處」的立場。）或者，對猶太人的仇恨在這片大陸已經根深蒂固、延續太久，這一切都沒用，猶太人的解放只能在失憶的美洲，在工人階級運動中找到？（我的許多家庭成員在橫渡大西洋時所持的立場。）或者，其實那也只是幻想，尤其在一九二〇與三〇年代，美國和加拿大推出公然帶有種族主義和反猶情緒的嚴格移民法後，猶太人唯一的希望便是擁有自己的民族國家，在那裡終結流浪，實現社會主義？（勞工猶太復國主義者的觀點。）

所以，擁有數萬工人階級成員、致力於「此處」的猶太勞工聯盟，經常和猶太復國主義者辯論，嘲笑他們追求的「彼處」。勞工聯盟深信當每一個人都自由的時候，猶太人就會自由，而不是透過在巴勒斯坦的土地建立類似軍事化的猶太區。「你們的解放只能是全面解放被壓迫的人民的副產品。」猶太勞工聯盟的領袖維克多・阿爾特（Victor Alter）在一九三七年寫道。[19] 此外，班雅明主張，「如果猶太知識分子放棄歐洲，事情將會變得非常糟糕」。[20]

幾年前，羅莎・盧森堡和勞工聯盟爭執之後，開始提倡不受猶太身分認同束縛的普世主義。一九一七年，一個朋友問她：「妳想從『猶太人的特殊苦難』這個主題表達什麼？」她回答：「我同樣關心普圖馬約（Putumayo）橡膠園裡可憐的受害者，也關心被歐洲人拿來當成玩物的非洲黑人……猶太隔離區在我心中並沒有特殊地位。無論在世界的哪個角落，只要有雲、鳥和人的眼淚，我就有家的感覺。」[21] 因為這些話，她的批評者指責她在極為艱難的時期將猶太人的苦難說得一文不值。然而，我更願意見到她的理想實現，也就是超越身分和國界的人類團結，無論這個理想多麼遠大。

關於猶太問題的激烈辯論，並沒有因為某個派別的想法強大而勝出，或因為擄獲多數猶太人的心而結束。爭論逐漸消失的原因，就像紅色維也納，承載辯論的土地完全被恐怖行動粉碎，背叛和遺棄逐漸剝奪一種又一種的可能。猶太工人運動曾經充滿革命氣勢，發起罷工並組織自衛聯盟，然而納粹控制後，猶太人便在這片土地慘遭消滅。史達林掌權後，蘇聯進一步集中權力，對他的對手發動殘酷的迫害，甚至再次釋放反猶主義的獵犬掩蓋自己的暴行（根據托洛斯基的說法，他甚至引述古老的取血誹謗，指控他的兒子謝爾蓋大規模毒害工人）。同時，美國、加拿大和許多其他國家一樣，幾乎沒有為來自歐洲、滿載絕望猶太難民的船隻提供安全的港灣。（一位加拿大的官僚說過一句惡名昭彰的話：「沒有都嫌多。」[22]）在紐約和蒙特婁的樂觀和失憶中找到的安全感也戛然而止。

回顧歐洲猶太左翼內部關於猶太問題的激烈辯論，令我震驚的是，許多為我們人民提出不同願景的關鍵人物都慘遭殺害。羅莎・盧森堡在一九一九年被德國準軍事軍官槍殺，然後被扔進柏林的蘭德韋爾運河（Landwehr Canal）；策劃她死亡的軍官後來成為希特勒的盟友。猶太勞工聯盟無數個領袖，或在希特勒的集中營，或在史達林的整肅行動被殺。托洛斯基被史達林的探員用碎冰斧刺死，但在此之前，他承認同化作為解決猶太問題的方法已經失敗，儘管他仍然批評猶太復國主義。班雅明被迫逃出維琪法國後，無法順利離開歐洲，在西班牙加泰隆尼亞海濱小鎮波爾沃（Portbou）結束自己的生命。

讓我難以忘懷的是比利時左派人士阿伯拉姆・萊昂（Abram Leon）。二戰期間，他才二十幾歲，看起來很像年輕的托洛斯基：圓圓的娃娃臉，波浪黑髮，臉上戴著厚重的黑框眼鏡。青少年時期，他與家人住在巴勒斯坦，但回到比利時後對於猶太復國主義逐漸幻滅，轉而成為堅定的托洛斯基主義者。納粹占領期間，他被迫轉入地下，但仍繼續組織祕密集會，出版非法手冊和報紙。這段時期，萊昂著手進行一項計畫，彷彿為了理解他自己的猶太「分身」：他研究並撰寫一篇探討全球資本主義如何利用反猶主義的學術論文，追溯歷史至羅馬帝國，一直延伸到納粹時代。很難想像在地下環境中，他如何進行這麼深入的研究，但他成功了，而且引用大量文獻。

萊昂分析納粹如何利用反猶陰謀論，與我們的時代尤其相關。他描述希特勒如何利用中下階級的經濟苦難——先因一次大戰陷入貧困，後因制裁遭受重創，接著又受大蕭條打擊——並將這種不滿指向所謂的「猶太資本主義」。[23]這種「猶太資本主義」與其他「健康、體面」的資本主義不同，是一個神話構建的怪物，服務我們熟悉的對象。萊昂寫道：「大企業為了獨占利益，竭力操控並轉移群眾的反資本主義仇恨。」[24]這就如同班農右派的國際網絡敵視「全球主義者」，試圖將大眾的憤怒從資本主義體系轉向虛構的陰謀集團，如此一來，維持和保護全球億萬富翁階層的結構便能完好無缺。

萊昂也解釋，納粹黨在俄羅斯工人革命成功後，而且目睹共產主義在德國獲得政治勢力，於是開始刻意削弱德國工人心中的階級意識。他們的方法是以種族團結取代階級團結，以「雅利安種族」帶來的快樂和回報取代所有工人共同的利益，聲稱這種紐帶能夠聯繫最貧窮的基督宗教工人和最富有的實業家。然而，在資本主義制度下，工人和資本家實際上擁有截然不同的利益，因此這個策略需要一個敵對的影子角色——一個邪惡的「雙胞胎」。萊昂寫道，「正如有必要將不同階級的雅利安人歸為單一種族」，「這個『種族』也必須擁有唯一的敵人：『國際猶太人』」。[25]種族神話必然包含「反種族者」，即猶太人，作為負面形象。萊昂精闢分析白人至上政權中，種族與階級的辯證關係；他也認為，跨種族的工人階級若是團結，將嚴重威脅納粹的計畫。

萊昂將他的見解與研究匯集成一本重要但也許默默無聞的書《猶太問題：馬克思主義解釋》（*The Jewish Question: A Marxist Interpretation*），一九四六年首次在法國出版。但萊昂從未看到他的努力達到顛峰，因為他正在分析的動態找上門來。一九四四年，他被身為自稱「優等種族」的蓋世太保抓走。身為「反種族」的成員，他受到虐待，並被送往奧斯威辛集中營，最終在毒氣室中被殺害，年僅二十六歲。

在這個充滿「皮皮克」的時代，萊昂短暫的一生最令我感動的，是他對思想的堅定信念。即使身處屠殺的包圍之中，即使個人處境極度艱難，他依然堅信文字、分析、研究的力量可以打破邪惡的咒語。即使那些文字對他本人而言，已經來得太晚。

萊昂的故事概括猶太左翼內部關於「猶太問題」辯論的命運：話說到一半，便因暴力而中斷。正如妥拉維索寫道：「戰爭和大屠殺……消滅大多數（辯論的）參與者，摧毀這些辯論的基礎。」[26] 然而，事情還不僅止於此。對於許多倖存者而言，史達林進一步扼殺他們對於革命變革的信念，甚至抹煞這種變革的可欲性。與紅色維也納如同燈塔般的理想不同，蘇聯的實驗越殘酷、越極權，社會主義就越顯得無法對抗野蠻行徑。這是史達林對社會主義信仰最大的背叛。

雙胞胎為永恆而戰

儘管廢墟之中，多多少少倖存每種思想傾向的成員，然而，關於猶太問題，只有一個答案仍然充滿信心自我宣告：猶太復國主義。以色列是猶太人的領土與家園，若是武裝起來，就是能夠保護自己免於所有可能威脅的國家。以色列將自己定位為唯一剩下的選擇，唯一沒被極權主義或其他主義粉碎的選擇。

因此，今日非常現實的土地和邊界之戰中，許多早期的辯論似乎都已消失。在這個年輕的國家內部，特別是一九六七年戰爭以及長期占領約旦河西岸和加薩之後，反猶主義不再被視為一個需要歷史回應的問題，而被看作一種永恆、超越歷史的現象。以色列的領導階層認為，過去悲觀的敘事中，對猶太人的仇恨如此強烈，如此深植人類集體的意識底層，若仍認為普遍的人類平等原則可以對抗，甚至聯合其他因種族或宗教而受迫害的群體，這樣的想法不只天真，而且非常危險。

其他意識形態的對手皆被大幅削弱後，猶太復國主義的提議很簡單：我們不會想要連根拔起反猶主義，而是會拿槍指著他們的頭，迫使他們屈服。面對幽靈般的夏洛克，這個不朽的猶太人，所有猶太人的影子分身，以色列將回以自己的分身：皮膚黝黑、肌肉發達、渴望土地、手持機關槍的新猶太人——是蒼白、好學、憂鬱的老猶太人另一個沒有包袱的自我。

這是羅斯揮之不去的分身，然而，事情並未就此結束。正如過去的猶太人陷入與歐洲基督宗教徒的鬥爭，成為一切邪惡的投射，新猶太人也需要他們的「反自我」：巴勒斯坦人，以色列境內及邊境永久的威脅來源。

為了解釋我們如何走到這個看似難解的地步，需要一點歷史——而曾經發生在這個地方的事，充滿各式各樣互相對立的說法，錯綜複雜，因此絕非簡單的命題。一九三〇年代，猶太移民湧入當時由英國控制的巴勒斯坦，導致阿拉伯地區爆發連續的反抗運動。許多巴勒斯坦人認為殖民者強迫他們接受猶太移民，尤其英國軍隊和當地警察以巨大武力鎮壓阿拉伯起義，人民更是如此相信，並且加劇他們的憤恨。一九四七年，巴勒斯坦被分治，阿拉伯國家強烈反對，而以色列於隔年宣布建國，第一次以阿戰爭就此揭開序幕。巴勒斯坦人稱這幾年為Nakba，也就是「災難」：大約七十五萬巴勒斯坦人被驅逐，千百個巴勒斯坦村莊被摧毀，數千人被殺，而且近年來，關於這些暴行，許多可怕的真相終於從以色列自己的陰影之地洩漏。

當然，巴勒斯坦人會用自己的暴力來抵制這種種族清洗。然而，許多有影響力的猶太復國主義領袖並沒有看到阿拉伯人抵抗的根本原因——關於土地與自決的民族主義、反殖民鬥爭（其中也有一些反猶因素，那是當然的）——反而將整個巴勒斯坦人的反抗描繪成非理性的猶太仇恨，與導致納粹大屠殺的反猶主義無縫接軌，因此，需要利用猶太人在納粹控制的歐洲無法調動的軍事力量鎮壓。在這個想像中，巴勒斯坦人作為猶太人新的敵人，被視為如此非法、非理性、異類，以致以色列人相信自己有理由重現許多暴力形式、去人性化的政治宣傳，並將世紀以來整個歐洲針對猶太人、將猶太人連根拔起的強迫遷移，強加於巴勒斯坦人。這個過程持續到今天，仍在拆除房屋、擴張以色列定居範圍、暗殺特定人士、侵犯巴勒斯坦社區、公開歧視的法律以及將巴勒斯坦人關在圍牆內的貧民窟。

✧✧✧

我在蒙特婁的希伯來日間學校，就像許多類似的學校，把納粹種族滅絕的事實當成九九乘法表一樣灌輸給我們：死亡人數、扭曲的酷刑、毒氣室、殘酷關閉的邊界。那是一九七〇年代末和八〇年代初，在沉浸式大屠殺博物館落成之前（內有大得能讓人走進的運牛車），在「生者遊行」（March of the Living）之旅帶領數十萬猶太年輕人前往奧斯威辛之前——我們接收相同但粗糙的歷程，我們驚恐的想像填補了空白。

我的孩子如今已經比我當年還大。身為父母，回想起來，當時的教育有某些內容，不是那些呆板重述的部分，反而讓我震驚。表面的情緒——對暴行的恐懼、對納粹的憤怒、對復仇的渴望——有表達的空間，但是更複雜、不安的感受，例如羞恥或內疚，卻無處容納；我們也無法反思種族滅絕的倖存者可能必須承擔哪些義務，以抵制種族滅絕所有形式的邏輯。令我驚訝的是，我們從未真正悲傷，也沒有人請我們抓住我們的憤怒，轉化為團結的力量。

許多年後，我的朋友，時任猶太和平之聲（Jewish Voice for Peace）領導人之一的塞西莉・蘇拉斯基（Cecilie Surasky）觀察這種教育方法：「這是二次創傷，不是追憶。兩者之間有很大的區別。」當她這麼說，我馬上明白。追憶將我們破碎的自我重新組合；這是對完整性的追求。在最好的情況下，這麼做可以讓我們藉由悲傷和失落而改變和蛻變。但二次創傷是將我們凍結在破碎的狀態，宛如儀式重現，用意在於讓喪失的感覺盡可能保持新鮮和痛苦。我們所受的教育並不鼓勵我們探索自己身上那些可能對他人造成巨大傷害的部分，也不教我們如何抵抗，反而要求我們對於發生在我們祖先身上的事情感到憤慨，就像發生在我們身上一樣——並且保持這種狀態。

現在我明白了，我們的教育之所以呈現如此凍結的狀態，是因為有個更大、預先寫好的故事，而大屠殺是其中一個情節點。我們不僅聽了這個故事，也被困在其中：這是一個浴火重生的故事，始於納粹控制的歐洲毒氣室，止於耶路撒冷周圍的山頂。

儘管必定有例外，但大多數情況下，這種教育的目標並不是培養我們成為抵抗下一次種族滅絕的人（無論發生在哪裡），而是把我們塑造為猶太復國主義者。

我們被告知，我們的人民被追捕和滅絕，那段可怕的故事和我們在世界這端建立的國家，兩者之間已經劃清界線。意思就是：如果法西斯熱潮再次高漲，穿長靴的男人腦子裡想著清除他們國家體內的猶太基因，我們不會再次陷入無助和手無寸鐵的境地，不會再為自己的生存苦苦哀求，不會被所有可能拯救我們的國家拒之門外，也不會被我們夏洛克分身的幽靈吞噬。為什麼？因為下次我們會有以色列——每個學校集會都飄揚白藍相間的旗幟；我們捐出零用錢購買的樹木，高高矗立在那些我們從未聽過的巴勒斯坦村莊。

正如許多左翼猶太家庭的情況，我學到「再也不會」的不同版本——這是一項指令，一項神聖義務，反對一切形式的仇恨和歧視，無論目標是誰。但是，出於同樣原因，我的母親從聖經選擇我的名字，堅持讓我上希伯來日間學校，為了鞏固我們與族人的連結，學習我們的敵人自從宗教裁判所以來就想消滅的歌曲、儀式和語言（希伯來語和意第緒語都是）。在那所學校，「再也不會」並不像在我們家一樣，意謂「再也不會對任何人」，而是「再也不會對猶太人」。意謂「因為以色列，所以再也不會」；意謂「因為我們這些一直被夏洛克困擾的人現在永遠有了自己的分身——而且我們的分身有很多槍，所以再也不會」。

分身國家

「分身政治。」肯特大學非洲與中東研究教授卡羅琳・魯尼（Caroline Rooney）就是這樣描述以色列複雜的心理空間，受害者與加害者交織的狀態。[27] 這個國家身分認同的分身本質，內含在描述它的二元語言，一切都是雙重，從來不是單一：以色列——巴勒斯坦、阿拉伯人和猶太人、兩個國家、衝突。錯誤假設兩個民族擁有對等權力，而將兩個民族縫合在一起，意謂連體雙胞胎處於無休止的鬥爭狀態，是兩個民族之間無法解決的兄弟競爭，而這兩個民族都是亞伯拉罕的後裔。

對魯尼而言，以色列作為分身，存在於兩個層次。首先，以色列是過度的歐洲民族主義的分身，這種民族主義早在宗教裁判所之前就將猶太人變成歐洲大陸的賤民。那是猶太復國主義對歐洲反猶勢力雙贏的推銷話術：你擺脫你的「猶太問題」（也就是，猶太人將離開你的國家並移民到巴勒斯坦），而猶太人則建立一個自己的國家，以模仿／孿生壓迫他們幾個世紀的激進民族主義。（這就是為什麼猶太勞工聯盟如此激烈反對猶太復國主義；勞工聯盟認為民族主義本身就是他們的敵人，也是種族仇恨的根源。）

以色列也成為殖民計畫的分身，特別是移民殖民主義。猶太復國主義的許多基本邏輯，都是基督宗教殖民的概念經過猶太化，而且幾乎不加掩飾，例如無主地：像澳大利亞這樣的大陸，因為那裡的原住民不被視為完全的人類，所以實際上是空的，因而變成「沒有人的土地給沒有土地的人」。[28] 許多猶太復國主義者說的話，源自十九世紀的基督宗教徒。「昭昭天命」變成「神餽贈給猶太人的土地」。「馴服荒野」變成「讓沙漠綻放花朵」。[29]

與所有殖民計畫一樣，以色列移民需要積極忽視各式各樣的事。傳奇的調查記者I・F・史東（I. F. Stone）支持猶太人在巴勒斯坦建國，甚至躲進一艘擠滿大屠殺倖存者的祕密船上，於一九四六年安全抵達「灰泥色的海法」。[30] 但是一九六七年的戰爭之後，他承認：「對猶太復國主義者來說，阿拉伯人就是隱形人。從心理上來說，不在那裡。」[31] 或像前以色列總理梅爾夫人（Golda Meir）說的：「沒有巴勒斯坦人這種東西……他們不存在。」[32] 偉大的巴勒斯坦詩人馬哈茂德・達爾維什（Mahmoud Darwish）在他的《缺席在場》（*In the Presence of Absence*）一書中描繪「在場的缺席者」這種幽靈狀態。[33] 原住民缺席的謊言——所有殖民者都熟悉的殖民計畫，需要付出極大努力才能維持。猶太國家基金（Jewish National Fund）在巴勒斯坦村莊和數百年歷史的農業梯田系統種植松樹；希伯來文地名取代阿拉伯文地名；數千年歷史的橄欖樹被連根拔起，現在仍在進行。正如記者優瑟福・阿爾・賈馬爾（Yousef Al Jamal）寫道：「以色列移民繼續將巴勒斯坦的橄欖樹連根拔起，不遺餘力，因為這種樹提醒他們巴勒斯坦存在。」[34]

然而，這種移民殖民主義的分身版本，有某些明顯的差異。一個是時機。第二次世界大戰後，反殖民運動在全球南方興起，拒絕殖民統治、伸張自決權利的民族運動一波接著一波。戰後幾年內，在以色列國周圍，前殖民地紛紛宣布獨立：法國被迫明確放棄對敘利亞和黎巴嫩的託管，並於一九四六年撤軍；同年，約旦脫離英國統治而獨立；埃及人公開反抗英國人繼續逗留。一九四八年建國的以色列，既是這些力量的產物，也是明顯的例外。英國結束在那裡的殖民統治，廣義來說是曾經的日不落國部分收縮。由於少數猶太人一直生活在巴勒斯坦，猶太復國主義者便將他們的運動視為民族解放運動：像其他受壓迫的人民一樣，猶太人正在建立自己的國家。當然，從人數多更多的巴勒斯坦人的角度來看，他們被逐出家園、土地、社區，讓路給一個全新的國家。以色列絕對不是反殖民的計畫，恰恰相反：世界其他地方都朝著相反方向發展的時候，以色列正在建立殖民地。這絕對會擦槍走火。

以色列的移民殖民主義與前身還有另一個差異。歐洲列強憑藉蠻力和聲稱神所賦予的優越地位進行殖民統治，而大屠殺後的猶太復國主義對巴勒斯坦的主權主張再次恰恰相反：猶太人的受害和脆弱。當時許多猶太復國主義者心照不宣認為，儘管去殖民是共識，但猶太人擁有例外的權利——例外的理由來自他們最近幾乎被滅絕。猶太復國主義版本的正義對西方列強說：如果你可以透過種族清洗、屠殺和竊取土地來建立你的帝國和殖民國家，卻說我們不能，就是歧視。如果你在你的土地上清除原住民，或者在你的殖民地這樣做，卻說我們不能，就是反猶主義。對平等的追求似乎重新定義，不再是不受歧視的權利，而是受到歧視的權利。殖民主義成為種族滅絕的賠償。

但如果希特勒受到北美移民殖民主義啟發——他顯然是——那麼這絕對不是賠償。這是殖民邏輯的延續，但破碎和受傷的人民卻對著比他們更弱小的人民發洩。在這種安排下，正如反殖民學者愛德華・薩依德所說，巴勒斯坦人成為「受害者的受害者」，[35]或者學者約瑟夫・馬薩德（Joseph Massad）所說，成為「新猶太人」。[36]將別人對自己的歧視加諸他人身上，心理上當然無法容忍。事實上，這樣的行為與猶太教的價值觀背道而馳，因此需要極端壓抑與投射。文學中的分身常常表現分裂的自我，正如魯尼寫道「分身政治首先是一種自我分裂的政治」，[37]將我們不忍心看到的一切投射到他人身上。如果以色列模仿歐洲民族主義實行分身政治，那麼他們也會上演第二種方式：將所有犯罪和暴力投射到巴勒斯坦人身上，以免面對自己的根本罪行。同時，隨著時間推移，這個計畫的殖民性質只會愈加赤裸，公開的種族主義和猶太至上主義的政治人物在各個層面鞏固自己的權力。

二〇二二年底，以色列新的極右翼政府成立時，不僅呼籲繼續占領西岸，而且要求併吞，並在他們的聯盟協議中明確指出「猶太人民對以色列土地的所有地區擁有排他、無可置疑的權利。政府將在以色列土地的所有地區——加利利（Galilee）、內蓋夫（Negev）、戈蘭（Golan）、猶太（Judea）和撒馬利亞（Samaria）——促進並發展移民定居」。[38] 正如所有的邊界一樣，這條邊界正在移動。

不看對方

不難理解為什麼許多人一開始就被猶太復國主義的承諾吸引。經歷如此多的創傷之後，收到一面旗幟、一件制服、一把槍，必定無法抗拒——不是成為攻擊的目標，也不是慈善捐助的對象，而是擁有更多選擇。如果我在一艘滿載沒人要的難民船上，我會有力氣和心思來抗拒這樣的承諾嗎——我們自己的堡壘、自己的國家？我沒有信心我能做到。既然以色列人的眼中沒有巴勒斯坦人，巴勒斯坦人也就拒絕去看拒絕看見他們的國家。成立七十年後，某些巴勒斯坦人仍稱以色列為「猶太復國主義實體」。「你是否承認以色列有生存的權利？」以色列領導人和捍衛者要求巴勒斯坦人回答，如果拒絕承認，就證明巴勒斯坦人贊成第二次大屠殺。但許多巴勒斯坦人和支持者拒絕讓步，因為他們知道承認以色列存在的權利不會改變以色列的行為，而且他們原則上反對專屬猶太人的家園。我理解這種拒絕——這是被人占領且手無寸鐵的人們可以使用為數不多的工具。但似乎也值得承認的是，對於歷史上長時間以來被殘暴對待的猶太人來說，被稱為「實體」令人受傷，而且這種傷害方式可能不是特別助益。

對於那些沒有直接受到這場鬥爭影響的人來說，如果有更多的對話，容納更複雜的內容，將會有所幫助——能夠承認一九四〇年代來到巴勒斯坦的以色列人是種族滅絕的倖存者、絕望的難民，他們當中許多人別無選擇，而且他們是移民的殖民者，參與對其他民族的種族清洗。他們在歐洲是白人至上主義的受害者，卻在巴勒斯坦繼承白人的衣缽。以色列人本身就是民族主義者，而他們的國家長期以來一直被美國納入某種外包的軍事基地。所有這些都是真的。諸如此類的矛盾並不適合常見的反帝國主義二元論（殖民者／被殖民者）或身分政治二元論（白人／種族化）——但如果說以色列和巴勒斯坦教會我們什麼，就是二元思維永遠無法讓我們超越分割的兩個自我或分區的兩個國家。所有這些都無意為以色列的移民殖民主義辯護。相反地，正如英國學者賈桂琳・羅斯在著作《錫安問題》（*The Question of Zion*）中所言，這是嘗試「進入猶太復國主義思維模式，但不堵住出口」。[39]

柴納・米耶維（China Miéville）怪誕的小說《被謀殺的城市》（*The City & The City*），兩個大城市占據相同的物理位置，但居民不允許承認彼此存在。當這種小心守護的錯覺被戳破，一個城市的居民認識到分身城市，或與分身城市互動時，就是所謂的「破口」，而且非常嚴重。許多人將這本書視為以色列和巴勒斯坦的寓言，儘管拒絕在日常生活中看見對方的是以色列人占絕大多數。（巴勒斯坦人無法避免看到圍牆和限制與監視他們的士兵。）儘管如此，這部小說確實有助說明日常空間地形的怪異之處，特別在約旦河西岸，那裡散布快速擴張的以色列非法定居點。

就像所有相互層疊又彼此隔離的社會，以色列和巴勒斯坦並不是兩個不同的地理區域。他們反而組成一個單一的分身社會，一切都需要兩份：學校、道路、法律、法院。對以色列人來說，這是心理的監獄，被鎖在恐懼和否認的堡壘內。對巴勒斯坦人來說，這是名副其實的監獄，不僅被困在約旦河西岸密集的圍牆和檢查站，被困在名為加薩的露天監獄，也被困在到處興建的牢房。監禁已經成為日常生活，根據巴勒斯坦囚犯支持組織阿達梅爾（Addameer）研究，被占領的土地上，約百分之二十的巴勒斯坦人（約八十萬人）曾遭以色列軍隊以某種形式逮捕或拘留。[40]

在訪談中，米耶維對於他的小說被視為以色列—巴勒斯坦的寓言不以為然，認為這樣的解讀過於字面化。小說探討的是邊界任意性背後的邏輯，這種邏輯存在於國家之間，甚至國家內部。在這個殘酷分裂的世界上，生活無憂無慮的人很多，不必思索國家存在所依賴的無名墳墓、被盜的土地、擁擠的監獄、幽靈，以色列人當然不是唯一。他們也不是唯一一個將其他人關起來並拿槍指著他們實現「安全」的國家；不是唯一一個擁有陰影之地但拒絕留在陰影之中的國家。然而，這兩個孿生民族擠在這片狹小的土地——入侵人民最私密的家庭空間並拆除；規律如儀式般對加薩發動攻擊；曾經無國籍的難民流放他人到無國籍的境地——這難道不是奇觀。我們目不轉睛看著這個膽敢自稱「文明」的計畫走進死胡同。

因為，儘管心想，以色列—巴勒斯坦的問題不能當作一對固執的閃米特雙胞胎，兩者之間錯綜複雜的種族衝突無法輕易一筆勾消。相反地，這個問題是建構現代世界最新的篇章，一個正在起火燃燒的世界。一個從火裡出生的世界。一個無論我們住在哪裡，與我們密切相關的故事。始於宗教裁判所之前的焚燒與酷刑，接著驅逐穆斯林和猶太人；持續至血腥征服美洲、掠奪非洲，以獲取財富與人類燃料，為新殖民地提供動力；在亞洲造成殖民浩劫；然後返回歐洲，讓希特勒提煉出前面幾章的方法——科學種族主義、集中營、邊境種族滅絕——直至他的「最終解決方案」。

但是故事並不止於此。因為終於認為有必要阻止希特勒的同盟國，決定不向倖存的受害者開放邊界，相反地，他們將他們的猶太問題，以及他們對大屠殺集體的恥辱和內疚，轉移至阿拉伯世界，並說：「你們收下。」與一九四八年創建以色列國的猶太復國主義交手，意謂接受一個民族，就像一個人一樣，可以同時成為受害者和加害者；他們既可能受到創傷，也可能造成創傷。現代歷史大部分的內容都是類似的故事：創傷的池塘在全球的空間移動，就像由人類苦難做成的棋子，昨天的受害者被徵召成為今天的占領軍。我們陷入的故事不是關於一個人、兩個人或雙胞胎。這是一個關於邏輯的故事，這種邏輯長期以來一直蹂躪我們的世界。

我認為這就是為什麼，在描繪鏡像自我、鏡像世界和法西斯分身之後，我發現自己被這個地方吸引，因為我大部分的人生，都是我自己的陰影之地——在公開場合和私人空間，在我自己高度分裂的家族（從堅定的反猶太復國主義到贊同移民）。因為對我來說，雖然以色列是一個地方，但也一直是一個警告。這個警告，關於將身分認同建立在二次創傷，而非建立在面對共同哀傷，關於將群體身分認同圍繞在局內人和局外人的分別，關於曾經充滿活力的辯論被嚴厲管制的言論取代——這些都是危險。

沃夫曾經是對的

所以我們又回來談……她。

在她完全屈服於陰謀的世界之前，在《暴行》崩潰之前，在所有雲朵的照片之前，有一段短暫的時間，我的分身做過一些令我欽佩的事。我可能沒有和她選一模一樣的詞，或者用一模一樣的方式說那些話，但我記得過去有段時間，看到一些人把我和她混淆時，我並不介意。

當時是二〇一四年，以色列對加薩發動攻擊，而且特別致命，名義是摧毀將武器（以及其他許多物品）運過邊境的隧道系統，並阻止巴勒斯坦發射火箭。從傷亡人數可見，占領者和被占領者之間非常驚人的不對稱。根據聯合國的報告，當年夏天有一千四百六十二名巴勒斯坦平民被殺，相較以色列平民只有六名；七百八十九名巴勒斯坦戰士被殺，而以色列士兵則有六十七名被殺。[41] 以色列人權組織卜采萊姆（B'Tselem）報告，未參與戰鬥的人中，「喪生的巴勒斯坦人，四分之一未滿十八歲，共計五百二十六名」。[42]

在此之前，我沒看過沃夫公開談論以色列的罪行。像許多北美自由派猶太人一樣，她住過以色列，會說希伯來語，相信兩國解決方案。但是這個最近的攻擊事件，有些事情在她看來沒有道理。平民死亡人數令她震驚，尤其兒童。沃夫寫道，這次攻擊違反猶太人的價值觀與納粹大屠殺的教訓。然後她做了一件相當了不起的事：她把自己的臉書頁面變成「公民記者」的資訊交換中心，[43]展示加薩攻擊行動中的人臉。這個地方一度成為資訊的重要來源。她還寫了一篇廣為流傳的貼文：

人們問我為什麼選擇「這邊」？沒有這邊那邊。我為所有罹難者哀傷。但是攻擊加薩平民的行為違反所有戰爭法和國際法。我與加薩的人民站在一起，正是因為如果當年有更多人與德國的猶太人站在一起，結果可能會有所不同。[44]

她接著描述上猶太會堂的經歷，徒勞地希望她的精神社群可以解決這個深刻的道德危機。「我……不得不離開，」她寫道：「因為我一直在等待誰來提起加薩屠殺的問題……完全沒有。神在哪裡？神只會在我們支持有困難的鄰居與對抗不公不義的時候與我們站在一起。我們身為猶太人，對於加薩現在正在進行的種族滅絕，完完全全沉默，所以現在我對我的信仰非常失望。」

「種族滅絕」一詞引發軒然大波，但是沃夫一向不是輕描淡寫的人。她也解釋這個詞為何合適：攻擊民用基礎設施、缺乏人道援助的走廊、顯然的集體懲罰。她還針對這個主題發表一系列高調的演講，包括在牛津大學辯論社，那次尤其引人注目。

最特別的是，最近我在看這些資料的時候，發現她並沒有擺出她對疫情那種趾高氣揚、過度自信，但會造成災難的態度。相反地，她的聲音在顫抖，她承認自己看見這些嚴重的衝突時，嚇得瞠目結舌。雖然沃夫在其他領域似乎大多在虛張聲勢，但是這次她從《舊約》提出令人信服的聖經案例——《創世記》從未唯獨向猶太人許諾過以色列，總是以正當行為作為條件，包括對陌生人仁慈。

情況對沃夫非常不利。以色列媒體的典型標題是「娜歐蜜・沃夫指控以色列種族滅絕，助長反猶主義」。[45] 而在美國，著名的拉比施慕禮・巴迪奇（Shmuley Boteach）似乎恨不得打倒她。沃夫告訴《衛報》，自己因為這個議題丟了大學職位。「我在巴納德學院（Barnard）教書，學校理事表示，我的政治觀點影響大學名聲，他們感到不舒服。」她說。「我想要的，只是教學和做這類的研究。」[46] 她還在網路上收到「一些嚴重的威脅」，以致她去諮詢一家私人保全公司，而且在那裡認識她的丈夫，前美國特種部隊軍官，創立前鋒皮爾斯調查公司（Striker Pierce Investigations）。[47]

過去的三十年，我也曾與許多相同的猶太高層發生衝突，我毫不懷疑這些事件對沃夫來說會有多麼可怕與痛苦。那些攻擊她的高層也是她的朋友、家人、同事。此外，猶太復國主義一直是她政治認同的一根支柱。現在那根支柱已經移開，可能導致一個問題：那段經歷，加上接著被公開逐出教會，是否導致她在隨後的幾年無所適從？失去政治認同，是否可以部分解釋為了尋找新的歸宿，她會走向多極端？

沃夫因為質疑猶太復國主義的正統觀念受到嚴厲攻擊、威脅，而且影響工作，種種經歷絕非特例。廣的來看，這是一個曾經經常辯論這些重要問題的文化——從普世權利的義務到多種族的團結——變成自己對立的鏡像。從前，身為猶太人並對抗反猶主義的方式很多；這是一個問題，一個有很多可能答案的問題。然後我們被告知，只有一個答案。

那個共識一直是幻覺，而且，近年來，幻覺的門面被圍繞在《猶太潮流》（*Jewish Currents*）等出版物的新一代猶太作家和組織打破，還有像是「如果不是現在」（IfNotNow）、猶太和平之聲這樣的組織，他們訴諸從前猶太勞工聯盟主張的「此處」，和巴勒斯坦人一起挑戰以色列的殖民暴力。但這樣的人仍然很少。聲稱代表所有猶太人發言的團體，相較之下人數更多。長期以來，他們一直透過擬定敵人名單面對我們社群集體的代際創傷，要求宣誓效忠，取消巴勒斯坦人和巴勒斯坦支持者的演講、戲劇、電影，撤回文章，撤銷工作機會。這些自稱的發言人聲稱，誠實的政治異議對我們整個身分群體是生存危機，他們還說，現在許多人認為，個人和企業，若是支持和平抵制這項不可或缺的政治工具，就應受法律懲罰。

這個現實是我對那些進步趨勢感到不安的根源，他們鼓勵審查我們的政治對手，或者對那些自稱受害者的人表現盲目的敬重：我太常看到，兩者都可能犯下嚴重錯誤。

失蹤的章節

不意外，菲利普・羅斯對這一切有很多要說。他對不完美的受害者以及濫用創傷的方式相當感興趣。在羅斯成名的作品裡，波特諾伊對他的姊姊說：「納粹是這間屋子裡一切的藉口！」[48] 正如政治學家科里・羅賓（Corey Robin）在二〇二一年的一篇文章中觀察到，羅斯「不只在說他的家；他在說以色列這個家」。[49]

羅斯對以色列軍國主義威脅吞噬文化猶太教的方式深感不安。先在《反生活》，然後在《夏洛克行動》，一群人物為這個國家的道德敗壞自責。在《夏洛克行動》中，一個到頭來是摩薩德（Mossad）* 情報員的角色，將以

* 譯注：以色列情報機構。

色列描述為「一個沒有猶太靈魂的猶太國家」。[50] 假羅斯指責以色列「以許許多多可怕的方式，將猶太人變形和毀容，曾經有能力這樣做的，只有我們反猶的敵人」。[51] 還有另一個人物，是羅斯的巴勒斯坦老友（一些批評家認為他的原型是巴勒斯坦裔美國學者愛德華・薩依德），描述離散的猶太文化是「極具人性、彈性、適應能力、幽默、創造能力」，但他宣布，在以色列，「這一切都被他們用棍子取代了！」[52]

羅斯是否因此反對猶太復國主義呢？他讓我們猜。復興猶太勞工聯盟關於離散主義許多舊的論點之後，在這本書的尾聲，真羅斯屈服於他原始的民族恐懼。他接受摩薩德一項臥底任務，去找「威脅以色列安全的猶太反復國主義分子」，[53] 蒐集相關情報。當摩薩德賄賂他，要他刪除書中最後這個最高機密行動的章節時，真羅斯答應了。這本書突然結束，讓讀者想像被撕碎的最後幾頁。

在宣洩對猶太復國主義的批判之後，羅斯傳達的最終訊息似乎相當明確。沒錯，他一生都在批評以色列，時而失禮，時而挑釁。但當一切陷入危機時，他也願意拋開個人信仰，為他那被重重堡壘和軍事化保護的部族履行自己的責任。他的代理角色——真羅斯，不是作為作家或自視孤高的人，而是如摩薩德所定義「真正的猶太人」——跨入那個超越個人身分的廣泛集體身分。這種集體身分並不取決於每個猶太人想或不想成為什麼、做什麼，而是源於深刻而持久的恐懼——非猶太人對我們做的事。面對這不可動搖的民族分身，羅斯接受以色列的邀請，成為新的分身：一個「新猶太人」。正如摩薩德探員的角色說：「我是部族成員，與部族同在。」[54]

一九六三年發表在《評論》（*Commentary*）一篇激烈的文章，標題是〈書寫猶太人〉（Writing About Jews），羅斯曾說過，小說家的工作既不為他的民族群體宣傳，也不關心諸如「非猶太人會怎麼想？」之類的狹隘問題。[55] 三十年後，他是否讓我們知道他改變主意，他準備履行他的部族職責？或者是整個結尾的嘲仿——羅斯玩弄他的猶太批評者說：看，拉比，我正在宣傳國家，就像你一直希望我做的那樣——甚至讓摩薩德撕毀我的書！我現在是好猶太人嗎？或者也許他不想選擇：也許他告訴我們，他既是那個又是這個。

武裝且危險

那麼她呢？「另一個娜歐蜜」，她是哪個？

好吧，二〇二二年五月中旬，我的分身在蓋特發布一系列照片，

* 譯注：出自喬治．歐威爾政治諷刺小說《一九八四》中的大洋國四大政府機構之一。

† 譯注：內容為：「紀律良好的民兵隊伍，對於一個自由國家的安全實屬必要；故人民持有和攜帶武器的權利，不得予以侵犯。」

是她新的長槍，這些照片彼此間隔一段時間，以便得到最大程度的點閱。首先，她貼了一張槍的照片，裝在大盒子裡：「終於買了；今天我買了我的第一把槍。我有一把點二二長步槍，雖然有點緊張，但我很自豪。不僅適合女性，而且控制得來。」[56] 接著，她貼了一張她丈夫組裝的照片：「誰知道對女性主義者來說，會幫妻子組裝第一把槍的就是完美丈夫。」[57] 最後，她貼了一張照片，是完全組裝好的武器，放在她的書桌上。「也許在這樣的時刻，每個作家和批評家都應該在家裡配備一座步槍腳架。筆可能比劍更強大，但現在，隨著真理部（Ministry of Truth）*即將瞄準我們，作家不只需要筆，也許還需要（防禦的）劍。」[58]

同天，紐約州水牛城一個十八歲白人至上主義者，持合法購買的 AR-15 步槍在超市槍殺十人。

隔週，沃夫分享一段影片，她在影片中表示，美國「不像澳洲、上海或加拿大那樣完全被奴役……因為我們有數百萬人民擁有槍枝……征服武裝民眾比較困難。這就是為什麼我們的開國元勛給了我們修正案第二條（Second Amendment）†。正是為了像這樣的時刻」。[59]

當天在德州猶瓦爾迪（Uvalde）一所小學也發生大規模的槍擊事件。凶手也是十八歲，持合法購買的突擊步槍殺害十九名兒童和兩名教師。

在她的電子報中，沃夫更深入，對著她的新槍寫了一封女性主義的情書：「身為一名強暴倖存者和一名女性主義者，這個問題怎麼這麼久才被我發現？我體內的強暴倖存者在動物層面上渴望擁有武器，在動物層面上渴望阻止未來任何人攻擊。我體內的強暴倖存者想要武器，就像受傷的動物想要尖牙利爪。」她納悶：「事情總是這麼容易嗎？女性能否僅僅因為擁有並知道如何使用槍枝，就能抵制和阻止受害？」她的答案：「當然是。」[60]

曾經的受害者，如今屈服於槍枝帶來的保證，沃夫當然不是第一個；儘管她也曾經知道，無論對於受害者還是加害者，這種依賴很少會有好的結局。話雖如此，我突然明白，反對了那麼久，又被羞辱那麼久，最終站在少數事實和眾多槍枝的一邊，對她而言必定是種解脫。

她不再談論或書寫巴勒斯坦人的權利；那不是她在《戰情室》的新朋友最關心的議題。而她對神的定義似乎不再關於「有困難的鄰居與對抗不公不義」。[61] 相反地，班農的「邊境戰爭」徵兵，她就應募投身壕溝，呼應他關於「拜登總統指揮之下完全開放邊界」的謊言。她說，這是「暴君的夢想」，而且她宣稱「叛徒正在瓦解我們國家的邊界」。[62]

內戰已經來臨，她發出深沉的警告：「我是一個和平的人。我不想要戰爭。但有人正在向我們發動戰爭。」[63]和其他許多人一樣，她準備的不僅是文字。

來自埃雷茲的埃雷茲

我自己也曾遭遇以色列的分身政治，經驗太多，無法在我們旅程最後的階段分享。但也許有時間就談一個。

當時是二〇〇九年，我剛出版希伯來文和阿拉伯文的《震撼主義》。幾個月前，以色列軍隊對加薩走廊發動可怕的攻擊，造成大約一千四百名巴勒斯坦人死亡，而且摧毀重要的基礎設施。那一年我決定，我別無選擇，只能尊重眾多巴勒斯坦民間團體聯合發出的抵制、撤資和制裁呼籲，但我也希望這本書在以色列和巴勒斯坦出版，因為其中一章探討那裡蓬勃發展的災難資本主義產業。透過與拉馬拉（Ramallah）和耶路撒冷的社運人士合作，我找到一種尊重這個呼籲的出版方式，與長期支持巴勒斯坦權利的以色列社運媒體合作。

這本書在以色列出版之前，我親自前往加薩去看襲擊的餘殃。我和艾維，以及我們的朋友，猶太和平之聲的塞西莉・蘇拉斯基同行。我們不確定進不進得去加薩——

以色列嚴格控制從埃雷茲檢查站進入加薩的通道，而且若要以外國記者的身分拿到記者通行證，需要通過以色列新聞機構審核才行。我們其中一人都可能引發安全疑慮，但可能因為我們的猶太姓名，辦公室的工作人員並沒有費心調查我們，我們也拿到必要的證件。在埃雷茲檢查站，我們的猶太姓名再次啟動我們的民族分身，他們認為我們應該同情以色列的占領。所以雖然巴勒斯坦人大排長龍等著被盤問，我們驗過身分證件，行李和身體都照過X光後，順利通過檢查站。然後，我們來到水泥圍牆的另一邊，周圍都是瞭望塔，令人不安。

到達加薩後，我們三人與來自不同行業的數十名巴勒斯坦人交談，試圖盡可能了解圍困下的生活。我們見了農民、養蜂人、醫生，他們都在最近的空襲失去孩子。我們看到年輕的身體被白磷彈燒傷。我們蹣跚穿過公寓大樓的廢墟，因為圍困，水泥等基本建築材料運送受阻，這些公寓大樓無法重建。我們遇到巴勒斯坦婦女權利社運人士莫娜・阿爾・沙瓦（Mona Al Shawa），她告訴我：「攻擊期間我們有更多希望；至少那時我們相信事情會改變。」她說，現在外界的注意力已經轉移，加薩人再次感到被世界拋棄。他們在空襲期間反而覺得更有希望，這個想法至今仍然困擾著我。

旅程最後一天下午，我們坐在巴勒斯坦某個名門望族後院的塑膠椅上，他們堅持用自家庭院裡的食物為我們提供豐盛的一餐——這些心地善良的人並不因為我們的民族分身憎恨我們。

這家的父親是醫生，他告訴我們，他很高興他的孩子能夠見到渴望和平與正義的猶太人，因為他們唯一有機會接觸到的猶太人就是檢查站的士兵。

「我不希望他們長大後憎恨猶太人。」他告訴我們。「但如果他們唯一看到的猶太人就是拿槍指著他們，我能怎麼辦？」

傍晚，到了該回耶路撒冷的時候，我們的麻煩也從這個時候開始。加薩市的一個人權團體為我安排一場記者會，這個消息顯然已經傳到埃雷茲檢查站的指揮系統；這次，他們在那裡等待我們。

以色列人沒有讓我們返回，而是讓我們三個人待在圍牆加薩的一邊等了幾個小時。夜幕降臨，宵禁結束，我們不知道自己能否順利通過。檢查站位於緩衝區，有一條漫長而荒涼的室外走廊，上面布滿哈瑪斯的護衛人員，因此被困在那裡，沒有車輛，周圍也沒有朋友，並不好過。

最後，牆上遠遠的一扇門打開，我們經過全面搜查和掃描後，一位身材矮胖、肌肉發達、留著黑色短髮的警官走向我們，他自稱埃雷茲。

「來自埃雷茲的埃雷茲。」我說，想緩和氣氛。他並沒有笑；他只是把目光越過我，望向艾維，指示他隨他上樓進行額外檢查。他被盤問時，塞西莉和我等待。艾維出現的時候，他走得很快，示意我們快速動作，遠離不管什麼埃雷茲。

回到耶路撒冷的酒店，我們才知道，他被帶到邊緣的辦公室，去見以色列國防軍的高級指揮官。指揮官把艾維帶到窗前，指著附近正在進行某種演習的坦克營。

「你看到那個了嗎？再幾分鐘我就要派他們去救你們了。你知道你們的處境有多危險嗎？知道哈瑪斯打算對你們做什麼嗎？那裡發生的一切我們都看得見、聽得到。」（這是巴勒斯坦人視而不見的另一面，也是分身社會的核心：監控國家的全視之眼。）

接著埃雷茲加入，告訴艾維，他聽到我說了一些關於抵制、撤資、制裁的事，他有些男人對男人的建議：「告訴你的妻子發生什麼事。告訴她哈瑪斯想對你們做什麼。好好管教你的女人。」

在許多啤酒幫助之下，我們三人解構來自埃雷茲的埃雷茲精心策劃的煤氣燈效應。我們才不相信以色列軍方即將在加薩發動地面戰爭，只為營救三個沒有迷路的猶太人。我們也不認為哈瑪斯當下打算對我們動手。他們在一個貨櫃內的臨時檢查站盤問艾維大約十五分鐘，主要為了查明如果他的國籍是加拿大，為什麼有以色列人的名字（他的母親年輕時是勞工猶太復國主義者）。但他們接受他的記者證——把我們留在加薩一邊幾個小時才允許我們通過檢查站的其實是以色列人。

顯然，他們希望我們緊張，懷疑我們被遺棄在「敵人」那邊。然後，他們想傳達一個非常明確的訊息：無論我們認為我們是誰，無論我們認為我們在做什麼，在這裡，在這片浸滿鮮血的土地上，除了我們的民族分身，除了猶太人的身分，我們什麼也不是。猶太人的身分會讓我們在加薩被哈瑪斯綁架或殺害，誰管我對巴勒斯坦權利愚蠢的支持，然後只有以色列軍隊會馳援我們，他們的士兵會冒著生命危險拯救我們，儘管他們完全不屑我們。因為，就像哈瑪斯一樣，他們不關心我們認為自己是誰；他們只關心我們的猶太分身。因此，當哈瑪斯把我們當成猶太人攻擊時，以色列會把我們當成猶太人拯救。

這齣戲就是要讓我受到控制，是以色列向所有猶太人提供的骯髒交易的縮影，而且現在比以往任何時候更多。當然，你可能不喜歡我們所做的事——監獄裡的巴勒斯坦青少年、記者被殺、公然的種族歧視、反阿拉伯的政黨已經從邊緣進入以色列政府一些權力最大的部門。但你會接受，因為當世界再次反對猶太人時——而且世界會的，因為夏洛克是不朽的——你會跑到這裡，和我們的坦克、戰鬥機、我們既不會承認也不否認的核武庫在一起，這是你在世界上唯一安全的地方。

我理解那種原始恐懼，因為同樣的創傷已經代代相傳到我這裡，導致我們的族人共同簽署這份合約。但我還是做不到；代價太昂貴。而且不只對巴勒斯坦人和猶太人。

因為埃雷茲提供我們的交易是同一個有毒交易，其中一個版本，也提供給所有在這個分裂的世界上相對幸運的人。拿起槍。接受監獄。守好你的逃生艙和你的邊界。教養完美的小孩。保護你的品牌。忽視陰影之地。扮演受害者。

但分割、表演和投射不再有效。邊界和圍牆並不能保護我們免受氣溫上升、病毒激增或激烈戰爭影響。我們和孩子周圍的圍牆也站不住腳，因為我們無法完全封閉自己，我們是相互連結的。正如許多分身故事試圖教導我們。

所以必須有另一種方式。另一個門戶，通往我們的另一個故事。

第四部

面對真實（整合）

如果「整合」這個詞有什麼意義的話，就是：我們應該用愛迫使我們的兄弟看清自己的本來面目，停止逃避現實並開始改變現實。

——《下次將是烈火》（*The Fire Next Time*），詹姆斯・鮑德溫

在你戰友的夢想中出沒，在你敵人的惡夢中作祟；活在不會實現的未來——成為一個幽靈、一段記憶、一個先驅。提醒他們，當前的狀態直到成為現實之前並非不可避免。別讓自己苦苦思索為什麼這個很可能的未來會失敗，讓勝利者去探索答案。作為問題存在，不要在意你的能耐。鬼魂不需要物質存在或行動，只需閃爍即可。

——《你還沒被擊敗》（*You Have Not Yet Been Defeated*），阿拉・阿卜杜拉・法塔（Alaa Abd el-Fattah）

15 無我

我這輩子曾經失去知覺幾次——因為發燒、飢餓、喝酒。但我只昏倒過一次。

當時我十七歲，在我母親第一次中風幾週後。我從學校直接去醫院，第一次發現她不在病床上。一位物理治療師正扶著她，用助行器踏出第一步（不久之後，第二次中風時，她就會失去這個能力，以及更多能力）。穿過等候區的玻璃，我看著她，好像她是別人的母親：搖搖晃晃，不規則的腳步，歪斜的臉，身上連著點滴和鼻胃管。我知道的下一件事，就是我臉部朝下躺在冰冷的合成地板。

當我們自以為認識的世界不再存在時，暈眩就會來襲。世界不再穩固。支持我們所有生命的系統病了。晃動。顫抖。需要我們照顧。

✧✧✧

我自首。寫我的分身和鏡像世界那段時間，我本來打算寫一種不同的暈眩，一種與我真實工作有關的暈眩，無論這年頭的「真實」是什麼。自從卡崔娜颶風導致紐奧良的堤防潰堤以來，近二十年的時間，我的研究、寫作、電影製作、組織和公開演講，幾乎完全集中在日益加深的氣候危機各個方面。

其中大部分都遵循一個非常特殊的敘事弧線，我已經非常熟悉。故事是這樣的：事情不好。事情就要開始變得更加不好。但是如果我們採取馬歇爾計畫／新政／第二次世界大戰那樣規模的動員，改變我們整個經濟，讓風和太陽提供主要動力，就可以避免那個「更加不好」，同時提供我們前所未有的機會，對抗太陽底下幾乎所有形式的不平等。

問題是我們的動作必須快。二〇〇九年我第一次參加聯合國氣候會議時，他們稱之為「零十年」（Decade Zero）。到了二〇一四年，十年過了一半，《天翻地覆》出版。

接著，零十年結束。根據當時最佳的科學共識，儘管已經無法完全阻止危險的暖化，我們仍有時間避免災難性的氣候變遷。不過，前提是我們必須在十年內將全球汙染減少一半。[1]好消息是，那個時候，代際氣候運動正在興起，多數的人迅速意識到，只有系統規模的變革是可靠的前進道路。

同年，疫情爆發之前，我忙著幫伯尼・桑德斯助選，希望他能成為美國民主黨的總統候選人。很大程度因為桑德斯的競選平台主張顛覆的改革，深知我們迫切需要一場徹底不同的氣候行動，而且他顯然已經準備好對抗大型汙染企業。在COVID-19爆發前夕和爆發頭幾個月，作為他的氣候政策競選代理人，我去了五個州，參加數十場集會和志工會議，為支持者加油。氣氛熱烈的時候——例如金光閃閃、川普當道的拉斯維加斯，當地選民以壓倒性多數支持伯尼——[2]我也覺得我們可能真的會成功，儘管看起來不像。

我們沒有成功（顯然）。而另一個「拯救世界的最後十年」也迅速過了。

疫情頭幾個月，我還住在紐澤西州，某天在一條詭異而空曠的路上散步，看見一位鄰居與一隻松鼠交談了許久。她站在門廊上，穿著浴袍，顯得愉悅，絲毫不覺有人目睹這場跨物種的對話。就像我們許多人一樣，在那些超現實的日子裡，我讓自己懷抱一絲希望——儘管我們搞砸了一切，但也許會獲得另一個機會，重新評估我們的共同優先事項，反思我們慌亂而揮霍的生活方式。希望我們能夠透過這場疫情改變自己。

然而，在這不幸的傳染病一年之後，我的身上發生一些變化。也許因為傳出中國的排放量已經反彈，而且其他地方很快也會出現這種情況。或者因為拜登開始發放數千張新的石油和天然氣探鑽許可。[3] 或者，想在阿拉斯加冰川消失之前看到冰川的遊客，當滿載他們搭乘的遊輪開始再次出現在我此時居住的海岸附近。

但是，我深深的絕望都不是來自這些。正是在發展迅速的這幾年——舉行氣候罷工、支持桑德斯和其他改革的候選人、在街頭吶喊種族正義——群眾運動開始從內部分裂並吞噬自己，而且關鍵通常是在某個領域最前端建立個人品牌的人。網路影響力常常決定運動的領導地位，而讓這些領導人物承擔責任的機制卻很少，加上被憤怒吸引的演算法推波助瀾、假帳號慫恿、俄羅斯網軍在我們所有的傷口上撒鹽，衝突和不信任很容易就蔓延。早期的左派認為我們的敵人是掠奪成性的企業，這個邏輯現在顯然已經深入我們內心：在連接我們的動脈中，在我們的思維習慣中，在我們的細胞中。感覺沒有什麼是可以信任的，尤其是彼此之間。

對我來說，這意謂我已經沒有任何半信半疑的途徑可以擺脫災難。我已經不知道如何避免許多人最擔心的社會和生態後果。這是令我暈眩最深的根源。如果沒有那個可能拯救的故事可以分享，我是誰？

就在那個時候，我做了一個奇怪的決定，跟隨我的分身進入她的各種兔子洞。最重要的是，我認為這是為了分散自己的注意力，讓自己不必寫下我無法繼續否認的事：我們似乎正在浪費改變最後、最好的機會。我無法面對需要寫下那些，我無法。而且我還發現別件事情。

我在分身世界的旅程走得越遠，這段旅程越是帶我回到開始的地方。我對分身以及他們傳達的訊息（無論個人還是政治）研究越多，越是發現，這些知識對於我們未來擺脫危險的道路具有意義。

自我作為完美品牌，自我作為數位化身，自我作為數據礦井，自我作為理想化的身體，自我作為種族主義和反猶主義的投射，孩子作為自我的鏡子，自我作為不朽的受害者。這些分身有一個共同點：都是不看的各種方式。不清楚看著自己（因為我們忙於表演自己理想化的版本），不清楚看著彼此（因為我們忙著將不忍在自己身上看見的東西投射到別人身上），不清楚看著世界和我們之間的連結（因為我們分割自己並阻擋我們的視野）。我認為這比其他任何事情都更能解釋我們此時在歷史上不可思議的感覺——以及所有的鏡像反射、合成的自我、加工過的真實。追根究柢，這取決於我們不忍看到誰和什麼——在我們的過去、現在，以及來勢洶洶的未來。

表演、分割和投射是編排迴避之舞的個別步驟。在迴避什麼？我想是我們真正的分身。黛西・希德雅德稱之為我們的「第二個身體」，[4] 這個身體與戰爭和鯨魚一起陷入網裡，這個身體從過去的種族滅絕中受益，並在未來的大滅絕中滴入毒藥。第二個身體為了舒適和便利，不斷挖掘陰影之地。

我們迴避是因為我們不想成為那樣的身體。我們不希望我們的身體參與大滅絕。我們不希望包裹我們身體的衣服，出自其他被貶低、濫用和疲憊不堪的身體。我們不想攝取生產過程受到人類和非人類的痛苦玷汙的食物。我們不希望我們賴以生存的土地被盜或被冤魂糾纏。我們不希望我們所愛的孩子生活在一個不那麼有活力、不那麼奇妙，但更令人恐懼的世界。

怎麼做？一切都是那麼難以承受。難怪我們如此努力移開目光。難怪我們豎起一道又一道字面上和心理上的牆。難怪我們寧願凝視自己的倒影，或迷失在自己的分身之中，也不願面對自己的影子。

詹姆斯・鮑德溫在談到他身為美國黑人的分身投射時，觀察到這與進行投射的人有很大關係。當一個白人看到鮑德溫時，他看到什麼？「他看到的不是我，」他說：「是他不想看到的事。你知道那是什麼嗎？是的，最終是他自己的死亡。或稱之為麻煩。麻煩是死亡的絕佳比喻。」[5]

許多形式的分身都是不看死亡／麻煩的方式。如今，死亡感非常接近——就像一顆類鴉片止痛藥、一個熱蓋、一場仇恨犯罪、一口含有病毒的呼吸。像往常一樣，對某些人來說比對其他人更接近——但我懷疑，對任何人都不夠遠。所以我們要如何停止轉移視線？我們如何長久正視我們第二個身體和我們必死的身體，而不是用分割、表演和投射來迴避？怎樣才能停止逃跑？了解——真正了解——我們已經知道的事？

感覺像珊瑚，像魚

導演暨編劇亞當・麥凱（Adam McKay）的氣候寓言《千萬別抬頭》（*Don't Look Up*，二〇二一）幾乎是在講述不去看的故事。珍妮佛・勞倫斯飾演的密西根州立大學博士生凱特・迪比亞斯基，在監視夜空時，發現一顆彗星正衝向地球。據此，這顆彗星以她的名字命名，她的同事在學院為這個個人品牌達到巔峰喝采。然而，問題在於，他們發現這顆彗星竟然是「行星殺手」，足以毀滅生命，意謂迪比亞斯基彗星是任何人都不會想要的品牌（或者，事實上，任何人都不會擁有的品牌）。

我從自己的個人品牌崩潰看著這件事，突然發現，凱特的困境完美反映我們於地球歷史上身處的高風險時刻，這個奇怪的矛盾：我們全都被困在鼓勵我們迷戀完善微小自我的經濟和社會結構中，即使我們知道，即使只是潛意識知道，我們能夠避免地球存亡危機的時間只剩最後幾年。隨著我們的問題變得越來越大，改變的畫布也越來越小。

一些工作成果已經令我非常尊敬的氣候科學家認識到，我們過度膨脹的自我與我們忽視的地球之間存在親密關係。塔斯馬尼亞大學火災科學教授大衛・鮑曼（David Bowman）表示，那裡的大火和乾旱已經吞噬獨特而神奇的森林生態，而人類最迫切需要學習的教訓：「我們不是宇宙的中心。世界不是只為我們創造。」[6] 查理・韋倫（Charlie Veron）是一位傳奇的珊瑚科學家，一生都在研究垂死的大堡礁，他描述自己的人生是一趟去自我中心的旅程，如此他才有足夠的空間，真正看見其他生命形式，無論人類還是非人類。這是一個得來不易的教訓；來自他年幼的女兒菲奧娜（小名諾妮）溺水身亡，這場悲劇讓他意識到她的生命比自己的生命重要。面對個人和生態的傷痛，他渴望融入他研究的珊瑚礁，「感覺像珊瑚，像魚」。[7] 這讓人想起小說家和哲學家艾瑞斯・梅鐸（Iris Murdoch）描述觀察美麗的事物（無論是一隻鳥還是一幅畫），視為「『無我』的機會」。[8]

正如韋倫指出，這是一個緊急問題。因為「剝削這個星球的人都是把自己放在第一位的人」[9]——一刻都無法放下自我。換句話說，氣候危機可以理解為大氣中吸熱氣體過剩；也可以理解為自我過剩——為了表現和完善有幸生活在陰影之地以外的自我，所需要的所有能量（字面上和象徵上）而導致的結果。

如果說迪比亞斯基彗星象徵讓我們陷入這個循環的心態，那麼韋倫謙卑的無我之旅很可能是我們集體生存的關鍵。因為這意謂我們在地球上的角色不僅為了最大化我們生活中的優勢（或試圖透過「悲慟科技」的分身將我們自己延長到生命之後），而且是為了最大化（保護、再生）所有生命。我們在這裡不僅為了確保我們作為個體能夠生存，而且為了確保生命能夠生存；不是為了追求影響力，而是為了追求生命。

這是我們可以選擇向陌生的分身學習的其他東西。我們每個人在某個地方都有一個外貌相似的人，這個想法意謂沒有人像我們自以為的那樣特別或獨特。在資本主義的鏡廳裡，這個啟示往往被當作一個恐怖故事，正如傑西・艾森伯格在《雙重人格》中扮演的角色，他啜泣著說：「我想認為我很獨特。」[10] 這是貫穿西方文學、電影和一神論宗教，對分身的「必須殺、必須刺、必須是最後一個」的反應。但也可以選擇像假羅斯那樣看待我們的分身：耶！在這個殘酷的世界裡我並不孤單！

這就是我在觀看法蘭索瓦・布魯內爾的分身藝術計畫時所看到的，裡頭有數百對彼此混淆的人的照片。《我不是冒牌貨！》這個作品最吸引人的地方不是兩兩看起來如此相似，而是對於此事他們似乎並不震驚。布魯內爾的影像親密得令人感動，一模一樣的陌生人在一起非常自在：他們有的身體覆蓋在另一人身上，有的凝視對方的眼睛，有的則很頑皮。雖然自己並非獨一無二，但他們不以為意，反而對另一個看起來像鏡子倒影的人感興趣。這讓我想起哲學家海倫娜・德・布雷斯（Helena de Bres）的一篇文章，她有一個雙胞胎姊妹。她表示「對那些獨自出生在這個世界上，遭受那幾乎難以想像的，不幸的人表示同情」。[11]

然而我們並不孤單，至少不像人們感覺那麼孤單。當然，我們大多數人都缺乏雙胞胎賦予的親密，但如果我們選擇不那麼心懷嫉妒守護自己的界線，我們所有人都可以擁有連結、團結和親屬關係。我們到處都有親人。他們當中的某些人長得和我們有點像，很多人一點也不像，但仍然與我們連結。有些甚至不是人類。有些是珊瑚，有些是鯨魚。如果我們能夠擺脫自己的束縛夠久，他們就在那裡與我們連結。

我要澄清的是，我並不打算將我的分身當作失散已久的親人擁抱。但分身透過擾亂我們的頭腦和我們對主權的幻想，可以幫助我們學到這一課：我們並不如我們想像的那樣彼此分離。身為個人不是，甚至也不是身為生來就經歷各種看似永恆自相殘殺的個人群體。

我在《我不是冒牌貨！》的照片中看到的，是一個屈服的模式，不是屈服於酷似，而是屈服於相互連結和交織——這也是疫情早期試圖給我們的教訓。沒有人獨自成就自己；我們都互相成就也互相毀滅。如果你長期拒絕這個真理，最終將會進入鏡像世界，在寒冷的冬季空氣中高喊「自由」，同時按空氣喇叭並宣稱自己是「主權公民」，對任何人、任何事都不負責。

說到這個，我注意到，近來，我和「另一個娜歐蜜」逐漸不再被人混淆。看來，持槍、加入班農、抨擊共產黨的娜歐蜜・沃夫，現在對她自己來說是個不會弄錯的現象。我當然是鬆了一口氣，但是，說來也許奇怪，我並不後悔曾經發生混淆。回顧我那段緊張的分身麻煩時期，我意識到，儘管有不可否認的自我涉入時刻，但最終幫助我，從自我的暴政中獲得一定程度的自由。最初的自我防衛（我將會重申，我的想法、我的身分、我的名字的所有者，是我自己！），逐漸變成自我釋放。透過在我的個人品牌（我一直否認自己有過）中製造危機，並透過在我曾經嚴肅對待的公眾形象中引入大量荒謬，並向我展示一生都在追逐影響力是多麼可怕，「另一個娜歐蜜」讓我別無選擇，只能對那個表演和分裂版本的我鬆開控制。這樣做讓我感覺非常平靜。就像約翰・伯格很久以前教我的，「冷靜是反抗的一種形式」。

自我涉入，無論表現形式為何——我的分身的狂妄自大，我的各種神經緊張，任你填寫——正如猶太—基督宗教的西方文明將人類（讀作：白人、男性、強大的人類）置於這個星球上生命故事的中心，而一切生命都是為我們這個物種創造。然而完全不是真的。無論我們是太愛自己還是太厭惡自己——或者，更有可能兩者都是——我們仍是每個故事的中心。我們仍在遮擋陽光。

這一切就是為什麼，在這段即將結束的旅程中，我開始接受混淆娜歐蜜的事，並視為一種非傳統的佛教修行，消除自我。在此之前我一直無法完全掌握不執著的訣竅。但我想，多虧她，我做到了。

✧✧✧

我承認，這個故事的結局，那樣太簡潔了。如果表演、分割、投射都是迴避陰影之地的技巧，那麼佛教的超脫和佛洛伊德對無意識的整合都不足以幫助我們面對我們一直逃避的事物。我們的危機是關於物質，而且深深關於集體，因此，最終，只有我們也努力改變危機，才能承受難以忍受的現實。這意謂我們必須採取行動（「行動！行動！」），讓世界變成不同於現在的樣子。我們刻不容緩，必須嘗試想像一個不需要陰影之地的世界，一個不必犧牲人民、犧牲生態、犧牲大陸的世界。比想像更重要的是，我們必須立即開始建造這樣的世界。

如同貝爾・胡克斯，從唱名開始，說出那些雕琢陰影之地的體系，當作可以消除的，可以丟棄的：資本主義、帝國主義、白人至上、父權制。需要向我們生活中的人們傳授這些詞語與真正含義，因此，下次有人告訴他們，他們的痛苦和負擔都是偷孩子的全球主義者、偷工作的移民、本意良好的教師、猶太人、中國人或圖書館的變裝皇后＊的錯時，他們已經懂得更多，而且更有能力反擊。公民權利學者約翰・鮑威爾（john a. powell）說：「對待結構，我們可以強硬和挑剔，但對待人，可以溫和。」[12] 這與當今主導的論述正好相反，對人非常嚴厲，而對結構則過於軟弱。

面對和重新想像結構，這樣的轉變還需要其他條件：必須認識到，這項工作不是我們身為個人，透過慈善捐贈，或上過幾次公平和多元社會的研習，或在社群媒體當個好人，就可以完成的事。事實上，我們當中的許多人，無法忍受看到陰影之地的主要原因是，我們生活在一種文化，告訴我們要透過自我改進來解決大規模危機；在不同商店購物，藉此支持勞工權利；對抗你個人的白色脆弱（White Fragility）†，或在精英雲集的場合代表你的弱勢群體，藉此結束種族主義；開電動車，藉此解決氣候變遷；打開冥想應用程式，超越你的自我。

有些有幫助——一點點。但事實是，面對我們被操縱的系統，我們無法獨自完成任何重要的事——無論是我們自己的小我，還是我們自己的身分群體。變革需要合作和聯盟，甚至是（尤其是）令人不舒服的聯盟。瑪麗亞美・卡巴（Mariame Kaba）長期提倡廢除監獄，她和任何

＊ 這裡所指的可能是「變裝皇說故事」（Drag Queen Story Hour）的活動，最早在二〇一五年，由美國作家 Michelle Tea 在舊金山發起。變裝皇后會在圖書館或公共場所為兒童朗讀書籍，促進性別多元之理解與包容。

† 白人面對種族議題時所觸發的防禦行為。

人一樣努力想像，如何才能生活在一個不將安全等同於警察和監獄的世界裡，而她的父親教導她精闢的一課：「一切有價值的事都需與其他人一起完成。」[13]

如果我們的處境看起來特別困難（在糟糕的日子裡，幾乎是沒有希望），這可能與我們對個人加上破碎的結構有多少期待有關——工會、關係密切的社區、運作良好的當地媒體等等，過去這些組織讓合作比較容易進行。讓我們感到畏懼的是我們的分裂，就像困難本身一樣。

然而，即使在這個不穩定的時代，我確實認為可能克服一些分裂，並以新的方式將我們交織在一起。亞馬遜和星巴克等公司非傳統的工會組織浪潮表明，許多年輕工人已經在尋找這些新的方式。將債務人組織成準聯盟的運動也是如此，例如債務集體組織（Debt Collective）；許多中產階級化的城市，任憑租金飆升至不可能的高度，在這些地方成立的租戶與無殼蝸牛聯盟。

馬斯克一夜之間將推特變成他個人的仇殺機器，簡直是奇蹟，正好說明為什麼我們不能讓我們的資訊生態任憑億萬富翁的突發奇想左右。相反地，必須投資於公共的替代方案，而這些替代方案不是透過鼓勵惡質媒體挖掘我們的數據。這些都是好兆頭，但這些變化都不會立竿見影。除非我們更多的人懂得如何消融個人自我和不同身分群體的界限，允許為了共同目標走在一起。

我們做得到嗎?分身透過引發如此矛盾的情緒警告我們,這件事情相當困難。一方面,人們害怕自己不是獨特或唯一;另一方面,人們也渴望與他人連結,融入他人,感受自我界線消解。不管有沒有分身,我們大多數人,作為個人和團體成員,都會經歷這些情緒拉扯:我們想要與眾不同,也想要團結與社群。緊張關係是有益的,不需要解決。問題在於我們的文化如此偏頗其中一個傾向,而非另一個。在我們的零和經濟中,搶著分離獨立會得到豐厚的回報和鼓勵,而與他人團結互助的衝動,就算沒有受到積極的懲罰,也會被輕視甚至摒棄。

這種對於團結的偏見在我們當下這個時刻尤其危險,因為我們的各種法西斯分身日益大膽。人們從未真正面對至上主義徹底毀滅的邏輯,現在超市、賣場、清真寺和猶太會堂正被持槍的年輕人變成屠宰場,他們相信有人試圖「取代」他們。這個邏輯沿著對角運作,將那些認為自己的種族至高無上的人,與那些深信自己的免疫系統至高無上而孩子完美無暇的人聯繫起來。

面對這些非常切實的威脅,強烈捍衛我們的身分邊界,以及更廣泛的民族/種族/性別認同群體的邊界,對我們所有人來說都相當不利。事實上,如果歷史有任何指導意義的話,就會是我們的毀滅。因為法西斯右翼每一個勝利的故事,也是一個分裂、教派主義和頑固拒絕與反法西斯左翼結成戰略聯盟的故事。

正如我們所見，陰謀論既是混亂和無力的症狀，也是分裂和分散注意力的工具，而最終獲利的是精英。但陰謀論遠非造成我們分歧的唯一因素。有時，陰謀論是我們學會理解自己以及他人如何受害的方式。《猶太潮流》主編、大屠殺倖存者的後代阿莉爾・安吉爾（Arielle Angel）最近對此發表有力的評論：

> **最近，我感覺到法西斯主義的威脅在我的體內嗡嗡作響，就像下雨之前骨折的舊傷。這是我祖父母遺贈的痛楚，無論是好是壞，也許還來自逃離偏執的西班牙君主和神父的遙遠祖先。在客廳和募資會議上，隨著抗議或聚會結束，我和戰友討論一種策略相對另一種的優點，同時承認沒有一種策略看起來特別有希望。但顯而易見的是：我們需要彼此。這意謂嘗試適應集體的力量，而非執著於專屬的傷痛。**[14]

這是我在我的分身之旅結束時選擇傳達的重要訊息：是時候放下各種形式的專屬痛楚和自我，並且尋求許多不同形式的連結，尋求任何同樣渴望對抗毀滅與壓迫力量的人，摒棄追求純潔與完美的心態。面對最終的分身威脅——世界許多地方正在轉向法西斯主義——這種能力可以融化身分認同某些堅硬、冰冷的界線。無論防禦的理由多麼充分，擁有融化的能力才有成功的希望。僅僅保護「我們的」人民並不夠；我們需要真正團結的毅力，將「我們的人民」定義為「所有人」。

這種普遍主義非常困難。廣義的左派人士有太多理由對彼此感到厭倦、憤怒、失望，繼而分裂成越來越小的群體，並利用這些失望來合理化。但是，當權力、財富、武器和資訊科技集中在極少數人手中，而這些人樂於將那些用於最腐敗、最輕率的目的時，分裂等於投降。對抗寡頭政治，我們擁有的，只有團結起來才可能有的力量。種族、性別、性取向、階級、國籍，塑造我們獨特的需求、經驗和歷史債務。我們必須保存這些現實，同時以共同利益為基礎，挑戰集中的權力和財富，同時建構更公平、更有趣的新結構。

大多數的任務，說來容易做來難。然而，就跨越看似頑固的壁壘而聚在一起的情況，事實可能恰恰相反：做比說容易。陷入文字的國度裡，我們永遠不缺分裂的理由。但是，當我們採取行動改變物質環境時——無論是試著在我們的工作場所建立工會，或停止強迫搬遷，或釋放政治犯，或建立維安的替代方案，或阻止油氣管路興建，或讓改革的候選人當選——這些緊張關係並沒有消失，而是常常被對共同利益的認可、同志情誼以及偶爾勝利的興奮抵銷。

正如基安加・亞瑪塔・泰勒最近對我說的那樣，而且不止於此。根據她身為歷史學家的研究以及身為社運人士的經驗，她指出，運動改變參與其中的人。「困難幫助我們看見彼此，」她說：「幫助我們擺脫個人主義和身分的特殊性。」[15]當個人為了一個目標組織起來的時候，他們不僅發現自己與那些看起來（和投票）截然不同的人擁有共同利益，還會發現，這種聯盟產生一種新的力量。「因為困難釐清利害關係，以及我們如何克服困難，我們共同的困難反而創造團結的潛力和可能。」泰勒解釋。

這點呼應約翰・伯格在一九六八年發表的文章，關於大規模抗議、罷工、集會和靜坐的魔力。伯格寫道，這些示威活動不僅向當權者展示某些事情（例如，人們很憤怒，並且有能力擾亂商業順利運作），他們同時也向聚集在街上的人展示。這些人逐漸意識到，他們不僅是力量有限的個人，而且「他們屬於一個階級」。[16]屬於那個階級不再意謂共同的命運，而是意謂共同的機會。這些機會以不同方式呈現：當個別的房客、債務人或工人無法支付帳單時，對他們及家庭來說是一場危機。而當一群房客、債務人或工人拒絕支付帳單，或決定一起拒絕提供他們的勞動力時，對他們的債權人、房東和老闆來說就是一場危機。

這就是集體組織的力量：透過擴大可能的「我們」來擴大能夠感知的範圍。集體組織讓參與者相信，與他們被灌輸的觀念相反，他們的痛苦並不是性格缺陷或努力不足的結果。相反地，那是經濟和社會制度精心設計的產物，只有人們拋下羞恥，團結起來實現共同目標，這種制度才能改變。當足夠多的人開始相信這一點時，就是覺醒真正的意義——一種新的群體認同即時成立，比以前更廣泛、更深遠。

佛洛伊德觀察到，當一個人面對自己的分身，往往感到陌生。根據我的經驗，這會嚴重動搖個人。但我也知道，身為一個迷失在目標和人群之中的社運人士，感到陌生並不一定令人恐懼。我感覺那是超然的經驗。當我們團結起來，為我們這個時代要求的改革而努力時（追求全球綠色新政，不怎麼追求綠色果汁），改革也改變了我們。如果我們不是變成陌生的人，也必定是意想不到的人。更勇敢，更有希望，更緊密。更能感受對陌生人的愛。

其他事情也開始變化：當我們的行動與信念結合，當我們投入那些我們深信必要的工作，文化提供的各種分身——那些表面上看似好處的替代物——便不再那麼需要。我們不再追求成為自己的數位分身——無論是班農在現實生活中讓阿杰斯代表自己，還是網路世界各種亮麗網紅。正如馬克思論宗教，分身是我們的鴉片；當我們不再需要逃避痛苦和不和諧，我們也就不再那麼需要分身。

儘管罕見，我確實見過這樣的情景。我曾到過被工人占領的工廠、被人民占領的廣場、革命狂潮席捲的城市——那些時刻，你遇見的每一個人都是你的政治同志、終身的朋友。在美國總統競選中，有一個六字口號團結了數百萬人，從簡單的口號變成一種社會正義的祈禱：「不是我。是『我們』。」這場運動的關鍵時刻發生在二〇一九年十月紐約皇后區的某次集會。就在那時，桑德斯在兩萬五千人面前做了一件他從未做過的事。他要在場的每個人注意他們之間的某人，一個他們不認識的人，「也許那人看起來不像你，也許那人的宗教信仰與你不同，也許他來自不同的國家……現在我問你，是否願意為那個你甚至不大了解的人而戰，就像你願意為自己而戰？」[17]即使他們沒有負債，他們會為終止學生負債而戰嗎？即使他們自己是公民，他們會為移民的權利而戰嗎？他們會為未來世代的權利而戰，讓他們過著不受氣候崩潰影響的安全生活嗎？在人群的歡呼聲中，人們不僅被感動——他們被改變。那股超越狹隘自我與身分認同的力量，使他們挺身而出，深刻地改變他們。

問題是，總統競選活動無法兌現這樣的承諾。競選活動的壽命本質上有限，當候選人獲勝或失敗，競選活動就會結束。當伯尼失敗、競選走向終點，我們在競選過程中強烈感受到的無我，似乎也跟著結束。第一波嚴格封城將我們關在家裡，隔絕曾經將我們團結在一起的運動。我們當中，許多曾被「我們」的力量感召的人，感覺自己好像被突然扔進「我」的深海。

儘管如此，我們還是看到可能性，並學到一個重要教訓：選舉是一個轉瞬即逝、不穩定的容器，無法承載像「不是我，是『我們』」這樣重要的訊息。但這並不意謂那個訊息是錯的。

重建未走的路

因此，理解分身，以及分身所傳遞的訊息，這裡出現最後一種方式，可能有助思考未來困難的集體工作。佛洛伊德推測，分身人物在文化中反覆出現，部分原因是「複製的自我」，這個想法代表我們生活擁有巨大的潛力。我們既是自己選擇的產物，也受他人選擇影響。但是，佛洛伊德寫道，那些選項從來都不是唯一選項。還有「所有的可能性，如果實現了，可能會塑造我們的命運，而我們的想像力仍然攀緣那些可能性；我們的自我，儘管因為環境不利而受挫，仍然努力；我們仍然憑著意志行為，即使只是自由意志的幻覺」。[18]

從這個角度來看，分身在我們周圍四處走動，象徵那些未曾走過的路。如果決定我們人生的選擇稍有不同，或截然不同，我們會是誰？有哪些潛在的自我在我們身上存在，但是因為我們選擇某一條路而非另一條，或者因為我們生活在這樣一個社會，而非另一個，所以未曾實現？

正如電影《媽的多重宇宙》（*Everything Everywhere All at Once*）探討的分身故事。楊紫瓊飾演一位壓力沉重的美國移民，周旋於遞給她離婚文件的丈夫、她不知道如何去愛的女兒、令她失望的父親，以及盯上她的洗衣店的審計人員。結果這個愁眉苦臉的女人，原來是穿梭多重宇宙的超級英雄。在某個宇宙中，她是迷人的電影明星，就像楊紫瓊本人（導演用了楊紫瓊早期走紅地毯的真實鏡頭）。這部電影，尤其那個片段，強調我們每個人最終的人生，以及如果情況不同，我們可能擁有的人生，之間的分隔多麼薄弱。生孩子是一個決定，關閉某些潛在的人生，同時打開其他。做或不做某個工作也是。

然而我們都知道（或應該知道），我們可以做出的選擇並非隨機。根據我們碰巧出生的國家、身體、性別、種族、家庭，各種選擇會劇烈擴張或收縮。不僅個人的人生有分身潛力，整個社會也有分身潛力。因為我們都是菲利普．羅斯「這個和那個」的具體表現。既善良又冷酷；富有同情心，也只在乎最狹隘的自身利益；對人敞開心胸，又狠心封閉。

深入了解分身文化，幫助我了解自己和他人身上「這個和那個」諸多案例。極端的例子，例如漢斯．亞斯伯格，曾經關心像我兒子這樣的人，後來送略有不同的孩子去死。或者甚至是我自己的猶太文化，曾是大膽而富有彈性的辯論場域，變成「支持以色列或反對我們」非黑即白的正統觀念，而這個僵化的正統觀念現在才剛開始出現裂痕。或者，許多人加入二〇二〇年種族正義抗爭，盼望基於平等和關懷的社會轉型，然而，一年後，某些相同的人步入極端，陷入絕望，甚至相信陰謀。「如果你從不相信自己有權獲得任何東西，就不可能像反對自己那樣反對別人。」基安加・亞瑪塔・泰勒告訴我。[19] 每次翻轉都不同，但是我們周圍都有證據顯示，在略有不同的情況下，我們可能曾經成為，也可能仍會成為，不同的人。

以八個月前的兩支卡車車隊為例：一是為了聲援原住民社區與哀悼被偷走的孩子而組織的安靜車隊，另一是吵鬧的車隊。兩者天差地遠。因此，看待兩支車隊的一種方式是，一個好，另一個壞；一個是進步，另一個是白人反擊（whitelash）。那是一個令人欣慰的二元選擇，而且，某個程度上，也是我講述這個故事的方式。然而這就是事情開始改變的地方：某些卡車司機參加了兩支車隊。二〇二一年六月，他們悲傷又團結；二〇二二年二月，他們憤怒又自以為是。他們和其他人一樣，既是這個，又是那個。稍有不同的環境——社會、政治、經濟——即展現他們不同的一面。

當我試圖理解「另一個娜歐蜜」時，我看見類似的東西。她同樣地，既是這個，又是那個。身為一名年輕作家，她幫助啟發無數女性成為女性主義者。到了中年，當她走出那所猶太會堂，或與遭受飛彈襲擊的人們分享她的平台，她採取的立場需要真正的道德勇氣。然而她也，尤其最近，做了很多極其有害的事，而我認為這些事情背後的許多原因都很無趣：渴望關注、渴望自我滿足、渴望金錢；也許為了證明她是對的，而每個攻擊她的人都是錯的。但是，賦予注意力和金錢無限價值的文化大大加劇所有這些基礎的衝動，同時創造訊息工具，似乎就是要將每個人的失誤變成公開鄙視、嘲笑、遺棄和羞辱的機會，規模之大，過去難以想像。

我想，這也是說，我的分身不只長得像我。借用喬登・皮爾的話，她看起來就像我們。

關心與不關心之間的掙扎

我剩下的問題，不是常聽別人問起她（「那個」人是如何變成「這個」人），而是什麼樣的體制最有可能照亮我們所有人最好的部分，並在抗議、夏季抗爭或總統競選結束之後維持火焰？專門研究氣候危機的精神分析師莎莉・溫特羅布（Sally Weintrobe）寫道：「我相信建立一個更關心的社會，起點是，永遠不要忘記關心和不關心是我們所有人與生俱來的一部分，任一方都想表現和壓抑另一方。」[20] 換句話說，我們（不僅是那些邪惡的他人）永遠都在對抗我們的「這個」和「那個」。問題是，我們生活的社會，鼓勵和獎勵不關心的自己，同時又很難以任何持續的方式關心直系親屬之外的人（時常就連直系親屬也難）。因此，溫特羅布認為，如果我們希望更多的人做出更好的選擇——不要購買無用的東西作為安慰來源，不要為了點擊和影響力而散播假消息，不要認為其他人的脆弱和需求是自身利益的威脅——我們需要更好的結構和系統。

就我個人而言，而且毫不意外，我認為凶手就是資本主義——照亮我們最不關心、最有競爭力的部分，並在每個重要的方面讓我們失望。我們需要的系統，能夠照亮我們更好的自我，鼓勵我們向外去看陷入危機的世界，而且加入修復工作。各種大大小小、能讓關心更容易戰勝不關心的系統。

我們在哪裡可以找到那樣的社會模型？如果分身讓我們想起我們也許能夠過的人生、也許能夠成為的人，說不定我們也可以看看那些未走的路。

紅色維也納長存

那麼，這裡有個可能走出分身世界的門戶：那些曾被提出，甚至曾被嘗試，而且我們可以再次嘗試的社會組織方式。深入挖掘任何文化，都會找到其他抵抗和生存的方式，甚至還有一些被小心翼翼保存起來，以免受到自稱「進步」和「文明」的機器碾壓。在這本書中，我試圖在我自己的傳統（猶太左翼）挖掘一些往往被遺忘，而且未走的路。像猶太勞工聯盟這樣的模式，他們致力成為多民族工人聯盟的信念，以及聯盟成員對「此處」的信念，無論身在何處都為正義而戰——這個想法相當適用我們這個時代，因為數百萬人被迫搬遷並尋找新家，而且需要一個框架主張他們對「此處」的權利，無論那是何處。或者羅莎・盧森堡想像的民主社會主義，作為野蠻主義的唯一替代方案。[21] 我們的世界被建構的方式讓我們失望，但總有其他邏輯和想法可以借鏡。關於如何保護不同文化、語言和身分，而不在他們周圍建立壁壘的想法；關於所有被迫背負危險陰影分身的人民之間的聯合與團結。一個由舊故事拼縫而成的新故事。

我想到阿伯拉姆・萊昂，他在納粹逼近時寫了《猶太問題》一書，仔細解釋種族主義的陰謀如何將焦點從資本主義轉向政治祕密組織。他在二十幾歲的時候寫下這些話，他知道數百萬個同胞已經死去，他的想法可能很快就會成為他僅存的一切。但他對想法的信心足以將之化為文字——這意謂未來仍可提供借鏡。

這不是假設問題：如果八十年前就已知道希特勒是殖民計畫的分身——正如杜博伊斯、塞澤爾、班雅明和萊昂表達的那樣——今日會是什麼局面？可惜當時就是沒有。然而現在傾聽還不算太晚，讓我們聽到的告訴我們下一步該怎麼做。我們被告知，事情的現狀是唯一的可能，因為據說所有其他模式都已經嘗試過，而且一個個都失敗。但這些關於不同的存在方式、思考方式、生活方式的想法並沒有全部失敗。許多其實是被政治暴力和種族恐怖擊潰。被擊潰不等於失敗，因為被擊潰的可以重生，重新想像。佛洛伊德說，分身代表沒有走上的道路，沒有做出的選擇。我們也可以選擇將分身視為提醒，告訴我們仍然可以走的路，仍然與現在有關的過去。

我最常想到的是紅色維也納，和他們在第一次世界大戰的斷垣殘壁中，以兒童為中心，建造了不起的社會。儘管那個實驗最後被法西斯勢力踐踏在腳下，但是為了拆除監獄，為兒童建造比喻的宮殿，這個精神非常成功。民主社會主義者在各個層面組織起來——從工作場所到社區，再到民意代表——制定廣受支持且行之有效的政策。充足的護理人員、免費的嬰兒尿布和衣服、明亮的勞工社會住宅，大部分至今仍然存在。公園和游泳池、接觸自然的權利、藝術與創意的兒童教育取向、拒絕邊緣化貧窮或神經多樣化的兒童、堅持接納難民和種族仇恨的受害者，這一切都是為了在席捲歐洲的民族主義浪潮中，提供一條截然不同的道路。

第一次世界大戰讓一個世代的軍人在戰場上受傷致殘，同時也留下無數孤兒。正是在那樣的背景下，紅色維也納的遠見將一座貧窮、疾病纏身的城市轉變為一座燈塔，展示另一種生活方式，引發深刻共鳴。這樣的遠見並非不顧不完美和缺陷，而是恰恰因為這些不完美和缺陷才得以產生。

十多年前，第一民族米奇・薩吉格・尼什納貝格（Michi Saagiig Nishnaabeg）的作家暨藝術家莉安・貝塔薩莫薩克・辛普森（Leanne Betasamosake Simpson）對我說過一些話，令我難以忘懷。她談到住在安大略省工業汙染嚴重的地區，以及搬到更「原始」的荒野的吸引力。但是，她說，「當我將這片土地視為我的母親，或視為家人，我不會因為我的母親生病或受到虐待而恨她。我不會因為她一直處於虐待關係，而且身上有疤痕和瘀青，於是不再探望她。正好相反，你需要加強與她的關係。」[22]你反而更常探望她。這段話在許多層面觸動了我，既為人女兒，有位重度障礙的母親，也為人母親，有個被正式歸類為身心障礙的兒子（雖然我們偏好將之視為人類的多樣性）。辛普森的陳述呼籲我們正視世界的病態和損傷，但勿以此為藉口放棄追求完美。相反地，當我們面臨種種需求時，更被要求成為更稱職的照顧者。

身心障礙人權理論家蘇娜拉・泰勒（Sunaura Taylor）思考並寫過很多文章，關於在我們這個充滿全球衝擊和災難層層疊加的時代，以照顧為基礎的社會可能意謂什麼。對泰勒來說，我們自然世界的狀態，與許多障礙者在這個世界上探索生活方式的狀態，兩者之間有很多相似之處。她認為，生態危機不是健康與死亡這樣簡單的二元關係。的確，有些物種正在滅絕，有些生態系統正在凋零。但我們貧瘠的土壤、乾旱的河床、減少的野生動物和過度砍伐的森林，普遍處於長期受損的狀態，而受損的環境「脆弱、依賴、充滿失落和掙扎，需要援助、接納和創新的照護形式」。

她接著說：

身為身心障礙人士，我認為這是一種失能……我們當前面臨的現實，以及未來數十年的生活，即使在最理想的情境下，也將是一場人類世界以外的大規模生態失能，而這種失能與人類失能深深交織。有鑑於此，思考這個失能時代所需的護理、治療和幫助形式，顯得尤為重要。[23]

泰勒的論點是，相對於社群，追求個人完美與充分利用個人優勢，這兩個行為在COVID-19時代造成莫大傷害。而在注意力經濟中，痛苦和創傷經常被當作貨幣，分離人們，而非創造連結。泰勒的呼籲似乎特別緊迫，因為漫長的疫情，尤其在多次感染之後，很可能會演變為大規模的致殘事件，許多原本健康、健全的人承受身體與社會的後遺症，而這些後遺症並沒有快速解法。

泰勒並不否認失能可能帶來真實的損失——無論對人類或非人類而言。然而，她倡導一種「傷者的環保主義，即堅持建構一個讓受傷的人也能蓬勃發展的世界」。[24]這並非出於施捨或慈善，因為我們沒有人能完全免於傷害。在某種程度上，我們都曾經受傷，而且即將面臨更多傷害，或者造成傷害。傷害和疾病，如同我們投射到他人身上的許多事物一樣，不會僅僅停留在「那邊」；最終會找到我們——影響我們的身體、家庭，甚至我們珍愛的地方。如果我們無法建立照護的基礎設施，那麼COVID-19時代的殘酷和混亂將只是未來野蠻現象的冰山一角。泰勒的願景超越分身文化，呼喚一個無須犧牲任何人或地方的社會，一個不再需要陰影之地的世界——終結我們對「第二個身體」的迴避，實現真正的整合。

複視

在本書中，我將移民殖民主義描述為充滿暴力和毀滅的行為，確實如此。然而，我也發現，對於早期來到這片土地的歐洲移民而言，一個對他們而言陌生、沒有故事、神話或神聖象徵的地方，必定充滿恐懼。他們嘗試定位自己的方法之一，就是將這些陌生的土地以他們熟悉的地方命名，或直接以自己的名字命名。我居住的地區就有數個城鎮，名字來自十九世紀中期碰巧與家人來到這裡，大膽以自己的名字命名這片土地的人。吉布森斯（Gibsons）、羅伯次克里克（Roberts Creek）、威爾遜克里克（Wilson Creek）。

隨著時間推移，這些地方的真實名稱逐漸浮現，即這些名字背後的名字。現在，高速公路沿線的綠色路標通常顯示兩個地名：「TS'UKW'UM」（威爾遜克里克）或

「XWESAM」（羅伯次克里克）；這兩個世界占據同一個空間，形成一種充滿張力的孿生關係，一個是殖民者為他們幾乎一無所知的地方取的名字，另一個是石峽爾（shishálh）民族曾經並且從未停止對同一個地方稱呼的名字。這些標誌引發我們這些非原住民一種分身意識：提醒我們生活在一個將自己強加於他國的國家，並試圖將這些國家及其人民、語言、文化和認知方式貶入陰影之地。

綠色路標被認為是我國政府所謂的「和解」象徵，這是當年真相與和解委員會對寄宿學校的罪行，進行痛苦的調查後，一點小小的成果。距離真正的和解，我們依然遙遠，但這些路標能夠提醒我們，和解的路仍未走完。這是最基本的起點，卻溫和暗示我們需要正視那些最艱難，而且長期被極力迴避的事實。

✧✧✧

當我即將完成這本書時，英國女王伊莉莎白二世去世，享年九十六歲。她的離世是自然的，也不悲慘，可謂善終。然而，英語世界大部分的地區陷入一種奇異的集體哀悼，這種情緒是我們的文化從未為許多其他死亡表現過的：那些不幸、可預防、過早、悲慘的逝去。我和倫敦的朋友說了尷尬的笑話，至少在加拿大，我們還有一位「女王」——

所謂的「匿名者Q女王」，她就住在離我不遠的地方，頒布各種荒誕的「法令」。

這不完全是個笑話。老實說，我不確定為什麼有人認為一位女王荒謬，而另一位完全合理。在我看來，任何人只要敢戴上王冠，或者在地球上隨意劃下一條線並宣告一個新的國家（特別是劃在別人的國家，而且總是如此），幻想就已發揮作用。遠方那些身披長袍的人通過法令創造這些地名，當作其他土地的「分身」（新約克、新英格蘭、新法蘭西、新南威爾斯……）。當我們試圖在這樣的虛構與現實、幻想與真實中釐清一切，總要花上很長時間才能找到真相。如果說我對那些鏡像世界中的對角主義者及其他居民懷有敬佩之情，那是因為他們依然相信改變現實的可能，而我恐怕玻璃這一邊的太多人已經失去這份野心。我們不應像他們那樣編造事實，但我們應該停止將許多人造的制度——例如君主制、最高法院、邊界、億萬富翁——視為無法動搖的存在。因為所有人類創造的事物都可以被其他人類改變。如果我們現有的系統正在威脅生命的核心，而且現在確實如此，那麼這些系統就必須改變。

當我們自以為熟悉的世界不復存在時，暈眩就會入侵。已知的世界正在崩塌。這並非壞事。這個世界原本就是一座由否認、逃避、不看見、不承認、鏡像與陰影拼湊而成的龐大建築，到了需要粉碎的時候。如今，在殘磚斷瓦之間，我們有機會建造更堅實、更值得信賴的東西。一個世界，能夠承受即將來臨的震撼。

我發現自己被一種形而上的懷疑動搖。難道「我」一直都是冒名頂替的人嗎？我是「他人」嗎？

——《逃亡之道》，葛拉罕・葛林

後記 誰是分身？

我有太多問題想問我的分身。關於她與史蒂夫・班農的聯盟，以及班農與徹頭徹尾法西斯分子的聯盟。關於那些被 COVID-19 奪去生命的數千人——因為他們害怕疫苗會奪去他們的生命，或害怕疫苗會傷害他們的嬰兒，甚至讓他們不孕。關於她的槍，以及為何她認為她的槍與其他所有的槍不同。關於她的追蹤者對奧勒岡州那家黑人經營的餐廳做了什麼。關於為何她對最高法院推翻《羅訴韋德案》的裁決似乎毫不關心。關於她為什麼開始為巴勒斯坦發聲，然後突然停止了——究竟發生什麼事。

我非常想問沃夫這些問題。我列出一份清單，並提出採訪邀請。隨後，我向她的網站、出版社和個人帳戶發出電子郵件。我還請一位共同的朋友幫忙，他是少數沒有和她斷絕來往的人。我在信中寫道，儘管我們的政治立場分歧，但我可以保證一場基於相互尊重的辯論。我告訴她，我們可以在《攔截》的節目上進行對話，既然她正在宣傳新書，希望她看見這個好處。

毫無回音。同時，她出現在數十個極右翼的節目，受到如她自我定位般的待遇：作為一位先知、一個卡珊德拉（Cassandra）*、一位遭受強大勢力迫害的受害者、一個依然勇於說出真相的英雄。我似乎沒有她需要的東西。

真是可惜。如果她同意接受採訪，我會問她上述那些問題。還有一個問題——我會問她記不記得我。

當時是一九九一年一月，我二十歲，她二十八歲。《美貌神話》剛出版，在英國引起轟動。我學院的一位教職員深受影響，邀請這位嶄露頭角的年輕女性主義者來我們宿舍的交誼廳演講。幾個月後，她的書就在北美成為現象級作品。作為校園裡剛剛萌芽的女性主義者，我接到電話，問我是否願意為校園報紙《學院》（*The Varsity*）採訪沃夫。在那之前我從未採訪過作家，但我答應了。

交誼廳裡只有我們三十個人，這就是她最早期的流量。我們盤腿坐在廉價

* 譯注：古希臘神話中能預見未來的女子。

的寬幅地毯，聽著沃夫告訴我們：像我們這樣的年輕女性，終於要突破那些曾經阻礙母親的玻璃天花板，但是強大的勢力早已構建一種難以達到的美貌理想。這正是為什麼我們許多人忍受飢餓、保持沉默，將寶貴的腦細胞浪費在憎恨自己的身體或夢想整形上，而不是投身自己真正應該從事的工作。美貌的追求讓我們筋疲力盡，分散我們的注意力，剝奪我們在這個世界中應有的權力和地位。

我坐在前排，目瞪口呆，不是因為她的演講內容——實際上我幾乎沒在聽。快速閱讀《美貌神話》後，身為被第二波女性主義者（而且在十一年前拍攝過關於色情的紀錄片）撫養長大的人，她的演講沒有什麼新鮮的觀點或啟示。那年稍早，我和朋友主辦紀錄片《輕輕殺了我們》（*Killing Us Softly*）放映，影片剖析廣告如何影響女性的外貌與順從，這個部分與《美貌神話》所探討的幾乎無異。[1] 在問答時間，我的朋友禮貌地提出質疑，問沃夫為什麼書中隻字未提黑人與亞洲女性面臨的特殊壓力——為了迎合以歐洲為中心的美貌標準，不惜漂白皮膚或接受眼皮拉提手術。

我們已經遠遠領先她了。

然而，這些絲毫無損她的魅力。因為真正具有啟示意義的，是沃夫這個人本身。那些關於美貌的言論，從一個如此年輕、自信，而且符合傳統審美標準的美女口中說出。她像一位吸過大麻的姊姊，經歷自由奔放的七〇年代，而我們則是成長在光鮮亮麗卻令人窒息的八〇年代。還有一點微小但耐人尋味的細節：沃夫的穿著並不像一般的權威作家。那天，她穿著褪色的牛仔褲和T恤，而她在作者照片中穿的是皮夾克。所有這一切，加上她寫了一本引人注目的書——一本探討偉大思想的重量之作。

我從未想過自己會踏上這條路。我並不是那種在青春期就確立職業方向的孩子——沒參加過社團，沒有清晰的目標。我一度被高中開除，之後在母親生病時從專科學校輟學，最終進入大學，但也再次輟學。我對自己的成年生活幾乎沒有任何確切想法，只是模糊地覺得，我想靠文字吃飯，能讓我旅行，而且買得起像影集《雙面嬌娃》（*Moonlighting*）中那樣的閣樓。但看到沃夫所做的一切——在三十歲前寫一本具思想深度的書，吸引國際觀眾，而且是透過拆穿父權體系實現？這感覺就像值得追求的事。

問答時間結束後，眾人開始交流。我自我介紹，我是學生記者，和她同名，已經預約採訪她。

沃夫盯著我的眼睛。「我知道是妳。」她說。「妳看起來像剛被強暴一樣。」

我至今仍然能夠感覺，她說的那句話震撼我的全身。現在回想起來，我明白那是多麼不得體的言論。這也是一個早期的跡象，顯示她有這種傾向——急於在了解全部或任何事實之前做出結論。回想她說那句話時篤定的模樣，我能感覺她對親密關係的渴望，以及那種想要掌握內幕、在每次互動擔任「專家」的強烈衝動。從那之後，我稍微研究那些魅力型領導者在靈性、女性健康和陰謀論混合世界中運用的技巧，所以如今我能理解，甚至把她的行為視為教科書等級的「下馬威」——我認為當時沃夫是在暗示她掌握一種特殊的知識渠道，希望迅速獲得我的信任。

然而，當時我完全沒想到這一點，只覺得娜歐蜜・沃夫直視著我的靈魂，看穿我的一切。

我確實在交誼廳旁的座位就《美貌神話》採訪她，這篇文章占據《學院》雜誌整整一頁，正好刊在一篇譴責第一次波斯灣戰爭的文章旁邊（〈美國退出波斯灣：不要更多越南人！〉）。我們談的不僅是書本內容。她瞬間拉近距離的伎倆奏效，我向她吐露我的祕密。我當時並非剛被強暴，也不是最近，但我正經歷另一種攻擊。第一次巴勒斯坦大起義如火如荼，而一週前，我在學生報紙發表一篇抨擊以色列侵犯人權的文章，憤怒之情溢於言表。如同沃夫二十五年後的文章，我的文章掀起軒然大波。有人對我發出憤怒的死亡威脅，甚至揚言開除教籍。數千份學生報紙被扔進我們辦公室外的垃圾車。有人發起運動，威脅學校的捐助者撤回資金，除非報紙受到制裁。至少一人嘗試，但沒有成功。我想，那是我第一次親身體驗如今所謂的「取消文化」。

所以，沃夫很可能確實從我身上感受到創傷的氛圍，只是她猜錯來源。當我向她解釋情況後，她鬆了一口氣，並告訴我，我有一個值得講述的故事，鼓勵我寫下來。她說她會幫我發表在《紐約時報》，因為她的男朋友是那裡的編輯。我確實寫了這篇文章，但《泰晤士報》拒絕（顯然如此），後來發表在一份名為《柳蘭》（*Fireweed*）的小型女性主義雜誌上，收錄在反對以色列占領和殖民巴勒斯坦的特刊中。那是我的第一篇專業文章；我撫摸雜誌光滑的封面，覺得一切如夢似幻。

見面後，我和沃夫短暫保持聯繫。我記得某次與她的深夜談話，我坦承自己無法擺脫強烈的自我意識。就像有另一個自己盤旋在頭頂，即使在最放鬆的時候，仍有一個分身在旁觀察，不斷批評、糾正我的缺點。（就像《雙重人格》裡，賽門對他的分身說，「我不知道怎麼做自己。好像我一直都在自己外面」。[2]）沃夫給了我一個解釋，似乎可以理解我的戒心。「那是男性的目光。」她說，而我確信她說得沒錯。

我們很快就失去聯繫，我只模模糊糊記得她的作品——權力女性主義的宣言《以火治火》，以及建議高爾（Al Gore）擺出更有魄力的姿態。我無法理解她變成一個如此強勢的人，一個似乎想要如此多錯誤權力的女人。

這些沃夫可能全都不記得。引起大學生的情緒反應對她來說顯然並不罕見。《舊金山紀事報》（*San Francisco Chronicle*）二〇〇五年的一篇文章寫著：「她的強烈能量，加上對學生的殷切期望，可以讓年輕女性落淚。」[3] 我想知道她是否對她們當中任何人說了「剛剛被強姦」那句話。

然而，即使我不再把沃夫當作女性主義榜樣，我在學校交誼廳裡的感覺依然存在——作家在什麼時候，可以成為什麼樣的作家。二十六歲時，我從大學輟學（第二次），為了寫一本關於反民主企業權力和新興反對派運動的書。我的父親對我（再次）放棄學位感到震驚，但我相信，如果我在那個時候寫出那本書，將在世界留下印記，就像我看到的《美貌神話》那樣。

即使我收到一堆美國出版社的拒絕信，那個信念也沒有消失。即使在俯瞰哈德遜河的玻璃辦公室裡，一位編輯靠在椅子上對我解釋：「我想讀這本書，但讀者想要飲食失調的回憶錄。」年輕女作家唯一可以接受的專業領域竟是我們自己的身體，這個觀念令我憤怒。在我出去的路上，她遞給我幾本這種飲食失調回憶錄的試閱本，她顯然希望我寫的書能成為下一個《美貌神話》。最終並非如此——但我希望《No Logo》多少算是。

有時我不禁懷疑，為什麼我會認為自己能夠占據這麼多空間，提出這樣宏偉而大膽的主張，而且當時我這麼年輕。這種膽量從何而來？我母親的功勞遠比我給予她的多：我在一群勇敢、富有創造力的女性主義者包圍之下成長，即使她們並未直接投身於社會運動。有些人是教師，非常優秀的教師。但老實說，沃夫在其中也扮演一個角色——當我準備為自己構想一個不同的未來時，發現自己受到她強烈的引力牽引。

《No Logo》的封面內頁有我的第一張作者照片，我看著自己那頭長長的棕色鬈髮，忍不住皺起眉頭，因為我一定是下意識想模仿她十年前在《學院》雜誌上的照片。我想這意謂，當她讀到這些話時，完全有權利像假羅斯聲稱自己是真羅斯時那樣怒吼：「他是假的，那就是諷刺——他是他媽的分身，一個不誠實的騙子，他媽的虛偽冒牌貨。」[4] 我已經反思過這一點，試圖區分當年她對我產生的影響——那種交織著恐懼、厭惡、著迷、憤怒和憂慮的複雜情感，並給予應有的感激，與她今天扮演的角色分開。如果她多年前確實曾經作為一面截然不同的鏡子，幫助我看見自己可以成為什麼樣的人，那麼如今我是否欠她什麼？

沉默？尊敬？一輩子的忠誠？

我不這麼認為。如果這趟旅程教會我什麼，那就是身分並不固定。我的不是，沃夫的也不是。我們之間的身分障壁也並非不可動搖。一切都是流動的，不斷變化和複製。在我們年輕與年老的自我之間，公共與私人的自我之間，活著與垂死的自我之間，這種雙重性質之間的交涉，正是身為人類的意義。然而，身為人類很重要的，當然也是美好人生的一部分，不在於我們如何在自我的流沙中塑造自己，而在於我們共同創造的事物。

此外，我和路得不同名，那個忠誠、值得七個兒子的人。

我和拿俄米同名，為生存不惜一切代價的拿俄米。

致謝

四分之一個世紀以來，我的書寫風格著重於從特殊觀點分析政治，轉換方向確實不易。我非常幸運能與一支出色的編輯團隊合作，他們對這次的轉變充滿期待。我的經紀人，InkWell Management 的金百莉・威得斯本（Kimberly Witherspoon），從我們第一次通話就義無反顧加入這個計畫。她從一開始就非常有信心，我們之間的合作自始至終都充滿罕見的溫暖與同事情誼。我永遠感激蘇・哈爾彭（Sue Halpern）為我們牽線。

金百莉決心找到一位編輯和一家出版社，即使需要打破公司出版業的規則，也要讓這本書呈現應有的樣貌。而我們在法勒、斯特勞斯和吉魯出版社（Farrar, Straus and Giroux）找到的夥伴不只這樣。與亞歷山大・斯塔爾（Alexander Star）討論文學分身和陰謀論一小時後，我知道我找到願意和我一起跳進兔子洞，並在需要時將我拉出來的人。順利的時候，這份工作感覺就像遊戲。亞歷山大在無數方面將文本變得更加銳利和深刻，並與我在加拿大長期合作的編輯路易斯・丹尼斯（Louise Dennys）（現為企鵝蘭登書屋加拿大分社名譽出版人）密切合作，從他身上汲取智慧，以及克諾夫加拿大出版社（Knopf Canada）出版人瑪莎・康雅—福斯特納（Martha Kanya-Forstner）和企鵝圖書英國公司出版總監托馬斯・潘（Thomas Penn）的意見。我對米茲・安吉爾（Mitzi Angel）和斯特凡・麥克格拉思（Stefan McGrath）寄予的信任深表感謝。

在有經紀人和編輯之前，我遇到了哈麗特・克拉克（Harriet Clark）。在疫情期間某個極度暈眩的時刻，我決定利用旅行限制和Zoom的便利，參加我從未上過的寫作學校。而哈麗特就是我的學校。感覺自己像一個笨拙大學生的時間只有兩個月，這個計畫的構想就萌芽了。而在計畫成長過程中，哈麗特始終教導我，我對這位「文學導樂師」的恩情無以言表。

另一份深厚的感謝之情獻給這個計畫的首席研究員肯德拉・朱威爾（Kendra Jewell）。在完成英屬哥倫比亞大學（University of British Columbia）的文化人類學博士學位期間，肯德拉抽出時間深入研究從精神分析中的分身理論到佛羅里達州的特許學校等主題。肯德拉的頭腦令人驚嘆，與他共事是我職業生涯中的一大樂事。我們有幸與其他兩位頂尖的研究助理密切合作，分別是完成同一所大學碩士學位的伊莎貝拉・波尤內爾（Isabella Pojuner）和JJ・馬祖科特利（JJ Mazzucotelli）。這支研究團隊投入數個月的努力，進行文獻回顧、反覆查核事實、仔細審查注釋。而且他們應該得到危險津貼，因為他們不得不轉錄太多的《戰情室》節目。我還感謝我在羅格斯大學的前研究助理妮可・韋伯（Nicole Weber），她在本書的早期階段是很棒的合作夥伴。

我將初稿交給幾位朋友、同事和家人，請他們提供回饋：比爾・麥奇本、亞歷克斯・凱利（Alex Kelly）、哈夏・瓦利亞（Harsha Walia）、塞西莉・蘇拉斯基、賈桂林・羅斯（Jacqueline Rose）、約翰・哈里（Johann Hari）、凱瑟琳・維納、拉吉夫・西科拉（Rajiv Sicora）、瑟萊斯特・萊塞尼（Celeste Lecesne）、拉里・祖克曼（Larry Zuckerman）、南希・弗里德蘭（Nancy Friedland）、MJ・肖（MJ Shaw）、克莉絲汀・博伊爾（Christine Boyle）、蜜雪兒・蘭茲伯格（Michele Landsberg）和史蒂芬・劉易斯（Stephen Lewis），以及賽斯（Seth）、邦妮（Bonnie）、邁克爾（Michael）和米沙・克萊因（Misha Klein）。他們的尖銳而有用的見解帶來許多啟發。我和奇歐・麥克利爾（Kyo Maclear）與V永無止盡的討論可以在每個頁面感受到。

我特別感激兩位極為忙碌的作家和思想家：基安加・亞瑪塔・泰勒和柴納・米耶維。

兩人都深入參與早期的初稿，並以大大小小的方式發揮影響。某次與莫莉・克拉巴普（Molly Crabapple）關於猶太勞工聯盟的對話，在關鍵時刻對文本產生深遠的影響，她後續的建議也同樣重要。我對摯友兼同志安東尼・阿諾夫（Anthony Arnove）深表感激，他代表並管理我之前的所有著作。安東尼對這份初稿提供回饋，並在引導我了解馬克思主義思想中「猶太問題」的關鍵文本方面給予重要幫助。羅傑・霍奇（Roger Hodge）在《攔截》上仔細編輯幾篇本書提到的文章，並在我埋首寫作消失的期間一如既往支持這個計畫，貝齊・里德（Betsy Reed）也是如此。

對於神奇的潔姬・喬伊納（Jackie Joiner），我難以用言語感謝。自二〇〇五年以來，她一直管理我的專業和個人生活。我只能說，她讓一切成為可能，並始終以源源不絕的善良和幽默完成這些工作——同時又是出版業的專家。

在研究這本書的早期階段，我與現任英屬哥倫比亞大學常任理事的蓋奇・艾弗瑞爾（Gage Averill）進行一次改變我生活的對話。我非常感激他帶我到英屬哥倫比亞大學，並感謝地理系和氣候正義中心的所有同事，尤其是早期閱讀初稿的傑拉爾丁・普拉特（Geraldine Pratt）和潔西卡・登普西（Jessica Dempsey），以及穆罕默德・拉菲・阿雷芬（Mohammed Rafi Arefin）、薩拉・尼爾森（Sara Nelson）、亞歷克・布萊爾（Alec Blair）和賈瑞特・馬提諾（Jarrett Martineau）。羅格斯大學和英屬哥倫比亞大學專題討論課的學生在動盪的時期給予我穩定的力量：我們每週三小時的討論總能重燃我的信念。我還感謝了不起的芭芭拉・蘭斯比（Barbara Ransby），她邀請我成為伊利諾伊大學社會正義入口計畫（Social Justice Portal Project）的成員，這是一個將社運人士和學者聯繫起來的跨學科對話空間，挑戰並激勵了我。

某些時期，我需要離家幾週寫作，而且有一些非常棒的住宿地點：彭德港（Pender Harbour）的靛藍小屋（Indigo Cottage）、斯夸米什（Squamish）的珍・沃克（Jane Walker），以及瑟切爾特（Sechelt）的南希和克雷格。但沒有什麼比與V和瑟萊斯特在哈德遜河谷共度春天的室友生活更充實。我在那幾頁寫到支持並讚揚神經多樣性的教師和教學助理。他們也幫助實現我的寫作生活：珍妮特・劉易斯（Jeannette Lewis）、艾琳・威爾遜（Erin Wilson）、妮基・安德伍德（Nikki Underwood）、羅賓・漢森（Robin Hansen）和塔尼亞・歐貝萊克（Tania Obalek）。照護勞動確實是未來世界的基石。

生活在如此充滿創造力、承諾和慷慨的網絡中，真是一種財富。而這一切都建立在更私人的支持和滋養之上，那就是我的家庭：艾維，我在巨石上的永恆支柱，以及兒子，我的北極光。這是一本關於自我不穩定性的書，但事實是，只要有你們，我就永遠知道自己是誰。

19 Keeanga-Yamahtta Taylor, conversation with author, October 17, 2022.

20 Sally Weintrobe, *Psychological Roots of the Climate Crisis: Neoliberal Exceptionalism and the Culture of Uncare* (New York: Bloomsbury Academic, 2021), 13.

21 Rosa Luxemburg, *Socialism or Barbarism: Selected Writings*, ed. Paul Le Blanc and Helen C. Scott (London: Pluto, 2010).

22 Naomi Klein, "Dancing the World into Being: A Conversation with Idle No More's Leanne Simpson," *Yes Magazine*, March 6, 2013.

23 Sunaura Taylor, "Age of Disability," *Orion*, November 9, 2021.

24 Taylor, "Age of Disability."

後記

1 *Killing Us Softly: Advertising's Image of Women*, featuring Jean Kilbourne (Media Education Foundation, 1979).

2 *The Double*, directed by Richard Ayoade (Magnolia Pictures, 2014), at 41:23.

3 Lisa Hix, "Did Father Know Best? In Her New Book, Third Wave Feminist Naomi Wolf Reconsiders Her Bohemian Upbringing," *San Francisco Chronicle*, June 19, 2005, via SFGate.

4 Philip Roth, *Operation Shylock* (New York: Simon & Schuster, 1993), 367.

Lauderdale, Fla.: All Seasons Press, 2022), 47; Joseph Mercola, "The Last Stage of a Tyrannical Takeover—Interview with Naomi Wolf," Bitchute (video), June 1, 2022, at 13:56.

63 Steve Bannon, host, "'We Are at War': Naomi Wolf Breaks Down the WHO's Plan to Seize Power," *War Room: Pandemic* (podcast), May 12, 2022, at 5:13, posted on Rumble.

第四部

15 無我

1 "Special Report: Global Warming of 1.5°C," Intergovernmental Panel on Climate Change, 2018; Jonathan Watts, "We Have 12 Years to Limit Climate Change Catastrophe, Warns UN," *The Guardian*, October 8, 2018.

2 "Nevada Caucuses 2020: Live Election Results," *New York Times*, February 24, 2020.

3 Matthew Brown, "US Drilling Approvals Increase Despite Biden Climate Pledge," Associated Press, July 12, 2021; "New Data: Biden's First Year Drilling Permitting Stomps Trump's by 34%," press release, Center for Biological Diversity, January 21, 2022.

4 Daisy Hildyard, "The Second Body," *The Learned Pig*, November 15, 2017, excerpt from Daisy Hildyard, *The Second Body* (London: Fitzcarraldo Editions, 2017).

5 Eve Auchincloss and Nancy Lynch, "Disturber of the Peace: James Baldwin—an Interview/1969," in *Conversations with James Baldwin*, ed. Fred L. Standley and Louis H. Pratt (Jackson: University Press of Mississippi, 1989), 73.

6 *The Magnitude of All Things*, directed by Jennifer Abbott (National Film Board of Canada, 2020), at 55:11.

7 *The Magnitude of All Things*, at 48:38.

8 Iris Murdoch, *The Sovereignty of Good* (New York: Schocken Books, 1971), 84.

9 *The Magnitude of All Things*, at 43:13.

10 *The Double,* directed by Richard Ayoade (Magnolia Pictures, 2014), at 1:26:52.

11 Helena de Bres, "It's Not You, It's Me," *The Point*, September 23, 2019.

12 john a. powell, interview by Ivan Natividad, "To End White Supremacy, Attack Racist Policy, Not People," *Berkeley News*, January 25, 2021.

13 Eve L. Ewing, "Mariame Kaba: Everything Worthwhile Is Done with Other People," *Adi Magazine*, Fall 2019.

14 Arielle Angel, "Beyond Grievance," *Jewish Currents*, Summer 2022.

15 Keeanga-Yamahtta Taylor, conversation with author, October 17, 2022.

16 John Berger, "The Nature of Mass Demonstrations," *International Socialism 1st series*, no. 34 (Autumn 1968): 11–12.

17 Bridget Read, "The Bernie Rally Felt So Much Bigger Than Bernie," *The Cut*, October 21, 2019; Bernie Sanders, "Bernie's Back Rally with AOC in New York," Bernie Sanders channel on YouTube video, October 19, 2019, at 2:47:27.

18 Sigmund Freud, "The Uncanny," in *The Uncanny*, trans. David McLintock (London: Penguin, 2003), 143. Freud's essay was originally published in 1919.

36 Joseph Massad, "Affiliating with Edward Said," in *Edward Said: A Legacy of Emancipation and Representation*, ed. Adel Iskandar and Hakem Rustom (Berkeley: University of California Press, 2010), 33.

37 Rooney, "Prison Israel-Palestine," 134.

38 Natasha Roth-Rowland, "Land Grabs. Homophobia. Radicalized Police: What to Expect from Israel's Far-Right Government," *+972 Magazine*, December 29, 2022.

39 Jacqueline Rose, "Nation as Trauma, Zionism as Question: Jacqueline Rose Interviewed," *openDemocracy*, August 17, 2005.

40 "General Briefing: Palestinian Political Prisoners in Israeli Prisons," Addameer Prisoner Support and Human Rights Association.

41 "Key Figures on the 2014 Hostilities," United Nations Office for the Coordination of Humanitarian Affairs, June 23, 2015.

42 "50 Days: More Than 500 Children: Facts and Figures on Fatalities in Gaza, Summer 2014," B'Tselem, July 20, 2016.

43 L. Finch, "How a Jewish-American Author's Facebook Page Became a Hub for Citizen Reporting on Gaza," *Global Voices*, August 5, 2014.

44 Naomi Wolf, Facebook post, July 21, 2014.

45 Shmuley Boteach, "Naomi Wolf's Allegations of an Israeli Genocide Fuel Anti-Semitism," *Jerusalem Post*, September 10, 2014.

46 Rachel Cooke, "Naomi Wolf: 'We're in a Fight for Our Lives and for Democracy," *The Guardian*, May 19, 2019.

47 "Security Consultant Shares Insider Tips on Self-Defense," DailyClout channel on You-Tube, May 19, 2022, at 6:32–6:43; Vincent M. Mallozzi, "An Author and Investigator Find Comfort in Each Other," *New York Times*, November 24, 2018.

48 Philip Roth, *Portnoy's Complaint* (New York: Bantam Books, 1969), 86.

49 Corey Robin, "Arendt and Roth: An Uncanny Convergence," *New York Review*, May 12, 2021.

50 Philip Roth, *Operation Shylock* (New York: Simon & Schuster, 1993), 109.

51 Roth, *Operation Shylock*, 81.

52 Roth, *Operation Shylock*, 126.

53 Roth, *Operation Shylock*, 358.

54 Roth, *Operation Shylock*, 351.

55 Philip Roth, "Writing About Jews," *Commentary*, December 1963.

56 Naomi Wolf @DrNaomiRWolf, Gettr post, May 13, 2022.

57 Naomi Wolf @DrNaomiRWolf, Gettr post, May 13, 2022.

58 Naomi Wolf @DrNaomiRWolf, Gettr post, May 14, 2022.

59 Naomi Wolf @DrNaomiRWolf, Gettr post (video), May 24, 2022.

60 Naomi Wolf, "Rethinking the Second Amendment," *Outspoken with Dr Naomi Wolf*, Substack, June 4, 2022.

61 Naomi Wolf, Facebook post, July 21, 2014.

62 Naomi Wolf, *The Bodies of Others: The New Authoritarians, COVID-19 and the War Against the Human* (Fort

13 Henry Rosenthal, "Eleanor Marx: 'I Am a Jewess,'" Jews, Marxism and the Workers Movement, Marxists Internet Archive.

14 Georg Adler, Peter Hudis, and Annelies Laschitza, eds., *The Letters of Rosa Luxemburg* (London: Verso, 2011), 295.

15 Quoted in Alan Johnson, "Leon Trotsky's Long War Against Antisemitism," *Fathom*, March 2019.

16 Quoted in Johnson.

17 Enzo Traverso, *The Jewish Question: History of a Marxist Debate*, trans. Bernard Gibbons (Leiden: Brill, 2019).

18 Karl Marx, *Critique of Hegel's "Philosophy of Right,"* trans. Anette Jolin and Joseph O'Malley (Cambridge: Cambridge University Press, 1970), 131.

19 Antony Polonsky, "The Bund in Polish Political Life, 1935–1939," in *Essential Papers on Jews and the Left*, ed. Ezra Mendelsohn (New York: New York University Press, 1997), 172.

20 Walter Benjamin, *Gesammelte Schriften*, ed. Rolf Tiedemann and Hermann Schweppenhäuser (Frankfurt: Suhrkamp, 1991), 838.

21 Dana Mills, "Lessons from the Life of Rosa Luxemburg," Verso Blog, March 5, 2021.

22 Irving Abella and Harold Troper, *None Is Too Many: Canada and the Jews of Europe, 1939–1948* (Toronto: University of Toronto, 2017).

23 Abram Leon, *The Jewish Question: A Marxist Interpretation* (1946; repr. New York: Pathfinder Press, 1970), 239.

24 Leon, *The Jewish Question*, 234.

25 Leon, *The Jewish Question*, 239.

26 Traverso, *The Jewish Question*, xv.

27 Caroline Rooney, "Prison Israel-Palestine: Literalities of Criminalization and Imaginative Resistance," *Journal of Postcolonial Writing* 50, no. 2 (2014): 134.

28 Diana Muir, "A Land Without a People for a People Without a Land," *Middle East Quarterly* 15, no. 2 (Spring 2008): 55–62.

29 Alan George, "'Making the Desert Bloom': A Myth Examined," *Journal of Palestine Studies* 8, no. 2 (Winter 1979): 88.

30 I. F. Stone, *Underground to Palestine* (New York: Boni & Gaer, 1946), 221.

31 I. F. Stone, "Holy War," in *The Best of I. F. Stone*, ed. Karl Weber (New York: Public Affairs, 2006), 235.

32 Quoted in Rashid Khalidi, *Palestinian Identity: The Construction of Modern National Consciousness* (New York: Columbia University Press, 1997), 147.

33 Mahmoud Darwish, *In the Presence of Absence*, trans. Sinan Antoon (New York: Archipelago Books, 2011).

34 Yousef Al Jamal, "JNF Greenwashing as a Means to Hide Ethnic Cleansing in Palestine," *Politics Today*, February 14, 2022.

35 Edward Said, T*he Pen and the Sword: Conversations with David Barsamian* (Monroe, Maine: Common Courage Press, 1994), 53; Bryan Cheyette, "A Glorious Achievement: Edward Said and the Last Jewish Intellectual," in *Edward Said's Translocations*, ed. Tobias Doring and Mark U. Stein (New York: Routledge, 2012), 78.

14 Lindqvist, "*Exterminate All the Brutes*," 172.

15 W. E. B. Du Bois, *The World and Africa: An Inquiry into the Part Which Africa Has Played in World History* (New York: International Publishers, 1965), 23.

16 Aimé Césaire, *Discourse on Colonialism*, trans. Joan Pinkham (New York: Monthly Review Press, 2000), 36.

17 Césaire, *Discourse on Colonialism*, 36.

18 Lindqvist, "*Exterminate All the Brutes*," 9.

19 Rinaldo Walcott, *On Property: Policing, Prisons, and the Call for Abolition* (Windsor: Biblioasis, 2021), 13.

20 Nomi Kaltmann, "The Courage of William Cooper," *Tablet*, January 26, 2021.

21 Lindqvist, "*Exterminate All the Brutes*," x.

22 Olúfẹ́mi O. Táíwò, *Reconsidering Reparations* (New York: Oxford University Press, 2022), 199.

23 Jacqueline Rose, *Proust Among the Nations: From Dreyfus to the Middle East* (Chicago: University of Chicago Press, 2011), 120.

24 Dana Kennedy, "'Biggest Fake News Story in Canada': Kamloops Mass Grave Debunked by Academics," *New York Post*, May 27, 2022.

25 Maxine Joselow, "Suspect in Buffalo Rampage Cited 'Ecofascism' to Justify Actions," *Washington Post*, May 17, 2022.

26 Julian Brave NoiseCat @jnoisecat, tweet, May 16, 2022, Twitter.

14 不可動搖的民族分身

1 Jeet Heer @HeerJeet, tweet, March 20, 2021, Twitter.

2 Hannah Arendt, *Essays in Understanding, 1930–1945*, ed. Jerome Kohn (New York: Harcourt, Brace, 1994), 12.

3 Omar Sakr @omarsakrpoet, tweet, March 29, 2022, Twitter.

4 Quoted in Hannah Arendt, *The Origins of Totalitarianism* (New York: Harcourt, Brace, 1951), 64.

5 Jean-Paul Sartre, *Anti-Semite and Jew*, trans. George J. Becker (1948; repr. New York: Schocken Books, 1995), 49. The original, in French, was written in 1944 and published in book form in 1946.

6 W. E. B. Du Bois, "Strivings of the Negro People," *The Atlantic*, August 1897.

7 June Jordan, "I Must Become a Menace to My Enemies," in *Things That I Do in the Dark: Selected Poetry* (1977; repr. Boston: Beacon Press, 1981), 144.

8 Grace Ebert, "I'm Not a Look-Alike: Hundreds of Unrelated Doppelgängers Sit for François Brunelle's Uncanny Portraits," Colossal, February 9, 2022.

9 Richard Evans, *The Coming of the Third Reich* (New York: Penguin Press, 2004), 173.

10 Robert Weinberg, "Workers, Pogroms, and the 1905 Revolution in Odessa," *Russian Review* 46, no. 1 (January 1987): 53.

11 Weinberg, 63–64.

12 Weinberg," 75.

37 Shannon Proudfoot, "Tamara Lich vs. Pat King: A Tale of Two Convoy Protest Leaders," *Globe and Mail*, November 4, 2022.

38 Pat King, "Trudeau Is Going to Catch a Bullet . . . Only Way This Ends Is with Bullets," video posted on Streamable, at 0:56.

39 David Bauder, "What Is White Replacement Theory? Police Probe Conspiracy's Role in Buffalo Shooting," Global News, May 16, 2022.

40 "The 'Freedom Convoy' Is Nothing but a Vehicle for the Far Right," Canadian Anti-Hate Network, January 27, 2022.

41 Peter Smith, "A Holocaust Denier Is Travelling Across Canada Building Up the Country's Newest Far-Right Militia Movement," Canadian Anti-Hate Network, January 11, 2022.

42 Jesse Wente @JesseWente, tweet, February 17, 2022.

- Account has been deleted. Quoted with permission.

43 "Ottawa Occupation Was 'Canada Day Times 1000': Lianne Rood Conservative MP," Women in Canadian Politics channel on YouTube, March 2, 2022, at 0:18.

44 Matthew Remski, "Oppression Fantasies of White Anti-Vax Moms," *The Conspirituality Report*, Medium, June 1, 2021.

13 鏡中的納粹

1 *Exterminate All the Brutes*, directed by Raoul Peck (HBO Original, April 7, 2021).

2 "*Exterminate All the Brutes*: Raoul Peck's Statement of Intent," HBO channel on YouTube, April 6, 2021.

3 Joseph Conrad, *The Rescue* (New York: W. W. Norton, 1968), 148.

4 Charles Darwin, *The Descent of Man, and Selection in Relation to Sex* (London: John Murray, 1896), 1:156.

5 Sven Lindqvist, "*Exterminate All the Brutes*": One Man's Odyssey into the Heart of Darkness and the Origins of European Genocide (London: Granta, 1997), 3.

6 Quoted in Nikolaus Wachsmann, *KL: A History of the Nazi Concentration Camps* (London: Little Brown, 2016), 6–7.

7 Bedford Pim, *The Negro and Jamaica* (London: Trübner, 1866), 63.

8 Phillip Reilly, *The Surgical Solution: A History of Involuntary Sterilization in the United States* (Baltimore: Johns Hopkins University Press, 1991).

9 Quoted in James Q. Whitman, *Hitler's American Model: The United States and the Making of Nazi Race Law* (Princeton, N.J.: Princeton University Press, 2017), 9.

10 Quoted in David Blackbourn, *The Conquest of Nature: Water, Landscape, and the Making of Modern Germany* (New York: W. W. Norton, 2006), 303.

11 *Hitler's Table Talk 1941–1944: His Private Conversations*, trans. Norman Cameron and R. H. Stevens (New York: Enigma, 2000), 69.

12 *Hitler's Table Talk 1941–1944*, 34.

13 Lindqvist, "*Exterminate All the Brutes*," 160.

15 April Ehrlich, "Salem Restaurant Buried in Fake Reviews, Hateful Comments Following Naomi Wolf Incident," Oregon Public Broadcasting, August 1, 2022.

16 Wolf, Gettr post, June 30, 2022, at 3:32.

17 Ta-Nehisi Coates, *Between the World and Me* (New York: Spiegel & Grau, 2015).

18 Keeanga-Yamahtta Taylor, "American Racism and the Buffalo Shooting," *New Yorker*, May 15, 2022.

19 Naomi Wolf @DrNaomiRWolf, Gettr post, April 14, 2022.

20 "Remains of Children of Kamloops Residential School Discovered," press release, Kamloops Indian Band, May 21, 2021.

21 *Honouring the Truth, Reconciling for the Future: Summary of the Final Report of the Truth and Reconciliation Commission of Canada* (Truth and Reconciliation Commission of Canada, 2015), 1.

22 *Honouring the Truth, Reconciling for the Future*, 3.

23 *Honouring the Truth, Reconciling for the Future*, 53.

24 *Canada's Residential Schools: Missing Children and Unmarked Burials: The Final Report of the Truth and Reconciliation Commission of Canada*, vol. 4 (Montreal: McGill-Queen's University Press, 2015), 15; "Concerted National Action Overdue for All the Children Who Never Came Home from Residential Schools," joint news release, National Centre for Truth and Reconciliation and Indian Residential School History and Dialogue Centre at UBC, June 2, 2021.

25 "Murray Sinclair on the Deaths of Children in Residential Schools, and What Must Be Done to Help Survivors," *The Current*, CBC Radio, June 2, 2021, at 5:57–6:23.

- ✧ As of August, 2023, a transcript of this episode is available on the Internet Archive's Wayback Machine
- ✧ See also "Murray Sinclair Calls for Inquiry into Residential School Burial Sites, More Support for Survivors," CBC Radio, June 2, 2021.

26 Carina Xue Luo, "Missing Children of Indian Residential Schools," Academic Data Centre, Leddy Library, University of Windsor, September 6, 2022.

27 "Residential Schools in Canada: Education Guide," *Historica Canada*, 9, accessed January 3, 2023.

28 Ka'nhehsí:io Deer, "Pope Says Genocide Took Place at Canada's Residential Schools," CBC News, July 30, 2022.

29 Sean Kilpatrick, "Motion to Call Residential Schools Genocide Backed Unanimously," *Globe and Mail*, October 28, 2022.

30 George Manuel and Michael Posluns, *The Fourth World: An Indian Reality* (Don Mills, Ontario: Collier-Macmillan Canada, 1974), 65.

31 Naomi Klein, "Stealing Children to Steal the Land," *The Intercept*, June 16, 2021.

32 Justin Trudeau, "Trudeau Says Canadians 'Must Be Honest' About Country's History in Canada Day Message," Global News channel on YouTube, July 1, 2021, at 1:15.

33 Edward Said, *Culture and Imperialism* (New York: Alfred A. Knopf, 1993), xiii.

34 James Baldwin, *The Fire Next Time* (New York: Franklin Watts, 1963), 95.

35 Melissa Tait, "Healing Through Drums," *Globe and Mail*, September 29, 2022.

36 Mike Otto, "An Idea Turned into a Trucking Convoy for a Cause," *Over the Road Legend* (podcast), July 14, 2021, at 7:16.

17 Marcus Gilroy-Ware, *After the Fact? The Truth About Fake News* (London: Repeater Books, 2020), 169. Italics in the original.

18 Sarah Kendzior, *They Knew: How a Culture of Conspiracy Keeps America Complacent* (New York: Flatiron Books, 2022).

19 Mark Fisher, *Capitalist Realism: Is There No Alternative?* (Zero Books, 2009), 68.

20 "George W. Bush Confuses Iraq with Ukraine in Gaffe," Associated Press channel on YouTube, May 19, 2022.

21 Gilroy-Ware, *After the Fact?*, 169.

22 Daisy Hildyard, "The Second Body," *The Learned Pig*, November 15, 2017. Excerpt from Daisy Hildyard, *The Second Body* (London: Fitzcarraldo Editions, 2017).

23 Walter Benjamin, "Theses on the Philosophy of History," in *Illuminations: Essays and Reflections*, ed. Hannah Arendt (London: Bodley Head, 2015), 248.

24 James Baldwin, "The Creative Process," in *The Price of the Ticket: Collected Nonfiction 1948–1985* (New York: St. Martin's/Marek, 1985), 317.

25 Deena Metzger, *La Vieja: A Journal of Fire* (Topanga, Calif.: Hand to Hand, 2022), 1.

12 別無他路，只能回頭

1 Naomi Wolf, "I'm Not 'Brave'; You're Just a P—y," *Outspoken with Dr Naomi Wolf*, Substack, March 2, 2022.

2 "IPCC Adaptation Report 'a Damning Indictment of Failed Global Leadership on Climate,'" *UN News*, February 28, 2022.

3 Wolf, "I'm Not 'Brave.'"

4 Wolf, "I'm Not 'Brave.'"

5 Eric Adams @NYCMayor, tweet, February 27, 2022, Twitter.

6 "As COVID Cases Plummet and Vaccination Rates Reach New Heights, Mayor Adams Announces Next Phase of Pandemic Response," NYC: Official Website of the City of New York, March 4, 2022.

7 Wolf, "I'm Not 'Brave.'"

8 Ann Gerhart, "Who's Afraid of Naomi Wolf? The List Is Growing Fast Since the 'Promiscuities' Author Turned Gore Adviser," *Washington Post*, November 5, 1999.

9 Naomi Wolf, *"A Lost Small Town," Outspoken with Dr Naomi Wolf*, Substack, October 26, 2022.

10 Ryan Clarke, "Newberg School Staffer Shows Up in Blackface, Fired from Position," *Newberg Graphic*, September 20, 2021; Lars Larson, host, "Lauren Pefferle—NW School Worker Shows Up to Protest Vaccine Mandate... in Blackface," *The Lars Larson Show*, September 23, 2021, at 3:18, posted on SoundCloud.

11 Tania Thorne, "The Woman Behind Let Them Breathe; the Fight Against School Mask Mandates," KPBS, October 20, 2021.

12 Eoin Higgins, "Fresh Off Twitter Ban, Naomi Wolf to Headline Anti-Vax 'Juneteenth' Event," *The Flashpoint*, Substack, June 8, 2021.

13 Naomi Wolf @DrNaomiRWolf, Gettr post (video), June 30, 2022, at 2:01 and 3:58.

14 Wolf, Gettr post, June 30, 2022, at 3:11.

57 Quoted in Czech, "Hans Asperger, National Socialism, and 'Race Hygiene' in Nazi-Era Vienna," 16.

58 Czech, 20.

59 Sheffer, *Asperger's Children*, 67.

60 Philip Roth, *Operation Shylock: A Confession* (New York: Simon & Schuster, 1993), 62–63.

61 Roth, *Operation Shylock*, 63.

62 Sheffer, *Asperger's Children*, 17.

63 Anna N. de Hooge, "Binary Boys: Autism, Aspie Supremacy and Post/Humanist Normativity," *Disability Studies Quarterly* 39, no. 1 (2019).

第三部

11 冷靜，陰謀⋯⋯資本主義

1 Rodrigo Nunes, "Are We in Denial About Denial?," *Public Books*, November 25, 2020.

2 John Berger, blurb, "Advance Praise," *The Shock Doctrine: The Rise of Disaster Capitalism* (website), accessed November 8, 2022.

3 Steve Bannon, host, "Naomi Wolf: The Lies of Pfizer," *War Room: Pandemic* (podcast), May 4, 2022, at 0:41, posted on Rumble; Paul Elias Alexander, "Dr. Wolf: Twitter Ban—Menstrual Dysregualtion [*sic*] and Serious Fertility Issues After COVID Injection," July 30, 2022, at 11:42, posted on Rumble.

4 Naomi Wolf, interview by Steve Bannon, *War Room: Pandemic* (podcast), episode 1,076, July 6, 2021, at 27:17–27:35.

5 "Identifying Conspiracy Theories," European Commission, accessed November 8, 2022.

6 Naomi Wolf, *The Beauty Myth: How Images of Beauty Are Used Against Women* (1990; repr. New York: Perennial, 2002), 66.

7 Naomi Wolf, "The Shocking Truth About the Crackdown on Occupy," *The Guardian*, November 25, 2011.

8 Katharine Viner, "Stitched Up," *The Guardian*, September 1, 2001.

9 Alexander, "Dr. Wolf: Twitter Ban," at 16:29.

10 Jack Bratich, email to author, October 26, 2022.

11 Margaret Thatcher, September 23, 1987, transcript of an interview by Douglas Key for *Woman's Own*, Margaret Thatcher Foundation.

12 Nikou Asgari, "'A Form of Brainwashing': Why Trump Voters Are Refusing to Have a Vaccine," *Financial Times*, July 20 2021.

13 "Sovereign Citizens Movement," Southern Poverty Law Center, accessed November 8, 2022.

14 Ryan Gingeras, "How the Deep State Came to America," *War on the Rocks*, February 4, 2019.

15 Adam Smith, *The Wealth of Nations* (1776; repr. London: David Campbell Publishers, 1991), 116.

16 Mark Fisher, "Exiting the Vampire Castle," *Open Democracy*, November 24, 2013. Republished with permission from *The North Star* (original publication date November 22, 2013).

31 Lorna Wing and David Potter, "The Epidemiology of Autistic Spectrum Disorders: Is the Prevalence Rising?," *Mental Retardation and Developmental Disabilities Research Reviews* 8, no. 3 (2002): 151–161.

32 Leo Kanner, "Autistic Disturbances of Affective Contact," *Nervous Child* 2 (1943): 247.

33 Wing, *The Autistic Spectrum.*

34 *Diagnostic and Statistical Manual of Mental Disorders*, 4th ed. (Washington, D.C.: American Psychiatric Association, 1994), 954–955.

35 Lorna Wing, "The History of Ideas on Autism: Legends, Myths and Reality," *Autism* 1, no. 1 (1997): 13–14.

36 Wing and Potter, "The Epidemiology of Autistic Spectrum Disorders," 151.

37 Kristen L. Bone, "Murders Most Foul: Changeling Myths," in *Women and the Abuse of Power: Interdisciplinary Perspectives*, ed. Helen Gavin (Bingley, UK: Emerald, 2022), 31–42.

38 Carl Haffter, "The Changeling: History and Psychodynamics of Attitudes to Handicapped Children in European Folklore," *Journal of the History of the Behavioral Sciences* 4, no. 1 (1968): 57.

39 D. L. Ashliman, "Changelings: An Essay," section 6, 1997.

40 Ashliman, "Changelings," section 6.

41 Silberman, *Neurotribes*, 42.

42 Mario Holzner and Michael Huberman, "Red Vienna: A Social Housing Experiment, 1923–1933," *Journal of Interdisciplinary History* 53, no. 1 (2022): 49–88.

43 Tamara Kamatovic, "How Vienna's Socialist City Hall Put Children at the Heart of the Welfare State," *Jacobin*, June 22, 2020.

44 Quoted in Kamatovic.

45 Quoted in Kamatovic.

46 Quoted in Kamatovic.

47 Edith Sheffer, *Asperger's Children: The Origins of Autism in Nazi Vienna* (New York: W. W. Norton, 2018), 38.

48 Silberman, *Neurotribes*, 87–88.

49 Kamatovic, "How Vienna's Socialist City Hall Put Children at the Heart of the Welfare State."

50 This phrase is commonly attributed to the Nazi Party which probably borrowed it from the German attorney Karl Binding and the psychiatrist Alfred Hoche. See Karl Binding and Alfred Hoche, *Permitting the Destruction of Life Unworthy of Life: Its Measure and Form*, trans. Cristina Modak (Greenwood, Wis.: Suzeteo Enterprises, 2012), originally published in German in 1920. See also Howard Brody and M. Wayne Cooper, "Binding and Hoche's 'Life Unworthy of Life': A Historical and Ethical Analysis," *Perspectives in Biology and Medicine* 57, no. 4 (2014): 500–511.

51 Quoted in Sheffer, *Asperger's Children*, 214.

52 Quoted in Herwig Czech, "Hans Asperger, National Socialism, and 'Race Hygiene' in Nazi-Era Vienna," *Molecular Autism* 9, no. 1 (2018): 13.

53 Quoted in Sheffer, *Asperger's Children*, 214.

54 Quoted in Sheffer, 157.

55 Quoted in Sheffer, 179.

56 Silberman, *Neurotribes*, 6.

13 Whitney Ellenby, "Bystanders Were Horrified. But My Son Has Autism, and I Was Desperate," *Washington Post*, February 27, 2018.

14 Aaden Friday, "When You're Autistic, Abuse Is Considered Love," The Establishment, March 21, 2018.

15 Ellenby, "Bystanders Were Horrified."

16 Ole Ivar Lovaas, "Behavioral Treatment and Normal Educational and Intellectual Functioning in Young Autistic Children," *Journal of Consulting and Clinical Psychology* 55, no. 1 (1987): 8.

17 "Research Funding for Autism in the United States from 2008 to 2023," Statista, September 8, 2022.

✧ These statistics were updated during publication (June 2023). The above is now posted on the Internet Archive's Wayback Machine. Both original and updated statistics show that billions have been spent on autism research.

18 "Community Report on Autism 2021," Autism and Developmental Disabilities Monitoring Network, Centers for Disease Control and Prevention; "Prevalence of Autism Spectrum Disorders," Autism and Developmental Disabilities Monitoring Network, Centers for Disease Control and Prevention, March 30, 2012.

19 Lorna Wing, *The Autistic Spectrum*, new updated ed. (London: Constable & Robinson, 2002), 23.

20 Steve Silberman, *Neurotribes: The Legacy of Autism and the Future of Neurodiversity* (New York: Penguin Random House, 2015), 41–43, 421.

21 Laura Hull, K.V. Petrides, and William Mandy, "The Female Autism Phenotype and Camouflaging: A Narrative Review," *Review Journal of Autism and Developmental Disorders* 7, no. 4 (2020): 306–317; Terra Vance, "What's in a Word: Autism and White Privilege," *Neuroclastic: The Autism Spectrum According to Autistic People*, June 2, 2019; David S. Mandell et al., "Race Differences in the Age at Diagnosis Among Medicaid-Eligible Children with Autism," *Journal of the American Academy of Child & Adolescent Psychiatry* 41, no. 12 (2002): 1447–1453.

22 Kristen Lyall et al., "The Changing Epidemiology of Autism Spectrum Disorders," *Annual Review of Public Health* 38, no. 1 (2017): 81–102.

23 Ben Smee, "When Covid Came to the Anti-Vax Capital of Australia," *The Guardian*, August 13, 2021; "Children Fully Immunised in NSW by Local Government Area 2020–21," NSW Government Health, updated September 3, 2021; Jennifer King, "Now Diphtheria: Is Northern NSW Incubating Another Australian Health Crisis?," *The Guardian*, July 8, 2022.

24 Jenny McCarthy, *Mother Warriors: A Nation of Parents Healing Autism Against All Odds* (New York: Penguin, 2009), 7.

25 Jenny McCarthy, "We're Not an Anti-Vaccine Movement... We're Pro-Safe Vaccine," *Frontline*, PBS, March 23, 2015.

26 McCarthy, *Mother Warriors*.

27 Eric Garcia, "Tracing America's Covid Vaccine Conspiracies to Autism Fearmongering," MSNBC Opinion, December 8, 2021.

28 Milton Friedman with Rose D. Friedman, *Capitalism and Freedom*, 40th anniversary ed. (Chicago: University of Chicago Press, 2002), xiv.

29 "Fitness to Practise Panel Hearing," General Medical Council.

30 "Jenny McCarthy and Holly Robinson Peete Discuss Their Battles with Autism on Oprah," *People*, September 18, 2007.

40 Garth Mullins @garthmullins, tweet, October 16, 2022, Twitter.

10 自閉症與反疫苗前傳

1 See, for example, Kerri Rivera with Kimberly McDaniel and Daniel Bender, *Healing the Symptoms Known as Autism*, 2nd ed., e-book (Kerri Rivera, self-published, 2014), 81.

2 "Retraction—Ileal-Lymphoid-Nodular Hyperplasia, Non-Specific Colitis, and Pervasive Developmental Disorder in Children," The Lancet 375, no. 9713 (February 6, 2010): 455.

3 Simon H. Murch et al., "Retraction of an Interpretation," The Lancet 363, no. 9411 (March 6, 2004): 750.

⟡ Of the twelve original coauthors who could be contacted, ten retracted the paper. The journal was unable to contact the thirteenth coauthor, John Linnell. The two who did not sign off on the retraction were Andrew Wakefield and Peter Harvey.

4 "Fitness to Practise Panel Hearing," General Medical Council (UK), January 28, 2010.

5 Manisha Patel et al., "Increase in Measles Cases: United States, January 1–April 26, 2019," *Morbidity and Mortality Weekly Report*, Centers for Disease Control and Prevention, May 3, 2019.

⟡ "Elimination" defined as the "absence of sustained measles transmission that is continuous for ≥12 months in a defined geographic area."

6 "Worldwide Measles Deaths Climb 50% from 2016 to 2019 Claiming over 207,500 Lives in 2019," news release, World Health Organization, November 12, 2020.

7 Naomi Wolf, "'TRUTH' with Robert F. Kennedy, Jr. Featuring Naomi Wolf—Season 2 Episode 21," Children's Health Defense (video), March 8, 2021, at 06:20.

8 "The Real Anthony Fauci and The Bodies of Others Boxed Set," All Seasons Press, https: //www.allseasonspress.com/store/p/the-real-anthony-fauci-and-the-bodies-of-others-boxed-set, accessed January 12, 2023.

9 Naomi Wolf, *The Bodies of Others: The New Authoritarians, COVID-19 and the War Against the Human* (Fort Lauderdale, Fla.: All Seasons Press, 2022), 97; Naomi Wolf, "Global Predators and the Assault on Human Freedom: The Naomi Wolf Interview," *The Monica Crowley Podcast*, May 25, 2022, at 27:42–29:12, posted on Apple Podcasts.

⟡ See 23:59-24:34. Timestamp 27:42-29:12 aligns with the episode as edited and posted to a different platform which is no longer available.

⟡ As of August 2023, this podcast episode is also available on Scribd. See 23:04-23:46.

10 @glowingmamafit, Instagram reel, September 13, 2021.

11 "'This Is Rape': Protesters Yell at Parents Walking with Masked Kids at School Event," CNN News (video), October 8, 2021; Andrew Guttman, "Dad Who Decried Antiracism Initiatives at Brearley Urges Parents to Join Fight," *New York Post*, May 8, 2021; "Digital Hate: Social Media's Role in Amplifying Dangerous Lies About LGBTQ+ People," Center for Countering Digital Hate and Human Rights Campaign, August 10, 2022.

12 Lizzy Engelman, "A Crash Course on Extinction," *ABA Solutions* (blog), July 15, 2019.

⟡ "Extinction in a basic principle of behavior, and its purpose is to extinguish or put an end to unwanted behaviors. Simply put, when a behavior is reinforced, it continues, so extinction removes the reinforcer and the behavior stops."

Linked Birth/Infant Death File," *National Vital Statistics Reports* 70, no. 14 (December 8, 2021): 1–17.

17 "About: A Note from Steph," Glowing Mama (website), accessed October 13, 2022.

18 Michelle Cohen, "Goop Has Exploited the Medical Establishment's Failures on Women's Health," CBC News, August 27, 2018.

19 Rupa Marya @DrRupaMarya, tweet, May 15, 2022, Twitter.

20 "Dietary Supplements Market Report till 2027," MarketsandMarkets, April 2022.

21 Alex Jones, "The Alex Jones Show," *Infowars*, May 11, 2022.

✧ As of August 2023, a video of this episode was hosted on Prison Planet TV. See 2:22:39 to 2:23:28

22 John Elflein, "Percentage of U.S. Population Who Had Been Given a COVID-19 Vaccination as of October 5, 2022, by State or Territory," Statista, October 2022.

23 "Homepage," Christiane Northrup M.D. (website), accessed January 3, 2023.

24 Machado, *Her Body and Other Parties*, 164.

25 "People with Certain Medical Conditions," Covid-19, Centers for Disease Control and Prevention, updated February 10, 2023.

26 @glowingmamafit, Instagram Reel, September 13, 2021.

27 Keeanga-Yamahtta Taylor, "The Black Plague," *New Yorker*, April 16, 2020.

28 Akilah Johnson and Dan Keating, "Whites Now More Likely to Die from Covid Than Blacks," *Washington Post*, October 19, 2022.

29 "Nashville Hat Shop Faces Backlash for Selling Anti-vaccine Nazi Jewish Star," BBC News, May 30, 2021.

30 Branko Marcetic, "You Know Who Else Opposed Vaccine Mandates? Hitler," *Jacobin*, September 18, 2021.

31 Beatrice Adler-Bolton, "Deaths Pulled from the Future," Blind Archive, Substack, January 3, 2022.

32 "Living and Dying Nations: From Lord Salisbury's Speech to the Primrose League, May 4," *New York Times*, May 18, 1898.

33 Julie Bosman, Amy Harmon, and Albert Sun, "As U.S. Nears 800,000 Virus Deaths, 1 of Every 100 Older Americans Has Perished," *New York Times*, December 13, 2021; "A Poor People's Pandemic Report: Mapping the Intersections of Poverty, Race and COVID-19," Executive Summary, Poor People's Campaign, April 2022.

34 Andrew J. Webber, *The Doppelgänger: Double Visions in German Literature* (New York: Oxford University Press, 1996), 3.

35 Tom Huddleston Jr., "These Are the 5 Most Expensive Cities in the U.S. and Canada—and Los Angeles Isn't One of Them," CNBC News, July 6, 2022.

36 Jen St. Denis, "The Billionaire and the Mayor," *The Tyee*, October 24, 2022.

37 Harry Bradford, "Lululemon's Founder Blames Yoga Pants Problem on Women's Bodies," *HuffPost*, November 6, 2013.

38 Bob Kronbauer, "Here's the Weird Essay Chip Wilson Just Wrote About Erections," *Vancouver Is Awesome*, May 29, 2019.

39 Marc Fawcett-Atkinson, "Right-Wing Populist Group Fined for Ads Targeting Left-Leaning Politicians," *National Observer*, October 7, 2022; Dan Fumano, "Lululemon Founder Gives $380,000 to Boost B.C.'s Right-Leaning Candidates, Asks Others to Donate," *Vancouver Sun*, August 3, 2022.

3 "The Charter of New England: 1620," *The Avalon Project: Documents in Law, History, and Diplomacy*, Yale Law School. .

◇ I have modernized the language for clarity of reading. The original, in context, is: "And also for that We have been further given certainly to knowe, that within these late Yeares there hath by God's Visitation reigned a wonderfull Plague, together with many horrible Slaugthers, and Murthers, committed amoungst the Sauages and brutish People there, heertofore inhabiting, in a Manner to the utter Destruction, Deuastacion, and Depopulacion of that whole Territorye, so that there is not left for many Leagues together in a Manner, any that doe claime or challenge any Kind of Interests therein, nor any other Superiour Lord or Souveraigne to make Claime hereunto, whereby We in our Judgment are persuaded and satisfied that the appointed Time is come in which Almighty God in his great Goodness and Bountie towards Us and our People, hath thought fitt and determined, that those large and goodly Territoryes, deserted as it were by their naturall Inhabitants, should be possessed and enjoyed by such of our Subjects and People as heertofore have and hereafter shall by his Mercie and Favour, and by his Powerfull Arme, be directed and conducted thither."

4 Howard Simpson, *Invisible Armies: The Impact of Disease on American History* (New York: Bobbs-Merrill, 1980), 7.

◇ I have modernized the language for clarity of reading. The original is cited in Simpson (1980), p. 7: "But for the natives in these pts, God hath so pursued them, as for 300 miles space the greatest pte of them are swept awaye by the small poxe wch still con- tinues among them: So as God hathe thereby cleered or title to this place, & those who remaine in these pts, being in all not 50, have putt themselves under or protection & freely confined themselves & their interest within certaine limitts."

5 "A New Description of That Fertile and Pleasant Province of Carolina, by John Archdale, 1707," in *Original Narratives of Early American History: Narratives of Early Carolina 1650–1708*, ed. Alexander Salley Jr. (New York: Charles Scribner's Sons, 1911), 282–311.

6 Charlotte Ward and David Voas, "The Emergence of Conspirituality," *Journal of Contemporary Religion* 26, no. 1 (2011): 103–121.

7 "The Disinformation Dozen: Why Platforms Must Act on Twelve Leading Online Anti-Vaxxers," Center for Countering Digital Hate, March 24, 2021.

8 Sam Kestenbaum, "Christiane Northrup, Once a New Age Health Guru, Now Spreads Covid Disinformation," *Washington Post*, May 3, 2022 (updated May 9, 2022).

9 Jessica Wallace, "Kamloops Gym Owners Explain Why They Remain Open Despite Public Health Order Mandating They Close," *Kamloops This Week*, December 23, 2021.

10 Naomi Wolf, *The Beauty Myth: How Images of Beauty Are Used Against Women* (1990; repr. New York: Perennial, 2002), 26–27.

11 Barbara Ehrenreich, *Natural Causes: An Epidemic of Wellness, the Certainty of Dying, and Killing Ourselves to Live Longer* (New York: Hachette Book Group, 2018), 54–56.

12 Ehrenreich, *Natural Causes*, 56–57.

13 Carmen Maria Machado, Her Body and Other Parties (Minneapolis: Graywolf Press, 2017), 153.

14 Machado, *Her Body and Other Parties*, 165.

15 Philip Roth, *Everyman* (London: Vintage, 2007), 156.

16 "Working Together to Reduce Black Maternal Mortality," Centers for Disease Control and Prevention, April 3, 2023; Danielle M. Ely and Anne K. Driscoll, "Infant Mortality in the United States, 2019: Data from the Period

3 Laura Marsh, "Philip Roth's Revenge Fantasy," *New Republic*, March 22, 2021.

4 Philip Roth, *Operation Shylock: A Confession* (New York: Simon & Schuster, 1993), 22.

5 Roth, *Operation Shylock*, 71.

6 Roth, *Operation Shylock*, 99.

7 Roth, *Operation Shylock*, 31.

8 Roth, *Operation Shylock*, 34.

9 Roth, *Operation Shylock*, 55.

10 Roth, *Operation Shylock*, 115.

11 Roth, *Operation Shylock*, 389.

12 Tucker Carlson, "Open Race Hate Forms Much of MSNBC's Substance," October 20, 2022.

13 Sarah Ditum, "Naomi Wolf Is Not a Feminist Who Became a Conspiracy Theorist—She's a Conspiracist Who Was Once Right," *New Statesman*, October 7, 2014.

14 Naomi Klein, "Screen New Deal," *The Intercept*, May 8, 2020.

15 "Watch Dr Naomi Wolf Discuss 'Why Vaccine Passports Equal Slavery Forever,'" DailyClout channel on YouTube, March 30, 2021.

⟡ See also an interview with Tucker Carlson on *Tucker Carlson Tonight* from March 2021 (at 1:50), and Wolf's book, *The Bodies of Others* (Fort Lauderdale: All Seasons Press) 2022, p. 196

16 Arundhati Roy, "The Pandemic Is a Portal," *Financial Times*, April 3, 2020.

17 Ben Blanchet, "Newsmax TV BansReporter over Wacky Rant About Satan, Insects and Drinking Blood," *HuffPost*, October 20, 2022.

18 Roth, *Operation Shylock*, 87.

19 Nabil Ahmed et al., "Inequality Kills: The Unparalleled Action Needed to Combat Unprecedented Inequality in the Wake of COVID-19," Oxfam International, January 2022.

20 Agence France-Presse, "Shireen Abu Aqleh Killed by 'Seemingly Well-Aimed' Israeli Bullet, UN Says," *The Guardian*, June 24, 2022.

21 Angela Davis, interview by Alonzo King (audio recording), *City Arts & Lectures*, May 24, 2022.

22 "Greta Thunberg Mocks World Leaders in 'Blah, Blah, Blah' Speech," BBC News channel on YouTube, September 28, 2021, at 0:06–0:52.

23 "Greta Thunberg: 'COP26 Even Watered Down the Blah, Blah, Blah,'" BBC News, November 15, 2021.

24 Tamara Lindeman, "Loss," on the album *Ignorance* (Fat Possum Records, 2021).

9 極右派遇上極怪派

1 Naomi Wolf, @DrNaomiRWolf, "#walkoutwednesday," Gettr post, November 3, 2021.

2 "Newsmax Host Suggests Vaccines Are 'Against Nature,' and Some Diseases Are 'Supposed to Wipe Out a Certain Amount of People,'" Media Matters for America, July 12, 2021 (video and transcript of *Rob Schmitt Tonight*, Newsmax, July 9, 2021).

Wall Street Journal, November 7, 2022.

24 Steve Bannon, host, deleted episode, *War Room: Pandemic* (podcast); Bannon, "Biden Chaos," at 13:56.

25 "Competing Visions of America: An Evolving Identity or a Culture Under Attack? Findings from the 2021 American Values Survey," Public Religion Research Institute, November 1, 2021.

26 Steve Bannon, host, deleted episode, *War Room: Pandemic* (podcast).

27 Naomi Wolf, "Fascist America, in 10 Easy Steps," *The Guardian*, April 24, 2007.

28 Steve Bannon, host, "Parents Are Still Taki ng to the Streets," *War Room: Pandemic* (podcast), episode 1,387, November 3, 2021, posted on Rumble; Steve Bannon, host, "Army of Moms Have Been Mobilized," *War Room: Pandemic* (video), October 29, 2021, at 0:45.

✧ As of August 2023, "Army of Moms Have Been Mobilized" is available on Rumble. See 25:49.

29 Bannon, "Independence Day!!," at 43:50; Myah Ward, "At Least 3,900 Children Separated from Families Under Trump 'Zero Tolerance' Policy, Task Force Finds," *Politico*, August 6, 2021.

30 Steve Bannon, host, *War Room: Pandemic* (podcast), May 21, 2021, clip posted on Media Matters for America.

31 Brian W. O'Shea, comments, Dr Naomi Wolf, Facebook post, November 22, 2014.

32 Naomi Wolf @naomirwolf, tweet, December 20, 2022, Twitter.

33 "US Abortion: Best Selling Author Dr Naomi Wolf Discusses Leaked US Supreme Court Documents," GB News channel on YouTube, May 3, 2022, at 4:14–4:27.

34 Naomi Wolf @DrNaomiRWolf, Gettr post, May 13, 2022.

35 Bannon, "Parents Are Still Taking to the Streets," at 20:25.

36 Rachel Savage, "INTERVIEW—U.S. Author Naomi Wolf Condemns UK's 'Moral Panic' on Trans Issues," Reuters, November 27, 2020.

37 Bannon, "Parents Are Still Taking to the Streets," at 20:50–24:58.

38 Bannon, "Parents Are Still Taking to the Streets," at 20:50.

39 Naomi Wolf, "Dear Conservatives, I Apologize," *Outspoken with Dr Naomi Wolf*, Substack, March 9, 2023.

40 Sigmund Freud, "The Uncanny," in *The Uncanny*, trans. David McLintock (London: Penguin, 2003), 124. Freud's essay was originally published in 1919.

41 "Two Birthdays," *The Spectator*, April 12, 1939, 5.

42 The Great Dictator, directed by Charles Chaplin (United Artists, 1940), at 2:00:00–2:01:30.

43 "Watch Dr Naomi Wolf Discuss 'Why Vaccine Passports Equal Slavery Forever,'" DailyClout channel on YouTube, March 30, 2021.

44 *The Great Dictator*, at 2:02:40.

8 嚴肅得可笑，無言以對

1 Naomi Klein, "James Baker's Double Life," *The Nation*, October 12, 2004.

2 Alexis Tsipras and Slavoj Žižek, "The Role of the European Left," Subversive Festival, Zagreb, Croatia, SkriptaTV channel on YouTube, May 15, 2013, at 9:16.

Glory Presents: Take FiVe w/ Dr. Naomi Wolf," *His Glory*, July 28, 2022, at 28:54.

5 Zach Boren and Arthur Neslen, "How Lobbyists for Monsanto Led a 'Grassroots Farmers' Movement Against an EU Glyphosate Ban," *Unearthed*, October 17, 2018; "IARC Monograph on Glyphosate," WHO International Agency for Research on Cancer; "Roundup Weedkiller 'Probably' Causes Cancer, Says WHO Study," *The Guardian*, March 21, 2015.

6 Edward Helmore, "Lawsuits, Payouts, Opioids Crisis: What Happened to Johnson & Johnson?," *The Guardian*, October 18, 2019.

7 "Myocarditis and Pericarditis After mRNA COVID-19Vaccination," Centers for Disease Control and Prevention, September 27, 2022

8 "CDC & FDA Identify Preliminary COVID-19 Vaccine Safety Signal for Persons Aged 65 Years and Older," Centers for Disease Control and Prevention, January 13, 2023,

9 Naomi Wolf, "Dear Friends, Sorry to Announce a Genocide," *Outspoken with Dr Naomi Wolf*, Substack, May 29, 2022.

10 Krutika Amin et al., "COVID-19 Mortality Preventable by Vaccines," Health System Tracker, April 21, 2022.

11 Jon Henley, "Macron Declares His Covid Strategy Is to 'Piss Off' the Unvaccinated," *The Guardian*, January 4, 2022.

12 Steve Bannon, host, "The Transhumanist Revolution," *War Room: Pandemic* (podcast), episode 1,394, November 6, 2021; Charlie Kirk, host, "Transgenderism to Transhumanism with 'Detransitioner' Ritchie Herron and Tech Writer Joe Allen," *Charlie Kirk Show* (podcast), September 15, 2022.

◇ As of July 2023, "The Transhumanist Revolution" is available on Rumble. See 4:33-4:45.

13 Benjamin Dodman, "'Mother, Italian, Christian': Giorgia Meloni, Italy's Far-Right Leader on the Cusp of Power," France24, September 24, 2022.

14 Ian Schwartz, "Italy's Giorgia Meloni: We Are the Enemy to Those Who Would Like Us to Have No Identity, Be the Perfect Consumer Slaves," *RealClearPolitics*, September 26, 2022.

15 Amy Kazmin, "Giorgia Meloni Faces Economic Storm as She Prepares to Take Helm in Italy," *Financial Times*, October 18, 2022.

16 Jennifer Senior, "American Rasputin," *The Atlantic*, June 6, 2022.

17 Mike Davis, "Ten Immodest Commandments: Lessons from a Fumbling-and-Bungling Lifetime of Activism," *Truthout*, November 20, 2011.

18 Steve Bannon, host, "Biden Chaos; Easy Money Destroys the Deplorable's," *War Room: Pandemic* (podcast), episode 1,517, December 28, 2021, posted on Rumble.

19 Steve Bannon, host, "Independence Day!!; Naomi Wolf's Coup," *War Room: Pandemic* (podcast), episode 1,506, December 23, 2021, at 17:30 and 25:43, posted on Rumble.

20 Bannon, "Independence Day!!," at 19:53.

21 Dan Mangan, "Steve Bannon's Podcast Barred from Twitter After He Made Beheading Comment About Fauci, FBI Director Wray," CNBC, November 5, 2020.

22 Screen capture from War Room posted on the Internet Archive's Wayback Machine, October 22, 2022; Steve Bannon @SteveBannon, post, Gettr, June 9, 2022.

23 Joshua Jamerson and Aaron Zitner, "GOP Gaining Support Among Black and Latino Voters, WSJ Poll Finds,"

22 Callison and Slobodian, "Coronapolitics from the Reichstag to the Capitol."

23 Leonard Wolf, ed., *The Essential Dr. Jekyll & Mr. Hyde: The Definitive Annotated Edition of Robert Louis Stevenson's Classic Novel* (New York: Plume, 1995), back cover.

24 Ian Burrell, "Naomi Wolf's Slide from Feminist, Democratic Party Icon to the 'Conspiracist Whirlpool,'" *Business Insider*, June 5, 2021.

25 Naomi Wolf, "A Lost Small Town," *Outspoken with Dr Naomi Wolf*, Substack, October 26, 2022.

26 Gettr @GETTRofficial, tweet, September 23, 2021, Twitter.

✧ This tweet has been deleted and is now available on the Internet Archive's Wayback Machine

27 "Parler: About This App," Google Play, updated August 28, 2022.

✧ This page is now available on the Internet Archive's Wayback Machine

28 Steve Bannon, host, "Independence Day!!; Naomi Wolf's Coup," *War Room: Pandemic* (podcast), episode 1,506, December 23, 2021, at 24:55, posted on Rumble.

29 "No Evidence of Pandemic 'Mass Formation Psychosis,' Say Experts Speaking to Reuters," Reuters Fact Check, January 7, 2022.

30 James Pogue, "Inside the New Right, Where Peter Thiel Is Placing His Biggest Bets," *Vanity Fair*, April 20, 2022.

31 Naomi Wolf, @DrNaomiRWolf, Gettr, April 16, 2022.

32 "Dr Naomi Wolf on Kristina Borjesson Show," Today's News Talk (audio), July 24, 2022, at 26:46.

33 "Dr Naomi Wolf on Kristina Borjesson Show," at 26:58–28:26.

34 "Dr Naomi Wolf on Kristina Borjesson Show," at 30:23, 29:30.

35 "Dr Naomi Wolf on Kristina Borjesson Show," at 30:21.

36 Paul Meehan, *The Ghost of One's Self: Doppelgangers in Mystery, Horror and Science Fiction Films* (Jefferson, N.C.: McFarland, 2017), 28.

37 John Milton, *Paradise Lost* (London: 1677), line 263.

7 讓美國再次偉大的同夥

1 Patricia Zengerle, Richard Cowan, and Doina Chiacu, "Trump Incited Jan. 6 Attack After 'Unhinged' White House Meeting, Panel Told," Reuters, July 12, 2022; Dan Friedman and Abigail Weinberg, "Here's the Whole Transcript of That Leaked Steve Bannon Tape, Annotated," *Mother Jones*, August 17, 2022.

2 "Putin Accuses Ukraine of 'Dirty Bomb' Plans, Says Risks of World Conflict High," Reuters, October 26, 2022; "Ukraine Says Russian Troops Will Fight for Key City as Proxy Government Flees," *New York Times*, October 24, 2022.

3 Julian Barnes, "Russian Interference in 2020 Included Influencing Trump Associates, Report Says," *New York Times*, March 16, 2021; Elaine Sciolino, "U.S. to Back Yeltsin If He Suspends Congress," *New York Times*, March 13, 1993.

4 Rob Kuznia et al., "Weird Science: How a 'Shoddy' Bannon-Backed

Paper on Coronavirus Origins Made Its Way to an Audience of Millions," CNN Politics, October 21, 2020; "His

6 對角線

1 Ruth 4:15 (New International Version).

2 Ruth 3:4 (New International Version).

3 Adam Creighton, "The Plague Afflicting Liberal Democracy," *The Australian*, June 5, 2021.

4 Jet @Jet0o, tweet, June 5, 2021, Twitter.

⋄ This tweet has also been posted on the Internet Archive's Wayback Machine

5 Steve Bannon @SteveBannon, Gettr post, July 4, 2021.

6 Steve Bannon @SteveBannon, Gettr post, October 29, 2022.

7 Adam Rawnsley, "Anti Vaxxer Naomi Wolf Joins Trump's Doomed Tech Suit," *Daily Beast*, July 28, 2021 (updated July 30, 2021).

8 Nancy Dillon, "Anti-Semitic Trump Campaign CEO Stephen Bannon Not a Big Fan of 'Whiny Brat' Jews, Ex-wife Says," *New York Daily News*, August 27, 2016.

9 Anna Merlan, "The Conspiracy Singularity Has Arrived," *Vice News*, July 17, 2020.

10 William Callison and Quinn Slobodian, "Coronapolitics from the Reichstag to the Capitol," *Boston Review*, January 12, 2021.

11 Naomi Wolf, "The Last Stage of a Tyrannical Takeover—Interview with Naomi Wolf," interview by Joseph Mercola, June 1, 2022.

12 Tucker Carlson, "Naomi Wolf Sounds Alarm at Growing Power of 'Autocratic Tyrants.'"

13 James Delingpole, "'Climategate Was Fake News,' Lies the BBC... ," *Breitbart*, July 11, 2019, posted on the Internet Archive's Wayback Machine.

14 James Delingpole, "Naomi Wolf," *The James Delingpole Podcast*, May 3, 2021, 0:25–1:04.

15 Steve Bannon, host, "Not Science Fiction…Dr. Naomi Wolf Reveals Dangers of Vaccine Passports," *War Room: Pandemic* (podcast), episode 874, April 14, 2021, at 13:43–14:03, posted on Rumble.

16 Joseph Mercola, host, "Best of Series—TenTyrannical Steps," *Take Control of Your Health* (podcast), May 4, 2022; Bannon, "Not Science Fiction…Dr. Naomi Wolf Reveals Dangers of Vaccine Passports."

17 Rachel Cooke, "Naomi Wolf: 'We're in a Fight for Our Lives and for Democracy,'" *The Guardian*, May 19, 2019.

18 Michiko Kakutani, "Vidal: 'I'm at the Top of a Very Tiny Heap,'" *New York Times*, March 12, 1981.

19 "Become a DailyClout Member," DailyClout (website), accessed November 2, 2022.

⋄ As of August 2023, this has changed to $7.00 for a "premium" membership and $24.99 for a "pro" membership.

20 Steven W. Thrasher, *The Viral Underclass: The Human Toll When Inequality and Disease Collide* (New York: Celadon Books, 2022), 4.

21 Josh Rottenberg and Stacy Perman, "Meet the Ojai Dad Who Made the Most Notorious Piece of Coronavirus Disinformation Yet," *Los Angeles Times*, May 13, 2020.

44 Multiple commenters, "Watch Dr Naomi Wolf Discuss 'Why Vaccine Passports Equal Slavery Forever.'"

45 Multiple commenters, "Watch Dr Naomi Wolf Discuss 'Why Vaccine Passports Equal Slavery Forever.'"

46 Matthew Giffin, comment, "Watch Dr Naomi Wolf Discuss 'Why Vaccine Passports Equal Slavery Forever.'"

47 Matthew Giffin, comment, "Watch Dr Naomi Wolf Discuss 'Why Vaccine Passports Equal Slavery Forever.'"

48 @Scipio, comment, "Watch Dr Naomi Wolf Discuss 'Why Vaccine Passports Equal Slavery Forever.'"

✧ Comment was subsequently deleted.

49 Representative Shelley Rudnicki, Facebook post (image), May 10, 2021; Associated Press, "Republican Barred from Inviting Guests into State House," *Associated Press News*, May 11, 2021.

50 Craig Mauger, "Michigan Leads the Nation in New COVID Cases, According to CDC Data," *Detroit News*, November 16, 2021; Bruce Walker, "Michigan House Oversight Committee Considers Legislation to Ban Vaccine Passports," *Center Square*, May 6, 2021; Dave Boucher, "Michigan Lawmakers Invite COVID-19 Conspiracy Theorist to Testify on Bill to Ban Vaccine Passports," *PolitiFact*, May 6, 2021.

51 Jason Horowitz, "Steve Bannon Is Done Wrecking the American Establishment. Now He Wants to Destroy Europe's," *New York Times*, March 9, 2018.

52 Jennifer Senior, "American Rasputin," *The Atlantic*, June 6, 2022.

53 Shoshana Zuboff, *The Age of Surveillance Capitalism: The Fight for a Human Future at the New Frontier of Power* (London: Profile Books, 2019).

54 Stephanie Kirchgaessner et al., "Revealed: Leak Uncovers Global Abuse of Cyber-surveillance Weapon," *The Guardian*, July 18, 2021.

55 Allyson Chiu, "She Installed a Ring Camera in Her Children's Room for 'Peace of Mind.' A Hacker Accessed It and Harassed Her 8-Year-Old Daughter," *Washington Post*, December 12, 2019; Alfred Ng, "Amazon Gave Ring Videos to Police Without Owners' Permission," *Politico*, July 13, 2022; Alex Hern, "Uber Employees 'Spied on Ex-partners, Politicians and Beyoncé,'" *The Guardian*, December 13, 2016; Johana Bhuiyan and Charlie Warzel, "'God View': Uber Investigates Its Top New York Executive for Privacy Violations," *BuzzFeed News*, November 18, 2014; Kashmir Hill, "The Secretive Company That Might End Privacy as We Know It," *New York Times*, January 18, 2020; Rina Torchinsky, "How Period Tracking Apps and Data Privacy Fit into a Post-Roe v. Wade Climate," National Public Radio, June 24, 2022.

56 The Red Hand Files, Nick Cave, Issue #218, January 2023.

57 Paul Vallely, host, "The Stand Up America US Show," *Don Smith Show* (podcast), episode 35, May 16, 2022, at 40:01, posted on Rumble.

58 Adam Creighton, "The Plague Afflicting Liberal Democracy," *The Australian*, June 5, 2021.

59 Ben Tarnoff, *Internet for the People: The Fight for Our Digital Future* (London: Verso Books, 2022).

60 Tarnoff, Internet for the People, xv, 33.

61 ean Burgess, "The 'Digital Town Square'? What Does It Mean When Billionaires Own the Online Spaces Where We Gather?," *The Conversation*, April 27, 2022.

62 Tarnoff, *Internet for the People*, 58.

63 Steve Bannon, host, "Breaking Down the Data That the Establishment Fears," *War Room: Pandemic* (podcast), episode 143, September 22, 2022, posted on Amazon Music.

✧ See also the War Room website for repeated use of this tagline.

17 "Watch Dr Naomi Wolf Discuss 'Why Vaccine Passports Equal Slavery Forever,'" at 5:37–5:58.

18 "Watch Dr Naomi Wolf Discuss 'Why Vaccine Passports Equal Slavery Forever,'" at 8:27.

19 Hains, "Naomi Wolf: Mandatory Vaccine Passport," at 3:05.

20 Hains, "Naomi Wolf: Mandatory Vaccine Passport," at 3:12.

21 "Watch Dr Naomi Wolf Discuss 'Why Vaccine Passports Equal Slavery Forever,'" at 5:26.

22 "Watch Dr Naomi Wolf Discuss 'Why Vaccine Passports Equal Slavery Forever,'" at 8:23.

23 Alexis Hancock, email to author, August 26, 2022.

24 Kenith Png, "Police Would Not Agree to Stop Accessing COVID SafeWA App Data, Premier Mark McGowan Says," ABC News, June 15, 2021.

25 Beatrice Adler-Bolton and Death Panel, "Mask Off," *New Inquiry*, April 28, 2022.

26 William Horobin, "It Would Cost $50 Billion to Vaccinate the World, OECD Says," *Bloomberg*, December 1, 2021.

27 Julia Kollewe, "Pfizer Accused of Pandemic Profiteering as Profits Double," *The Guardian*, February 8, 2022.

28 Maggie Fick and Edward McAllister, "COVID Shots Are Finally Arriving, but Africa Can't Get Them All into Arms," Reuters, December 6, 2021.

29 "COVID-19: Pfizer Reports Massive Revenues Whilst Failing to Vaccinate Billions," Amnesty International, November 2, 2021.

30 Stephanie Nebehay and Josephine Mason, "WHO Warns Against Vaccine Hoarding as Poorer Countries Go Without," Reuters, December 9, 2021.

31 Steven W. Thrasher, *The Viral Underclass: The Human Toll When Inequality and Disease Collide* (New York: Celadon Books, 2022).

32 Hains, "Naomi Wolf: Mandatory Vaccine Passport," at 3:12.

33 "Watch Dr Naomi Wolf Discuss 'Why Vaccine Passports Equal Slavery Forever,'" at 5:06; Hains, "Naomi Wolf: Mandatory Vaccine Passport," at 2:01.

34 Domain overview for DailyClout, January 2017–April 2021, Semrush, accessed July 2022.

35 Naomi Wolf, "Fake Patriotism," *Huffington Post*, November 2, 2008.

36 "Watch Dr Naomi Wolf Discuss 'Why Vaccine Passports Equal Slavery Forever.'"

37 Hains, "Naomi Wolf: Mandatory Vaccine Passport," at 1:47.

38 "Watch Dr Naomi Wolf Discuss 'Why Vaccine Passports Equal Slavery Forever,'" at 13:35.

39 "Watch Dr Naomi Wolf Discuss 'Why Vaccine Passports Equal Slavery Forever,'" at 12:57.

40 "Watch Dr Naomi Wolf Discuss 'Why Vaccine Passports Equal Slavery Forever,'" at 10:22.

41 "Robert Kennedy Jr Slams the Corrupt System of Big Pharma, Dr Fauci and he F.D.A.—Video," DailyClout, May 26, 2022, at 9:36.

42 Steve Bannon, host, "The Dirty Dozen: 12 Most Dangerous People in America," *War Room: Pandemic* (podcast), episode 1,120, July 24, 2021, at 18:32.

✧ A video of this episode is available on Rumble as of July 2023. See 17:00-17:15.

43 Correspondence with author, April 3, 2021.

10 *The Great Dictator*, directed by Charles Chaplin (United Artists, 1940).

第二部

5 他們知道行動電話

1 Matthew Gertz, "Fox Keeps Hosting Pandemic Conspiracy Theorist Naomi Wolf," Media Matters for America, April 20, 2021.

2 Matthew Gertz @MattGertz, tweet, February 26, 2021, Twitter.

3 David Connett, "Naomi Wolf Banned from Twitter for Spreading Vaccine Myth," *The Guardian*, June 5, 2021.

4 Liza Featherstone, "The Madness of Naomi Wolf," *New Republic*, June 10, 2021; Ian Burrell, "Naomi Wolf's Slide from Feminist, Democratic Party Icon to the 'Conspiracist Whirlpool,'" *Business Insider*, June 5, 2021; Rebecca Onion, "A Modern Feminist Classic Changed My Life. Was It Actually Garbage?," *Slate*, March 30, 2021.

5 "CommonPass—Travelling the World in the Covid Era," World Economic Forum, video, August 24, 2020. 76 approaching a "cliff": "Watch Dr Naomi Wolf Discuss 'Why Vaccine Passports Equal Slavery Forever,'" DailyClout channel on YouTube, March 30, 2021, at 15:30.

6 Brian Stelter, "ADL Calls on Fox News to Fire Tucker Carlson Over Racist Comments About 'Replacement' Theory," CNN, April 9, 2021.

7 "Naomi Wolf on the New American Coup," Big Think channel on YouTube, April 23, 2012; Naomi Wolf, "Fascist America, in 10 Easy Steps," *The Guardian*, April 24, 2007.

8 "Watch Dr Naomi Wolf Discuss 'Why Vaccine Passports Equal Slavery Forever,'" at 15:22.

9 ""Watch Dr Naomi Wolf Discuss 'Why Vaccine Passports Equal Slavery Forever,'" at 0:53; Paul Vallely, host, "The Stand Up America US Show," *Don Smith Show* (podcast), episode 35, May 16, 2022, at 40:01, posted on Rumble.

10 "Watch Dr Naomi Wolf Discuss 'Why Vaccine Passports Equal Slavery Forever,'" at 4:23.

11 "Watch Dr Naomi Wolf Discuss 'Why Vaccine Passports Equal Slavery Forever,'" at 1:58, 2:56, and 15:21.

12 "Watch Dr Naomi Wolf Discuss 'Why Vaccine Passports Equal Slavery Forever,'" at 7:57.

13 Tim Hains, "Naomi Wolf: Mandatory Vaccine Passport Could Lead to the End of Human Liberty in the West," *RealClearPolitics*, March 29, 2021, at 2:45; "Watch Dr Naomi Wolf Discuss 'Why Vaccine Passports Equal Slavery Forever,'" at 7:03.

14 "Watch Dr Naomi Wolf Discuss 'Why Vaccine Passports Equal Slavery Forever,'" at 6:55.

15 "His Glory Presents: Take FiVe w/ Dr. Naomi Wolf," *His Glory*, July 28, 2022, at 28:54.

✧ In context, Wolf states: "It's now thoroughly in the hands of our existential adversaries. Who have said clearly that they want our land, they want our water, they want our food supply, they don't want our population. So that's why I have concluded that this is a bioweapon, that the vaccine as well as the virus are bioweapons." (28:39-28:58)

16 Hains, "Naomi Wolf: Mandatory Vaccine Passport," at 2:06.

University Press, 2015).

22 Browne, *Dark Matters*, 91–92.

23 Browne, *Dark Matters*, 91.

24 Browne, *Dark Matters*, 91.

25 Frantz Fanon, *Black Skin, White Masks*, trans. Richard Philcox (New York: Grove Press, 2008), 89.

26 Nancy Colier, "The Branding of the Self," *Psychology Today*, August 15, 2012.

27 Ralph Waldo Emerson, "Self-Reliance," in *Ralph Waldo Emerson: Essays and Journals*, ed. Lewis Mumford (New York: Doubleday, 1968), 95.

28 Lilly Singh, "I'll See You Soon . . . ," YouTube, November 12, 2018, at 2:43.

29 Richard Seymour, *The Twittering Machine* (London: Indigo Press, 2019), chapter 2, part IX.

30 Alison Flood, "Naomi Wolf Accused of Confusing Child Abuse with Gay Persecution in Outrages," *The Guardian*, February 8, 2021.

31 Matthew Sweet, "Blind to Bestiality and Paedophilia: Why Naomi Wolf's Latest Book Is Its Own Outrage," *The Telegraph*, February 5, 2021.

32 Ankita Mukhopadhyay, "Naomi Wolf Talks Homophobia, Feminism and 'Outrages,'" *Fair Observer*, January 8, 2020.

33 Hannah Arendt, *The Origins of Totalitarianism* (1951; repr. Cleveland, Ohio: Meridian Books, 1962), 476.

34 Hannah Arendt, "Truth and Politics," in *The Portable Hannah Arendt*, ed. Peter Baehr (New York: Penguin, 2000), 556.

4 在樹林裡遇見自己

1 There have been multiple versions of *How They Met Themselves*: a drawing dated 1851 (which purportedly was lost or destroyed), a pen-and-ink re-creation of the 1851 design dated 1860, and a watercolor replica of the 1860 drawing dated 1864. Here I'm referencing the 1864 watercolor version. See Ford Madox Hueffer, *Rossetti: A Critical Essay on His Art* (London: Duckworth, 1902).

2 bell hooks, *Rock My Soul: Black People and Self-Esteem* (New York: Atria Books, 2003), 92.

3 George Yancy and bell hooks, "bell hooks: Buddhism, the Beats and Loving Blackness", *New York Times*, December 10, 2015.

4 Heather Williams, "bell hooks Speaks Up" *The Sandspur* (Rollins College, Winter Park, Fla.), March 26, 2013, 1.

5 bell hooks, *Feminist Theory: From Margin to Center* (Boston: South End Press, 1984), 51.

6 bell hooks, *Feminist Theory: From Margin to Center* (Boston: South End Press, 1984), 29.

7 "bell hooks & john a. powell: Belonging Through Connection," interview at the Othering & Belonging Conference, April 2015, YouTube, at 6:00–6:40.

8 Philip Roth, *Operation Shylock: A Confession* (New York: Simon & Schuster, 1993), 55.

9 Jeffrey Tucker, "The Pathogenic Excuse for Attacking Liberty: An Interview with Naomi Wolf," *Brownstone Institute* (video/podcast), May 9, 2022, at 10:31–11:21.

21 Lewis Carroll, *Alice's Adventures in Wonderland* (1865; repr. Vancouver: Engage Classic, 2020), 35.

22 Benedict Carey, "A Theory About Conspiracy Theories," *New York Times*, September 28, 2020.

23 Tahar @laseptiemewilay, tweet, March 30, 2021, 7:12 p.m., Twitter.

24 Richard Seymour, *The Twittering Machine* (London: Indigo Press, 2019), chapter 1, part III.

25 Zadie Smith, "Generation Why?," *New York Review*, November 25, 2010.

26 Ruth 1:20 (New International Version).

27 Ruth 1:16 (New International Version).

3 我失敗的品牌，或以她的名字呼喚我

1 Dan Hon @hondanhon, tweet, May 8, 2021 Twitter.

2 "Brand Dilution: Definition, Causes and Examples," *MediaValet*, March 2, 2021.

3 "'Satan Shoes' to Be Recalled as Nike Agrees to Settle Lawsuit," BBC News, April 9, 2021.

4 Tom Peters, "The Brand Called You," *Fast Company*, August 31, 1997.

5 David Lidsky, "Me Inc.: The Rethink," *Fast Company*, March 1, 2005.

6 Peters, "The Brand Called You."

7 Stuart Hall, *The Hard Road to Renewal: Thatcherism and the Crisis of the Left* (London: Verso, 1988), 276.

8 Wendy Brown, "Resisting Left Melancholy," *boundary* 2 26, no. 3 (Autumn 1999): 26.

9 Alice Marwick, *Status Update: Celebrity, Publicity, and Branding in the Social Media Age* (New Haven, Conn.: Yale University Press, 2013), 163.

10 Otto Rank, *The Double: A Psychoanalytic Study* (Chapel Hill: University of North Carolina Press, 1971), 86.

11 Sigmund Freud, "The Uncanny," in *The Uncanny*, trans. David McLintock (London: Penguin, 2003), 142. Freud's essay was originally published in 1919.

12 Freud, "The Uncanny," 142.

13 Naomi Wolf, "Pixels, Bots and Human Cruelty," *Outspoken with Dr Naomi Wolf*, Substack, January 13, 2023.

14 *American Dharma*, directed by Errol Morris (Utopia, 2018).

15 *American Dharma*.

16 Jennifer Senior, "American Rasputin," *The Atlantic*, June 6, 2022.

17 Timothy W. Martin and Dasl Yoon, "These Campaigns Hope 'Deepfake' Candidates Help Get Out the Vote," *Wall Street Journal*, March 8, 2022.

18 Martin and Yoon, "These Campaigns Hope 'Deepfake' Candidates Help Get Out the Vote."

19 Mark Sutherland, "ABBA's 'Voyage' CGI Extravaganza Is Everything It's Cracked Up to Be, and More: 'Concert' Review," *Variety*, May 27, 2022.

20 Anjana Ahuja, "'Grief Tech' Avatars Aim to Take the Sting Out of Death," *Financial Times*, December 20, 2022.

21 *landmark 2015 book*: Simone Browne, *Dark Matters: On the Surveillance of Blackness* (Durham, N.C.: Duke

32 Edgar Allan Poe, "William Wilson," *Burton Gentleman's Magazine & American Monthly Review* 5, no. 4 (October 1839): 208.

33 Poe, "William Wilson," 207, 212.

2 COVID-19，倍增威脅

1 Naomi Wolf @naomirwolf, tweet, June 4, 2021, Twitter.

2 Russell Muirhead and Nancy L. Rosenblum, *A Lot of People Are Saying: The New Conspiracism and the Assault on Democracy* (Princeton, N.J.: Princeton University Press, 2019), 19.

3 Naomi Wolf, "Dear Friends, Sorry to Announce a Genocide," *Outspoken with Dr Naomi Wolf*, Substack, May 29, 2022.

4 Before Covid, Wolf had around 70,000 followers; by May 2021, around the time she was deplatformed, she had 138,000. Naomi Wolf @naomirwolf, web capture of Twitter account, May 15, 2021.

✧ When Twitter allowed her back, the numbers surged again. As of August 3, 2023 she had around 315,000 followers (and counting).

5 Naomi Wolf @DrNaomiRWolf, Gettr post, May 16, 2022.

6 Steve Bannon, host, "Chris Wray Lies on 60 Minutes," *War Room: Pandemic* (podcast), episode 1,808, April 25, 2022, at 33:59–34:06, posted on Apple Podcasts.

✧ A video of episode is available on Rumble as of July 2023. See 32:28-32:35

7 Naomi Wolf, "Facing the Beast," *Outspoken with Dr Naomi Wolf*, Substack, July 17, 2022.3

8 Geoff Brumfiel, "The Life Cycle of a Covid-19 Vaccine Lie," National Public Radio, July 20, 2021.

✧ See also Wolf's original tweet from April 18, 2021, here.

9 Brumfiel, "The Life Cycle of a Covid-19 Vaccine Lie."

10 Morgan Yew @weynagrom, tweet, May 23, 2021, Twitter, video 9 of 25, at 0:24.

✧ Since the *Doppelganger* research phase, access to these posts has been restricted.

11 Yew, tweet, May 23, 2021.

12 Yew, tweet, May 23, 2021.

13 "Naomi Wolf Sounds Alarm at Growing Power of 'Autocratic Tyrants,'" *Tucker Carlson Tonight*, Fox News, February 22, 2021.

14 Naomi Klein @NaomiAKlein, tweet, February 23, 2021, Twitter.

15 Naomi Klein @NaomiAKlein, tweet, June 5, 2021, Twitter.

16 Naomi Wolf, 2021 introduction to *The End of America: Letter of Warning to a Young Patriot* (White River Junction, Vt.: Chelsea Green Publishing, 2021), xv.

17 "Naomi Wolf Sounds Alarm at Growing Power of 'Autocratic Tyrants.'"

18 Richard Gillard @RickyBaby321, Gettr post, February 26, 2022.

19 *Dual*, directed by Michael Ragen (RLJE Films, 2022).

20 Sigmund Freud, *The Uncanny*, trans. David McLintock (London: Penguin, 2003), 150.

9 Max Fisher, "The Insane Conspiracy Theories of3 Naomi Wolf," *Vox*, October 5, 2014.

10 Naomi Wolf, "A Tale of Two Rape Charges," *The Great Debate* (blog), Reuters, May 23, 2011.

11 "Naomi Wolf Compiles Ballot Paper Complaints," *The (Glasgow) Herald*, September 27, 2014.

12 "Progressive Feminist Naomi Wolf Rips the Green New Deal as 'Fascism'—'I WANT a Green New Deal' but 'This One Is a Straight Up Power Grab,' " *Climate Depo*t, February 21, 2021.

13 Tim Skellett @Gurdur, tweet, March 24, 2018, Twitter.

14 Naomi Wolf @naomirwolf, tweet, July 5, 2019, 1:13 a.m., in Séamas O'Reilly @shockproofbeats, tweet, April 5, 2020, 4:27 a.m., Twitter.

15 Naomi Wolf, *The Beauty Myth: How Images of Beauty Are Used Against Women* (1990; repr. New York: Perennial, 2002), 157–158.

16 Casper Schoemaker, "A Critical Appraisal of the Anorexia Statistics in the Beauty Myth: Introducing Wolf's Overdo and Lie Factor (WOLF)," *Eating Disorders* 12, no. 2 (2004): 97–102.

◇ Specifically, Schoemaker writes, "When compared to the relevant epidemiological reviews, however, 18 of the 23 statistics are inaccurate and overdone. On average, a statistic on anorexia by Naomi Wolf should be divided by eight to get close to the real figure."

17 Alice Steinbach, "WOLF VS. 'BEAUTY MYTH' Feminist Sees Conspiracy in Stress on Appearance," *Baltimore Sun*, June 23, 1991.

18 Wolf, *The Beauty Myth*, 25.

19 Naomi Wolf, *Fire with Fire: The New Female Power and How to Use It* (London: Chatto & Windus, 1993), xviii.

20 Camille Paglia, "Hillary, Naomi, Susan and Rush. Sheesh!," *Salon*, November 17, 1999.

21 Michael Duffy and Karen Tumulty, "Campaign 2000: Gore's Secret Guru," *Time*, November 8, 1999.

22 Maureen Dowd, "Liberties; The Alpha-Beta Macarena," *New York Times*, November 3, 1999.

23 Naomi Wolf, *The Treehouse: Eccentric Wisdom from My Father on How to Live, Love, and See* (New York: Simon & Schuster, 2005), 13.

24 Wolf, *The Treehouse*, 25.

25 Wolf, *The Treehouse*, 27.

26 Naomi Wolf, "Dr. Naomi Wolf Confronts Yale for Crimes Against Students," *DailyClout* (video), December 5, 2022.

◇ See the above video for an example of this creativity (though there are many others). Especially, see 3:33-6:20.

27 Wolf, *The Treehouse*, 9.

28 Wolf, *The Treehouse*, 72.

29 Eve Andrews, "The Real Fear Behind Climate Conspiracy Theories," *Grist*, April 6, 2018.

30 See, for example @markpopham, tweet, October 23, 2019, 6:18 a.m., Twitter. The origins of this poem are unclear and there are several versions of it, so it is not necessarily attributable to the above handle.

31 Grace Ebert, "I'm Not a Look-Alike: Hundreds of Unrelated Doppelgängers Sit for François Brunelle's Uncanny Portraits," *Colossal*, February 9, 2022.

注釋

序

1 Michael Egilson, "Extreme Heat and Human Mortality: A Review of Heat-Related Deaths in B.C. in Summer 2021," Report to the Chief Coroner of British Columbia, June 7, 2022, 4; Stefan Labb.,"Heat Dome Primed B.C. Coastlines to Resemble Subtropical East Asia, Says Researcher," *North Shore News*, April 29, 2022.

2 Sigmund Freud, "The Uncanny," in *The Uncanny*, trans. David McLintock (London: Penguin, 2003), 124. Freud's essay was originally published in 1919.

3 Freud, "The Uncanny," 142.

4 *A Translation and Critical Introduction*, trans. Carlos Alberto S.nchez (1952; repr. London: Bloomsbury Academic, 2021), 180.

5 Philip Roth, *Operation Shylock: A Confession* (New York: Simon & Schuster, 1993), 55.

6 José Saramago, *The Double*, trans. Margaret Jull Costa (Orlando, Fla.: Harcourt Books, 2004), vii.

第一部

1 Jules Gleeson, "Judith Butler: 'We Need to Rethink the Category of Woman,' " *The Guardian*, September 7, 2021.

1 占領

1 Naomi Klein, "Occupy Wall Street: The Most Important Thing in the World Now," *The Nation*, October 6, 2011.

2 Naomi Wolf, "The Shocking Truth About the Crackdown on Occupy," *The Guardian*, November 25, 2011.

3 Naomi Wolf, "Naomi Wolf: How I Was Arrested at Occupy Wall Street," *The Guardian*, October 19, 2011.

4 Wolf, "The Shocking Truth About the Crackdown on Occupy."

5 Wolf, "The Shocking Truth About the Crackdown on Occupy."

6 Matt Wells, "Occupy Wall St: Naomi Wolf Condemns 'Stalinist' Erosion of Protest Rights," *The Guardian*, October 19, 2011.

7 Joe Coscarelli, "Naomi Wolf Thinks Edward Snowden and His Sexy Girlfriend Might Be Government Plants," *New York Magazine*, June 14, 2013; Naomi Wolf, "My Creeping Concern That the NSA Leaker Is Not Who He Purports to Be...," Facebook Notes, posted June 15, 2013, updated March 14, 2021.

8 Naomi Wolf, Facebook post, September 30, 2014.

娜歐蜜・克萊恩作品集 06

分身：與陰謀論者交鋒的鏡像世界之旅

Doppelganger: A Trip into the Mirror World

作　　者　娜歐蜜・克萊恩（Naomi Klein）
譯　　者　胡訢諄
資深編輯　張擎
責任企畫　林欣梅
美術設計　吳郁嫻
人文線主編　王育涵
總 編 輯　胡金倫
董 事 長　趙政岷
出 版 者　時報文化出版企業股份有限公司
108019 臺北市和平西路三段 240 號 7 樓
發行專線｜ 02-2306-6842
讀者服務專線｜ 0800-231-705 ｜ 02-2304-7103
讀者服務傳真｜ 02-2302-7844
郵撥｜ 1934-4724 時報文化出版公司
信箱｜ 10899 臺北華江郵政第 99 號信箱
時報悅讀網　www.readingtimes.com.tw
人文科學線臉書　https://www.facebook.com/humanities.science
法律顧問　理律法律事務所｜陳長文律師、李念祖律師
印　　刷　綋億印刷有限公司
初版一刷　2025 年 4 月 18 日
定　　價　新臺幣 680 元

分身：與陰謀論者交鋒的鏡像世界之旅｜娜歐蜜 . 克萊恩 (Naomi Klein) 著｜胡訢諄譯｜初版｜臺北市｜時報文化出版企業股份有限公司｜ 2025.04 ｜ 496 面 ; 14.8×21 公分｜譯自 : Doppelganger : a trip into the mirror world. ｜ ISBN 978-626-419-292-7(平裝) ｜ 1.CST: 克萊恩 (Klein, Naomi, 1970-) 2.CST: 沃爾夫 (Wolf, Naomi) 3.CST: 雙重人格 4.CST: 傳記 5.CST: 美國｜ 785.28 ｜ 114002131

ISBN 978-626-419-292-7
Printed in Taiwan

時報文化出版公司成立於一九七五年，並於一九九九年股票上櫃公開發行，於二〇〇八年脫離中時集團非屬旺中，以「尊重智慧與創意的文化事業」為信念。